融合教育理论反思与本土化探索

主　编：邓　猛
副主编：颜廷睿

图书在版编目（CIP）数据

融合教育理论反思与本土化探索／邓猛主编．—北京：北京大学出版社，2014.12
ISBN 978-7-301-25129-4

Ⅰ．①融… Ⅱ．①邓… Ⅲ．①特殊教育—教育理论—研究 Ⅳ．①G760

中国版本图书馆 CIP 数据核字（2014）第 277484 号

书　　　名	融合教育理论反思与本土化探索 RONGHE JIAOYU LILUN FANSI YU BENTUHUA TANSUO
著作责任者	邓　猛　主编
策 划 编 辑	李淑方
责 任 编 辑	于　娜
标 准 书 号	ISBN 978-7-301-25129-4/G·3921
出 版 发 行	北京大学出版社
地　　　址	北京市海淀区成府路 205 号　100871
网　　　址	http://www.pup.cn　　新浪微博：@北京大学出版社
微信公众号	通识书苑（微信号：sartspku）　科学元典（微信号：kexueyuandian）
电 子 邮 箱	编辑部 jyzx@pup.cn　　总编室 zpup@pup.cn
电　　　话	邮购部 010-62752015　发行部 010-62750672　编辑部 010-62767857
印 刷 者	北京虎彩文化传播有限公司
经 销 者	新华书店
	730 毫米 ×980 毫米　16 开本　19.75 印张　300 千字 2014 年 12 月第 1 版　2023 年 9 月第 3 次印刷
定　　　价	58.00 元

未经许可，不得以任何方式复制或抄袭本书之部分或全部内容。
版权所有，侵权必究
举报电话：010-62752024　电子邮箱：fd@pup.cn
图书如有印装质量问题，请与出版部联系，电话：010-62756370

内容简介

融合教育理论以追求社会公平、自由等普世性价值观为基础,倡导残疾儿童在普通教室接受高质量的、适合他们自己特点的、平等的教育与服务。20 世纪 80 年代以来,融合教育理论在特殊教育领域成为垄断式话语,为各国特殊教育政策制定、实施提供新的依据与动力;也为各国根据自己社会文化特点理解与实施融合教育提供了可能。本书主要对融合教育理论及我国随班就读实践进行了系统分析与思考,对融合教育的历史起源与发展、基本概念体系、核心要素、支持保障体系及实践规律进行系统的分析,对融合教育的本质特点加以总结与概括。作者从中国特有的社会历史文化及教育背景出发,结合国际融合教育发展的经验与教训,对我国特殊教育实践进行深入的思考,探索具有本土化特征的融合教育理论与实践方式。

作者简介

邓猛,现任北京师范大学特殊教育系教授、博士生导师、副主任。2011 年 9 月之前曾任华中师范大学教育学院副院长、特殊教育系主任。邓猛教授曾被评为武汉市 2008 年度五四青年标兵,现为美国"国际特殊教育协会"成员及中国区主席,任该协会学术期刊 *Journal of the International Association of Special Education*(《国际特殊教育协会杂志》)编辑,美国教育学术期刊 *International Journal for the Scholarship of Teaching and Learning* 咨询编辑,以及 SSCI 索引期刊 *Asia Pacific Education Review* 等期刊特约审稿专家。2010 年教育部新世纪优秀人才支持计划获得者。研究领域包括全纳教育、视障教育、发展性障碍教育、特殊教育课程与教学等。在美国、英国等国际学术期刊发表论文 20 篇,其中 10 篇被 SSCI 收录,在中文核心学术期刊发表论文 80 余篇。

序　言

20世纪80年代中期融合教育①诞生于美国，90年代成为全球范围内特殊教育改革与发展的主流思想。就其本质而言，首先，融合教育是一种信念，是基于人类社会近代以来发展起来的"平等""自由""多元"等共享的价值观而形成的"人皆有潜能""人皆有权平等接受高质量教育"等信条的执著追求。其次，融合教育是一种理论，即是在自然、正常的教育环境中满足学生多样化学习需求的教育理论。第三，融合教育是一种实践，是促进弱势群体回归主流学校与社会、平等共享社会物质文明成果的教育和社会实践策略。

融合教育似乎涵盖了人类发展到今天以来所有美好的价值追求与理想，许多口号式的表达：每一个儿童都有受教育的基本权利；每一个儿童都有独一无二的个人特点、兴趣、能力和学习需要；有特殊教育需要者必须有机会进入普通学校……无不体现其美好、崇高的教育理想。不难发现这些表述充满了绝对主义的语言，用"每一个""必须""都有"等表达极端平等主义的道德诉求。

这些动人的词汇并非仅仅停留在口头层面。尽管对融合教育的批判与怀疑不绝于耳，在许多国家，残疾及其他处境不利的儿童回归普通学校和主流社会已越来越成为事实。融合意味着完全接纳，它基于满足所有学生多样化需要的信念，在普通学校适合儿童年龄特征的教育环境里教育所有的儿童；所有学生，无论种族、语言能力、经济状况、性别、年龄、学习能力、学习方式、族群、文化背景、宗教、家庭背景以及性倾向有何不同，都应该在主流的教育体系中接受教育。融合教育者认为特殊儿童有权在普通教室接受高质量的、适合他们自己特

---

① 融合教育（inclusive education 或 inclusion）在中国也被译作全纳教育。笔者认为 inclusion 一词译为"融合"更能反映其真正含义。这是因为 inclusive education 的思想自出现以来就成为特殊教育领域内讨论最热烈的焦点。它不仅导致全纳教育支持者与反对者的分野，还在其自身的支持者中制造了分裂，即出现了部分融合（partial inclusion）与完全融合（full inclusion）的争论。"融合教育"能够为准确地翻译、表达 partial inclusion（部分融合）和 full inclusion（完全融合）提供空间，并有利于更加便利地进行国际学术交流。

点的、平等的教育,他们应该在普通教室接受必需的支持与服务;他们无须经过自己的努力去争取、赢得在普通教室接受教育的权利。学校应达成所有儿童都有学习能力与获得成功的权利的共识,学校应成为每一个儿童获得成功的地方,不能因为学生的残疾与差别而进行排斥与歧视。学校应该尊重日趋多样的学生群体与学习需求,多元化带给学校的不应该是压力,而应该是资源;学校应试图通过残疾儿童教育这一杠杆撬动教育体制的整体变革与社会文化的积极改变。其目的就是要彻底告别隔离的、等级制教育体系的影响,使特殊教育与普通教育真正融合成为统一的教育体系,藉由学校融合实现社区和社会融合的目标。

从本质上讲,融合教育理论远远超出了教育的范畴,成为与社会上所有的公民相关的事情,是挑战不公正与歧视的利器,与各国社会文明发展水平、人权保护以及社会公平与正义目标的实现紧密相关。今天,即使在最为贫穷、资源缺乏的国家,融合教育也至少成为使更多处境不利儿童享有学校教育机会的政治宣示或者现实举措。同时,各民族或国家具有的独特的社会文化体系对融合教育的理论与实践有着独特的影响,使融合教育在各个国家的本土化成为可能。

20世纪90年代中期融合教育逐渐传到中国,始见于学者的介绍与讨论。尽管社会的呼吁、政府的倡导之声不绝于耳,课堂层面的研究与实践还是不多。由于文化与教育体制的差异,我们看融合教育总是雾里看花,似乎离我们很遥远,只能通过其简化版,即随班就读的方式艰难前行。我们理解融合教育往往会出现三个方面的误解:第一是认为残疾学生跟我们完全不同,应该到特殊教育学校或者机构接受教育或者康复训练。事实上,残疾学生首先是儿童,其次才是残疾儿童,是人的存在的多样性和差异性的一种表现,是人类多元化的特征,而不应意味着他们低人一等。残疾只是残疾人作为人的特性的一部分,我们往往放大了他们的缺陷与不足,却忽略了他们的平等的权利、低估了他们发展的潜能。第二是认为融合教育是特殊教育的事情,跟普通教育关联不大。从本质上看,融合教育首先是普通教育的事情,普通教育从来没有、也不可能离开特殊教育。相关研究清楚地表明,一个自然的普通班级里约有1/4～1/3的学生有不同类型与程度的特殊教育需要。忽视这部分学生的教育理论与实践必然是不完整的教育理论与实践。因此,普通学校是融合教育的主角,特殊教育学校只是配角。第三是认为融合教育只是几个残疾学生的事情,是学校工作的边角料。事实上,融合教育是应对多样性需求的教育,追求的是学校教育体制与教学范式的整体性变革,首先是面向所有学生的,其次才是面向包括残疾学生在内的处境不利学生的。融合教育给残疾学生机会的同时,也给普通教育变革提供了契机。

本书共分为六章,分别关注融合教育的理论基础、本质特点、实践规律、支持保障体系、本土化思考等重要领域。参与本书编写的有:第一章,邓猛(北京师范大学)、李芳(天津体育学院)、颜廷睿(北京师范大学)、彭兴蓬(华中师范大学)、景时(辽宁师范大学);第二章,颜廷睿、邓猛;第三章,傅王倩(北京师范大学)、颜廷睿、邓猛;第四章,孙玉梅(华中师范大学)、邓猛、赵梅菊(北京师范大学)、景时;第五章,刘慧丽(内蒙古赤峰学院)、邓猛、景时、熊絮茸(徐州医学院)、苏慧;第六章,彭兴蓬、邓猛。全书由邓猛和颜廷睿完成统稿工作。

在这些同仁的共同努力下,本书终于按时出版。当然,本书难免有许多疏漏之处,有许多的观点也需要再斟酌、再推敲,不足之处,请国内同行多多指正!

邓猛

2014 年 3 月 12 日

目　录

第一章　融合教育理论基础 …………………………………………… 1
- 第一节　从隔离到融合的范式变迁 ……………………………… 2
- 第二节　实证主义视角下的融合教育 …………………………… 14
- 第三节　社会建构主义视角下的融合教育 ……………………… 18
- 第四节　后现代主义视角下的融合教育 ………………………… 27
- 第五节　社会分层视野下的融合教育 …………………………… 37

第二章　融合教育本质分析 …………………………………………… 49
- 第一节　融合教育的起源与发展 ………………………………… 50
- 第二节　融合教育思想的概念分析 ……………………………… 64
- 第三节　融合教育的基本要素 …………………………………… 74
- 第四节　融合教育的效果探讨 …………………………………… 84

第三章　融合教育实践规律 …………………………………………… 94
- 第一节　特殊教育的最佳实践方式 ……………………………… 95
- 第二节　融合教育中的干预反应模式 …………………………… 106
- 第三节　融合教育课程调整 ……………………………………… 115
- 第四节　基于学习通用设计的融合课程 ………………………… 124
- 第五节　融合课堂中的合作教学 ………………………………… 135
- 第六节　融合教育环境下的差异性教学 ………………………… 142

第四章　融合教育支持保障体系 ……………………………………… 152
- 第一节　融合教育的法律与政策分析 …………………………… 153

第二节　融合教育的教师培养 …………………………… 165
  第三节　融合教育中的学校社区合作 …………………… 174
  第四节　融合教育支持性环境建设 ……………………… 184

第五章　融合教育理论本土建构 ……………………………… 200
  第一节　融合教育理论的社会文化特性与本土化建构 … 201
  第二节　宽容：融合教育的历史生成与本土建构 ……… 210
  第三节　融合教育在中国的嫁接与再生成 ……………… 219
  第四节　中西方文化视野下融合教育的解读 …………… 230

第六章　融合教育理论本土发展 ……………………………… 249
  第一节　随班就读与融合教育的比较 …………………… 250
  第二节　我国特殊教育发展格局探讨 …………………… 257
  第三节　我国发展融合教育的困境 ……………………… 270
  第四节　从随班就读到同班就读 ………………………… 284

参考文献 ………………………………………………………… 296
后记 ……………………………………………………………… 303

第一章 融合教育理论基础

人们习惯于认为特殊教育是一门多学科相互交叉、渗透的综合性、应用性学科,具有较强的实践性与操作性特征;殊不知操作与实践背后蕴涵的是深刻的理论基础与背景。特殊教育实践方式的每一点进步与变化,无不与宏观社会文化价值观念、制度变迁以及社会理论范式的改变密切相关。特殊教育理论就是建立在特定社会的政治、经济、文化基础之上的,当主流社会对"残疾"、平等等观念发生变化时,特殊教育的基本理论与教育形式也会随之变化。融合教育理论正是西方社会变迁与文化价值观念发展的必然结果。

然而,特殊教育仍是一门理论缺乏且需要理论建设的学科。学术界从来就缺乏对于特殊教育与社会特别是社会科学发展关系的系统研究。就融合教育而言,人们习惯于从人类社会发展的普适性价值观,诸如"平等""公平""多元"等出发,站在伦理的制高点倡导融合教育的实施。从人类社会发展的宏观视野、哲学范式与社会科学理论变迁的角度对融合教育的基本概念与实践方式进行系统的哲学反思与探索还很少。

事实上,融合教育的发展与社会科学的基本理论变迁脉络一脉相承,其自身也有其特有的概念与范畴。因此,我们需要在多学科的视野下对融合教育的本质进行深入思考与探索,需要立足于人类社会思潮的起伏把握融合教育的脉搏。在此基础上,我们才能对融合教育所秉持的基本理论范式、概念体系、价值理念、方法论与实践模式等方面的变化趋势进行把握。本章从人类社会哲学范式变迁、实证主义、建构主义、后现代主义等不同的视角对融合教育进行分析与解读;试图以多元范式的角度确立融合教育的理论框架,为我们提供了理解融合教育的新的学术视野;探索融合教育基本理论与发展趋势,为确立融合教育的方法论奠定基础。

第一节　从隔离到融合的范式变迁

理论是一系列系统的命题性陈述以及定义和分类体系,其基础往往是未明说的假定,这些假定没有必要成为理论的一部分,但确实影响着理论以及理论被提出的方式,这些潜在的假定就是"范式"(paradigm)。范式本身不是一个完整的理论,但它为提出严谨的、可以由经验/实证研究加以检验的理论打下基础。[①] 因此,从人类社会科学发展的主要范式变迁的宏大背景出发,厘清特殊教育这一具体的学科领域背后所秉持的哲学范式、概念框架、价值理念、方法论与实践模式等方面的变化趋势,有利于确立特殊教育的学科与方法论基础;也有助于我们了解融合教育发展与西方社会思潮与范式变迁之间的关系。

一、范式的概念

美国学者托马斯·库恩(Thomas S. Kuhn)于1962年出版《科学革命的结构》一书,提出了"范式"的概念,并认为:科学的发展历程实际上是一个新的范式取代一个旧的范式的过程。[②] 从事某一特定学科的科学家们所共有的基本世界观便构成一个范式。人们对于范式有不同的理解与定义,但最为抽象的范式显然是形而上学的范式,亦即哲学范式,即一个既定的科学最为广泛认同的共识,一个完整的对世界的看法或者格式塔;一种帮助科学家决定哪种实体(entity)存在或不存在、应该如何行动的观察的方法,认知组织形式或心理图画。[③] 巴顿(Patton)认为:范式是引导研究者的"世界观,或揭示真实世界复杂性的一种方式"[④];古帕(Guba)认为,范式是"指导人们日常生活、行为及学科研究(disciplined inquiry)的一系列基本信念"[⑤]。格林等(Greene, et al., 1997)则

[①] 钱民辉. 范式与教育变迁研究[J]. 教育理论与实践, 1997(2):7-12.

[②] Thomas S. Kuhn. The structure of scientific revolutions (2nd ed.)[M]. Chicago: University of Chicago Press, 1970:43.

[③] 同上注.

[④] Patton, M. Q. Qualitative evaluation and research methods[M]. Newbury Park, Calif.: Sage Publications, 1999:7.

[⑤] Guba, E. C. The alternative paradigm dialog[M]. Newbury Park, Calif.: Sage Publications, 1990:17.

认为范式是对于知识、社会、认识世界的能力和理由的一系列相互联系的假设或基点,它奠定或引导社会科学研究的方向,决定研究的问题、方法。① 因此,"范式"可以在本体论、认识论和方法论三个层面表现出来,分别回答事物存在的真实性问题、知者与被知者之间的关系以及方法论体系的问题。这些理论和原则对特定的科学家共同体起规范的作用,协调他们对世界的看法以及他们的行为方式。② 换言之,范式是我们用来决定采用哪种观察到的信息来理解与处理实际的情景或事情,范式影响我们观察什么、怎样观察。

二、特殊教育范式的变迁与分析

传统上在社会科学领域存在实证主义(positivism)/经验主义(empiricism)与建构主义(constructivism)/解释主义(interpretivism)两大类范式的分野。③ 伴随着这两大范式之间的争论的是科学与经验、客观与主观、理性与非理性、演绎与归纳之间的对立与统一。作为科学代名词的逻辑实证主义的坠落与以经验的建构与解构为特征的建构主义、后现代主义的上升是社会科学范式变迁的主要趋势。④ 作为社会科学的一个分支,特殊教育的发展同样受社会科学范式变迁的影响。科学与建构、现代性与后现代的冲突与交融不仅改变人们对于残疾的基本认识,也影响着特殊教育的理论模式与实践方式。⑤ 斯基德莫尔(Skidmore)认为:与实证主义与建构主义的认识论相对应,特殊教育学科及其研究的发展经历了心理—医学(medical-psycho)、社会学(sociological)、组织学(organizational)范式的转换,不同范式下特殊教育基本观念、实践方式亦不相

---

① Greene, J. C. & Caracelli, V. J. Defining and describing the paradigm issue in mixed-method evaluation. In J. C. Greene & V. J. Caracelli (Eds.). Advances in mixed-method evaluation: The challenges and benefits of integrating diverse paradigms [M]. San Francisco, Calif.: Jossey-Bass, 1997:5-19.

② 滕星,巴战龙. 从书斋到田野:谈教育研究的人类学范式[J]. 西北师范大学学报:社会科学版,2005(1):19-22.

③ Tashakkori, A. & Teddlie, C. Mixed methodology: combining qualitative and quantitative approaches[M]. Thousand Oaks, Calif.: Sage Publications, 1998:16.

④ Kauffman, J. M. Commentary: Today's special education and its messages for tomorrow[J]. The Journal of Special Education, 1999, 32(4): 244-254.

⑤ Gerber, M. M. Postmodernism in special education[J]. The Journal of Special Education, 1994, 28(3): 368-378.

同(见表1-1)。①

表1-1 特殊教育范式变迁

范式		方法		基本观点		特殊教育实践
认识论	学科	研究方法	范围	残疾观	教育观	
实证/经验主义	心理—医学	定量研究(实验、问卷调查等)	微观(个体)	学生个体残疾与缺陷导致特殊教育需要	隔离制教育;特殊学生在特殊教育机构与学校接受教育	重视基于医学的训练与缺陷补偿技术的运用;运用标准化的检测技术追求诊断与鉴定的客观性
建构/解释主义	社会学	定性研究(访谈、田野考察等)	宏观(社会)	特殊教育需要源于社会分化与分层;是社会不公平现象在特定社会群体身上的复制	特殊学生从特殊学校(班)逐渐回归主流学校与社会	主张通过社会政治改革减少不公平现象;普通学校教育对象范围扩大,满足所有儿童平等接受教育的权利
	组织学	定性研究(访谈、田野考察等)	中观(机构)	现行教育、学校体制的缺陷导致特殊教育需要	融合教育;普通学校应具备教育多样化学生的能力	通过学校改革与发展、资源重组,提高学校教育的质量与效率

(一)实证—经验主义 \ 医学—心理学范式

早期的特殊教育是14世纪以来欧洲文艺复兴运动导致的科技革命与理性时代的产物。一些医学人员以及教会人士利用医学、生理学的理论与方法,试图解释并治疗或训练残疾人士。例如16世纪瑞士的巴拉萨尔沙士(Paracelsus)发现痴呆是一种疾病的结果而非"魔鬼附体";法国医生皮内尔(Pinel)则明确指出白痴、精神病、智力落后之间的不同。② 法国医生伊塔德

---

① Skidmore, D. Towards an integrated theoretical framework for research into special educational needs[J]. European Journal of Special Needs Education, 1996, 11 (1):33-47.
② 刘全礼. 特殊教育导论[M]. 北京:教育科学出版社,2003:49.

(Itard)对狼孩维克多开展教育试验,其弟子法国精神科医生谢根(Suguin)在巴黎创立了弱智者训练学校,并发展了"生理学的方法"。[1] 心理学的诞生与发展为特殊教育提供了新的理论与方法,例如,认知发展理论、心理动力学(psychodynamic)、心理测量技术、行为—生态学说、脑神经生理—心理学等不同的理论与假说被应用到残疾儿童的鉴定与干预中来。[2] 人们对于学习障碍的理解更能说明这一点。早期对学习障碍的认识完全是从生物—医学的角度来研究其病理机制与特征的。斯特劳斯和沃纳(Strauss & Werner)对于智力落后的研究揭示了智力落后与脑损伤的紧密联系,认为脑损伤的儿童由于在出生期间或出生以后脑部受伤或感染可能会导致神经运动系统的缺陷。[3] 这类儿童会在感知、思维、情感等方面表现出单一或综合的困扰与障碍,并妨碍其正常的学习过程。对"脑损伤"进行研究与医学监测的目的是为了探索学习障碍发生的神经病理学基础。克莱门茨(Clements)则提出学习障碍的根源是"轻微脑功能失调",[4]"功能失调"(dysfunction)取代"损伤"(injury)表明这类儿童只是脑功能运转不足,不见得伴有物理性损伤,建立起学习障碍与中枢神经系统失调之间的联系;研究的角度明显地从生物—医学向心理学等学科转化。

巴拉德(Ballard)指出:长期以来人类对于残疾的研究以"心理—医学"为特点,关注残疾的病理学根源、行为特点以及矫正补偿的方法,其基本假定是:残疾由个体生理、心理缺陷所致,例如,唐氏综合征就有其特定的遗传学原因;应对残疾人进行医学的诊断、训练与缺陷补偿,应在隔离性质的特殊教育学校或机构对他们进行教育。[5] 这一范式从18世纪末特殊教育诞生到20世纪中期一直占据统治地位,它重视发展客观测量工具(如智力量表等)来诊断残疾或障碍

---

[1] Ashman, A. & Elkins, J. Educating children with special needs[M]. New York: Prentice Hall, 1994:35.

[2] Mallory, B. L. & New, R. S. Social constructivist theory and principles of inclusion: Challenges for early childhood special education[J]. Journal of Special Education, 1994, 28 (3):322-338.

[3] Strauss, A. A. & Werner, H. Comparative psychopathology of the brain injured child and the traumatic brain-injured adult[J]. American Journal of Psychiatry, 1943, 99:835-838.

[4] Clements, S. D. Minimal brain dysfunction in children: Terminology and identification [M]. Washington, DC: Department of Health, Education, and Welfare,1996:67.

[5] Ballard, K. Researching into disability and inclusive education: participation, construction and interpretation[J]. International Journal of Inclusive Education,1997, 1 (3):243-256.

类型与程度,并据此发展相应的药物或治疗方法以及具有明显医学特点的干预或训练手段。① 它以实证/经验主义为认识论基础,在可控制的条件下对残疾个体或群体研究对象进行客观的、以实验室为基础的实验与观察,以期揭示残疾及其背后的病理学依据之间的因果关系,对某一残疾类型的不同亚类型及其特征进行区分,获得不受研究者价值观以及时间、场景影响的,具有广泛推广意义的诊断结果与干预方法。

(二) 建构—解释主义\社会学范式

"二战"后随着西方人本主义思潮的兴起,激进结构主义、新马克思主义以及人类学、人种志方法随之发展。建构主义逐渐取代实证主义成为揭示社会现象、人类经验和客观事实的主要范式。② 建构主义者认为社会现实主要是通过社会互动主观建构与认知的,残疾的产生与境遇受到特定社会政治文化特点的影响。斯里特(Sleeter,1986)认为,残疾是一个"社会建构"(social construct),即残疾是由于社会的不平等与社会机制的缺陷导致的。③ 巴拉德指出,对于残疾的研究与认识以"心理—医学模式"为特点是不够的,应该着重于残疾的社会与政治环境,即残疾并非某种身体器官或功能损伤(impairment)的结果,而是社会、政治等因素导致的歧视所致。④

安德森和巴雷拉(Anderson & Barrera)指出:心理—医学范式关于残疾的理论是基于"社会是同质的结构"的假定。⑤ 这种理论认为阻碍个体与社会顺利交往与沟通的行为即是"功能失调"(dysfunctional),功能失调的人士即是"异常"(deviant)或"失能"(disability,即残疾);"能力"(ability)与"失能"是内在于个体的、可以被测量与诊断的特性,例如,"智力"即是存在于个体且能够被检测的特征。因此,该理论强调发展促进"残疾"人士与社会沟通的干预与治疗项

---

① Skidmore, D. Towards an integrated theoretical framework for research into special educational needs[J]. European Journal of Special Needs Education, 1996, 11(1):33-47.
② Denzin, N. K. & Lincoln, Y. S. Handbook of qualitative research[M]. Calif: Sage, 1994:11.
③ Sleeter, C. E. Learning disabilities: The social construction of a special education category[J]. Exceptional Children, 1986, 53: 46-54.
④ Ballard, K. Researching into disability and inclusive education: participation, construction and interpretation[J]. International Journal of Inclusive Education, 1997, 1(3):243-256.
⑤ Anderson, G. L. & Barrera, I. Critical constructivist research and special education[J]. Remedial & Special Education, 1995, 16(3):142-149.

目。然而,我们知道智力测量工具只是间接地反映人的能力,只不过是基于儿童对一系列问题反应的分数,并不等同于智力,也不能够说明大脑某部位是否有病。威尔(Will)认为,人类个别差异是自然存在的,用正常/异常的二分法标准划分儿童是武断的做法;应该取消残疾与正常人群的区分,因为各种残疾种类的划分之带来歧视和不公正的待遇。① 斯基德莫尔则从文化复制理论(cultural reproduction)角度出发,指出:残疾人教育与社会地位不平等恰恰是社会不公平现象在残疾人领域中的反映与复制。② 造成残疾的主要原因不是残疾本身,而是外部障碍。外界障碍的存在,使残疾人在社会生活中处于某种不利地位,权利的实现和能力的发挥受到限制。因此,残疾是一个演变中的概念,残疾是伤残者和阻碍他们与其他人在平等的基础上充分和切实地参与社会的各种态度和环境障碍相互作用所产生的结果。

(三) 组织学范式

上述基于建构主义的特殊教育理论与实践主要遵循的是社会学学科范式,认为"特殊教育需要"源于社会分化与分层,是社会不公平现象在特定社会群体身上的复制;现行特殊教育体系是对儿童进行分级划类、区别对待的工具。因此,社会学范式从激进的人本主义理念出发,注重宏观社会的变革,希望通过社会政治、经济等的改革减少不公平现象,主张特殊儿童从特殊学校(班)逐渐回归主流学校与社会。美国20世纪60年代以来著名的"民权运动"希望消除种族歧视,倡导残疾人回归主流学校与社会的努力正是这一模式的体现。20世纪80年代以后,人们重视社会平等的理想逐步转向改革社会的结构,教育公平的理想更需要学校的变革来实现,特殊教育从重视学生的缺陷转向重视学校的能力,希望通过学校人与物等资源的优化组合,改进学校管理,提高学校教育教学质量。斯格迪克(Skrtic)总结:现有的教育体系是官僚的、低效率的、不公平的等级制体制,它假定残疾是导致儿童学习失败的原因,而非学校本身条件或教学的不足,并为学校将处境不利儿童推向限制、隔离更多的环境找到了借

---

① Will, M. C. Educating students with learning problems—A shared responsibility[M]. Washington, DC: Office of Special Education and Rehabilitative Services, US Department of Education, 1986:55.

② Skidmore, D. Towards an integrated theoretical framework for research into special educational needs[J]. European Journal of Special Needs Education, 1996, 11 (1): 33-47.

口。① 斯基德莫尔指出：这种注重学校管理变革的组织学范式从功能主义哲学观出发，认为学校作为实现儿童社会化、习得既定社会的价值观与行为的机构尚存在着缺陷，需要从管理机制上进行变革，提高学校的效率，使学校成为社区内所有儿童的学习中心。②

  建构主义对于社会科学的发展有着深刻影响，且与后现代主义哲学范式相互交织；实证与建构之间以及相对应的科学与人文的争论也似乎远没有结束，这些思想为特殊教育提供了宏观的认识论范式基础。心理—医学、社会学以及组织学的视角转换体现了特殊教育的学科范式变迁。然而，哲学范式与学科视野需要进一步整合到特殊教育具体的理论与实践领域来。不可忽视的是，特殊教育的实践长期以来有着注重心理学、行为技术以及科学实证研究法应用的传统，新的范式的接受与应用总是慢半拍；建构主义以及其他相关的理论与范式如后现代主义思想只是近来才成为特殊教育领域讨论的话题。③ 因此，塞奇和伯勒尔（Sage & Burrello）指出：现行特殊教育的元理论就是以功能主义为范式的理性—等级结构，它假定学生的残疾是由于病理学原因导致的，因此与残疾相关的诊断与鉴定必须是客观的、有效的；对于残疾学生的安置应遵循以最少受限制环境（Least Restrictive Environment，简称 LRE）原则为基础的"瀑布式特殊教育服务体系"来进行；特殊教育的质量可以通过诊断技术与教学方法的改进而得到提高。④ 功能主义认为不同的社会组织满足不同社会需求，正如不同的人体器官满足不同生理机能一样；社会系统有很多相关的部分组成，相互补充，都有其功能；功能主义范式从客观主义角度对社会现实进行理性的解释，用实证主义的方法对社会现象与人的行为进行研究，并预测与控制社会生

---

① Skrtic, T. M. Behind special education: A critical analysis of professional culture and school organization[M]. Denver, Colo.: Love Pub. Co,1991:78-79.

② Skidmore, D. Towards an integrated theoretical framework for research into special educational needs[J]. European Journal of Special Needs Education, 1996,11(1):33-47.

③ Anderson, G. L. & Barrera, I. Critical constructivist research and special education[J]. Remedial & Special Education, 1995, 16(3):142-149.

④ Sage, D. D. & Burrello, L. C. Leadership in educational reform: An administrator's guide to changes in special education[M]. Baltimore, MD: Paul H. Brooders,1994:33.

活。① 因此,安德森和巴雷拉指出:以客观主义和实证为特点的功能主义范式一直以来是特殊教育的主要理论基础,遵循的是现代主义哲学传统,诉诸"科学的"、精确的方法,强调理性、权威、同一性、整体性、确定性和终极价值观;遵循实证科学研究的程序,或多或少具备来自自然科学研究实验的一些基本特点,重视在科学方法的指导下,通过精密的观察、测量揭示某种预想(假设)的因果关系的实证研究。②

三、后现代主义哲学视野与融合教育思想

后现代主义是指20世纪60年代以来西方以反传统哲学为特征的社会—文化思潮。在欧洲,以德里达(Derrida)、福柯(Foucault)、马尔特(Malte)等为代表的后结构主义者企图由批判早期结构主义出发来消解和否定传统西方体系哲学的基本观念;在美国,奎因(Quin)、罗蒂(Rorty)等哲学家企图通过重新构建实用主义来批判、超越近现代西方哲学。后现代主义具有以下特点:一是反理性,既反对科学理性,又反对终极性的价值理性。它批判科学理性的权威,批判追求终极真理的哲学观;它从人的生活和经验永远是个别的、杂乱的、不协调的观念出发,倡导一种非统一的、个性的价值认识。二是反中心性、反同一性、反整体性。这是解构主义提出的要求,目标就是拆除具有中心指涉结构的整体性与同一性,而把差异性与边缘性原则作为判断一切事物价值的根据;否定有高低级文化的明显划分,所谓大众文化、通俗及民间艺术形式都可以成为研究的对象。旧的等级制度与传统的精英文化受到挑战,昔日被忽略的来自边缘的、草根阶层的声音受到重视。德里达提出"解构"概念、利奥塔(Lyotard)对"元话语"的质疑和提出"谬误推理"、福柯选择疯癫等反常现象研究人文科学史都体现了差异性与边缘性原则。三是反确定性,反对传统哲学认识论追求唯一的真理性结论,重视认识者和解释者的主体性和能动性,强调人的认识成果的多维性和动态性。姚文峰认为:后现代主义的基本特征一是信仰多元化,尊重

---

① Sleeter, C. E. Learning disabilities: The social construction of a special education category[J]. Exceptional Children, 1986, 53:46-54.
② Anderson, G. L. & Barrera, I. Critical constructivist research and special education[J]. Remedial and Special Education, 1995, 16(3):142-149.

多重价值观,对永恒的真理表示怀疑,放弃了现象与本质,主观与客观之间二元对立的看法,不再承认权威的存在,走向差异和多样化。① 二是对科学技术和知识真理进行多维度或多方面的审视,后现代主义认为现代性过于相信人的理性,导致把科学知识尊为最高贵的知识,并最终演化为对科学的迷信,使得人的理性成为一种工具的理性。三是拒绝强权叙述,强调对话,认为人必须把自我当做是在叙述中或通过叙述制造出来的,而不是被发现的或是去发现的。因此,后现代主义主张承认异质的平等观,承认个体的差异,让少数派话语发言;强调多元性、多样性、差异性。②

如果说文艺复兴、启蒙运动、美国 20 世纪 50 年代以来的民权运动等西方对平等、自由的追求的一系列社会运动奠定了融合教育的社会文化基础,③建构主义以及后现代主义思潮的发展则孕育了融合教育的哲学理论基础。④ 融合即全部接纳,它基于满足所有学生多样化(diverse)需要的信念,在普通学校适合儿童年龄特征的教育环境里教育所有的儿童;所有学生,无论种族、语言能力、经济状况、性别、年龄、学习能力、学习方式、族群、文化背景、宗教、家庭背景以及性倾向有何不同,都应该在主流的教育体系中接受教育。融合教育的支持者与其他具有浓厚的后现代主义色彩的一系列人群如多元文化主义者、女权主义者以及人文主义运动者一样,总是将现行的特殊教育体制归罪于社会不公与阶层分化、科学的独断以及处于优势地位阶层独白式叙述与强势的支配。⑤ 融合的核心价值观念就是平等、个别差异、多元等后现代主义哲学崇尚的基本价值观。

首先,融合教育者持激进的平等观,支持后现代主义对西方启蒙时代以来文化与科学激进的否定,对传统的以封闭、隔离、以等级为特征的特殊教育服务模式持完全否定的态度,其目的就是要彻底告别隔离的、等级制教育体系的影

---

① 姚文峰. 现代主义知识观及其对教育的启示[J]. 教育探索,2004(7):13-15.
② Sasso, G. M. The retreat from inquiry and knowledge in special education[J]. Journal of Special Education, 2001,34(4),178-193.
③ Winzer, M. A. The history of special education: from isolation to integration[M]. Washington, D. C.: Gallaudet University Press, 1993:21.
④ Kauffman, J. M. Commentary: Today's special education and its messages for tomorrow[J]. The Journal of Special Education,1999,32(4):244-254.
⑤ Gerber, M. M. Postmodernism in special education[J]. The Journal of Special Education, 1994,28(3): 368-378.

响,使特殊教育与普通教育真正融合成为统一的教育体系;[1]认为基于心理—医学与行为主义科学的实证研究不能解释残疾,残疾只是可以被取消或解构的社会建构;[2]在学校接受教育的只有一个类别:那就是学生,用正常/异常二分法简单划分学生是不公平的,也是无效的。[3] 因此,融合教育者赞成异质平等的后现代观,承认学生的个别差异是普遍存在的,每一个儿童都有独一无二的个人特点、兴趣、能力和学习需要。[4] 后现代主义者希望解构现代社会知识的权威与社会文化的等级制度,强调平等的对话,主张一种开放性的、公平的对话,不赞成对对话中的对立面进行歧视和压制。"参与"与"合作"是融合教育最基本的原则与实践方式,也是社会融合与公正目标实现的重要指标;将残疾及其他处于弱势群体的学生边缘化,排斥于主流文化与社会之外是不公正的做法。融合教育者希望解构传统的"金字塔"等级制特殊教育体系,认为这种根据残疾程度的不同决定教育环境、根据诊断儿童异常的程度来决定儿童生存环境受限制的程度(即隔离的程度)本身就违背了回归主流本身所追求的教育平等的理想与"零拒绝"的哲学,是不公平的等级制度。[5] 融合教育就是要打破教育中存在的等级,改革带有官僚性质的、自上而下的集权式学校管理体制;消除特殊教育与普通教育的相互隔离、缺乏合作的二元体制,通过学校改革与资源重组,建立整合的、公平的学校体制;特殊教育与普通教育应该"重新组合、建构、融合为一个统一的教育体系以满足所有儿童的学习需要"。[6]

其次,"尊重多元"是融合教育核心观点。后现代主义者认为科学知识只不过是为了满足特定阶层需要的语言叙述,是优势地位群体牺牲其他性别或文化群体利益来保持自己的权利的工具;应该让那些以前受到忽视的群体发出声

---

[1] Stainback, W. & Stainback, S. A rationale for the merger of special and regular education[J]. Exceptional Children, 1984,51(2):102-111.

[2] Kauffman, J. M. Commentary: Today's special education and its messages for tomorrow[J]. The Journal of Special Education, 1999,32(4):244-254.

[3] Sage, D. D. & Burrello, L. C. Leadership in educational reform: An administrator's guide to changes in special education[M]. Baltimore, MD: Paul H. Brooders,1994:33.

[4] 同上注.

[5] 邓猛. 从隔离到融合——对美国特殊教育发展模式变革的思考[J]. 教育研究与实验,1999,67(4):41-45.

[6] Stainback, W. & Stainback, S. A rationale for the merger of special and regular education[J]. Exceptional Children,1984,51:102-111.

音;少数族裔、草根阶层、残疾人士应该有权利平等参与主流学校与社会生活,发出自己的声音。① 融合教育者认为:在现代理性与精英文化背景下,残疾是社会政治活动的产物,是文化压制的结果;传统的特殊教育分类、诊断、教学等知识与技能体系即是这种文化与政治体制下的产物,残疾是学校没有能力应对学生多元化的结果,而非学生本身的不足。学校应该尊重日趋多样的学生群体与学习需求,多元化带给学校的不应该是压力,而应该是资源。② 因此,学校应达成所有的儿童都有学习能力与获得成功的权利的共识,学校应成为每一个儿童获得成功的地方,不能因为学生的残疾与差别而进行排斥与歧视。

四、结论与启示

融合教育理论的发展与变迁紧扣西方社会科学发展过程中科学与人文、客观与主观主义、实证与建构主义之间的对立与转换的脉搏。③ 后现代主义哲学并未成功地解构科学的金科玉律,逻辑实证主义的声音仍然强劲;后现代主义哲学对现代性的反叛与充满理想主义的价值追求并未被广泛认同。然而,带有浓重后现代主义色彩的融合教育理论在特殊教育领域似乎成功地成为垄断式话语,顺利地成为各国特殊教育政策制定、实施的依据与动力。④ 在融合教育日益垄断特殊教育领域话语权、建立其强大的伦理与政治霸权的背景下,我们更应该以理性的态度反思融合教育理论发展的轨迹及其范式变迁。融合教育及其所秉持的理想主义与后现代式的激进教育观点只是特殊教育发展理论范式众多选择中的一种,它的存在不应以取消、禁止其他理论范式为基础。在社会科学中,理论范式只有是否受欢迎的变化,范式本身并没有对错之分,它们只有用处多少的区别。⑤ 融合的根本特征就是接纳与包容,不仅指接纳所有儿

---

① Gross, P. R. & Levitt, N. High superstition: The academic left and the quarrels with science[M]. Baltimore: Johns Hopkins University Press,1998:97-99.

② Salend, S. J. Effective mainstreaming: Creating inclusive classrooms[M]. 3rd ed. New Jersey: Prentice-Hall, Inc,1998:57-58.

③ Skrtic, T. M. Behind special education: A critical analysis of professional culture and school organization[M]. Denver, Colo.: Love Pub. Co,1991:78-79.

④ Booth, T. & Ainscow, M. From them to us: An international study of inclusion in education[M]. London: Routledge,1998:33.

⑤ Manset, G., Semmel, M. I. Are inclusive programs for students with mild disabilities effective: A comparative review of model programs[J]. The Journal of Special Education,1997,31(2):155-180.

童，更要包容不同的实践与理论范式。如果融合教育占据绝对的道德制高点，并成为不可挑战的新的理论权威，其本身已经违背了后现代主义提倡的平等与多元的理想，从而失去其独特的理论与人文价值。

如同后现代主义对现代性彻底的颠覆与反叛，融合教育也是在彻底反思与批判传统的隔离式特殊教育模式基础上发展起来的。然而，理想总是与现实存在着距离，社会公正与教育公平的理想也需要脚踏实地的、渐进式的步骤来实现。当融合教育的理念进入学校课堂的时候，多数研究认为特殊儿童在融合学校里学业进步不能令人满意。[1] 丹尼尔和金(Daniel & King)指出："融合教室里有特殊教育需要的学生可持续的学业增长并没有出现……考虑到课程融合是融合教育的首要目标，这一目标看来很难实现。"[2] 许多研究认为对融合教育的结论是"没有结论"，倾向于认为完全融合的观点过于极端、理想化，大多主张当特殊儿童在普通教室中所接受的教学与服务不能满足其需要时，离开普通教室一段时间接受抽出的教育与服务。[3][4] 更多的情况则是观念上、原则上支持完全融合教育的理想，但在实际的教学实践中却仍然采用传统的资源教室等部分隔离式教育的做法。可见，融合教育是一种新的教育形式，是一个从隔离逐步走向融合的过程，更是一个理想与现实的折中与妥协的过程。如果我们真的毫不怀疑地接受西方自己都没有全部接受的融合教育的理想主义思想体系的话，其结果可想而知。

从方法论范式的角度来看，融合教育体现了建构对实证、人文对科学的批判与颠覆，这是西方实证科学主义发展到一定程度下的产物，是社会科学研究者认识到科学实证主义局限性后的批判与超越。即使在建构主义不断扩大影

---

[1] Baker, J. M., Zigmond, N. The meaning and practice of inclusion for students with learning disabilities: Themes and implications from the five cases[J]. The Journal of Special Education, 1995, 29(2): 163-180.

[2] Daniel, L. G., King, D. A. Impact of inclusive education on academic achievement, student behavior and self-esteem, and parental attitudes[J]. The Journal of Educational Research, 1997, 91(2): 67-80.

[3] Debettencourt, L. General educators' attitudes toward students with mild disabilities and their use of instructional strategies[J]. Remedial and Special Education, 1999, 20(1): 27-35.

[4] Duhaney, L. A content analysis of state education agencies' policies/position statements on inclusion[J]. Remedial and Special Education, 1999, 20(6): 367-378.

响与范围的时候,实证主义仍然没有过时,仍然在西方社会科学研究方法体系中占据主流地位,成为科学的守望者。

第二节 实证主义视角下的融合教育

"就'实证的哲学'(positive philosophy)而言,最早由法国著名的空想社会主义者圣西门提出,而真正赋予它生命,并使之成为一种哲学则归功于他的学生和他的秘书孔德。"[1]自19世纪末20世纪初,孔德和穆勒提出"社会的实证主义"以来,实证主义开始成为社会科学的独立研究范式。

一、实证主义的内涵及其对特殊教育的影响

孔德是实证主义的鼻祖。受近代西方实证科学的影响,孔德认为随着牛顿时代的到来,人类对社会的认识已经走过了神学或幻想的阶段(1300年以前)和形而上学或抽象的阶段(1300—1800年),进入了崭新的科学实证阶段。在这一历史阶段中,人类的真正任务就是如何寻求真正的科学、真正的知识。孔德将在自然科学中取得成功的方法和模型应用于自己的理论,认为哲学的根本任务是对科学的本质进行探索,采用假说的手段将基础事实结合起来,再通过观察到的事实检验其正确性,使科学的知识建立在经验证实的基础之上。他的这个观点成为实证主义最核心的内涵。

迄今为止,实证主义经过百余年的发展,已经成为欧美影响最大的哲学学派。它以寻求真理、捍卫科学为基本定位,把以物理学为代表的自然科学推向了历史的舞台,并"使得所有其他科学毫无例外地都以各种方式来效仿自然科学的形式和方法,以便达到科学之地位和学科之合法化"[2],扭转了社会科学研究的路向,使社会科学开始步入规范化的发展,对当代知识探索的各个领域,如教育学、心理学、社会学、经济学等都产生了深远的影响。

特殊教育也不例外,而且实证主义对特殊教育的影响是自特殊教育从18世纪诞生之日起就占据统治地位的。在18世纪末,自然科学,特别是医学、解

---

[1] [美]沃野.论实证主义及其方法论的变化和发展[J].学术研究,1998(7):32-37.
[2] 米俊绒,殷杰.实证主义与社会科学[J].科学技术与辩证法,2008(3):21-25.

剖学的发展,使人们对于儿童生理缺陷的实质有了科学的认识,懂得了生理缺陷与残疾之间的关系,人们才逐渐摆脱对残疾人迷信、愚昧的认识。真正意义上的特殊教育,正是在人们对残疾和缺陷的病原学根源有了科学认识的基础上才得以产生的。沿着这一种思路,人们开始关注残疾的病理学根源,并试着按照病理检测的结果对特殊儿童进行分类,进而又对其施以不同类别的医学性质的干预,逐渐形成了传统的隔离式的特殊教育的模式。相对于以往对残疾人的歧视、遗弃甚至杀戮,这真是一种质的飞跃,它将特殊教育带上了科学和理性发展之路。自此以后,追求客观,强调价值中立的实证主义逐渐成为特殊教育的理论基础,并一直主导着特殊教育的发展直到今天,尽管后来兴起的建构主义、后现代主义等哲学思潮不断挑战和影响着特殊教育中的实证范式,但是,特殊教育实践中实证的传统依然没有改变,无论是针对微观的残疾个人,还是宏观的国家集体,都依循此范式进行客观的观察、精心设计的实验,以获得不受研究者价值观以及时间、场景影响的,具有广泛意义的干预方法与推广结果。

二、融合教育的理想

融合教育的提出,可以说是特殊教育发展史上里程碑式的事件。自1994年颁布的《萨拉曼卡宣言》拉开融合教育的序幕,直到今天,融合教育依然是各国研究的热点。"融合教育"一词亦成为最流行的教育词汇,而且这个由特殊教育领域提出来的思潮竟然波及普通教育,这在以往是不可想象的。而它之所以能产生如此之大的影响,是因为它是新兴哲学思潮——理想主义、建构主义以及后现代主义等的时代产物,它具有以往教育思潮所没有的完美、崇高、多元、感性、合作、开放等优点,这些足以让它成为时代的宠儿。

看看在1994年萨拉曼卡通过的《特殊需要教育行动纲领》中明确规定的条款:作为融合性的学校"应接纳所有的学生,而不考虑其身体、智力、社会、情感、语言及其他状况";"包括残疾儿童和天才儿童,流浪儿与童工,边远地区及游牧民族的儿童,少数民族儿童及其他处境不利的儿童"都应该一同在融合型学校中接受教育;"每个儿童都有独一无二的个人特点、兴趣、能力和学习需要";融合教育"必须认识到和照顾到学生之间的不同需要,顺应不同的学习类型和学习速度,通过适宜的课程、组织安排、教学策略、资源利用及社区合作,确保面向全体学生的教育质量"。"它们的成功有赖于各方的协同努力";"融合教育意味着所有人结合起来相互帮助"。

从这些令人鼓舞的词句中,我们很快就能发现融合教育的优点,它面向全体儿童,主张多元共存;尊重儿童兴趣和爱好,使儿童充分发展;强调"异质的平等",希望通过社会政治、经济等的改革减少不公平的现象;倡导新型人际关系,注重协调合作;转变思维方式,进行开放的教育。这些多元、合作、开放的特点,正是后现代主义以及建构主义追求自由,倡导批判、差异、多元和创造性,对生命的价值追求与对精神的终极关怀的真实体现。①

三、在实证中发展——西方融合教育的实践

可以说,融合教育思潮的产生是对传统的反思和超越,它所提出的新观念,提出的宏伟蓝图,着实让人鼓舞和兴奋,它的出现代表人们对特殊儿童及特殊教育的认识又上升到一个新的高度。然而,虽然融合教育的观点是新颖和先进的,但它的缺点也同样是显而易见的。它解构了传统,却没有建构起自己的稳定的思想体系,也缺乏约定俗成的公认的概念系统;它强调平等,却以一幅美丽的蓝图占领了教育领域的"话语霸权"。而且那些"每个""都有""必须""所有"等充满理想主义的语言,无不在用完美的词汇表达对平等的道德诉求。在某种程度上,它更倾向于是一种美好的教育理想,而且是近乎完美、无懈可击的教育理想,具有非常浓厚的理想主义烙印。

在融合教育提出之初,其美妙蓝图着实令人兴奋和鼓舞,人们很快就带着满腔的激情,按照各自的理解朝美好的理想奔去——纷纷取消特殊学校,让特殊儿童回到普通学校普通班学习。至于融合教育的效果如何,是不得而知的,只知道它在改变实践,但谁也不知道其好坏。在理想的道路上奔跑了一阵以后,人们发现现实远不如理想美妙——很多进入普通学校学习的特殊儿童因为适应不了普通学校的生活,又回到特殊学校学习。融合教育很快就陷入了一个两难的困境:一方面,融合教育是一种完美的道德诉求,它的正确性是毋庸人去进行实证的;但另一方面,将这种理想落实到每一所学校又是需要实际的操作

---

① 李芳. 融合教育的后现代性分析[J]. 外国教育研究,2009(3):16-19.

方法和技术的,仅凭激情是无法实现的。在这种困境之下,人们开始了反思,融合教育的理想是需要实证化、实用化的,无论它在道德上的诉求有多崇高,它始终要回归到为特殊儿童服务上来,而不仅仅是听起来很美的一种理想。这种反思,其实就是实证主义和客观主义对融合教育的制约,从某种程度上也是从理想到现实的回归。

如前所述,实证主义是欧美影响最深的哲学学派。"在西方社会,尤其在美国和英国这些具有深厚实证主义传统的社会里,实证主义被用来指导社会科学研究,已经有一百多年了。"[1]而在特殊教育领域,实证也一直是它的理论基础。所以,在西方,当人们对融合教育进行反思时,他们很自然地便遵循了实证主义的理论思考范式。现在,对于如何实现融合教育,究竟是完全融合、部分融合还是隔离的特殊学校,欧美的特殊教育工作者更多地是以实证的观点来认识它、以实证的方法来研究它、以实证的态度来寻求它的实践之道。翻看欧美国家关于融合教育的讨论,他们大多会遵循实证科学的研究程序,通过精密的观察、测量和试验等,来证实或证伪他们关于融合教育的预想或假设。而人们也会在这众多证据中找出最佳实践的一整套基本理念和操作架构。就目前看来,尽管融合教育的根源在欧洲、发端于美国,欧美的特教工作者却并没有去实行完全的融合教育,而是在经过多年的实证和摸索之后,更多地在"观念上、原则上支持完全融合教育的理想,但在实际的教学实践中却仍然采用传统的资源教室等部分隔离式教育的做法"[2]。当然,这也只是目前的观点,究竟是否应该进行融合教育、怎样进行融合教育,西方的学者们仍然在实证中不断地发展着自己的理论。可见,融合教育的理想要得以实现,是需要实证主义成为它的推动者和卫士的。

另外,由于实证主义追求客观、价值中立,它对科学是带有一种乐观的情绪的,而这种乐观情绪也需要在美好的理想中得到很好的体现。所以,从某种方面来说,实证主义也需要融合教育的理想激情,因为这种激情对于改变社会文化,净化人类的道德是有极大的推动作用的,单靠理性的实证主义是无法推动整个人类发展的。这也是造成融合教育一方面排斥实证主义,一方面又受其制

---

[1] 汪天德. 提倡一点实证主义[J]. 云南民族大学学报:哲学社会科学版,2006(1):48-53.
[2] 邓猛. 融合教育的哲学基础:批判与反思[J]. 教育研究与实验,2008(5):18-22.

约的原因。也正是在这种既排斥又制约的过程中,融合教育才得以不断地发展自己的理论、丰富自己的实践。

由此可见,在具有深厚实证主义传统的西方国家里,融合教育一方面排斥实证主义,另一方面,它又不断地受到实证主义的制约。尽管融合教育提出的理念几乎近于完美的理想,但是西方实证主义的传统却在制约和羁绊着它,使它不至于成为空想。也正是因为实证主义的存在,令融合教育从理想走向了现实之路,让它在实证中不断进行自我修正和完善。

第三节 社会建构主义视角下的融合教育

"社会建构"(social construction)一词最早由伯杰和勒克曼(Bergger & Luckmann)在1966年出版的《现实的社会建构》(*The Social Construction of Reality*)一书中明确提出的。[1] 社会建构主义最初主要应用于知识论的解释当中,并由此形成了知识社会学。20世纪70年代以来,社会建构主义逐渐发展成为具有普遍解释力的方法论,应用到了更多的社会科学领域,如国际关系研究、教育、环境和社会问题等各个方面,甚至是在忽略或拒绝考虑社会因素的自然科学研究领域,社会建构主义都做出合理的解释。社会建构主义无疑已经具备了作为一个理论范式所需要的所有要素。[2]

斯格迪克指出,特殊教育长期以来一直依附医学、功能主义与测验心理学的行为技术,结果导致特殊教育很难去探索新的范式。[3] 20世纪60年代以来,随着美国民权运动和欧洲残疾人运动的兴起,残疾研究作为一门专门的研究领域开始形成。受到社会科学发展的影响,残疾研究者也开始举起社会建构主义的大旗,将其运用到残疾研究领域当中,形成了残疾的社会建构模式。[4] 社会建构主义由此成为残疾研究者和融合主义者批判隔离与歧视、倡导融合的强有力武器。

---

[1] 刘保.作为一种范式的社会建构主义[J].中国青年政治学院学报,2006(4):49-54.
[2] 同上注.
[3] Anderson Gary L., Barrera I. Critical Constructivist Research and Special Education:Expanding Our Lens on Social Reality and Exceptionality[J]. Remedial and Special Education,1995,16(3):142-149.
[4] Baglieri, S., Valle, J. W., Connor, D. J. & Gallagher, D. J. Disability studies in education:The need for a plurality of perspectives on disability[J]. Remedial and Special Education,2011,32(4):267-278.

一、作为一种哲学范式的社会建构主义

建构主义由于其建构主体的不同而分为社会建构主义与认知建构主义两大派别。认知建构主义以皮亚杰为代表,认为儿童的认知结构主要是通过同化与顺应过程逐步建构起来,儿童只有发展到了一定的阶段,其认知水平才能达到相应的水平,其主要特点在于强调认知发展建构的个体性与内在性。作为建构主义的另一大分支——社会建构主义的独特之处在于将建构主义的思想拓展到了社会领域,更加强调社会制度、文化与政治环境对个体知识与意义建构的制约。尽管社会建构主义并不是一个统一的学派,所谓的社会建构主义者之间在很多观点方面也并不完全一致。但正如罗施(Rosch,1973)所言,社会建构主义就像是一个"大家族",各个"谱系"之间尽管并不完全相同,却又溯根同源,体现着共同的社会建构哲学范式[1],其基本特征主要体现在以下几个方面。

(一) 社会的建构性

伯杰和勒克曼指出,在我们建构我们所生活的社会之前,它是不存在的。社会建构主义的核心观点就是社会中的实体是由我们建构的,而不是发现的。这种"建构"不仅适用于社会的客体对象中,例如事实、物体和范畴,还应该运用到我们对它们所产生的观念中。社会建构主义者首先将哲学世界分为社会建构者和人的社会建构物两部分,社会建构者主要指社会中的人,而社会建构物则指向整个社会现实,特别是包括技术系统、政治—文化系统在内的社会系统,社会建构者与人的社会建购物之间处于循环的互动建构过程。[2] 一方面,人类通过在小到人与人之间的对话与沟通,大到非暴力的谈判、竞争、妥协与折中,甚至转化为大规模的暴力冲突或者战争等互动形式之中,人类人为地建构了诸如制度、科技、政策、文化等社会建构物,社会现实的意义并不是事物本质的反映,而是社会建构者所赋予的。另一方面,在人类建构周围生活世界的同时,人类也处于一种被建构的状态。人类关于客观世界的知识、观念、思想无不受社会的政治经济制度与社会文化的塑造与影响,所谓的现实或真理是在"这里"(in there),即人们头脑之中,而不是在"那里"(out there),即独立于人的存在。

---

[1] Burr V. An Introduction to Social Constructionism[M]. London:Routledge,1995:2.
[2] 同上注.

人类习以为常的知识、真理、观念并不是社会现实的反映,而是经由互动过程和社会实践,由社会文化与社会政治制度建构起来的,并且也只有在特定的政治经济制度与文化环境下才被赋予了一定的意义。简单地说,社会制度与文化建构了人类的知识与观念。

（二）知识的批判性

社会建构主义认为应该对我们习以为常的日常生活知识与观念采取质疑与批判的态度,但这种质疑与批判不再是针对知识与观念的"对或错""真实或谬误",而是关注人们是如何参与其间并导致这一知识的出现。① 因此社会建构主义者认为人们不应该再去考虑知识的内容,而更应该考虑知识的生产与制作过程,即从世界的建构性出发来对传统的实证哲学下的知识论展开批判。在建构主义哲学范式之下,科学事实都不是科学家发现的,而是社会建构的;科学知识不是对自然与现实的本质反映,而是科学共同体内部共同协商的结果。科学知识承载着科学家本人的价值、认识与意识形态,为特定的利益集团服务,本质上是一种社会建构的产品;② 相似的科学实验和理论可以得到不同的解释,从而得出不同的结论。③ 因此科学知识不应该成为社会文化的基础,因为它本身就是特定文化价值观的产物。福柯更是直接指出,"权力制造知识;权力和知识是直接相互连带的;不相应地建构一种知识领域就不可能有权力关系,不同时预设和建构权力关系就不会有任何知识。"④

（三）政治与文化的特异性

利布鲁克斯（Liebrucks）指出,我们理解这个世界的方式、我们所使用的分类与概念都是具有文化与政治的特殊性,它们都是文化与政治的产物,其产生与发展有赖于特定的社会政治背景和文化氛围。⑤ 社会建构主义者认为,所有对世界的理解方式都具有政治与文化的相对性,他们不仅相对于特定的文化与历史时期是特殊的,而且他们本身也是特定的历史文化与政治制度的产物。人

---

① 许放明. 社会建构主义：渊源、理论与意义[J]. 上海交通大学学报：哲学社会科学版,2006(3):35-39.
② 刘保,肖峰. 社会建构主义——一种新的哲学范式[M]. 北京：中国社会科学出版社,2011:52.
③ 刘保,肖峰. 社会建构主义——一种新的哲学范式[M]. 北京：中国社会科学出版社,2011:107.
④ [法]福柯. 必须保卫社会[M]. 钱翰,译. 上海：上海人民出版社,2010:29.
⑤ Liebrucks A. The Concept of Social Construction[J]. Theory & Psychology,2001(11):363-391.

类是在社会文化情景中接受其影响的,通过直接地跟他人的交互作用来建构自己的知识,从而使人与他所生活在相同社会文化中的他人达成某种程度的共识。社会历史、文化传统为人们提供了理解方式和语言范畴,我们只能在社会文化给我们划定的圈子里进行人事活动,不可能超越历史与文化。福柯更是指出,历史中的主体是知识的产物、权力关系的产物,它总是处于知识与权力的关系之中。[①]

二、残疾的社会建构模式

(一) 社会建构主义视野中的残疾观

社会科学的发展是新范式取代旧范式的过程,是不断的"范式转换"过程。[②] 作为社会科学的一个分支,特殊教育的发展同样受社会科学范式变迁的影响。20世纪五六十年代以来,在科学史上出现结构与解构、现代与后现代主义的相互追逐,特殊教育的理论研究也经历了从实证向建构的转变。特殊教育研究者首先将社会建构主义运用到了残疾研究领域之中,形成了残疾的社会建构模式。

社会建构主义哲学蕴涵的是对客观实证主义科学知识的批判。传统的特殊教育与所有的专业领域一样,其合理性也是建立在实证主义知识论之上的,即科学才能产生客观的知识。特殊教育中残疾类别的划分、残疾的鉴定与评估都是建立在科学知识基础之上,由专业人员对残疾人进行客观的诊断与评估,从而鉴定其是否为残疾。但社会建构主义以其独特的主观建构解构了知识的科学性与客观性,将知识视作文化参与与社会互动的产物;作为特殊教育实践与话语基础的理论知识不再是对现实的客观反映,而是一种主观的知识,它蕴涵着特定阶层或群体的价值观和利益。准确地说,人类在社会活动中所假定和理解的残疾现实,关于残疾的知识、观念、语言与态度,都是特定政治制度与文化背景下构造出来的。

在解构残疾的实证主义认识论基础上,社会建构主义者从"正常"与"异常"

---

① 莫伟民.主体的真相——福柯与主体哲学[J].中国社会科学,2010(3):51-64.
② 张应强.中国教育研究的范式和范式转换——兼论教育研究的文化学范式[J].教育研究,2010(10):3-10.

"损伤"与"残疾"的概念出发重新定义了残疾。他们认为,残疾与损伤之间存在着明显的区别。巴恩斯(Barnes)指出,损伤(impairment)是指身体上的功能损伤或失调,而残疾则是指由于社会与环境所施加的障碍所导致的与其他普通人平等参与社会活动机会的丧失或者限制,因此残疾更准确地来说是一个社会学概念,而非生物学术语。在此基础上社会建构主义阐释了残疾的社会建构过程。

社会建构主义者指出,某种社会状态或社会现象从滋生到被视为"问题"是一个复杂的社会建构过程。要确定一种社会现象或状态是否有"问题",首先需要人们建构对于正常社会状态的界定和理解。从这个意义上来看,"正常"已不再是人类社会本质的一种特征,而成为人类所建构的某些社会的一种特质。相对于机体有损伤的弱势群体而言,掌握话语霸权的正常人群从确定何为"社会问题"之初就已经占据了主导地位,成为强势群体。在不自觉的强权意识之下,有意无意地将身体或精神有损伤的弱势群体推向边缘化;通过宣传自己的利益和价值观,将他们的行为准则、语言文化确立为社会的"正态"标准,而将有损伤的群体的语言、行为、价值观与生活方式定义为不可接受的异常文化。通过人为地划分正常与异常的界限,他们将这些弱势群体界定为残疾群体,并将他们的行为与状态定义为社会问题,以此将他们排除于主流社会活动的完全参与之外。在此基础上,正常群体通过使用精致与完善的筛选工具来诊断一个假定的病症综合征的存在,而后对他们施以药物或者治疗学的干预手段。主观的建构披上客观科学的外衣,将弱势群体变为了正常群体的附属物,残疾人也就成为了"合理的"受压迫群体。由此正是这种不平等的社会与经济结构使有机体损伤的人变得残疾,简而言之,残疾主要是政治与社会的产物,是专业人员与其他人在广泛的社会活动中创造出来的事实。[①]

(二) 社会建构主义下的特殊教育观

基于建构主义的特殊教育理论与实践主要遵循的是社会学学科范式,认为"特殊教育需要"源于社会分化与分层,是社会不公平现象在特定社会群体

---

① Danforth S., Rhodes W. C. Deconstructing Disability: A Philosophy for Inclusion[J]. Remedial and Special Education,1997,18(6):357-366.

身上的复制,①所谓的特殊需要是社会强势群体强加于与自己在行为准则相异的群体身上的一种范畴;现行特殊教育体系中对儿童进行分级划类、贴标签以及不平等的社会制度、消极的社会态度和社会中有意或无意的排斥都是导致残疾的重要原因。从这种残疾建构论出发,社会建构主义认为,残疾问题在社会中建构,也应该在社会中解构,而这种解构则正如《萨拉曼卡宣言》中所言"以融合教育为目的的普通学校是消除歧视、创建友好社区、建设融合社会和实现全民教育的最有效手段",通过教育的融合实现社会的融合。

残疾的社会建构模式从社会公平、正义、个体权利、非歧视和社会机会平等等观念出发倡导融合教育,主张废除一切隔离式特殊学校,将残疾儿童完全置于普通学校之中,消除残疾的分类和各种标签。他们认为,融合是一种权利问题、社会公平问题,而不是实证问题,学校应收容所有儿童,不论其身体、智力、社会、情感、语言或其他条件如何,其中应包括残疾和有天赋的儿童,流浪儿童,童工,在语言、民族或文化上属少数人群体的儿童以及其他处境不利或处于社会边缘地区或群体的儿童;倡导融合就是反抗社会强势群体对弱势边缘群体的压迫,重构社会文化,让残疾人回归到自由状态。弗兰德(Friend)还指出,融合不仅是指残疾儿童在物理层次上的融合,还应该能够让残疾儿童实现课程教学中的融合与社会中的融合,既要让残疾儿童走进普通教室,也要让他们能够积极参与到课堂中的各种教学活动与课程学习中来。②

考夫曼(Kauffman)指出,社会建构主义倾向于从伦理而非实证研究的角度出发倡导融合,在他们看来有关融合与隔离计划的有效性对比研究结果是无关紧要的,融合是一种权利,而权利是无须论证的。③ 特殊教育趋向融合的发展历程中,社会建构主义已经不仅仅是残疾研究的一种研究范式,更重要的是社会建构主义已经成为融合主义者为残疾人争取平等权、消除社会歧视与障碍的有力工具。

---

① 邓猛,肖非. 隔离与融合:特殊教育范式的变迁与分析[J]. 华中师范大学学报:人文社会科学版,2009(4):134-140.

② Friend M., Bursuck W. D. Including Students with Special Needs: A Practical Guide for Classroom[M]. Pearson,2012:6.

③ Halahan P. D.,Kauffman M. J.,Pullen. 特殊教育导论[M]. 肖非,等译. 第十一版. 北京:中国人民大学出版社,2011:48.

三、社会建构主义视野下的融合教育观
（一）从残疾的个体解构到社会文化、制度与环境的重构

长久以来在社会大众意识中所存留的根深蒂固的偏见与歧视、社会物理环境中的各种障碍从思想与社会空间两个方面将残疾人有意或无意地排斥到了社会边缘。而在排斥的同时，社会大众又保持着对残疾人一贯的怜悯与同情，将其视为施舍的对象，而不是平等的一员，在这种态度之下，国家对残疾人的政策也主要表现为一种慈善模式，通过建立具有人道主义色彩的寄宿机构和收养所来满足残疾人最基本的生理需求，同时建立隔离性特殊学校来培养残疾儿童最基本的生活技能。

而社会建构主义者则从解构传统医学—心理学下的残疾观出发，指出社会现实主要是通过社会互动人为主观建构的结果，残疾的产生与境遇并非身体或精神损伤的结果，而是受到特定社会政治文化特点的影响，是不公平社会的等级制度的体现。残疾既然是在社会中建构的，相应的也应该通过社会进行解构，以此才能消除这些对残疾人的禁锢。奥利弗（Oliver）指出，残疾不是个人的悲剧，残疾人本身没有错，所需要的是社会的改变；残疾人权利运动的政治目标就是清除社会制度与文化所施加的障碍，解决社会大众群体对残疾人的压迫与歧视问题，对残疾人形成积极的态度认同感，推动残疾人的社会融合，创造一个无障碍社会（barrier-free-society）。[1] 显然，在社会建构主义的理论视野下，残疾人的解放已不再是通过简单的医学和心理学对残疾人身体或精神上的损伤进行康复性的治疗与训练所能实现的，而应该更多地依赖于社会文化、社会环境和社会制度因素，从一个更加广阔的视角消除残疾人参与社会的障碍。既然残疾是社会文化建构的结果，是由社会的不平等与社会机制所导致的，那么解放残疾人首要的就是要进行社会变革，改变不平等的社会结构与充满对残疾人歧视与消极态度的社会文化，通过减少社会政治与经济中的不平等，来营造注重公平与正义，充满关怀与理解的文化氛围。其次，通过无障碍设施与通用设计产品的开发与设计，使残疾人真正能够走出家门，展现其优势，让社会大众能

---

[1] Oliver. Understanding disability: From theory to practice [M]. Basingstoke, United Kingdom: Macmillan, 1996: 45.

够全面地了解残疾人,消除偏见与歧视,建构起新的残疾观,从整个社会的物理环境与心理环境两个层次上提高残疾人进入社会的通达性。在此基础上,国家对残疾人的政策也应由过去那种建立在同情与怜悯基础之上的、以满足残疾人生理需要为主旨的慈善模式转向以责任与平等为基础的、以推动残疾人社会参与为目标的社会文化支持。

(二) 从指令性课程到探究性课程

实证主义范式下的指令性课程以目标为导向,重视知识灌输与技能训练,从课程的内容到评价整齐划一,全国统一课程与教学。这种充满支配欲与控制欲的课程带有准军事的色彩,"是适应于高度集中的行政管理体制和一统化的计划经济体制的必然产物"。其背后的课程设计思维仍然是工业领域的目标和行为控制模式与工艺学的流水线操作模式,认为只要提前制定合理的目标,准备足够的知识,就能如同生产工业产品一般将学生带入到课程的流水线作业之中。但这种指令性客户层抽去了对学习者情意要素和人格发育的培养,使其就范于预制的课程框格,最终使学习者沦为课程内容别无选择的全盘接受者。并且它在课程设计中拒绝承认学生的特殊性、差异性,以所谓从事物运动中演绎出来的规律和义理来组织课程内容与结构,在向学习者灌输知识、宣扬义理、训练技能的过程中使之从本应燃烧的生命异化为单向储存知识和义理的容器,变相剥夺了其学习过程的主动性和学习方法。[①] 在这种指令性课程中,正常的学生尚且无法适应其高强度的机械训练和重复的知识灌输,更何况是残疾学生,更是难以适应其快速的与整齐划一的学习节奏,使得"随班混读"的现象更加严重。

而在建构主义的理论范式中,知识不再具有天然的合法性,即使是自然科学知识,也不可避免地带有人为建构的色彩,充溢着个人的价值倾向与利益纠葛。[②] 学习者基于自己的经验在与课程资源的相互作用中建构自己的知识,从而成为个体的教育性经验。通过对知识的性质进行重新审视,建构主义者消解了知识的绝对性和普适性,转而强调知识的个体性与情境性,突出个体对知识的意义建构。这种对知识与学习的重新认识必然导致课程观念与课程设计原

---

① 潘涌. 论课程创新与教学创造力的解放[J]. 教师教育研究,2004(1):20-25.
② 艾兴. 建构主义课程研究[D]. 重庆:西南大学博士学位论文,2007.

则的更新,使得课程更加强调探究性;课程也不再是将现成的知识以被动学习和机械训练的形式灌输给学生,使学生成为只会为考试谋取分数、匠气十足的知识复制者,而是要激发学生的探究精神,为学生提供真实的学习情境与待解决的学习问题,鼓励学生自主探究学习、基于案例的学习、拓展性的学习与基于项目的学习,并以此方式参与课程的设计与编制,突出课程的情境性、探究性、参与性与互动性,使学生在解决问题的过程中结合自己的经验,建构其对于知识与经验的理解与意义。

(三) 以教师为中心的单向传递模式转向以学生为中心的平等建构

在传统指令性与规范性的课程之下,全国实行统一的教学,教学就是以教师为中心,严格遵守课程的教学大纲,向学生单向传授知识的过程。在这种课程范式之下,尽管从表面上教师与学生处于主动与被动、控制与被控制的地位,但实则双方都饱受创造精神与创造才能被压抑的精神枷锁,很难走出行政指令的种种桎梏。作为教学"控制者"的教师只能按部就班地复制教学大纲的行政规划要求,作为"被控制者"的学生只能机械地内化枯燥的课程知识,教学过程成了磨折学生思维自主性与精神独立性的过程,即学生心灵的驯化过程。而建构主义者则从知识的主观建构出发,强调知识的获得是一个建构而非给予的过程;理论不是权威的特权,应该是不同范式之间的对话;教学不应该是一个单向的传递与给予的过程,而应该是一个师生平等参与、共同经历、自主探索的知识生成与发现的过程。[1] 社会建构主义理论范式之下所产生的教学方法,例如策略教学(strategy instruction)、互惠式教学(reciprocal teaching)、合作学习(cooperative learning)等都蕴涵着建构主义课堂中的情景互动与师生共同参与的理念。在这些参与建构式教学中,教师从知识的传授者转变为学生学习的积极协调者,教师需要认识到并不存在一个对所有学生而言都正确的、放之四海而皆准的答案,学习和问题解决过程本身就是双方相互协调与洽谈的过程,就是知识生产与意义建构的过程。这个过程要求充分的互动,拒绝对任何儿童做消极的判断。

社会建构主义者认为,这种建立在师生双向互动、以学生为中心的平等建

---

① 邓猛,景时.特殊教育最佳实践方式及教学有效性的思考[J].中国特殊教育,2012(9):3-8.

构基础之上的参与建构式教学应该走在学生发展的前面,[①]以教学促发展。通过与周围同伴和教师的双向沟通与交流,学生逐步建构起自己对社会的理解和学习经验,在特定的情景中潜移默化地提高技能与概念性知识。此外,建构主义教学特别强调学生"最近发展区"的发展,最近发展区理论强调儿童的发展潜力,认为儿童在教师或者学习能力较强的同伴的帮助下,可以实现个人的发展潜力。对于残疾儿童而言,他们可能由于自身的机体损伤在学习上存在着一定的困难,但是通过教师的合作教学与同伴协助,他们是可以提高到应有的发展水平的。残疾学生或者在学习上存在困难与障碍的学生也不再是教师与班级的负担,而是教师教学的资源。通过学生的多样性带来课堂互动与交流的多样性,丰富教学环境,提高学生的认知水平。

第四节 后现代主义视角下的融合教育

后现代主义(postmodernism)是20世纪60年代流行于西方社会的哲学和文化思潮,融合教育的理念就是在这样的文化思潮中生根发芽的。后现代主义是相对于现代主义而言的,"主要用以指称西方后工业社会或晚期资本主义社会新兴的社会文化现象,它显示出与此前的现代主义文化形态明显不同的特性"[②]。可以说后现代主义是现代社会或工业社会发展到一个巅峰后的一种逆转。

一、后现代主义及其基本特征

后现代主义是一个从理论上难以精准下定义的概念,这主要是由于后现代主义的思想家们都反对以各种约定成俗的形式来界定或者规范后现代主义,因为这本身就违反了后现代主义反对同一性和本质主义的初衷。作为与现代主义相对立的一种文化思潮,后现代主义表现为对现代主义的批判、反思与解构。罗西瑙(Rosenau)在分析现代和后现代的不同时说:"现代的信仰寻求孤立的元

---

① Mallory B. L., New R. S. Social Constructivist Theory and Principles of Inclusion: Challenges for Early Childhood Special Education[J]. The Journal of Special Education, 1994, 28(3): 322-337.
② 赖大仁. 后现代主义与当代文艺发展[J]. 贵州社会科学, 2007(11): 70-76.

素和特定的关系并形成系统,而后现代主义者却相反。后现代主义者提供不确定性而非确定性,多样性而非统一性,差异性而非综合性,复杂性而非简单性。他们寻求独特而非一般,上下互动关系而非因果关系,不可重复性而非再次发生的惯例。伴随后现代主义的视角,真理让位给了尝试,社会科学成为一个更谦虚的事业。"[1]后现代主义的代表人物大卫·格里芬(David Griffin)说过的一句话或许可以帮助我们更为直观地理解什么是后现代:"如果说后现代主义这个词汇在使用时可以从不同方面找到共同之处的话,那就是,它指的是一种广泛的情绪而不是任何共同的教条——即一种认为人类可以而且必须超越现代的情绪。"[2]因此,后现代可以被简单地理解为对现代性的批判与超越。其基本特征包括以下几个方面。

(一) 反对普遍性或同一性,推崇多元、差异和边缘

自亚里士多德(Aristoteles)提出关于"事物是什么"与"是其所是(它是怎样的)"的区分起,西方哲学就步入了追求共同的本质,追求同一性的思维模式。[3] 发展到后来,几乎所有的现代主义哲学流派都可以归属于这种思维模式。而这种思维方式的实质就是以同一性消融差异性和多元性,从而导致了所谓"权威话语"的合法垄断统治,忽视了世界的复杂性与丰富性。后现代主义哲学家强烈反对普遍性和同一性,积极提倡差异性和多元性,期望颠覆现代性的思想霸权和权威话语的垄断,积极倾听一切人的声音,尤其是现代社会所造成的、被长期忽略的边缘者、非中心者和无能力者等,使人们之间相互理解、尊重和宽容,让不同的国家、文化、种族以及性别多元共生,最终建立一个公平、民主、自由的社会。

(二) 反对理性主义,强调非理性思维

自文艺复兴和启蒙运动以后,理性和科学技术逐渐取代宗教而登上了神圣的殿堂,确立了自身至高无上的权威地位。然而,理性科学和技术的进步却并没有带来它所期望的自由、解放和幸福,这种以理性或逻辑为基础制定出来

---

[1] Rosenau, P. M. Postmodernism and the social sciences: Insights, inroads, and intrusions[M]. Princeton, NJ: Princeton University Press, 1992: 8.

[2] [美]大卫·格里芬. 后现代科学——科学魅力的再现[M]. 马季方,译. 北京:中央编译出版社,1995: 20.

[3] 梅珍生,等. 后现代主义视域中的和谐思想[J]. 哲学研究,2007(4):13-17.

的条理和方法论,反而变成了一种异化的神权,一种奴役人、控制人的力量和一种统治工具。[①] 将人的个性、情感、想象和创造性等都限制和束缚在理性的范围之中,造成了人类心灵世界的严重危机。在这种情况下,后现代主义开始了对理性主义和科学主义深刻的反思,极力推崇人的情感、意志、兴趣、爱好、信仰和欲望等,以促进人的自由和全面、和谐的发展。因为欲望、动机能调动和激发人的能动性、创造性和积极性。积极的情感、情绪会使人精神振奋、意志坚毅,不懈地追求真理;兴趣和爱好则直接影响主体对认识、实践对象的取舍和解释;信念和信仰则是人认识和改造世界的重要精神支柱。[②] 有情绪、情感以及非理性的参与,人们才能更好地认识复杂多变的现实世界,实现全面发展。

(三) 反对中心主义,主张重建人与自然、人与社会以及人与人之间的关系

后现代主义的反中心特征,是通过反主客二分、反"人类中心主义"、反"自我中心论"的思想倾向体现出来的。其反对"把主体看成与独立的客观世界相对立",认为"主体与客体不能像这样彼此分开",提出人或主体不是独立于世界万物的实体,而是"本质上具体化的并且实际上是与世界纠缠在一起的"。[③] 所以,后现代主义在人与自然的关系上,强调人不是自然的主人,自然界也不是一个被动地被改造的客体,人只是自然的"托管人"和"守护者"。而在人与人的关系上则主张摒弃个人主义,消除人我之间的对立。将人看做是一种关系的存在——每个人都处在与他人的关系之中,而个人只有在人们的相互关系中才可能被理解。所以,后现代主义推崇"对话"与"合作",因为"对话"与"合作"是一种人际发生的过程,它没有居于中心地位的认识主体,而只是一种伙伴关系或合作关系的平等交往。对人如此,对自然亦如此。后现代主义以批判现代性、追求自由为其思想主旨,拆解一切具有中心结构的整体性、同一性、确定性等,倡导批判、差异、多元和创造性等,最终实现对生命的价值追求和对精神的终极关怀。

---

① 王文晶,王春光.真善美的统一与对后现代性的反思[J].长春理工大学学报:社会科学版,2005(2):127-129.
② 陈金美.析后现代哲学的三大特征[J].湖南师范大学社会科学学报,1999(6):44-48.
③ 同上注.

二、融合教育的后现代意蕴

后现代文化思潮在教育领域引发了教育理念的转向,它反对现代主义的工业生产式的精英教育,主张全民教育、终身教育、多元化教育和通识教育等理念。① 后现代主义对融合教育思想产生的影响更为明显,融合教育的很多观念都能在后现代主义思潮中找到源流。

(一) 融合教育的差异教学思想根植于后现代"多元主义"的观点

现代主义建立在对事物认识的普遍性和同一性的基础之上,它寻找事物的共同本质,并试图对事物做出同一性的解释。这样的现代性追求造成了对事物多元性和差异性的压抑,导致了占有优势地位群体的"话语霸权"。那些处在边缘的群体的声音往往得不到表达,世界的丰富性被冷峻的现代话语抹上了灰暗的颜色。传统的教育深受现代主义文化的影响,表现为:教学以教材为中心,教科书呈现的知识绝对客观性高高在上,不可动摇;教师一方面成为绝对知识的"传声筒",另一方面在教室内完全掌握着话语的权威;学生在教室中只是知识被动的接收者,他们每个人的个性特征不受重视。在特殊教育领域,特殊儿童则被认为不符合普通教室的统一标准而被排斥与隔离,只能在特殊学校和班级中接受教育。

后现代主义者反对话语的霸权,不承认有绝对客观的知识,认为每一个人都有着独特的认识世界的方式。那些长期被忽略的边缘人和无能者都应该发出自己的声音,人们之间应该相互倾听、相互理解与包容。这种对"多元性"价值的高度张扬极大地影响了融合教育理念。1994年特殊教育大会上发布的《萨拉曼卡宣言》就提出:"人的差异是正常的。学习必须据此来适应儿童的需要,而不是儿童去适应预先规定的、有关学习过程的速度和性质的假设……每个儿童都有其独特的特性、兴趣、能力和学习需要……教育制度的设计和教育计划的实施要考虑儿童特性和需要的广泛差异。"因此,"普通学校来一次重大的改革……发展一种能成功地教育所有儿童,包括处境非常不利和严重残疾儿童的儿童中心教育学……认识到学生的不同需要并对此做出反应,通过适当的

---

① 杨宝山,孙福万.21世纪课程目标:向后现代教育过渡[J].北京师范大学学报:人文社会科学版,2000(4):32-37.

课程、组织安排、教学策略、资源利用以及与社区的合作,来满足学生不同的学习风格和学习速度,并确保每个人受到高质量的教育。"① 从中可以明显地看到,后现代文化所提倡的注重差异的"多元主义"在融合教育理念中得到淋漓尽致的体现。

(二) 融合教育的"社会建构残疾观"直接来源于后现代主义理论

虽然很少有融合教育理论家直接宣称自己是后现代主义者（后现代主义者也很少这么称呼自己）。但是,我们还是可以从理论的内容上看到融合教育思想对后现代主义思想的传承关系。

后现代主义理论家中对特殊教育影响最大的人物一定是米歇尔·福柯。福柯作为后现代主义思想家的代表人物,在他最为主要的著作《疯癫与文明》中表达了对待疯癫的文化理解方式:"人们……用一种至高无上的理性所支配的行动把自己的邻人紧闭起来,用一种非疯癫的冷酷语言相互交流和相互承认。……在现代安谧的精神病世界中,现代人不再与疯人交流。一方面,有理性的人让医生去对付疯癫,从而认可了只能透过疾病的抽象普遍性所建立的关系;另一方面,疯癫的人也只能透过同样抽象的理性与社会交流。这种理性就是秩序、对肉体和道德的约束,群体的无形压力以及整齐划一的要求。"② 从这段话中可以明显看出福柯所持有的残疾观念。在福柯看来,疯癫并不是一种生物学意义上的自然现象,而是社会文化的产物。如果没有把这种非理性的现象说成是疯癫的文化历史,也就根本不会有疯癫的历史。所以说,福柯认为疯癫是一种社会的建构物。

"融合教育"显然是继承了福柯的"疯癫社会建构"理论,并把它扩展到对所有的残疾类型的理解上去。斯基德莫尔认为造成残疾的主要原因不是残疾本身,而是外部障碍。外界障碍的存在使残疾人在社会生活中处于某种不利地位,阻碍了他们权利的实现和能力的发挥。③ 融合教育理论家莫里斯(Morris)应用这一理论来反对"隔离"的特殊教育:"人们对我们的期望是在以前残疾人

---

① UNESCO. The Salamanca statement and Framework for Action on Special Education[R]. Adapted by the World Conference Special Needs Education Access and Quality, Salamanca, Spain, June. 1994.

② [法]米歇尔·福柯. 疯癫与文明[M]. 刘北成,杨远婴,译. 北京:三联书店,2010:1-2.

③ Skidmore, D. Towards an integrated theoretical framework for research into special educational needs[J]. European Journal of Special Needs Education, 1996,11(1):33-47.

的经验上建立起来的。如果残疾人被隔离,被看成异类,被看成功能不同的人,那么他们永远不会作为完整的社会成员被接受。这是对特殊学校、对隔离的规定最严厉的声讨。"① 格伯更是直接主张用后现代主义中的建构理论来对特殊教育进行全面的改造:"特殊教育工作者应该借鉴'后现代主义'中的建构理论和价值观,并以此规范特殊教育的发展、改革、教学和课程。……社会建构主义认为社会与文化背景不仅影响认知领域,而且反映特定的历史形式。社会建构主义者想要通过重新塑造人们在社会交往中的共同认知的方式来改进政治与意识形态。……特殊教育的阻碍并不是来源于社会结构,而来源于由班级或团体支配的知识系统,正是这一知识系统规定了现存社会结构的合法性。社会建构主义者认为那些位高权重的群体通过控制语言、标准和科学逻辑系统化地压抑了处于相对弱势的群体的自然'声音'和发展潜力(例如,少数民族、女性、重度残疾儿童)。"② 可见,融合教育理论家们不满足于从生物、医学和心理的角度来看待残疾现象,而是从后现代主义理论中社会建构的观点,更着重于从社会、政治与环境中去理解残疾现象。

(三) 融合教育者所宣称的"无差别主义"与后现代文化中"反对科技理性"的观点相符合

现代主义的"科技理性"的话语霸权将残疾人看成是不正常的个体。后现代主义者强烈反对这种正常/不正常的二分法,认为科学理性的话语只是夸大了残疾的特征,科学理性通过把这些特征说成是"异常的"以证明自身科学分类的合理性。后现代主义者认为并没有所谓的正常和不正常,每个人都有其独特的个性和表达方式。融合教育者同样认为这种划分会对特殊儿童造成不利影响。格兰杰(Granger)认为那些被称作不正常的儿童无论是在普通教室还是在隔离环境中,都被寄予很低的期望,很少被他人需要。如果一个儿童被称为智力发育迟缓,他们都会要求接受一些特殊教育来纠正一些细小的毛病。逐渐地,这些学生,无论智力水平高低,都学会在"特殊"的分类中寻找保护,他们学

---

① Morris, J. Progress with humanity? —The experience of a disabled lecturer[R]. In R. Rieser & M. Mason (Eds.), Disability, equality in the classroom: A human rights issue. London: ILEA, 1990:53.

② Michael M. Gerber. Postmodernism in Special Education[J]. The Journal of Special Education, 1994, 28(3):368-378.

着更特殊。① 因此,融合教育的支持者提出了"无区别主义"(the doctrine of indistinguishability)的观点。"无区别主义"的倡导者相信残疾人与常人没有什么区别,他们认为残疾本身并无特殊之处,它仅仅只是人所具有的无数身份特征中的某一个特征而已。因此,绝不能把"残疾"作为排斥残疾人的一个正当理由。他们顶多看起来只是有点令人不顺眼罢了。美国盲人协会主席肯尼思·杰尼根(Kenneth Jernigan)很具有代表性,他说:"如果失明是一种缺陷(或限制)的话(并且确实是),则它也应该同普通人所具有的很多其他特征一样,被认可和接受。我相信,失明只是与人所具有的其他上百种特征一样。每个盲人基本上都可以完成职业范围内的相应的工作,也会获得(当然,是附有条件的)很多的职业培训和发展机会。"②

"无区别主义"的普遍盛行反映出了融合教育的核心理念。融合教育反对区别性的隔离对待,强调应该完全地实现残疾人的一体化模式。如果你真心想为残疾人事业做点什么的话,不在于你为残疾人提供了什么服务,更重要的是观念的改变,即改变传统意义上对"残疾"的认识,并自下而上、重建社会制度。也许,只有这样才更有意义。③ 融合教育者们的"无区别主义"反映在教学上就是主张所有的儿童都一起在普通教室内上课,他们并不特殊,他们只是需要一些额外的帮助。而重要的是,这些额外的帮助并不只是这些特殊儿童所特有的,额外的帮助几乎是所有儿童都需要的。正如贝莱特(Bereiter)所说的:"对任何学习,不论是游泳还是阅读,总有一些学生不需要任何帮助而另一些学生需要大量的帮助。处于教育不利的学生就是那些在学业上需要比普通学生更多帮助的人。他们需要帮助的理由是多方面的,我们可以简单地认为儿童只是在是否需要帮助和为什么需要帮助方面存在很大的差异。"④

综上所述,融合教育的很多理念都是来源于后现代主义文化之中的,融合

---

① Granger L., Granger B. The magic feather [M]. New York: E. P. Dutton,1986:7.

② Jernigan, K. Blindness: handicap or characteristic? [M]. The World Blind (World Blind Union),1966:44-49.

③ Low, Colin. Point of View: Is Inclusivisim Possible? [J]. European Journal of Special Needs Education,1997,12(1): 71-79.

④ Zigmond, N. An exploration of the meaning and practice of special education in the context of full Inclusion of students with learning disabilities [J]. The Journal of Special Education,1995,29(2):109-115.

教育理念的倡导者很多都带有后现代式的理想主义,我们甚至可以说融合教育主义本身就是后现代文化思潮的一个分支。

三、由后现代主义的局限性看融合教育存在的问题

后现代主义站在反传统的立场,以新的视角和思考方式来寻找人与世界的最终统一,这无疑是人类精神的一次大解放。但后现代主义的缺点和局限也是显而易见的,并由此也造成了融合教育的缺陷。

(一)观念超前,却流露出一种激进的"乌托邦"情绪

融合教育在伦理上是高高在上不容反驳的,因为它的目标是让所有的人都受到适合自己需要的教育,从而获得充分、自由和全面的发展。梦想虽然是美好的,但是,支撑现代特殊教育的社会还没有拓展到容纳这些理念的程度,也就是说,观念是后现代性的,社会却仍徘徊在现代的领域里,远没有达到后现代的物质文明。① 虽然融合教育的理念不断在现代社会中得到体现,人们也不断地在向这个方向努力,但是,融合教育的完全实现只有寄希望于融合型社会的成熟。在现代社会和融合型社会之间,融合教育只能是随着社会的不断发展而逐渐实现的过程。但是,融合教育在走向实践时,却更多地变成了一种因为不愿正视现代社会中的问题,转而回避这些问题的激进的"乌托邦"。这种"乌托邦"情绪极力设置一个理想化的世界,却又无法缓解社会的现实困难,这给融合教育的实践带来了不小的困难。

(二)解构传统,却没有重构

融合教育作为反传统的代表,以崭新的姿态展现于世人面前,令人耳目一新。但是它在分离、解构和消解传统的同时,也常常给人以迷茫和无根的感觉。因为它解构了传统,却没有建构起自己稳定的思想体系,也缺乏约定俗成的公认的概念系统。所以,有人曾指出,明白后现代主义所反对的东西,要比弄清它所赞成的东西来得容易些。② 融合教育在解构之后,剩下的只是"模糊""不确定性"等,它无法成为一个操作性的概念,与实践之间存在着极大的鸿沟,丧失了其为实践提供理论指导和说明的职能。所以,时至今日,尽管我们在融合的

---

① 冯建.论建设性后现代主义对后现代教育的重建[J].湖南师范大学教育科学学报,2005(5):24-27.
② 陈建华.后现代主义教育思想评析[J].外国教育研究,1998(2):1-6.

道路上已行走多时,可对于诸如"什么是融合教育""怎样做才能实现融合"的基本问题仍然深感困惑。而对于融合教育所存在的那些"不确定性"和"模糊性",融合教育的拥护者们也只能用"美丽的辞藻"去填补出现的问题,却无法给出一个确切的答案和稳定的思想体系。

(三)批判否定,却陷入了矛盾的困境

后现代主义反对中心,自己却成了最热门的"中心";它反权威,却不期然地成为反权威的权威;它张扬多元、多维、多层、多面的存在,却促成了争"后"恐先、以新为好的一元心态,连追求多元也成了一种时髦。[1] 融合教育也走进了这样一个怪圈——它以一幅美丽的蓝图成为教育领域的"热门中心",无论是特殊教育还是普通教育,甚至其他学科都在对它争相追捧,在人们的关注和热议中,它也树立起自己的高高在上的权威,它的远景蓝图无可辩驳,它的响亮口号不容置疑,甚至只要反对融合就是不正确的。运用后现代反思的精神,我们试问:融合型社会就一定是适合特殊儿童的吗?所有的学生就一定要在融合学校就读吗?他们就不能有"多元"的选择吗?融合教育无法对这些问题自圆其说,更为危险的是它陷入困境中却无法自拔,在人们的追捧中正自命不凡、洋洋自得。在批判他者的同时,它能否应对他者的批判呢?显然,融合教育与后现代主义一样,陷入了矛盾的怪圈。

四、融合教育实践中现代主义逻辑依然强烈

由于后现代主义理念本身的理想化和实践的超现实性,人们在制定融合教育的相关政策时可以带着后现代主义的理想,而在制度设计上却需要现代主义的解决方式。然而这里的悖论在于:尽管后现代主义满足于对现代主义严谨的科学理性的全面否定,倾向于将现代主义的井然有序安排方式看成是优势集团的话语霸权和强权叙述,但是在实际生活中残疾人依然需要明确的法律规定和带有明显指向性的帮助。现代文化下的理性与严谨在这时就可以发挥巨大的影响。这种影响主要体现在两个方面:一是资金分配;二是科学研究。

后现代思潮的涌动并没有撼动几百年来现代社会的根本,后现代主义的热

---

[1] 王岳川. 走出后现代思潮[J]. 理论参考,2007(10):57-58.

情在很多情况下无法解决实际问题。比如主张"无差别主义"的后现代融合教育理想就在实践中遇到极大的困境。无差别主义主张特殊儿童并不"特殊",而只是与其他各有特色的儿童一样。但是疑问就来了,如果真是如此,那么是否还应该对他们提供特别的帮助呢?对他们的特别的帮助是不是就意味着给他们打上了标签,从而建构了他们的残疾人身份?如果不对残疾人进行严格的分类与区分,那么如何确定该给谁提供帮助,提供多少和什么样的帮助?因此,即便是作为融合教育发源地的美国也还是保留了现代主义对残疾的精确分类方式。在美国《教育所有残疾人法》(*Individuals with Disabilities Education Act*,简称 IDEA)法律框架下,有资格接受特殊教育服务的 3—21 岁的儿童和青少年按照他们的残疾类型精确地划分为 13 个类别。[1] 这种分类的目的是为了能够清晰地确定谁有资格接受何种服务的明确界限,每一种类别的儿童和青少年会获得相应的政府资金支持。所以,在美国被鉴定为是"特殊儿童"相当于你有获得更多教育服务和康复医疗的机会,政府会多对你进行资金上的支持,教师也会更加注意你。在这种益处的刺激下,为了能使自己的孩子争取到更多服务,美国的父母更愿意将他们的孩子划归到某种残疾类型之中。在美国越来越多的学生被鉴定成有学习的障碍,并发展成为美国最大的残疾类别。[2] 而至今为止,学习障碍的定义依旧不是很清楚,有的人甚至因此怀疑学习障碍成为独立的障碍类别的合理性,称学习障碍为"想象中的障碍"。[3] 更有研究者就认为很多残疾分类只是一些父母为了给他们的孩子争取服务而捏造的说辞,是一种虚构的说法。[4] 从中,我们看到后现代的"无差别主义"并没有被广泛接受,相反现代主义科学理性下的分类的逻辑依然强劲有力,并成为支持融合教育实

---

[1] 美国国家教育统计中心(The National Center for Education Statistics,NCES). Table A-9-1. Number and percentage distribution of children and youth ages 3—21 served under the Individuals with Disabilities Education Act (IDEA), Part B, and number served as a percentage of total public school enrollment, by disability type: Selected school years, 1980—1981 through 2009—2010[EB/OL]. http://nces.ed.gov/programs/coe/tables/table-cwd-1.asp Table A-9-1.

[2] U.S. Department of Education. Nineteenth annual report to Congress on the implementation of The Individuals with Disabilities Education Act[M]. Washington, DC: Author, 1997:5.

[3] 邓猛. 从美国学习障碍定义演变的角度探索其理论分析框架[J]. 中国特殊教育,2004(4):58-63.

[4] Sam Dillon. Special Education Soaks Up New York's School Resources[N]. New York Times, 1994-04-07(18).

现的核心方式。

另外，后现代主义反对科学理性的霸权，认为科学理性本身就是建构残疾的罪魁祸首，正是因为现代人从"生物医学"的角度来看待残疾人，才造成了他们如今悲惨的命运。融合教育者，特别是那些赞成"完全融合"的理论家们，特别支持反对科学理性的观点。但是，在融合教育实际的操作中，仅仅依靠不将残疾看做是病理缺陷的观念并不能解决特殊儿童在教室内有效学习的问题。科学技术在很大程度上反而是促进了实施融合教育的可能性。例如，为视障的儿童提供"放大器"，为耳聋的儿童提供助听器或者植入人工耳蜗。随着科学技术的发展，很多"残疾"都有可能被治愈，人类基因组计划如果能够取得全面的成功，那么几乎所有残疾都是可以避免和消除的。这对残疾人和他们的家人是极具诱惑的。如果你问一个自闭症儿童的家长，是愿意通过科学的治疗来驱除这些儿童功能上的障碍，还是愿意保留这种个人的"特征"，并且声称这些只是社会偏见的产物？我想所有人都会选择前者。正如考夫曼所说的："后现代的解决问题方式既不实用也不可靠。虽然后现代主义认为激进的改革是唯一的解决方式，但是，积极改变的途径是建立在物质真实世界的经验研究基础上，这样才更有可能提供理性和可信的解决方法。"[1]可见，后现代描绘的完全融合的理想尽管很美妙，现代主义的理性逻辑依然是实现融合教育的主要方式。

第五节　社会分层视野下的融合教育

社会是一个结构化的有机整体，各个组成部分都是社会结构系统的必需。[2] 无论是拥有大量财富的阶层，还是贫穷的阶层；无论是拥有较高社会地位的职业人群，还是受人轻视的职业人群；无论是融入社会并能体现社会价值的普通人群，还是被社会拒绝、处于弱势地位的残疾人群，他们的存在都"保持社会结构的动态平衡"。[3] 社会的进步总是以牺牲部分人为代价的；在社会生

---

[1] Kauffman, J. M. How we might achieve the radical reform of special education[J]. Exceptional Children, 1993(60):6-16.
[2] 余少祥.弱者的权利[M].北京:社会科学文献出版社,2008:45.
[3] [英]吉登斯.社会理论与现代社会学[M].文军,等译.北京:社会科学文献出版社,2003:124.

产发展尚不够充分、公正的社会秩序尚不健全的情况下,一部分人的发展总是以牺牲另外一部分人的发展为前提。残疾人作为弱势群体中最为艰难的一部分,恰恰成为社会发展的牺牲品。因此,残疾人虽然本质上同其他社会成员一样,是人类存在的多样性和差异性的体现,是人类多元化的特征,但是,由于经济发展的制约,残疾人的权益经常被剥夺,生存受到威胁,残疾人生存与教育等就成为人类社会必须面对、必须解决的问题。

一、社会分层视野中的残疾人

社会文明的进步、物质财富的积累、政治制度的变迁为残疾人事业的发展提供了物质与文化的基础;反之,对残疾人基本权利的尊重与保护,也就成为一个社会文明发展水平的重要标志。在社会分层理论下,残疾人处于相对确定的、边缘的社会地位。然而,不同阶层之间并不永远是固定不变的,而是时刻处于冲突、裂变、流动和资源的再分配过程之中。冲突,在一定程度上,反映了残疾人艰难的生存状态,但在另一方面又反映了残疾人与整个社会的不断融合。对于残疾人而言,在社会分层的背景下,如何构建一个没有歧视和偏见的社会,使残疾人能够根据自己的需要来发展自己,能够顺畅地表达各种权益诉求,实现社会的融合,是现代社会与文明发展的必然诉求。

在分层背景下,对于残疾人的价值观处于社会排斥与社会融合的交集点。根据现代分层理论,判断一个人具有何种社会地位,常常以职业、财富、身份等各种要素来进行判断。残疾人在社会分层体系中处于最底层,离权力中心距离最远。在社会分层理论的框架体系下,残疾人群体受到主流群体的排斥。这种排斥主要体现在以下几个方面:其一,交往的排斥。很多普通人不愿意与残疾人进行交往,这种排斥从古至今都没有停止过。虽然在近现代人权运动的推动下,社会对残疾人的认识进行了革命性的转变,但依旧还存在很多偏见和歧视。其二,社会无用论的排斥。残疾人,以前一直被称呼为"残废",其中"废"字表明了残疾人是社会的累赘,不能为社会贡献力量。他们是社会的消费者,而不是建设者。这种排斥表现出社会对残疾人的认识是处于社会无用论的认识基础之上的。

从社会排斥的成因上分析,主要分为结构性的社会排斥和功能性的社会排斥。对于结构性的社会排斥，是把残疾人受到排斥归因于整个社会阶层结构的不合理所致。然而，社会结构的形成是一个人类在社会交往过程中自然发展的过程，它的形成、发展、变迁和断裂有其自然发展的规律，每一次社会结构的变动，都是由于阶层矛盾的冲突而引发，涵盖着各种力量、利益、权力的对抗和斗争。残疾人所属的阶层，由于其本身的资源不够丰富，也不可能挤入权力的争斗之中，他们在社会阶层的冲突过程中，则越来越处于社会的边缘地位。要改变残疾人的生存状态，仅依靠改变社会结构是无法完成的。而功能性的社会排斥，则认为残疾人由于本身的残疾状况而衍生了更多社会性障碍，他们没有能力为社会贡献力量，反而是社会发展的包袱和桎梏，因而受到主流群体的排斥，从而形成弱势、受歧视的阶层。

因此，无论是处于局部和小范围内的社区，还是处于大环境下的社会，我们都要通过各种努力建立接纳和包容残疾人的价值观念，以建立一个具有包容性的社会系统。社会主流群体对残疾人的接纳和包容更多地是价值观上的体认。融合首先是一种价值倾向，一种态度；融合远远超出残疾的范围，它不是某个人的事情，而是与社会上所有的公民相关的事情；相应地，社会中现存的与隔绝、歧视相关的价值观、政策等都需要进行变革，而改变主流文化对残疾的认知与态度是一个长期的过程，更是一个融合与排斥、参与和逃避反复纠缠、螺旋发展的过程。

二、社会学视野下的融合教育思想

残疾人，从古至今都是社会的弱势群体。无论是在经济领域、政治领域、社会领域，还是文化领域，[①]他们都处于"缺乏各种机会而导致不利地位"。[②] 残疾人的历史，无论中西方，都是一部权利的斗争史。无论是亚里士多德的"残疾人消灭论"，还是孔子的"有教无类"思想，都体现了在人类历史长河中对残疾人的拒绝、同情、压迫和怜悯的态度。[③]

在美国20世纪50年代"民权运动"的影响下，回归主流与一体化教育理

---

① 余少祥.弱者的权利[M].北京：社会科学文献出版社，2008：52.
② 万闻华.NGO社会支持的公共政策分析——以弱势群体为论域[J].中国行政管理，2004(3)：28-31.
③ Kirk, S. A., Gallagher, J. J. & Anastasiow, N. J. Educating exceptional children [M]. 13th ed. Wadsworth Publishing Co. Inc., 2012：3.

念,都认为特殊教育与普通教育应该"重新组合、建构、融合为一个统一的教育体系以满足所有儿童的学习需要"①,从而确定了融合教育思想。布恩和艾因斯科(Booth & Ainscow)认为,融合教育是要加强学生的参与精神,体现为物理空间的融合、社会性的融合以及课程的融合。② 在社会性的融合过程中,主要体现为残疾人能够参与社区生活,与正常人群平等交流,顺畅地表达合理的政治诉求和权力诉求,而不应该受到本身残疾的限制和社会的排斥。卢梭(Rousseau)认为,人类存在两种不平等现象:一种是自然的或生理上的不平等,另一种则是伦理或政治上的不平等。③

自然的或生理上的不平等更加容易引发伦理或政治上的不平等。而后者的不平等之社会严重性远远多于前者。由于伦理或政治上的差异性,会带来社会人群的划分,从而形成社会分化。不同的人群,根据不同的分层标准,把动态和无序的社会划分为相对稳定、清晰、有序的阶层。无论是马克思的"资产阶级、无产阶级"二元划分体系,还是韦伯的"阶级、身份和政党"④所确立的法律秩序、经济秩序和社会秩序,以及在此基础上演变的现代分层理论,即以格伦斯基等人为代表的经济、政治、文化、社会、声望、公民、人力等综合分层体系,都说明了不同的人群,在社会之中,有着阶级之分、强弱之别。⑤ 大多数的残疾人,根据现代分层理论,他们处于社会的底层状态。其表现为:根据资料显示,他们的受教育水平,无论是学前教育、还是义务教育以及职业教育和高等教育,都相对较差;他们的职业选择范围相对狭小,所获得的职业收入也相对很少;他们的合法权益,得不到有效保障等。⑥⑦⑧ 在这些事实的背后,折射着我们对残疾人

---

① Stainback, W. & Stainback, S. A rationale for the merger of special and regular education[J]. Exceptional Children,1984(51):101.

② Booth, T., Ainscow, M. From them to us: An international study of inclusion in education[M]. London: Routledge,1998:2-7.

③ [法]卢梭. 论人类不平等的起源和基础[M]. 高煜,译. 桂林:广西师范大学出版社,2009:82.

④ [德]韦伯. 经济与社会(下)[M]. 林荣远,译. 北京:商务印书馆,1997:246-262.

⑤ 余少祥. 弱者的权利[M]. 北京:社会科学文献出版社,2008:52.

⑥ 焦云红,等. 河北省城市普通幼儿园学前特殊教育调查与分析[C]. 北京:中美特殊需要学生教育大会中文论文集,2004.

⑦ 江琴娣,等. 普通初中教师对随班就读态度的调查研究[C]. 北京:第二届中国教育学会特殊教育分会年会论文集,2006.

⑧ 李玉向. 河南省特殊学校职业教育的调查与思考[J]. 中国特殊教育,2004(10):55-58.

的社会作用和存在价值持否定态度。然而,在融合教育理念之下,我们不仅要关注对残疾人的社会性支持,更要关注他们对社会的进步所贡献的力量。残疾人有与其他人平等地接受各种教育和活动的权利,这正是融合教育的追求。

除了在普通学校接受教育,残疾人更有"对社区生活的平等、全面的参与,即社区融合"的权利。① 通过残疾人对社区生活的全面参与和融合实现社会公平与正义的目标。② 在社会分层背景下,残疾人在社区生活中处于边缘化的状态,无论是社区公共事务的参与,还是残疾人社区服务组织的建构,到目前为止,还没有达到普及化状态。社区的参与,可以分为两个部分:一部分为残疾人对社区生活参与的意识;一部分为社区组织为残疾人提供各种特殊需要服务,例如残疾人康复训练、社区大学的开办等。对于残疾人的社区参与意识,更多地来源于社区为残疾人提供了各种特殊需要服务,并不以传统的"残疾人无用论"等思想来衡量和评价他们,而是让他们从内心感受到社区归属感。③ 在社区大学中,要提高残疾人主动交往能力,开设社会交往课程,在奥尔韦尔(Alwell)和科布(Cobb)看来,主要涉及四个方面:一是增加和选择适当的社交技能;二是加强谈话技能的训练;三是通过培养亲社会交往行为(prosocial communicative behaviors)而减少不适当的行为;四是社会性技能的培训。④ 通过社区组织的不断努力,让残疾人不再处于边缘化的社会状态,能够自如、自尊地在社区中生活。

三、融合过程中融合与拒绝之间的博弈

在社会分层背景下,作为边缘化群体的残疾人,要实现校园内的融合和社区的融入,在很大一部分程度上要与周边的环境、其他阶层群体的观念、利益等发生冲突。综合来看,主要有以下冲突。

---

① Duvdevany, I., Ben-Zur, H. & Ambar, A. Self-determination and mental retardation is there an association with living arrangement and lifestyle satisfaction[J]. Mental Retardation,2002, 40(5).

② 邓猛.社区融合理念下的残疾人康复服务模式探析[J].中国特殊教育,2005(8):23-27.

③ Salend, S. J. Effective mainstreaming: Creating inclusive classrooms[M]. 3rd ed. New Jersey: Prentice Hall,Inc.1998:57-58.

④ Alwell, M. & Cobb, B. Social and communicative interventions and transition outcomes for youth with disabilities[J]. Career Development for Exceptional Individuals,2009(32):94.

第一,价值的冲突。不同的时代背景、不同的政治环境、不同的地缘文化,有着各自不同的价值观和对残疾人的态度。在分层背景下,残疾人作为一个特殊的群体,与其他的人群有着不同之处。首先是身份的不同。身份特征有很多表现因素,在这里仅仅指因为残疾的事实而引发的残疾和非残疾之间的不同。在残疾身份的形态特征下,形成特有的交际圈,比如残疾人会更多地与社区组织、福利机构、康复机构等的人员进行交往,在这种交往过程中,也显示出他们的交往共同点是基于"残疾"这个事实的。这种特有的共同体文化,引发了残疾人群与普通人群的第二个区别,即有着各自不同的核心文化价值观。由于不同,他们之间的交往与融合就会有碰撞和冲突。在对于什么是融合教育、对融合教育的价值认同感以及融合教育的理想与现实等问题都有着各自核心文化价值观下的差异性。对于残疾人而言,因为"残疾"而引发的社会性功能障碍会导致他们的"自我否定"而拒绝与普通人群接触、交往,从而固守在特定的交际圈内。对于普通人群,一部分人基于人道主义精神赞成接纳残疾人,但在实际运行过程中,却仍然坚持残疾人应该在特殊学校接受教育;[①]另外一部分人仍然认为残疾人没有必要接受更多的教育和康复服务,在他们的思想意识中,总是从功能性和功利性的角度出发,认为残疾人没有可能达到正常人所具备的形体状态和对社会的贡献价值,因此否定残疾人进行融合教育以及接受更多教育的必要性。[②] 然而,无论是残疾人"自卑"的心理状态,还是普通人群的拒绝态度,都无法抹杀残疾人有正当接受与普通人一样教育的合法权利,有参与社区、参与社会生活的合法权利,有实现正常交往的合法权利。在"权益意识"的价值观下,势必会引发残疾人内部群体间以及与普通人群之间的文化价值观的冲突,有可能会实现残疾人从边缘化的社会状态向主流人群的渗透和参与,也可能会引发残疾人社会状态的进一步边缘化。

第二,利益的冲突。资源总是有限的,无论是既定的物质资料,还是权力形态下的无形资源。在融合教育的大背景下,残疾人获得更多的教育机会和教育

---

① 邓猛.普通小学随班就读教师对融合教育态度的城乡比较研究[J].教育研究与实验,2004(4):61-66.

② Reynolds, M. C. An Historical Perspective: The Delivery of Special Education to Mildly Disabled and At-Risk Students[J]. Remedial and Special Education,1989(10):7-11.

资源,会引发不同社会阶层资源占有的冲突。因为"占有"的后果是,将会引发其他人群对资源占有机会的减少,从某种意义上说是对他人可能性利益进行了"侵占"(但这种侵占并不构成法律事实,仅仅只是表明某种利益的减少)。例如,残疾人在获得与普通人同等的受教育机会时,在既定的招生录取范围内,普通人的受教育机会可能性将会减少,但这种"减少"并不引发法律后果,普通人不能因为残疾人的参与而诉讼被之剥夺可能性的教育机会。在就业过程中,以按比例安排残疾人就业的法律法规,在某种程度上也使得普通人就业机会的减少。从而,我们可以看出,残疾人的学校融合、社区融合、社会融合,在资源有限的情况下,会引发与其他阶层、其他人群间的利益冲突。在利益冲突的背后,暗含着残疾人群体保障制度的建设和残疾人群体有正当利益诉求的体现。

第三,权利的冲突。在残疾人的融合教育过程中,残疾人的权利冲突,从权利类型来说,主要表现为残疾人的生存权与发展权的冲突;从权利的对象群来说,主要表现为残疾人与残疾人之间、残疾人与普通人之间以及残疾人与社会之间的矛盾和冲突;从权利的形态来说,主要表现为残疾人的应然权利、法定权利和实然权利之间的冲突。这些权利冲突的背后,实质是利益的冲突和价值的冲突。[①] 在不同的利益和价值之间,残疾人为获得正当权利,就会触及个体、他人、群体以及社会等各种不同权利的行使。这些冲突又表现了什么呢?从社会学的角度看,残疾人的权利冲突表现为不同权利边界的冲突。[②] 正是由于冲突的存在,才能显示出残疾人权利保障的缺失以及正当权利的追寻。也正是由于冲突的存在,才能够体现主流社会对残疾人的关注的态度。

在"二战"后国际人权组织的呼吁和当今社会残疾人回归主流的大背景下,残疾人与社会的融入与融合是必然的趋势。有了冲突,才有融合的可能;有着融合的理想,才有冲突的实现过程。残疾人在冲突与融合的过程中,可能出现以下几种博弈状态。

第一,融合教育的进一步发展。在全社会对残疾人的关注之下,作为弱势群体的残疾人,无论是生存状态还是发展状态,都会有很大的进步,尤其是残疾人的教育状况,在"随班就读"和普通学校的融合趋势下,大量的残疾人可能获

[①] 刘作翔.权利冲突的几个理论问题[J].中国法学,2002(2):56-71.
[②] 张平华.权利冲突辨[J].法律科学,2006(6):60-69.

得更多教育发展的机会。从安置模式上讲,他们不仅仅只是在家里和机构接受教育和服务,而是走进教育体系中的学校,并从特殊学校向普通学校进行流动,从特殊班向普通班进行转移,并能够接受个别教育计划和各种特殊资源的支持。从范围来讲,它不仅仅只是学校教育的融合,也包括残疾人所在社区各种资源的支持。学校教育仅仅只是残疾人社会融合的一部分,他们的生存与发展更多地要依赖于社区、社会的教育和支持。融合教育的目的就是为了让他们能够立足于社会,与普通人一起工作和生活。从对象上讲,融合不仅仅限于学校教育中的特殊儿童,更包括所有的残疾人。在终身教育理念之下,残疾人有获得终生教育与服务的权利和机会。从质量上讲,融合要逐渐从形式化的融合向实质性的融合进行转变,而不是简单地把残疾人都放置于普通学校和普通班,也不是简单地提供同样的教学设备和教学资源。融合需要真正地为残疾人提供更多资源的支持,提供适合残疾人个体发展的教育机会和教学质量。这些内容,在当今国际环境和国内环境之下,都能够得到一定程度的实现。

第二,社会对残疾人观念的转变。残疾人一直是受歧视的对象,但诸多案例表明,残疾人的"身残志坚"更加赢得人们的尊重。他们的身心缺陷并不一定导致社会功能性障碍。在残疾人群体努力提高自我的同时,也让社会对残疾人有了重新的认识,他们不再仅仅只是社会的负担,他们也能通过不懈努力实现个人价值。当今社会对残疾人观念的转变,一方面来自于世界人权思想的影响,另一方面来自于残疾人自我价值的体现。同时,我们应该看到,尽管我们对残疾人有了新的认识,但这种认识还仅仅只是停留在"同情"和"怜悯"的程度上,还没有真正从"平等"的角度来看待他们。

第三,平等权利诉求的难以实现。尽管社会对残疾人越来越关注,但残疾人目前的社会地位仍然处于边缘状态;尽管我们在不断地呼吁残疾人享有平等的各项权利,但实际上,我们所呼吁的这种权利还处于应然权利状态,还没有走向法定权利,更没有走向实然权利。对于权利的获取和实现,需要权利主体不断地斗争和博弈,然而,残疾人在社会的阶层范围内,所占有的资源有限,没有足够的资本同其他阶层的人群进行权利博弈。"平等",只是我们博弈的终极目标,但弱势的现实状况,也只能把"平等"停留在理想的层面。

第四,阶层的进一步边缘化。作为博弈主体,一是要有博弈的根本目标;二是要有追求目标的能力。① 残疾人的博弈,无论是获得"平等的受教育权",还是实现"平等的社区参与和社会融合",抑或是为了得到"更多人权的尊重",其核心价值目标为"平等"和"参与"。作为"平等"的问题,前文已述,难以实现;作为"参与",还有可能得到实现。作为博弈能力而言,残疾人的博弈能力如何?其一,在残疾人的博弈过程中,资源享有更多的人、离核心权力越近的人,则更加容易获得阶层向上移动。对于残疾人群体,从阶层的上下位来说,处于最下位;从权力中心角度来说,又处于最边缘。从阶层的角度所反映的博弈能力显然不及普通人,更加不及特权阶层,在这种背景之下,仅仅依靠"人权"观念的呼吁显然显得十分稀薄和微弱。其二,从残疾人的价值观所折射出来的理性而言,他们与其他阶层的人群有着根本性不同。对于大多数的残疾人而言,"功利主义"的价值倾向要远远少于其他人群,在笔者所访问的 Stolcova 学校和特里萨(Tereza)机构,无论是在九年义务教育体系内的特殊学校,还是作为社会性支持服务的特殊机构,残疾人对未来生活最大的期望是"能快乐的活着",当问及对于"赚钱"和"工作"等具体的目标时,则没有很强烈的愿望。在价值观的差异之下,所体现的博弈的可能性结果也会有所差异。在分析了博弈的目标和博弈的能力,残疾人的价值观与其他人群相比具有更多非功利性色彩,在以经济、政治、文化、社会等分层体系下,残疾人会更加脱离主流社会,更加的边缘化。同时,残疾人所占有的各种可博弈的资源均少于其他阶层的人群,在博弈的过程中,残疾人会处于更加边缘的阶层状态。

四、结论

残疾人,从古至今都是处于弱势地位,但并不意味着残疾人没有权利获得高质量的生活和良好的发展。无论是天赋人权的"人人生而平等",还是大同思想的"鳏寡孤独废疾者,皆有所养",都体现了残疾人是社会不可抛弃、也不能抛弃的一部分。然而,社会的发展总是遗忘残疾人的存在,不论是残疾人的生存权还是发展权,历来都是社会发展的边缘状态。在西方民权运动的背景下,掀起了残疾人领域的融合教育思潮,并于《萨拉曼卡宣言》正式确立下来。我们在

---

① 谢识予.经济博弈论[M].上海:复旦大学出版社,2008:12.

对残疾人的认识上,经历了隔离但平等、回归主流、一体化、融合教育等思想,把融合教育从一个纯粹的乌托邦思想应用到具体的实践领域。在融合教育思想的影响下,社会对残疾人的关注空前的密切,无论是理论工作者对融合教育的呼吁,还是实践工作者对融合教育的可行性研究;无论是政策层面的研究,还是实验性研究,都足以说明,残疾人的生存状态和发展状态已经成为社会文明进步的重要考核指标之一。尽管如此,残疾人的现状仍然是无法令人满意的,在社会的发展过程中,难以对他们进行真正的融合教育。

第一,分层标准的不足。以经济、政治、文化、声望等为指标的现代分层理论,对于研究社会的构成状况起到了重要的作用,它能够通过分层体系把千丝万缕的社会按照不同的标准而划分成不同的群体并研究之间的行为模式、价值差异等。同时,在现代分层理论的框架下,把残疾人划归到弱势群体的阶层,一方面在"公平""公正"的价值观下,能够引起社会更多的关注,从而有利于残疾人基本生活保障的建设;另一方面,却把残疾人贴上了"弱势"标签,容易引发被拒绝、歧视、怜悯等态度,从而成为该框架体系下的牺牲品,从"阶层弱势"走向了"心理弱势"。我们不难看出,社会分层以及诸多的分层标准,看似多维度,实则单向度,即仅以功能主义和功利主义为核心价值观,并未重视人的精神价值和内在需求,这对于评判一个人或一个群体则是不全面的。我们不仅仅要关注人的外在发展状况,也要注重人的人格、尊严、品格、精神追求、价值观等方面,全面地评价人的价值和意义。

第二,理想与现实的差距。通过探讨残疾人融合教育的博弈与融合,我们发现,尽管我们在融合教育领域付出了很多努力,但这些努力却仅仅停留在初始阶段。虽然我们研究如何进行随班就读等,但所覆盖的残疾人还是十分有限。这种有限的原因,一是由于残疾严重的程度而无法实现随班就读;二是由于我们没有提供更多的资源和支持,无法实现残疾人的融合教育;除此,我们更需要改变的是社会主流的价值观和对残疾人的态度。在一个没有包容和接纳的文化中,是无法真正实现融合的。在对融合教育的未来展望中,我们应该从残疾人法律保障、特殊教育发展格局、管理体制、课程与教学方法以及社会观念的转变等方面来作出实践性努力。①

第三,博弈基点的转变。从博弈的目的而言,我们不追求非 A 即 B 的零和博弈,而是要追求合作性博弈,不仅仅是为了残疾人获得更多的权利,更重要的是为了缩小阶层之间的差距,社会的各个群体能够平衡发展,而不能以满足残疾人利益需求而偏废其他阶层的合法权益。从博弈能力而言,不仅要从外围环境的呼吁作为残疾人权益争取的渠道,更加要加强残疾人自身的能力和素质,能够形成团体凝聚力,并能对自己的生存权、发展权有清晰、明确的认识,懂得如何使用法律的工具、道德的舆论等手段进行有效博弈。另外,在博弈的过程中,残疾人要摈弃"残疾等于优先"的思维范式,在实现各项权益的同时,更加要体现自尊、自爱。

第四,从道德到义务的转变。无论是随班就读,还是社区参与,我们对残疾人的关心和关怀,不能只停留在道德层面,而是要走向"义务"的角色。只有社会的主流实现该角色的转换,残疾人的博弈才有可能。对于处于最弱势和最边缘的群体,是没有能力通过冲突和博弈实现阶层的向上移动,来达到资源的共享。如何解决残疾人资源匮乏和基本权利无法保障的问题,我们要改变普通人群的观念,主动为残疾人提供更多支持,并把为残疾人服务的行为定位于"有义务"而为之的政府责任,改变残疾人被社会抛弃的局面。

第五,思维范式的反思。无论我们站在何种角度看待残疾人的问题,我们总以为自己的判断是客观、真实、最有利于残疾人的。例如,从社会分层的角度而言,按照各种标准把残疾人置于社会的最边缘地位,从而我们得出了"残疾人生活状态不好""残疾人悲哀与不幸""残疾人时刻在抗争"等结论,从该思路出发,我们又会为残疾人寻找很多"残疾人应该拥有,却还未意识到的权利和利益",并认为"他们不拥有即不幸福",从而引发更多的"应然"层面的思考。然而,这些思维范式仅仅只是"我们"的判断,而不是"残疾人"本人的判断。无论作为"我们"的判断和努力是否有利于残疾人,我们不应该把"我们"的视角凌驾于残疾人本人之上,而更应该多听听残疾人的心声。在该思维范式之下,我们坚持"融合教育",将残疾儿童置于普通儿童之中,将残疾人置于社区之中,在没

---

① 邓猛.融合教育与随班就读:理想与现实之间[M].武汉:华中师范大学出版社,2009:272.

有实现"融合"的领域,我们发出质疑和不满,并认为残疾人有权利并应该和其他人群相互融合。然而,对于残疾人而言,他们的真实想法又是什么呢?他们一定认为融合教育就是最好的方式吗,融合教育能够使残疾人权益得到最好的保障吗,融合教育就可以获得更多的身心快乐吗?对于这些问题,我们是否还秉持"我们"的思维范式,是否还继续坚持融合教育?

第二章　融合教育本质分析

"一千个人眼里有一千个哈姆雷特",这句话似乎也可以用以说明融合教育的情形。当前多数国家都将融合作为其特殊教育发展的理想或终极目标,并将其作为相关政策制定的理论依据。今天,即使在最为贫穷、资源缺乏的国家,融合教育也至少成为使更多处境不利儿童享有学校教育机会的政治宣示或者现实举措。但人们对于融合教育是什么仍然有着不同的观点。融合教育对于那些对融合教育有着不同期待的人来说,含义不尽相同。

本章对融合教育的历史起源与发展、基本概念体系、核心要素及其效率进行系统的分析,对融合教育的本质特点加以总结与概括。从中我们可以清晰地看到融合教育的本质属性:融合意味着完全接纳,它基于满足所有学生多样化需要的信念,在普通学校适合儿童年龄特征的教育环境里教育所有的儿童;所有学生,无论种族、语言能力、经济状况、性别、年龄、学习能力、学习方式、族群、文化背景、宗教、家庭背景以及性倾向有何不同,都应该在主流的教育体系中接受教育。融合教育者认为特殊儿童有权在普通教室接受高质量的、适合他们自己特点的、平等的教育,他们应该在普通教室接受必需的支持与服务;他们无须经过自己的努力去争取、赢得在普通教室接受教育的权利。学校应达成所有儿童都有学习能力与获得成功的权利的共识,学校应成为每一个儿童获得成功的地方,不能因为学生的残疾与差别而进行排斥与歧视。学校应该尊重日趋多样的学生群体与学习需求,多元化带给学校的不应该只是压力,还应该是资源;并试图通过残疾儿童教育这一杠杆撬动教育体制的整体变革与社会文化的积极改变;其目的就是要彻底告别隔离的、等级制教育体系的影响,使特殊教育与普通教育真正融合成为统一的教育体系。

融合教育理论的生成与发展,是西方特有的社会文化土壤里结出特殊教育理论的果实,也是西方社会民主、自由等所谓普世性价值观在教育领域的具体化。融合教育在理念上是道德高高在上和美妙无比的,但在实际的操作过程中会受到很多因素的制约。所以我们在理解融合教育的时候,不能仅仅局限于教育领域,将其视为简单的教育概念,而应该更多地从特定的社会文化、政治经济背景来理解、分析它。

从本质上讲,融合教育理论远远超出了教育的范畴,成为与社会上所有的公民相关的事情,是挑战不公正与歧视的利器,与各国社会文明发展水平、人权保护以及社会公平与正义目标的实现紧密相关。融合教育不是要将某些被歧视的人群或个体吸收到现有的社会经济生活联系与框架中来,不是要使某些人尽量变得"正常",也不仅仅是要改变某些被排斥被边缘化的人群的福利状态,融合教育远远超出残疾的范围。它本身并不是目的,它是达到目的的手段,即通过融合教育建构一个融合的社会。融合教育因此不是某个人的事情,而是与社会上所有的公民相关的事情。融合教育需要全社会以及社会中各种机构与体制进行相应的调整,包括教育机构与体制;社会中现存的与隔绝、歧视相关的价值观、政策等都需要进行相应的变革,进而创造平等与接纳的文化氛围。教育者的协作、管理者的意识与方法的改变以及专业人士的支持是融合教育成功不可缺少的要素。

第一节 融合教育的起源与发展

斯坦巴克等(W. Stainback, et al.)将特殊教育发展的历程概括为一个不断前进融合(progressive inclusion)的过程。[①] 在特殊教育发展的几百年历史中,残疾儿童的安置经历了从隔离式寄宿制学校、特殊班到瀑布式教育服务体系、再到普通学校的转变。尽管特殊教育的转变过程历经曲折,但却是朝着融合的方向趋近,而不是钟摆似的来回摇晃。

融合教育的思想可以追溯到文艺复兴、法国启蒙时期西方对平等、自由的追求的一系列社会运动。这些社会运动孕育了西方以个人自由、社会平等为价值目标的社会文化基础,也为有特殊需要的人士平等、有尊严地参与社会生活

---

① Stainback W., Stainback S. A Rationale for the Merger of Special and Regular Education[J]. Exceptional Children, 1984, 51(2): 102-111.

以及新的特殊教育理念的诞生提供了动力。而现代意义上的融合教育的思想则直接产生于20世纪五六十年代西方的民权运动和残疾人运动,在这些运动的基础之上,特殊教育领域出现了一系列重要的新思想或概念,如源于斯堪的纳维亚国家的"正常化"教育原则、在此基础上发展出来的回归主流(mainstreaming)或一体化教育(integration)及融合教育(inclusive education)等。1994年联合国教科文组织在西班牙召开的全世界特殊教育会议上发布的行动纲领中呼吁各国在平等的基础上发展融合学校并通过家长、学校和社区的共同努力以保障特殊儿童接受高质量的教育。这一行动纲领为各国确立融合的教育目标、制定相关政策提供了依据与动力。[①]

一、回归主流教育运动的产生与发展

(一)"正常化教育"原则与"去机构化运动"

无论是回归主流还是后来的融合教育,其根源都可以追溯到北欧国家提出的正常化教育原则。早在20世纪40年代,意大利的弗朗哥·巴萨利亚(Franco Basaglia)就在其"民主的精神治疗法"(democratic psychiatry)概念体系中提出了一体化(integration)的观念与理论,丹麦的班克·米尔克森(Bank-Milkkelsen N. E)则提出了"正常化"(normalization)的概念。这两个国家发起的融合教育运动不仅试图改变正规的学校教育,使学校教育接受、教育各种处境不利的儿童,而且促进残疾人士在社区内经济与社会方面的融合,从而将融合教育扩展到社区。[②]

1959年,丹麦议会颁布了《智力落后法》,这一法律后来被称为"正常化法律"。该法确立了丹麦的残疾人政策与行动的基本准则,这些准则包括正常化、一体化与残疾人的发展权利等。1961年,丹麦学校心理工作者库尔特·克里斯腾森(Kurt Kristensen)在赫尔林(Herling)城的普通学校里开始了一体化教育的试验,创立了特殊班,接收隔离机构转来的残疾儿童;并在普通班里接收

[①] Booth, T., Ainscow, M. From them to us: An international study of inclusion in education[M]. London: Routledge,1998:12.

[②] Daunt, P. Western Europe[M]// Mittler P., Brouillette R. & Harris D. World yearbook of education1993: Special needs education. London: Kogan Page,1993:89-100.

盲、重听与语言障碍的儿童。这种做法迅速传播到整个丹麦以及欧洲其他国家。1969年,丹麦议会通过了关于准备"融合"的决议(Parliamentary Resolution: Preparation of Integration),要求尽量在普通学校教育体系内教育残疾儿童,并指出融合的理念是基于承认所有人都是平等的、有全面参与社会生活的权利。① 概而言之,正常化教育原则的基本观念是:残障人士在教育、居住、就业、社会生活、娱乐等方面都应该尽量和正常人相同;它主张改革原来教养院中隔离的封闭形式,将受教养者安置到正常社会环境中学习和生活。

1967年,朋·尼尔基(Beng Nirje)(瑞典智障人士协会负责人)开始针对智力落后儿童与成人进行一体化服务。1968年2月,朋·尼尔基应邀出席美国召开的关于智力落后问题的研讨会时,把此思想介绍给了美国。美国智力落后总统委员会派出的代表团在访问斯堪的纳维亚国家后,在1968年发行了一个专题记述,对"正常化"原则的理论与实践方法进行了介绍。② 正常化教育原则直接导致了美国"去机构化运动"(deinstitutionalization)的产生,并孕育了"最少受限制环境原则""回归主流""融合教育"等新的教育原则、观念与思想。

"去机构化运动"是在正常化教育原则的指引下,将残疾人从大型的、较为封闭的残疾人医疗养护、康复或教育机构里转向以社区为基础的、较小的、比较独立的生活环境。③ "去机构化运动"是相对于原来的教养、福利性质"机构"而言的。1966年,在美国寄宿制的教养机构里的智力落后人士每天的花费不足5美元。许多学者在大众媒体上描述了智力落后与其他行为问题儿童在隔离机构中的糟糕的生活条件与待遇,引起了公众对于智力落后者以及其他类型残疾人生活状况的极大关注,并认为社区环境比寄宿制福利机构或医院、小型服务环境比大型服务设置更能提高残疾人独立生活、工作能力、自我抉择、社会交往、休闲活动等与生活质量相关的能力。"去机构化运动"反对残疾人终生在隔离的福利机构环境中生活,为残疾人提供正常生活的机会、经历与环境。这使越来越多的残疾人离开隔离的、寄宿制的社会福利或康复机构,重返正常的

---

① O'Hanlon, C. Special education integration in Europe[M]. London: David Fulton,1993:56.

② Winzer, M. A. The history of special education: from isolation to integration[M]. Washington, D. C. : Gallaudet University Press,1993:312.

③ Salend, S. J. Effective mainstreaming: Creating inclusive classrooms [M]. 3rd ed. New Jersey: Prentice-Hall, Inc. ,1998:59.

社区环境接受相关的支持与服务。正如"全美自我决定联盟"(NCOSD：the National Coalition of Self-Determination)所宣称的,正常的社区生活"是所有人——不论他的残疾程度有多重——不可剥夺的基本人权";残疾人对社区生活在身体与心理上的全面参与是实现社会公正理想的有效途径。① 美国、英国、澳大利亚等国家不断减少隔离的残疾人福利或教育机构,大力发展以社区为基础的康复服务,提高残疾人的自我决定的能力以及他们生活的质量。社区融合——即残疾人对正常的社区生活的平等、全面地参与——成为残疾人服务的主要目标。②

(二) 残疾人权利运动

1. 民权运动的影响

民权运动,尤其是非洲裔美国人的民权运动、女权运动以及后来的反越战运动,对于残疾人的权利运动起到了极大的推动作用。美籍黑人争取在政治、教育以及社会生活上的平等权利的运动也鼓励了其他少数民族、残疾人士也加入了这一行列。1964年因民权运动而通过的《民权法》(*Civil Rights Acts of 1964*)对美籍黑人以及其他少数民族的公民权提供了保护。这一运动对特殊教育的发展产生了深远的影响:既然分开就是不平等,为什么要将特殊儿童与正常儿童分开呢? 这些社会运动孕育了西方所谓以个人自由、社会平等为价值目标的社会文化基础,也为有特殊需要的人士平等、尊严地参与社会生活以及新的特殊教育理念的诞生提供了动力 。③

早在20世纪60年代,爱德·罗伯特(Ed Roberts)于加利福尼亚大学领导的争取大学为残疾人提供相关服务的努力被视为残疾人权利运动的开端。1971年,一个由多个残疾人相关的小组联合成立的"残疾人在行动"组织在纽约成立。1973年美国国会通过了《职业康复法》(93-112公法),其中第504

---

① Duvdevany, I., Ben-Zur, H. & Ambar, A. Self-determination and mental retardation is there an association with living arrangement and lifestyle satisfaction [J]. Mental Retardation,2002,40(5):379-389.

② 同上注。

③ Winzer, M. A. The history of special education: From isolation to integration[M]. Washington, D. C. : Gallaudet University Press,1993:364.

规定残疾人士享有与正常人平等的工作、生活、社会服务等权利。① 但是,当时的约翰逊总统领导下的行政当局决定推迟该条款的各项规定,这引起民间社会的巨大不满,客观上使残疾人权利受到更大的关注。1977 年发生的在美国健康、教育与福利部华盛顿总部以及旧金山分部的静坐示威直接导致这些条款的最终落实,并推动了残疾人运动的发展。

2. 民间游说与倡议活动

许多游说性质的民间团体,如家长、专业人士以及残疾人等组成的社会团体对于融合教育的发展起了巨大的作用。这些团体通过广泛的宣传,使公众了解、关心残疾人问题;通过游说州与国会立法人员,使残疾人的权利与福利通过一系列的立法得到保障。

克罗克特和考夫曼(Crockett & Kauffman)指出,家长团体自 20 世纪 40 年代就开始通过积极的游说、倡议活动影响立法进程。② 20 世纪 50 年代以来,在民权运动的影响下,出于对残疾孩子教育状况的不满,残疾人家长自发组织起来,影响社会舆论、公众和立法人员的态度。例如,智力落后儿童的家长在残疾人立法的过程中发挥了很重要的作用。家长们通过"全国智力落后儿童家长协会"(National Association for Retarded Children)组织起来展开倡议行动。③ 该协会经常为立法人员提供残疾人教育相关的信息,向他们阐明残疾人的问题与需要。该协会在 1953 年公布其立场宣言——《智力落后儿童教育权利议案》,声称每一个智力落后儿童都有权接受适合其特别需要的教育与训练。1961 年,肯尼迪总统(家中有残疾成员)则大胆地成立了处理"智力落后"事务的总统委员会,从联邦政府的角度为特殊教育提供了强有力的支持。智力落后儿童家长甚至通过倡议运动将智力落后人士的权利问题纳入相关人权条约或宣言的条款里面。国际智残人士协会联盟(International League of Societies for Persons with Mental Handicap)1968 年在耶路撒冷颁布的主张成为 1971

---

① Wood, J. W. & Lazzari, A. M. Exceeding the boundaries: Understanding exceptional lives[M]. Harcourt Brace & Com,1997:47.

② Crockett, J. B. & Kauffman, J. M. The least restrictive environment: Its origins and interpretations in special education[M]. Mahwah, N. J. London: Erlbaum,1999:18.

③ Winzer, M. A. The history of special education: From isolation to integration[M]. Washington, D. C.: Gallaudet University Press,1993:375.

年《联合国智残人士权利宣言》(the United Nations Declaration on the Rights of Mentally Retarded Persons)的基础，在这个宣言的第二款里规定，教育服务是促进智残人士最大限度发展其潜能的必由之路。

越来越多的残疾人士自己成为残疾人权利的活动人士，与各种歧视残疾人、边缘化残疾人的社会现象作斗争。这样，残疾人就由被动地接受同情与施舍转变为积极地为自己和同伴争取权益的倡议者。例如，1970年，朱迪·休曼(Judith Heumann)因为肢体的残疾，未能通过纽约城公立学校教师的资格考试。考试委员会认为，学生如果出现紧急状况，她身体的不方便会阻碍她迅速行动，因此她不能获得教师执照。结果联邦法院推翻了考试委员们的决议。朱迪·休曼后来一边教书，一边在美国参议院下属的残疾人委员会实习，并参与了1975年的94-142公法条款的撰写。残疾人自身的努力与倡议在1986年的"全美残疾专论委员会"(National Council on Disability Monograph)通过的"走向独立"的报告中得到表述。这个报告呼吁颁布一个平等地保护残疾人士权利的民权法案。两年后，参议员洛厄尔·韦克(Lowell Weicker)（他的儿子是一个唐氏综合征儿童）向国会提出了相关的提案；美国国会据此在1990年通过了《美国残疾人法》(Americans with Disabilities Act，即101-336公法，简称ADA)。

专业人员组织则主要倡议改进残疾人士的教育与服务质量。这些专业组织都通过了不同的章程来表达自己的立场。例如，重残人士协会(The Association for Persons with Severe Handicaps)对融合教育持坚定支持的立场；学习障碍委员会(Council for Learning Disabilities)表达了对融合教育执行效果以及对轻度障碍儿童可能因为融合而得不到应有的支持与服务的担忧。许多重要的专业人士在倡导融合教育方面起了重要的作用。例如，斯坦巴克夫妇首先对现存的特殊教育与普通教育二者相互隔离、各自平行发展的双轨制教育体系(dual system)提出明确的批评并倡导融合教育，认为特殊教育与普通教育应该"重新组合、建构、融合为一个统一的教育体系以满足所有儿童的学习需要"[1]。

---

[1] Stainback W., Stainback S. A Rationale for the Merger of Special and Regular Education[J]. Exceptional Children, 1984, 51(2):102-111.

(三) 法庭裁决案例与立法进程

1. 相关法庭辩论

美、英等西方国家历来就有利用诉讼、立法以及儿童权利的相关倡议行动来保障处境不利儿童的各种权利的传统。然而,并不是所有的法庭判决都是有利于保障处境不利儿童权利的。例如,1893年,在华生诉剑桥市政府(Watson vs City of Cambridge)的案例中,法院支持学校委员会开除任何"故意或由于低能的原因"出现捣乱行为的学生的做法。这一案例也被1919年的威斯康星最高法院对贝迪诉教育委员会(Beattie vs Board of Education)的判决所采用:

> 尽管肢体残疾学生对于学校没有任何的威胁、他们的学习能力也不错,他们出现在普通学校会使教师和学生感到厌恶与沮丧,会占用教师过多的时间。因此,当身体残疾学生可能会对学校利益有危害时,不应该确保身体残疾的学生到公立学校上学的权利。①

随着社会观念的变化,尤其是20世纪50年代民权运动的发展,许多与公立学校拒绝接受或错误地给儿童贴标签有关的诉讼案例判决以及通过大众媒介传播引起的公众对于案例、残疾人权利的公开讨论,对于特殊教育立法、实现残疾儿童与社会文化处境不利的儿童平等地接受教育有着重要的意义。

在民权运动的背景下,美国最高法院于1954年对堪萨斯州的布朗诉托皮卡市教育局(Brown vs Board of Education of Topeka)一案进行了判决。这一判决根据美国宪法所规定的公民享有平等权利的精神,明确指出:现行的不同种族(如黑人和白人)"分开而且平等"(separate but equal)的教育是不平等的,它不仅带有明显的种族歧视色彩,而且剥夺了儿童与不同文化背景交流的权利。因此,法律不仅应该保护儿童受教育的权利,而且应该保护他们受到同等条件的、平等的教育。

1972年,宾夕法尼亚弱智人士协会(Pennsylvania Association for Retarded Citizens)将宾夕法尼亚州政府(Commonwealth of Pennsylvania)告到法院,理由是州教育局没有为智力落后儿童提供教育。该案的胜诉确定了公

---

① Sage, D. D. & Burrello, L. C. Leadership in educational reform: An administrator's guide to changes in special education[M]. Baltimore, MD: Paul H. Brooders, 1994:124.

立学校必须为学龄智力落后儿童提供免费的公立教育。同年,法庭对于米尔斯诉哥伦比亚区教育委员会(Mills vs Board of Education of District of Columbia)的判决为:应对所有残疾(从智力落后延伸到所有类型的残疾人群)儿童提供免费的公立教育,否则违背了美国第14次宪法修订案确定的平等保护的精神与按照法定程序进行的原则。这两个法庭案例的裁决事实上确定了"零拒绝"(zero-reject,即全部接收)的原则,通过法律的手段要求教育当局与行政官员为所有残疾儿童提供免费的、适当的公立教育。

2. 立法进程

尽管美国宪法也规定了教育是州和各地方政府而非国家的责任,事实上,由于长期存在的种族隔离不能够为处境不利的儿童提供宪法所规定的教育与平等机会方面的保障。因此,美国国会经常颁布联邦法律确保残疾人的教育与社会福利。20世纪60年代以后,随着民权运动的发展,更多的与残疾人士相关的联邦法律得以通过并对残疾人士的生活与教育、对全球特殊教育的发展都产生了重要的影响。

其中,1973年的《职业康复法》第504条(93-112公法)与1975年通过的《教育所有残疾儿童法》(*Education for All Handicapped Children Act*,简称为94-142公法或EHA)对残疾人的生活与教育影响最为重要。

《职业康复法》第504条虽然只有一段话涉及残疾人的生活,但它改变了美国残疾人立法的方向。在此之前,美国的残疾人相关法律都是"允许"(permissive)性质的条文,约束力不强;从《职业康复法》第504条开始,残疾人法律真正具备"强制"(mandatory)性。[①]该法规定残疾人:(1)在主流社会里接受职业训练;(2)提倡及扩展工作机会给残疾人;(3)除去建筑上及交通方面的障碍。

94-142公法主要体现美国回归主流运动的思想成果,并对世界各国特殊教育的理论与实践都产生了巨大的影响。该法的具体内容将在以下部分详细分析。

---

① Meyen, E. L., Skrtic, T. Exceptional children and youth [M]. 3rd ed. Denver: Love Publishing Com., 1998:39.

二、回归主流的主要内容

考夫曼等将回归主流定义为:"基于个别化的教育需求,按照一定的程序将有足够能力的残疾儿童与正常的同伴暂时性地进行教学与社会的融合。这一过程需要普通教育与特殊教育的管理者、教学与支持人员进行沟通、协调、明确各自的责任。"萨兰德(Salend)指出回归主流的哲学基础是源于北欧的"正常化教育"原则。残疾儿童的"正常化"应该在他们的鉴定、教育经历以及社会交往等各个方面体现,应该为他们提供现实社会真实的挑战与机会的经历,使他们能够更好地适应更加自然的、正常的社会环境,提高生活质量与自我抉择的能力。[①] 泰格曼-法伯和拉杰维奇(Tiegerman-Farber & Radziewicz)认为回归主流就是根据残疾儿童的学习能力使儿童从最多受限制的环境(如,寄宿制康复医疗机构)逐渐转向接近普通教室的环境,并最终实现完全融入普通教室的过程。鉴于94-142公法体现了回归主流的主要精神,以下内容结合该法案分析回归主流的相关思想与内容。

(一) 94-142公法的基本原则

虽然"回归主流"一词并没有在EHA法律文本中出现,但EHA以法律的形式总结了20世纪50年代以来美国回归主流与去机构化运动的成果,成为"残障人士的权利清单"。[②] EHA规定的个别教育计划、非歧视性鉴定等基本原则对残疾人的教育与生活产生了重大的影响,而最少受限制环境原则更是可以被直接解读为回归主流(US Department of Education,1995)。[③]

(1)"免费的、适当的、公立的教育"(FAPE)的原则。即学校应向社区所有儿童提供平等教育机会与高质量的教育(也就是零拒绝的哲学)。

(2)非歧视性的鉴定。关于儿童残疾与教育安置的鉴定不得因为儿童的

---

① Salend,S. J. Effective mainstreaming: Creating inclusive classrooms[M]. 3rd ed. New Jersey: Prentice Hall,Inc. 1998:42.

② Meyen, E. L., Skrtic, T. Exceptional children and youth [M]. 3rd ed. Denver: Love Publishing Com.,1998:23.

③ US Department of Education. Seventeenth annual report to Congress on the implementation of the Individuals with Disabilities Education Act[M]. Washington,DC.: U.S. Government Printing Office,1995:55.

文化背景、种族与经济状况而具有歧视性,减少因种族、文化、障碍类型差异导致的歧视与检测误差;鉴定须由经过训练的跨学科的专业人员组成的小组、采用有效的测试工具进行,测量必须采用儿童的母语或最熟悉的交流手段;不能使用某一单独的测验作为评价儿童的唯一手段,应结合使用多种测试手段,不能以单一种测试作为唯一标准;"不能一次定终生"。

(3) 按法定程序进行。主要指家长参与决策儿童的鉴定、安置、个别教育计划等的权利与途径。

(4) 个别教育计划(Individualized Education Program,简称 IEP)。由教育工作者、心理学家、家长、社会工作者等共同为每个有特殊教育需要的学生制订的书面的教育计划。主要内容包括:① 现有教育表现水平:优势,缺陷,学习风格,教室表现,非学业领域如情感、人格等;② 应达到的短期与长期(年度)目标;③ 应提供的特殊教育服务设施及参与普通教室活动与计划程度;④ 实施的日期与期限;⑤ 评估措施与日程安排。

(5) 最少受限制环境原则(通过"倒金字塔体系"体现)。这是确定残疾儿童教育安置形式的基本原则。朴永馨指出最少受限制环境原则,

> 核心是将限制残疾儿童接触健全学生与社会生活的环境因素减少到最低程度。因此,残疾儿童的教育要尽可能地安排在与健全学生在一起的环境中进行。确定教育安置形式和制订个别教育计划时,均根据教育对象的生理、心理条件,选择最适合其受教育的,并且与外界隔离程度相对最低的教育环境。①

零拒绝(平等)的哲学与最少受环境限制的原则以及相对应的多层次服务体系对各国特殊教育的理论与实践都产生了巨大的影响。美国在 1990 年与 1997 年分别将 94-142 公法重新修订后更名为《教育所有残疾人法》,将具有歧视性的"handicap"的用法改为较中性的称呼"disability",使之适应时代发展的要求。

(二) 瀑布式特殊教育服务体系

"二战"后随着民权运动与去机构化运动的发展,特殊儿童应尽可能地在正

---

① 朴永馨.特殊教育辞典[M].北京:华夏出版社,1996:37-38.

常环境中学习、生活逐渐成为西方社会的主流观念。1970年,德诺(Deno)提出了一个等级森严的特殊教育安置体系。① 这一体系根据学生的不同残疾与教育需要提供从最少限制的环境(即普通班)到最多限制的环境(即不具备教育性的医院或其他养护性机构)的七个层次,整个结构形同瀑布,上下贯通,被称为"瀑布式特殊教育服务体系"(以下简称"瀑布式体系")。1973年,邓恩(Dunn)将德诺的安置体系加以修改,提供了8到11种不同的安置选择,整个体系形状如同倒置的金字塔,这就是人们非常熟悉的"倒三角体系"或"倒金字塔体系"。

尽管当前关于"瀑布式体系"的表述各有不同,一般认为这一体系主要包括:普通班、巡回教师辅导制(农村较多使用)、资源教室、特殊班、特殊学校、家庭或医院等教养机构。根据最少受限制环境的原则,回归主流的教育安置是一种具有弹性的等级结构。最少受限制环境原则因人因时就会有所不同。在同一时间对某些特殊儿童而言,其最少受限制的环境可能是特殊学校,对另外一些儿童而言则是资源教室;而在另外的某一时间,则可能分别是特殊班或者普通教室。②

"倒金字塔体系"及最少受限制环境原则体现了当时回归主流的哲学思想,认为存在着普通教育与特殊教育两种不同的、平行的教育体系,应尽可能地使特殊教育需要儿童从塔的底端向顶端移动,即从隔离的环境向主流环境过渡,以实现教育平等、社会公正的理想;特殊儿童通过一系列安置环境的变换,走向主流环境,从而使特殊教育与普通教育实现交融。这些思想在1975年美国福特总统签署的《教育所有残疾儿童法》(即人们熟知的94-142公法,简称EHA)中得到确认。根据美国教育部1995年的统计,72%的残疾学生被安置在普通教室里,95%在普通学校就读,而只有5%的残疾学生在特殊学校、寄宿学校或者医疗机构里接受教育服务(US Department of Education, 1995)。③

---

① Wyne, M., O'Connor, P. D. Exceptional children: A developmental view[M]. Lexington, Mass.: Heath, 1979: 181.

② 邓猛. 从隔离到融合——对美国特殊教育发展模式变革的思考[J]. 教育研究与实验, 1999, 67(4): 41-45.

③ US Department of Education. Seventeenth annual report to Congress on the implementation of the Individuals with Disabilities Education Act[M]. Washington, DC.: U. S. Government Printing Office, 1995: 55.

三、对回归主流的批判和 REI① 的兴起

虽然融合教育思想是在回归主流的基础上发展起来的,同样倡导"零拒绝"的哲学,但融合教育并非回归主流的自然延伸,相反,融合教育是在批判、反思回归主流教学实践的失败的基础上建立起来的。② 回归主流及"瀑布式特殊教育服务体系"的基本理论假设有如下四点:(1)残疾是由病理原因导致的;(2)与残疾相关的诊断与鉴定是客观的、有效的;(3)以最少受限制环境为基础的"瀑布式特殊教育服务体系"是精心组织的一个多层次系统,能够使特殊儿童受益;(4)特殊教育的质量可以通过诊断技术与教学方法的改进而得到提高。③ 一句话而概之,回归主流的逻辑就是:残疾是由病理原因导致的,因此需要客观的诊断与鉴定方法来确定问题之所在;而通过鉴定所确定的不同残疾程度则是儿童教育安置——即决定儿童在"瀑布式特殊教育服务体系"等级中哪一个层次的基础;教育质量能否提高的关键则取决于诊断技术与教学方法的改进。④ 然而大量的研究文献指出尽管回归主流的精神被广泛地接受,但回归主流实施的效果并不令人满意。⑤⑥ 回归主流没有能够彻底地改变现有的特殊教育体制,没有"减轻人们对于现有特殊教育体制的官僚、割裂、运转不良等的不满"。

"正常化教育发起"与"融合教育"都是 20 世纪 80 年代在回归主流哲学以及最少受限制环境原则基础上发展起来的,二者区别很小。"正常化教育发起"于 20 世纪 80 年代早中期出现,并迅速被"融合教育"所取代,因此,国内很少有文献介绍或提及。但是,"正常化教育发起"是"回归主流"与"融合教育"中间的

---

① 正常化教育发起(Regular Education Initiative,简称 REI)。
② Skrtic, T. M. Behind special education: A critical analysis of professional culture and school organization [M]. Denver, Colo.:Love Pub. Co,1991:42.
③ Sage, D. D. & Burrello, L. C. Leadership in educational reform: An administrator's guide to changes in special education[M]. Baltimore, MD:Paul H. Brooders,1994:124.
④ 邓猛. 从隔离到融合——对美国特殊教育发展模式变革的思考[J]. 教育研究与实验,1999,67(4):41-45.
⑤ Baker, J. M., Zigmond, N. The meaning and practice of inclusion for students with learning disabilities: Themes and implications from the five cases[J]. The Journal of Special Education, 1995,29(2):163-180.
⑥ Booth, T., Ainscow, M. From them to us: An international study of inclusion in education[M]. London:Routledge,1998:9.

过渡,布兰特林格(Brantlinger)①就指出融合教育其实就是"正常化教育发起"的重新命名而已。多数支持"正常化教育发起"的专业人士很快就成为"完全融合教育"的发起者与拥护者,如斯坦巴克夫妇、利普斯基(D. K. Lipsky)、加特纳(A. Gartner)、雷诺兹(M. C. Reynolds)等。而多数反对REI的人后来则成为"部分融合教育"的倡导者,例如,考夫曼②、富克斯(D. Fuchs)和富克斯(L. S. Fuchs)③。因此,研究REI的发展与主要观点对于更好地了解"融合教育"的演进过程是非常有意义的。

如上所述,"融合教育"的思想是在批判、反思回归主流教学实践的失败的基础上建立起来的。④ 早期倡导"正常化教育发起"运动的比较著名的有斯坦巴克夫妇⑤以及威尔⑥。斯坦巴克夫妇首先对现存的特殊教育与普通教育二者相互隔离、各自平行发展、缺乏合作的双轨制教育体系提出明确的批评,并首次明确叙述了融合的教育观。他们指出正常儿童与"残疾"儿童的二分法是武断的、不合理的因而也是不应该存在的。而且没有足够的证据显示特殊教育需要使用、或者已经使用与普通教育决然不同的教学方法,因此现存的特殊教育体系是多余的、低效率的,它限制了特殊儿童对普通教室课程与教学的选择。所以,特殊教育与普通教育应该"重新组合、建构、融合为一个统一的教育体系以满足所有儿童的学习需要"。

美国教育部前助理行政长官,威尔于1986年提出现有的回归主流教育体系存在着四个方面的问题:(1)不全面的鉴定与障碍类别的划分导致特殊教育计划的效率低下。(2)双轨制导致特殊教育与普通教育的各自平行发展,二者

---

① Brantlinger, E. Using ideology: Cases of non-recognition of the politics of research and practice in special education[J]. Review of Educational Research,1997,67(4):425-459.

② Kauffman, J. M. Commentary: Today's special education and its messages for tomorrow[J]. The Journal of Special Education,1999,32(4):244-254.

③ Fuchs, D. & Fuchs, L. S. Inclusive schools movement and the radicalization of special education reform[J]. Exceptional Children, 1994,60(4):294-309.

④ Skrtic, T. M. Behind special education: A critical analysis of professional culture and school organization [M]. Denver, Colo.:Love Pub. Co.,1991:42.

⑤ Stainback, W. & Stainback, S. A rationale for the merger of special and regular education[J]. Exceptional Children,1984,51(2):102-111.

⑥ Will, M. C. Educating students with learning problems-A shared responsibility[M]. Washington, DC: Office of Special Education and Rehabilitative Services, US Department of Education,1986:89.

不能很好地合作、协调以满足学生的特殊教育需要。(3)等级制服务体系中儿童仍然容易被隔离并受到歧视。(4)家长和学校教师经常对儿童的教育安置,即儿童应该在哪一等级中受教育有着不同的见解,因而容易造成冲突。

斯坦巴克和威尔的观点得到很多学者的响应,他们被统称为"正常化教育发起"的倡导者,主要包含以下的观点:

(1)在学校接受教育的只有一个类别:那就是学生。正常与异常学生的划分是不必要的;

(2)对学生进行鉴定、划分类别的做法会导致对学生的歧视与不良的标记,并会忽略主要矛盾,即对满足学生特殊教育需要的教学方法的探讨;

(3)现存的双轨制的教育服务体系是有缺陷的、低效且昂贵的;

(4)单独的、隔离的特殊教育体系的存在加剧了对待残疾的不当社会态度与观念;

(5)好的教学时间在特殊学校或者普通学校的教学环境中都是一样有效的;

(6)一个统一的、融合的教育体系可以为所有学生提供更好的教育。

如果说回归主流思想在特殊教育领域得到较为广泛的支持的话,从"正常化教育发起"以来的"融合教育"运动则在特殊教育界引起较大的争论。许多反对者认为,尽管现有的特殊教育服务体系有严重的问题,诊断技术与教学实践是可以在现有体制范围内得到改进的;要求现有的、连满足普通学生需要都成问题的普通教育体系承担起教育那些有严重学习与学校适应问题的学生是非常困难的,逻辑上也是不同的。特别是有行为障碍的学生,他们:(1)多数情况下在提供特殊教育服务之前其问题行为就已经被明确诊断,并被同学和教师所发现、认同;(2)对行为问题儿童进行教育、矫正的技术与对待其他学生的策略有明显不同,教师因此需要具备非常专业化的技能和态度。

戴维斯(Davis)认为普通教育"无论在态度还是在教学能力方面都没有准备好,因而无法满足特殊儿童的独特需要"[①]。在这种情况下,普通学校的校长与教师对特殊学生经常会不知所措。詹金斯、帕尔斯和朱厄尔(Jenkins,Pious

---

① Davis, W. The regular education initiative: Its promises and problems[J]. Exceptional Children, 1989,55(5):440-446.

& Jewell)怀疑 REI 是"一幅印象主义的画图,以抽象、粗略的笔画来描述问题与解决之道"①。塞梅尔(Semmel)等则声称:"REI 缺乏实证的数据支撑,整个领域都充斥着热情与夸张的鼓吹。"②尽管缺乏实证数据或经验的证明,REI 事实上加速了将所有学生都融合进普通教室的步伐。

第二节 融合教育思想的概念分析

"正常化教育发起"的概念提出不久,一个与之类似的、新的运动——融合教育运动——迅速崛起,并成为全球特殊教育界共同谈论的话题。如果说 REI 更多地倾向于轻度与中度残疾儿童的话,融合教育则将重度残疾儿童也包含在内。③ 富克斯夫妇④指出:REI 主要关注提高残疾儿童与低学业成就儿童的学业水平,而融合教育更关注对残疾儿童的社会接纳程度。但显然,二者都是从回归主流运动发展而来,并以 94-142 公法和最少受限制环境原则为基础;二者都倡导在普通教室内教育残疾儿童,并主张取消特殊教育以及与之相对应的等级制服务体系,二者可以被整合进"融合教育"的范畴。

一、何谓融合教育

融合教育是在美国 20 世纪 50 年代以来的社会运动的基础上发展起来的。融合教育的思想自斯坦巴克夫妇明确提出以来就成为特殊教育领域内讨论最热烈的焦点。尽管许多国家都将融合作为其特殊教育发展的理想或终极目标,并将其作为相关政策制定的理论依据,但实际上人们对于融合教育是什么仍然存在着不同的观点,"融合教育对于那些对融合教育有着不同期待的人来说,含义不尽相同"⑤。以下是西方文献中不同的专家对融合教育的不同理解。

---

① Jenkins, J. R., Pious, C. G., Jewell, M. Special education and the regular education initiative: Basic assumptions[J]. Exceptional Children,1990,56(6):479-491.

② Semmel, M. I., Abernathy, T. V., Butera, G. & Lesar, S. Teacher perceptions of the regular education initiative[J]. Exceptional Children, 1991,58(1):9-24.

③ Villa, R. A. & Thousand, J. S. Creating an inclusive school[M]. US: Association for Supervision and Curriculum Development, 2000:231.

④ Fuchs, D. & Fuchs, L. S. Inclusive schools movement and the radicalization of special education reform [J]. Exceptional Children,1994,60(4):294-309.

⑤ Fuchs, D. & Fuchs, L. S. Inclusive schools movement and the radicalization of special education reform [J]. Exceptional Children,1994,60 (4):294-309.

- 融合教育是家长、教育者及社区工作者发起的运动,它寻求创设以接纳(acceptance)、归属(belongs)、社区感(community)为基础的学校或其他社会、教育机构。融合学校通过在邻近学校的高质量(high quality)、年龄适合(age-appropriate)的普通教室里教育所有儿童来欢迎、承认甚至强调他们的价值。融合计划寻求建立以满足所有儿童的需要为目标的、尊重个体差异为基础的支持性社区。①

- 融合教育是指在普通学校适合儿童年龄特征的教育环境里教育所有的儿童,它更关心的是特殊儿童的权利而非学校校长、教师及心理学工作者的专业判断与建议。②

- 融合是指学校应该毫无疑问地满足社区内所有儿童的学习需要,而不管他们的能力或障碍的程度如何。③

- 融合是一种态度、一种价值和信仰系统,而不是一个或一系列行为。融合教育是指全部接纳,通过一切手段为社区内每位儿童或民众提供接纳的权利与机会……融合学校的基本信念包括 ABC,即接纳(acceptance)、归属(belongs)和社区感(community)。融合强调如何支持每个儿童特别的禀赋和需要,努力使校区内的每个学生都感到被欢迎、安全及成功。④

- 融合是一种价值倾向。它以所有的特殊儿童都有权与同龄儿童一起在自然的、正常的环境中生活与学习为前提。因此融合不仅仅是简单地将特殊儿童安置于普通教室,它更强调给予学生平等参与所有的学校活动的机会。⑤

- 融合是指在最大程度上使有特殊学习需要的儿童少年在普通教室受教育的努力。它倾向于让学生在普通教室,而不是抽出(pull-out)在普通教室外

---

① Salend, S. J. Effective mainstreaming: Creating inclusive classrooms [M]. 3rd ed. New Jersey: Prentice-Hall, Inc. ,1998:7.

② Bailey, J. & du Plessis, D. An investigation of school principal's attitudes toward inclusion[J]. Australasian Journal of Special Education,1998,22(1):12-29.

③ Foreman, P. Integration and inclusion in action[M]. Sydney: Harcourt Brace,1996:12.

④ Falvey, M. A., Givner, C. C. & Kimm, C. What is an inclusive school[M]. In R. A. Villa & J. S. Thousand (Eds.), Creating an inclusive school (pp. 1-13). US: Association for Supervision and Curriculum Development,1995.

⑤ Smith, T. C., Polloway, E. A., Patton, J. R. & Dowdy, C. A. Teaching students with special needs in inclusive settings[M]. 3rd ed. Boston: Allyn and Bacon,2001:25.

接受相关的支持与服务。①

萨兰德还指出,融合教育运动一方面是针对特殊教育需要人群,特别是有残疾的人士,同时,它针对所有不适应现有教育体系的人士。他将融合教育的倡导者们的主要观点、信念总结如下。

(1) 所有学生,无论种族、语言能力、经济状况、性别、年龄、学习能力、学习方式、族群、文化背景、宗教、家庭背景以及性倾向有何不同,都应该在主流的教育体系中接受教育。

(2) 所有学生都是具备学习能力,并能够对社会作出贡献的、有价值的个体。

(3) 所有学生都有权接受平等的、高质量的服务,从而使他们能够在学校中取得成功。

(4) 所有学生都有权获得适合其个别特点的诊断服务、课程准入、教学策略、辅助技术设施(assistive technology devices)、环境的调整以及其他相关服务。

(5) 所有学生都能够有机会准入(access)不同水平的课程(multilevel curriculum,多重课程,后面章节会详细论述)。

(6) 所有学生接受与他们的能力与需要相一致的、挑战性的教育经验(即不能随意降低残疾学生的学业要求)。

(7) 所有学生有机会共同学习,共同娱乐,共同参与校外活动以及社区内的教育、社交以及娱乐休闲活动。

(8) 教给所有学生欣赏与珍视人与人之间的差异以及共同性。

(9) 所有的专家、家长、同伴以及社区机构共同合作,分享资源、技能、观点以及倡议行动。

(10) 学生需要的所有的服务、支持都在普通教室环境内提供。

(11) 所有学校都应该将家庭以及社区的相关人员纳入学校的教育活动、过程。

(12) 所有的校区必须提供足够的支持、培训以及资源,重组学校以应对所

---

① Zionts, P. Inclusion strategies for students with learning and behavior problems: Perspectives, experiences, and best practices[M]. Austin, Tex.: Pro-Ed, 1997: 16.

有学生、家长以及教育者的多样化的需要。

从上面众多的定义中我们可以发现,融合的定义很模糊,其内涵与外延很不明确,很难为人们的特殊教育实践与教学提供准确的、具有操作性的指导。因此,与其说融合教育是一个准确的教育学术语,倒不如说它是人们的一种美好的教育理想、价值追求,抑或是一种教育哲学思潮。所以我们在理解融合教育的时候,不能仅仅将其视为简单的教育概念,而应该更多地从特定的社会文化、政治经济背景来理解、分析它。巴顿(Barton)[1]指出:

> 融合教育不是要将某些被歧视的人群或个体吸收到现有的社会经济生活联系与框架中来,不是要使某些人尽量变得"正常",也不仅仅是要改变某些被排斥被边缘化的人群的福利状态……融合教育远远超出残疾的范围。它本身并不是目的,它是达到目的的手段——即通过融合教育建构一个融合的社会。融合教育因此不是某个人的事情,而是与社会上所有的公民相关的事情。

显然,这是一个比较极端的定义,它需要全社会以及社会中各种机构与体制进行相应的调整,包括教育机构与体制;社会中现存的与隔绝、歧视相关的价值观、政策等都需要进行相应的变革。

综合以上的分析,笔者认为融合是基于满足所有学生的多样的(diverse)需要的信念,在具有接纳、归属和社区感文化氛围的邻近学校内的高质量、年龄适合的班级里为特殊儿童提供平等接受高效的教育与相关服务的机会。

二、回归主流、一体化及融合教育概念之间的关系

融合教育与回归主流或一体化有很多相似的地方。如它们有着相同的社会文化与哲学基础,都源于美国20世纪50年代以来声势浩大的民权运动,以西方所谓追求个人自由、社会平等等价值为社会文化基础;都倡导"零拒绝"的哲学;试图满足每个儿童的独特的学习需要。因此,多数时候专业人士都是不加区别地使用这些概念的,很少注意到它们之间的不同;而在实际的特殊教育

---

[1] Barton, L. Inclusive Education and Teacher Education: A Basis for Hope Or a Discourse of Delusion? [M]. Institute of Education, University of London, 2003: 58.

课堂教学实践中,人们更是很难鉴别究竟是在进行回归主流教育还是融合教育。

这些概念之间也有一些细微的差别。回归主流本质上仍然是以特殊儿童应该在普通教室以外的隔离环境中受教育为前提的,它要求特殊儿童必须达到某种预定的标准(鉴定结果)才能被普通教室接收,这意味着特殊儿童必须通过努力去争取、赢得在普通教室接受教育的权利。[①] 所以回归主流实践由一系列不同等级的特殊教育服务形式组成。融合教育并不要求学生去赢得到普通教室受教育的权利,相反,它假定特殊儿童本来就应该属于邻近学校的普通教室,他们不仅有权在普通教室里受教育,而且也应该在普通教室里接受相关支持与服务。[②] 因此,回归主流可以看做特殊儿童在普通教室的部分或全部学习时间的安置,而融合教育则是全部时间都安排在普通教室里。它们的区别可以形象地归纳为:回归主流学校经常问"我们能为这个特殊儿童提供教育吗?",而融合教育学校则问"我们怎样为这个特殊儿童提供教育?"。

一体化通常被用来泛指将特殊儿童从隔离的教育环境向较少隔离的环境中转换、过渡的过程,因此回归主流和融合教育都可以被包含在一体化教育运动中。[③] 在西方文化背景里,主流环境一般被认为是所有儿童最标准、正常的安置环境。一体化强调调整学校的物理环境以促进学生逐步参加学校的各项计划、活动。融合教育则是一种重组学校资源、改善教学策略以适应学生多样的学习需要的意愿与价值倾向。[④] 总而言之,回归主流是一种使特殊儿童尽量在正常教育环境中受教育的哲学思潮,一体化强调的是一步一步向普通教室转换的程序、过程,而融合教育则与特殊儿童在正常环境接受教育的平等权利有更大的关联。

---

① Booth, T. & Ainscow, M. From them to us: An international study of inclusion in education[M]. London: Routledge, 1998: 119.

② 同上注.

③ Ainscow, M., Farrell, P. & Tweeddle, D. Developing policies for inclusive education: A study of the role of local education authorities[J]. International Journal of Inclusive Education, 2000, 4(3): 211-229.

④ Johnstone, D. & Warwick, C. Community solutions to inclusion: Some observations on practice in Europe and the United Kingdom[J]. Support for Learning, 1999, 14(1): 8-12.

三、关于融合教育的不同争论

人们关于融合教育争论的焦点不在于"特殊儿童能否被融合?"而是儿童应该如何融合:应该以比较激进的方式完全容纳进普通教室,即 Full Inclusion (暂译作"完全融合");还是以比较缓和、渐进的方式进行有选择的融合,即 Selective Inclusion(暂译作"部分融合")?特殊教育专业人士和相关社会团体也因此被划分成为相互对立的两大派别。从完全融合的支持者与反对者们的主要观点来看,他们的争论并不在于融合教育的基本理念和目标,而是主要围绕着这些理念和目标能否在普通教室里实现。[①]

(一) 完全融合教育派的观点

完全融合是指对特殊儿童进行全日制的普通教室安置。它是一种单一的安置形式,认为不应该根据儿童的障碍程度来安排他们在普通教室学习的时间,而应该在普通教室里满足所有有障碍的学生的学习需要,普通教师应该在特殊教育专业人士的支持下承担教育特殊儿童的主要责任。完全融合教育的支持者们主要有以下观点。

(1) 将特殊儿童抽出教育、对他们贴标签(label)的做法应该被取消。这些做法是低效率的、不公平的。[②]

(2) 所有的儿童都有学习和成功的能力,学校应为他们的成功提供足够的条件。[③]

(3) 所有的儿童都应该在邻近学校内的高质量、年龄适合的班级里平等地接受教育。学校必须成为适应所有儿童多样的学习需要的场所。[④]

(4) 普通教室里,特殊儿童通过教育工作者之间的合作教学、学生之间的

[①] Nelson, J., Ferrante, C. & Martella, R. Children's evaluations of the effectiveness of in-class and pull-out service delivery models[J]. International Journal of Special Education, 1999,14(2):77-91.

[②] Nelson, J., Ferrante, C. & Martella, R. Children's evaluations of the effectiveness of in-class and pull-out service delivery models[J]. International Journal of Special Education, 1999,14(2):77-91.

[③] Villa, R. A. & Thousand, J. S. Creating an inclusive school[M]. US: Association for Supervision and Curriculum Development,1995:237.

[④] Sage, D. D. & Burrello, L. C. Leadership in educational reform: An administrator's guide to changes in special education[M]. Baltimore, MD: Paul H. Brooders,1994:79.

伙伴学习以及所提供的各种相关服务而获益。[1]

可见,在完全融合教育者的眼里,融合教育是不需经过任何经验或研究的实证的,它是一种崇高的道德、伦理上的追求。[2]

(二)部分融合教育派的观点

部分融合即让特殊儿童部分学习时间在普通教室学习,它假定普通教室安置并不适合所有的特殊儿童,"完全融合"只是一系列特殊教育服务形式中的一种选择。因此它支持等级特殊教育服务体系(the continuum of special education services),尤其是资源教室的存在,提供从最多(隔离的学校或机构)到最少(普通教室)限制的多种教育安置选择。[3]

部分融合教育支持者对完全融合教育的批判集中于完全融合教育的最基本的假设,即所有的儿童都能在普通教室里接受最适合他们的教育。他们认为这是一种"一刀切"(one size for all)的做法,[4]丹尼尔和金认为在同一普通教室里,能力强的学生可能会经常因内容简单而厌倦,而有特殊学习需要的学生又因赶不上教学的平均进度而焦虑;完全融合教育者对特殊儿童社会适应太过重视,很容易将他们的学业成绩作为次要的任务。部分融合教育者因此认同等级制特殊教育服务体系的作用,相信特殊儿童的安置选择应以儿童障碍的性质与严重程度为基础。[5] 他们的这些基本观点与回归主流很相似。

有的部分融合教育者还认为完全融合教育者是在没有得到普通教育工作者的支持的情况下要求他们接受特殊儿童的。例如,富克斯夫妇指出普通教育没有具备为特殊儿童提供成功的学习体验与社会交往经验的能力。[6] 其他的

---

[1] Cook, B., Semmel, M. & Gerber, M. Attitudes of principals and special education teachers toward the inclusion of students with mild disabilities[J]. Remedial and Special Education,1999,20(4):199-207.

[2] 同上注。

[3] Smith, T. C., Polloway, E. A., Patton, J. R. & Dowdy, C. A. Teaching students with special needs in inclusive settings[M]. 3rd ed. Boston: Allyn and Bacon,2001:112.

[4] Lewis, R. B. & Doorlag, D. H. Teaching special students in the mainstream [M]. 4th ed. Englewood Cliffs, N.J.:Merrill,1995:16.

[5] Daniel, L. G. & King, D. A. Impact of inclusive education on academic achievement, student behavior and self-esteem, and parental attitudes[J]. The Journal of Educational Research, 1997,91(2):67-80.

[6] Fuchs, D. & Fuchs, L. S. Inclusive schools movement and the radicalization of special education reform[J]. Exceptional Children, 1994,60(4):294-309.

批判者则认为完全融合的观点太理想化，如洛（Low）指出："对完全融合的追求是一种幻觉，它完全是一个乌托邦式的概念。"① 克罗尔和摩西（Croll & Moses）也认为"完全融合作为一种教育理想在道德上高高在上，但是在日常的教育教学活动中却缺乏保障"②。

尽管完全融合与部分融合教育的支持者们观点不尽相同，他们都承认融合教育不仅仅是物理空间的融合，即特殊儿童身体上被普通教室接受，融合更意味着教育观念、社会文化的根本变化。③ 一般而言，多数的研究者都倾向于认为完全融合的观点过于极端、理想化，他们更多地是在观念上、原则上支持完全融合教育的理想，但在实际的教学实践中却采取部分融合即回归主流计划的做法。因此，从理论上来讲，回归主流、一体化、及融合教育有着细微的差别，但实践中则没有什么不同，至少在目前阶段是如此。

四、启示

我国自 20 世纪 80 年代中期以来实行的随班就读运动是否属于融合教育运动呢？国内学者一般都承认我国随班就读是在西方一体化或回归主流的教育思想影响下，由我国特殊教育工作者根据我国国情探索出的对特殊学生实施特殊教育的一种形式，它以较经济、较快的速度使特殊儿童就近进入邻近的普通小学接受义务教育，"与西方的一体化、回归主流在形式上有某些共同之处，但在出发点、指导思想、实施办法等方面有中国的特色"。

可见，我国随班就读模式既受国际特殊教育理论如回归主流或一体化思想的影响因而具有国际性；又考虑了我国的社会文化、经济、教育等实际的条件，即具有民族性。然而，从上面的分析中我们可以知道融合教育的概念很模糊，与一体化教育、回归主流的分野并不明晰，尤其是部分融合教育的观点与回归主流没有什么不同，在实际的课堂教学中则更无区别。因此，从广义地理解融

---

① Low, C. Point of view: Is inclusivism possible? [J]. European Journal of Special Needs Education, 1997,12(1):71-79.

② Croll, P. & Moses, D. Ideologies and utopias: Education professionals' views of inclusion[J]. European Journal of Special Needs Education,2000,15(1):1-12.

③ Tilton, L. Inclusion: A fresh look: Practical strategies to help all students succeed [M]. Shorewood, Minn.: Covington Cove Publications,1996:19.

合教育的思想的角度出发,我们可以忽略融合、一体化、回归主流思想的细微区别,把它们都包括到目前特殊教育领域内声势浩大的融合教育运动内,将所有的试图把特殊儿童部分或全部学习时间安置于普通教室的努力都看做融合教育。从这个角度出发,随班就读应该属于全球范围内的融合教育运动范畴。

至于随班就读的民族性,它与融合教育的理念并不冲突。因为融合教育仍然处于摸索、发展阶段,并没有一成不变的模式。不同的国家、不同的社会背景下人们对于融合教育的定义、目标、实施途径及其结果都存在着不同的看法。尽管很多国家都致力于发展融合教育,但没有一个国家真正实现了高质量的、有效的融合教育,即使在首先倡导融合教育的美国,融合教育的效果仍然是值得怀疑的,并不能达到满意的或适当的效果。没有一个国家的做法能够为其他国家发展融合教育提供一个标准的蓝本或范例,各个国家需要根据本国的国情探索适合自己的融合教育模式,事实上在融合教育发展较快的西方一些国家里,对融合教育观念的理解、具体政策制定及教学实践都有所不同。

因此,我国因地制宜探索自己的发展模式,不仅没有违背融合教育思想,相反丰富了融合教育的理论与实践,并为其他情况类似的发展中国家提供了可借鉴的经验。我们应该大胆地将随班就读纳入融合教育的范畴,没有必要因为自己的理解、做法有些自己的特色就非要说自己搞的是完全不同的一套。而且,将随班就读纳入全球融合教育运动的范围,不仅能使我们以更宽广的视野自觉地运用融合教育的基本理论和吸收别国的经验,从而有利于明确我国随班就读的发展方向、提高其质量;而且为国内学者使用规范的学术语言参加国际学术交流与对话提供便利。事实上,已经有一些学者在国际学术交流中使用"mainstreaming"(回归主流)或"inclusion"(融合教育)来描述随班就读发展的情况,如穆克利、杨汉麟与亚伦·阿姆菲尔德(Aaron Armfield)在美国第 71 届 CEC(Council for Exceptional Children)年会上宣读的论文就使用"mainstreaming experiments"来描述随班就读;陈云英博士在 Cambridge Journal of Education 期刊上发表 Making special education compulsory and inclusive in China(《让中国特殊教育义务化和融合化》)的论文;波茨(Potts)在 International Journal of Inclusive Education 期刊上发表 A Western perspective on inclusion in Chinese urban educational settings(《用西方的观点来看中国城市教育环境下的融合教育》）一文；联合国教科文组织发起的"教育所有人"（Education for All）运动的年度报告中也使用"中国：融合教育在实践"（China：Inclusion in Practice）来描述中国的随班就读实践。

尽管如上所述，我国的随班就读属于全球融合教育运动之列，我国随班就读的质量与西方发达国家相比仍然有很大的距离。西方国家无论是融合教育、回归主流或一体化，都是在隔离式教育发展到一定阶段，特殊儿童义务教育都已得到实现的基础上发展起来的。其目的是使特殊儿童获得与正常儿童一样地、平等地在普通学校接受适合他们自己独特需要的教育服务，追求的是特殊教育的高质量。而我国随班就读的出发点却是在传统的特殊学校教育发展较薄弱、不能满足需要的基础上，以经济的手段、较快的速度将大量游离在学校之外的特殊儿童招收进来，使他们有机会接受义务教育。20世纪80年代以来一系列法律法规（如《中华人民共和国残疾人保障法》《中华人民共和国残疾人教育条例》等）都明确规定发展特殊教育的方针是"普及与提高相结合"，同时强调"以普及为重点"。在具体的实践中，提高特殊儿童的升学率成为各地区追求的首要目标，检查与评估也主要集中于升学率高低即数量的检查。质量，即特殊儿童是否能够在普通教室里接受适当的教育，长期以来受到了忽略。可见，西方的融合教育是要为特殊儿童提供接受平等的、适当的教育机会，而我国的随班就读主要是为儿童提供接受教育的机会。

经过三十余年的随班就读实践，我国特殊教育已经发展到由追求数量向质量转化的时期，在随班就读今后的发展中，我们不仅应该努力将那些还没有进入学校的特殊儿童招收进来，而且要更加注意提高教育的质量，并注意吸取西方融合教育的经验与教训。因为从总体来说，虽然西方发达国家融合教育发展的水平较高，但西方融合教育过分重视儿童的平等接受教育的权利及社会适应能力的发展，对儿童学业的发展有所忽略，因而融合教育在西方如美国在促进儿童学业进步方面并不能令人满意。而我国随班就读的发展与西方发达国家相比从总体上来说还处于较低水平，人力、资源、相关服务等都不足，出现了混读的现象。但从较成功的地区的经验来看，与西方恰恰相反，我们似乎太注意对特殊儿童书本知识的传授，注重他们学习成绩的进步而对他们社会适应能力、生活技能等各项潜能的发展有所忽视，我们的社会也存在着一些封建残余观念的影响,这些都不利于特殊儿童平等地参与学校与社会生活。因此,我们应该花更大力气宣传特殊儿童的权利,创设平等、和谐的社会文化氛围,使特殊儿童在普通学校、社会里能够获得尊严与尊重;并因地制宜探索教学方法,使他们的潜能能够得到充分的发挥,从而使融合的教育目标得以实现。

第三节 融合教育的基本要素

一、融合教育影响因素的文献分析

融合教育不仅仅局限于教育领域,应该更多地从特定的社会文化、政治经济背景来理解、分析它。它涉及的面比较广,影响其成功与否的因素也比较繁多。巴尼特和蒙达·阿马娅(Barnett & Monda-Amaya)指出融合教育要获得成功,态度的、组织的、教学方面的改变必须到位。[1] 阿什曼和埃尔金斯(Ashman & Elkins)认为,课程的调整、对残疾的积极接纳、保证学校融合的政策以及能否让普通学校教师承担起教育残疾孩子的责任,是融合教育的目标能否实现的关键。[2] 福尔曼(Foreman)指出融合教育要求残疾学生能够像正常学生一样准入学校的各项活动与服务,要求对课程进行重组,对评价学生的措施以及相关资源也要进行相应的调整。[3] 马尔明(Malmin)指出:教育者的协作、管理者的意识与方法的改变以及专业人士的支持是融合教育成功不可缺少的要素。[4] 伊多尔和韦斯特(Idol & West)则从课堂教学的角度分析融合教育的要素,认为:有效的课堂管理、支持性的学校氛围、学生能力与课程内容难度是否匹配是决定融合教育的关键因素;校长的领导能力、教师调整课程与教学的

---

[1] Barnett, C., Monda-Amaya, L. E. Principals' knowledge and attitudes toward inclusion[J]. Remedial and Special Education, 1998, 19(3):181-192.

[2] Ashman, A., Elkins, J. Educating Children with Special Needs[M]. 2nd ed. Australia: Prentice Hall, 1994:6-10.

[3] Foreman, P. Integration and inclusion in action[M]. Sydney: Harcourt Brace, 1996:15-30.

[4] Mamlin, N. Despite best intentions: When inclusion fails[J]. The Journal of Special Education, 1999,33(1):36-49.

能力、支持与服务的有效性以及教学材料是否足够很重要。①

1994年,包括"全美教师联盟""美国教育协会""异常儿童委员会"等在内的十个教育专业组织召开了"融合教育学校工作论坛",总结了融合学校的要素如下。②

(1) 社区感(a sense of community)。应该使所有的儿童回归主流学校与社区生活,每个人都有归属感、被接纳,并接受同伴的帮助、教工的支持。

(2) 领导(leadership)。校长负责规划、实施融合教育的策略,并与全体教职员工共同承担教育所有学生的责任。

(3) 高标准(high standards)。所有学生达到与他们的能力相符的、高水平的学业成就。

(4) 协作与合作(collaboration and cooperation)。

(5) 角色与责任的变化(changing roles and responsibilities)。教师讲授少、支持多;学校心理工作者走进教室与教师一起工作;校园里每一个人都积极参与学生的学习过程。

(6) 多种服务(array of services)。提供一系列相关服务,如健康、心理、社会服务等。

(7) 与家长的合作(partnership with parents)。

(8) 弹性的学习环境(flexible learning environments)。儿童根据自己的特点确定学习的进度与方式。只有在非常有必要的情况下,学生才会被抽出(pull out)进行少量单独的教育。

(9) 基于研究的策略(strategies based on research)。运用已经为研究所证明的有效学习与教学策略。

(10) 新的责任制度(new forms of accountability)。较少依赖标准的测试,比较多地使用新的责任制度与评估方法来保证每个学生多获得进步。

(11) 准入(access)。确保每一个学生都能够参与学校生活,对校园建筑、

---

① Idol, L., West, J. F. Effective instruction of difficult-to-teach students: An in-service and pre-service professional development program for classroom, remedial and special education teachers[M]. Austin, Tex.: Pro-ed,1993:3-9.

② Lipsky, D. K., Gartner, A. Inclusion and school reform: Transforming America's classrooms [M]. Baltimore, Md: P. H. Brookes Pub. Co., 1997:41-50.

环境进行相应的改善,并使用适当的辅助技术帮助学生最大限度地参与。

(12)可持续的专业发展(continuing professional development)。鼓励教职员工对自己的专业发展进行规划,并提供多种机会对他们的知识与技能进行训练。

塞兰德指出融合教育的成功依赖于沟通与协作的质量,以及教师、家庭和社会资源能否有效整合(见图 2-1)。① 兰和伯布里克(Lang & Berberich)指出融合教育只有在学校与教师得到足够的人力与物质资源的情况下才有可能获得成功(见图 2-2)。② 显然,塞兰德将学生置于融合教育沟通网络的中心,各种外界因素相互影响,形成影响学生发展的合力;兰和伯布里克则认为态度与信念是融合教育的核心要素,它作用于所有其他要素,是融合教育成功的关键。

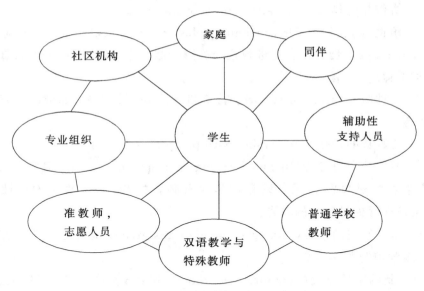

图 2-1　融合教育要素的网络体系

---

① Salend, S. J. Effective mainstreaming: Creating inclusive classrooms [M]. 3rd ed. New Jersey: Prentice-Hall, Inc,1998:114.

② Lang, G. & Berberich, C. All children are special: Creating an inclusive classroom[M]. York, Me.: Stenhouse Publisher,1995:24-25.

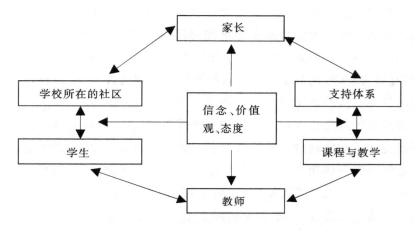

图 2-2　影响融合教育的变量

从美国、英国、意大利、澳大利亚等在融合教育方面起步较早国家的融合教育实践经验来看,相关的立法与政策、地方人员的管理与政策执行、特殊学校与普通学校的合作以及足够的资源与师资水平是融合教育能否获得成功的关键。①②③

二、政策执行的理论视角

融合教育的思想自 20 世纪 80 年代中期出现以来就成为许多国家特殊教育发展的理想或终极目标,成为相关教育政策制定的理论依据。1994 年联合国教科文组织在西班牙召开的全球特殊教育会议上就呼吁各国确立融合的教育目标、制定相关的法律法规并付诸实施。④ 杜黑尼(Duhaney)指出这是因为

---

①　Daunt, P. Western Europe. In P. Mittler, R. Brouillette & D. Harris (Eds.), World yearbook of education 1993: Special needs education[M]. London: Kogan Page, 1993:89-100.

②　Meijer, C. J. W., Pijl, S. J., Hegarty, S. New perspectives in special education: A six-country study of integration[M]. London: Routledge, 1994:20.

③　O'Hanlon, C. Special education integration in Europe[M]. London: David Fulton Publishers, 1993: 89.

④　Booth, T., Ainscow, M. From them to us: An international study of inclusion in education[M]. London: Routledge, 1998:2-7.

融合教育政策的制定与实施是学校融合教育实践获得成功的保证。① 事实上，不同的国家从中央到地方都不断地增加对于特殊教育（尤其是融合教育项目）的政策制定与阐述。例如，美国1975年颁布的94-142公法与英国1976年出台的《沃诺克报告》作为两部重要的特殊教育法律法规文件，对全球特殊教育政策的制定与教育实践产生了巨大的影响。②

融合教育的理念是在相关政策文本里得到规范的，目标则是通过相关政策的执行得到实践与实现的。从政策分析的角度审视融合教育的实施与效果就成为衡量融合教育成功与否的必要措施。在教育领域，政策可以被视作一系列设计与制定、执行以及政策结果与评估的过程。政策执行（policy implementation）是将政策付诸实施的过程，它是政策制定之后的必要步骤，是产生结果的一系列活动。③ 政策的成功是执行的成功，失败往往是执行的失败。政策执行的关键在于制定的政策是否被忠实地付诸实施，而事实上，教育政策与项目设计中的最大困难不在于能否制定出完美的政策，而在于能否将写在纸上的政策以适当的方式、手段付诸实践。④

长期以来，关于政策执行的模式有着自上而下（top-down）的理性（rational）模式与自下而上（bottom-up）的渐进模式（incrementalism）的争论。⑤ 理性模式强调在选择执行策略之前确定目标的重要性，认为先确定政策目标再决定执行的策略是合乎理性的，也是便于系统、全面监控的。其执行是一个从上到下的过程。与理性模式相反，渐进模式是一个从下而上的过程；它不追求制定最佳的政策，但强调根据现有的基础逐步前进。⑥ 通过这种小步子的进

---

① Duhaney, L. A content analysis of state education agencies' policies/position statements on inclusion[J]. Remedial and Special Education, 1999, 20(6):367-378.

② Mittler, P., Brouillette, R., Harris, D. World yearbook of education 1993: Special needs education[M]. London: Kogan Page, 1993:89-100.

③ Gerston, L. N. Public policy making: process and principles[M]. Armonk, N. Y.: M. E. Sharpe, 1997:2-6.

④ Williams, W., Elmore, R. F. Social program implementation[M]. New York: Academic Press, 1976:31-33.

⑤ Ham, C., Hill, M. The policy process in the modern capitalist state[M]. Brighton, Sussex: Wheatsheaf Books, 1984:13-16.

⑥ Braybrooke, D., Lindblom, C. E. A strategy of decision: Policy evaluation as a social process[M]. New York: Free Press of Glencoe, 1970:111-113.

步,政策执行者可以根据现有的条件与手段来及时调整政策目标,从而避免出现严重的错误。底层的管理人员与工作者而非上层人员处于政策执行的中心,因为正是这些基层人员将政策转化为现实。

融合教育政策的执行就是将融合教育政策目标通过适当的途径付诸行动的过程,它主要包括各级教育管理机构与人员对融合教育政策目标与内容的解读,以及如何在学校、地方教育当局提供融合教育服务的过程。从各国融合教育实际执行情况来看,理想多于现实、信念多于实践。因此,少一点关于融合教育理论观点的争论,多一点对于实践的关注,对于发展融合教育更有意义。而从政策执行的角度寻找分析融合教育的框架能够为融合教育政策的执行与相关研究提供实际的指导。

尽管多数国家都从宏观层面对融合教育进行立法或制定政策,融合教育的执行则是一个强调"地方化"或"分权化"(decentralized)的过程,塞奇和伯勒尔认为融合学校的关键在于从重视集中(centralization)向"分权"转变。[①] 融合教育政策的目标与内容需要在课堂的实际教学活动中得以实现,其管理与支持则需要通过地方教育管理机构(Local Education Authority,简称 LEA)来进行,地方学校成为融合教育执行的主要场所。[②] 塞梅尔等指出学校的实际工作者,如校长、教师、学生是融合教育项目的最基本的设计者与实施者。[③]

上述内容可以印证皮吉尔(Pijl)等的结论:中央级别的政策制定者不能够决定学校的实施细节不仅不是一个劣势,相反,这增加了学校与地方教育管理机构的能力,加速了融合学校的建立。[④] 融合教育政策的执行应该遵循一个从下而上的渐进模式,通过学校自身小步子的进步与变化,直接向特殊儿童及其家庭服务,将宏观的教育政策转化为现实。基层的管理人员与教育工作者而非上层人员处于政策执行的中心。

---

① Sage, D. D., Burrello, L. C. Leadership in educational reform: An administrator's guide to changes in special education[M]. Baltimore, MD: Paul H. Brooders,1994:82.

② Mamlin, N. Despite best intentions: When inclusion fails[J]. The Journal of Special Education, 1999,33(1):36-49.

③ Semmel, M. I., Abernathy, T. V., Butera, G. & Lesar, S. Teacher perceptions of the regular education initiative[J]. Exceptional Children,1991,58(1):9-24.

④ Pijl, S. J., Meijer, C. J. W. & Hegarty, S. Inclusive education: A global agenda[M]. London: Routledge,1997:32.

三、融合教育政策执行的框架

以上的分析从政策学的角度为研究融合教育的实践提供了一个理论视角。在这个基础上,对影响融合教育的关键要素进行总结、提炼,并梳理清楚这些关键要素之间的理论联系,就能为融合教育政策执行提供一个具有操作性的分析框架。从以上的文献分析中可以知道,影响融合教育的因素很多;显然,在这些众多的要素中,有一些要素是比较重要的,而有些则可以被进一步归纳到更具有概括性、代表性的类别中去。从政策执行的理论视角综合以上关于融合教育影响因素的文献分析,我们发现影响融合教育政策执行的主要要素有以下几个方面。

(1) 人员。来自学校、社区与社会的许多人士对于融合教育的实施都会产生影响:各级管理人员、普通与特殊教育工作者、家长、志愿人员、医疗健康机构人员、同学、学校心理工作者等。但显然只有一些关键的人士,特别是地方教育管理者与学校教育工作者对于融合教育的成败起着关键的作用。[1] 他们主要包括地方特殊教育管理工作者与普通学校校长和教师。融合教育政策执行主要发生在地方教育机构与学校两个层次的场所,地方教育管理者与学校教育者(主要指普通学校校长与教师)对于融合教育的实施起着主导作用,特殊学校教师、资源教师、家长、学生等人员则起着参与、辅助的作用。

(2) 态度与观念。融合首先是一种态度、一种价值和信仰系统,而不是一个或一系列行为。[2] 萨森(Sarson)指出融合教育最初、最根本的目标就是改变教育者的态度与观念。自融合教育的观念出现以来,各国特殊教育研究者作了大量的关于融合教育态度方面的研究。福尔曼认为积极的态度加上适当的教学方法等于成功的融合教育;[3] 库克、塞梅尔和格伯(Cook, Semmel & Gerber)指出近年来融合教育得到发展正是因为校长与教师残疾与教育观念发生变化

---

[1] Gallagher, P. A. Teachers and inclusion: Perspectives on changing roles[J]. Topics in Early Childhood Special Education, 1997, 17 (3): 363-386.

[2] Villa, R. A., Thousand, J. S. Restructuring for caring and effective education: piecing the puzzle together[M]. Baltimore, Md.: Paul H. Brooks Pub, 2000: 7-8.

[3] Foreman, P. Integration and inclusion in action[M]. Sydney: Harcourt Brace, 1996: 15-30.

的缘故;①皮吉尔等指出,如果普通教师不愿意承担教育残疾儿童的责任,残疾儿童即使在普通教室也会处于被隔离状态。② 相关人士对于融合教育的态度迥异;这正好为融合教育的支持者与反对者都提供了便利,他们能够各取所需,找到对自己有利的证据来捍卫自己的立场。但不可否认的一点就是,态度与信念的确对融合教育的各个方面、要素都有着广泛的影响。

(3) 政策的阐释。从全球特殊教育发展的角度看,通过立法实施特殊教育已成为各国教育决策的一个重要组成部分。多数国家都通过国家最高立法机关制定具有强制性的特殊教育专门法律,并在这些法律中列入了包括残疾人在内的人人都有平等接受教育的权利的条文,并鼓励地方教育管理机构与普通学校进行改革,建立融合学校。③ 正确解读相关政策对于学校实践有着重要作用。地方教育管理机构工作者对于国家法律、法规与相关政策有着较大的解释权,而校长作为学校管理者负责组织教师与各种资源确保学生的学习需要得到满足。④ 在国家立法与相关政策精神的指引下,地方管理机构确立地方教育发展目标,学校则发展符合实际的学校发展规划,并对学生进行诊断、评估、安置、教学等活动。

(4) 课程与教学的调整。融合教育政策必须通过教室内的课程与教学活动得以执行,社会与学校的价值观、知识要求需要经过教师的课堂教学传递。⑤ 课程与教学密不可分,课程解决"教什么"而教学解决"怎么教"的问题,二者可以结合在一起讨论。

在融合的教学情境下为所有学生提供有意义、高质量的教学是融合教育的重中之重。残疾学生在普通教室能否成功在很大程度上取决于课程与教学的

---

① Semmel, M. I., Abernathy, T. V., Butera, G. & Lesar, S. Teacher perceptions of the regular education initiative[J]. Exceptional Children,1991,58(1):9-24.

② Pijl, S. J., Meijer, C. J. W. & Hegarty, S. Inclusive education: A global agenda[M]. London: Routledge,1997:32.

③ Duhaney, L. A content analysis of state education agencies' policies/position statements on inclusion[J]. Remedial and Special Education, 1999,20(6):367-378.

④ Sage, D. D., Burrello, L. C. Leadership in educational reform: An administrator's guide to changes in special education[M]. Baltimore, MD: Paul H. Brooders,1994:82.

⑤ Thomas, G., Walker, D., Webb, J. The making of the inclusive school [M]. London: Routledge, 1998:29.

质量。① 福尔曼指出回归主流教室的学生的一个难题就是与现有课程之间的冲突。② 阿什曼和埃尔金斯认为融合教育成功的一个关键要素就是普通学校课程与教学应该具备足够的弹性。③ 然而,是向教室内所有儿童提供同样的还是不同的课程?是向特殊儿童提供高水平还是打折扣的课程(watered-down curriculum)?教师对学生的课程与教学的分层(differentiation)究竟应该如何把握?这些问题长期以来困扰着普通与特殊教育工作者,也是许多人士对融合教育持怀疑态度的原因之一。融合学校教师应该不断对课程与教学进行调整,在学生的学习需要与自己的教学风格、方式之间找到一个契合点。

(5) 资源与支持。大量的关于融合教育的实证调查研究表明教师最需要的就是相关支持与资源。考夫曼认为:"教育体制改革没有足够的资源的支持只会导致灾难性的后果。"④齐格蒙德和贝克(Zigmond & Baker)指出:"资源能够允许更为直接的、精深的补偿性教育得以贯彻、进行。"⑤沃茨(Werts)等发现如果教师实际得到的资源和支持与他们对资源和支持的需要之间的差距越小,融合教育就越可能获得成功。⑥ 然而,多数研究表明,教师经常感觉到他们能够接受到的"支持"并没有起到支持的作用,校长与管理机构提供的支持的类型经常不是他们最需要的。⑦ 融合教育政策的制定与执行必须充分考虑各种相关资源的提供与调配。

以上的五个要素是融合教育政策执行过程中比较重要的要素。地方教育机

---

① Coutinho, M. J., Repp, A. C. Inclusion: The integration of students with disabilities [M]. Belmont, Calif.: Wadsworth Pub. Co,1999:91-95.

② Foreman, P. Integration and inclusion in action [M]. Sydney: Harcourt Brace,1996:15-30.

③ Ashman, A., Elkins, J. Educating Children with Special Needs [M]. 2nd ed. Australia: Prentice Hall,1994:6-10.

④ Kauffman, J. M. The regular education initiative as Regan-Bush policy: A trickle-down theory of education of the hard-to-teach[J]. The Journal of Special Education,1989,23(3):256-278.

⑤ Zigmond, N. & Baker, J. M. Concluding comments: Current and future practices in inclusive schooling [J]. The Journal of Special Education,1995,29(2):245-250.

⑥ Werts, M. G., Wolery, M., Snyder, E. D., Caldwell, N. K., Salisbury, C. L. Supports and resources associated with inclusive schooling: Perceptions of elementary school teachers about need and availability[J]. The Journal of Special Education,1996,30(2):187-203.

⑦ Littrell, P. C. & Billingsley, B. S. The effects of principal support on special and general educators' stress, job satisfaction, school commitment, health, and intent to stay in teaching[J]. Remedial and Special Education,1994,15(5):288-297.

构工作人员作为领导与管理者决定地方教育发展目标、对融合教育政策作出阐释,并对融合教育的执行过程进行监控。学校教育者(包括校长与教师)对融合教育目标在学校、课堂范围内的实施承担主要责任,他们利用各种能够获得的资源,对课程与教学进行调整,满足课堂内不同的学习需要。这些关键人士的态度与信念是最基本的要素,对其他各个要素都产生广泛的影响。这些要素相互联系,共同决定融合教育的成败;这些要素也构成研究融合教育政策执行的分析框架(见图 2-3)。

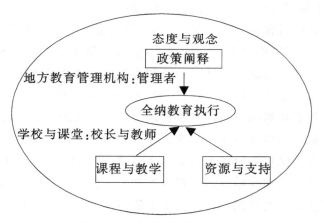

图 2-3　融合教育政策执行的分析框架

四、结论与启示

图 2-3 呈现的框架是融合教育政策执行的一个理想的、概要的模式。现实中政策执行的要素与方式受到各种环境的制约,要复杂得多。根据詹金斯的观点,政策是在特定的政策环境下运行的,政策的执行是一个动态的过程,其变化与环境各种要素的变化息息相关。[①] 以上的融合教育政策执行分析框架主要集中于学校范围内的政策执行。但是,社会、文化、经济等各种要素不仅通过相关人员的态度与信念对融合教育政策执行产生广泛的影响,这些要素还直接对融合教育各个层面的执行直接发挥制约作用,对这一点不能忽视。

---

① Jenkins, W. I. Policy analysis: A political and organizational perspective [M]. London: M. Robertson, 1978: 11-17.

图 2-3 中的分析框架是从渐进的政策执行视角下得出的。融合教育的实践与相关研究证明融合教育的执行遵循从下而上的渐进模式,通过学校自身小步子的进步与变化,直接向特殊儿童及其家庭服务,将宏观的教育政策转化为现实。我国随班就读政策的执行显然是以从上到下的理性模式为特征的,即中央政府权威部门预先制定政策目标并确定实现目标的策略,然后各下级部门将政策付诸实施。① 这有利于国家对随班就读工作进行统一规划、领导,也有利于通过行政的力量推动随班就读工作的开展。

然而,这种模式与以上分析的融合教育政策所要求的渐进模式相矛盾。这也是我国随班就读过程中出现很多矛盾、冲突的重要原因。尽管国家关于随班就读的政策很多,而且很全面、系统,目标也很高,随班就读三十年的实践却不容乐观。残疾少年儿童教育仍然是普及初等教育最薄弱的环节,已经进入普通学校就学的残疾儿童由于师资与教学资源的缺乏而出现"随班混读"的现象。② 所取得的进步和变化与国家制定的目标还存在着很大的差距。因此,在我国随班就读政策的执行中应该逐步纳入渐进模式,将理性模式与渐进模式结合起来使用。执行过程应该更多地体现地方的不同条件、反映第一线工作者的声音,使基层工作者的观点在政策执行过程中得到充分的反映,更多地允许基层机构与人员自主调整政策的目标并调整实现这些目标的策略与步骤。这样,宏观层面的随班就读政策与微观的地方、学校实践才能够统一,随班就读工作才能取得较好的效果。

第四节 融合教育的效果探讨

伴随融合教育的不只是追求与推崇,也包含着质疑与批判。从 20 世纪 90 年代开始,一些研究者就开始剖析融合教育实施过程中存在的种种问题,例如,是否所有残疾儿童都需要和普通儿童在一起接受教育?残疾儿童在融合环境下是否能比在特殊学校中取得更大的学业进步?融合教育究竟是高高在上的

---

① 邓猛.特殊教育管理者眼中的融合教育:中国随班就读政策的执行研究[J].教育研究与实验,2004(4):41-48.

② 邓猛.关于制定《特殊教育法》的倡议[J].中国特殊教育,2005(7):3-6.

"乌托邦"还是脚踏实地的实践策略?[①] 解决这些疑问,都需要对融合教育的效果进行研究。

一、融合教育的效果分析

从20世纪90年代开始,特殊教育研究者就对融合教育背景下不同教育安置形式的教育效果进行研究,以此寻求支持或者反对融合教育的实证依据。这些不同教育安置形式主要包括完全在普通教室中学习的融合教育模式,部分时间在普通教室、部分时间在资源教室学习的资源教室模式,以及完全在特殊学校或特殊班级学习的隔离模式。多数研究者是通过对比这些不同的教育安置形式下残疾儿童在学业和社会能力方面的进步,以及调查家长和教师对融合教育的态度中得出结论的。

(一) 学业发展

学业发展是残疾儿童发展的核心,同时也是判断融合教育效果的关键。西方研究者对残疾儿童学业发展的研究主要集中在普通教室中的教学是否能够满足残疾儿童的教育需要方面。[②]

贝克和齐格蒙德发现:虽然融合教育为学习障碍学生提供获取普通教育资源的机会,然而这些学生并没有接受到针对性的教学。[③] 曼塞特和塞梅尔(Manset & Semmel)对不同的学习障碍儿童教育模式的相关研究文献进行综合分析,发现只有少数研究表明在融合教育模式下,轻度学习障碍的学生在阅读、语言上比隔离模式取得更加显著的成就,而多数研究显示二者不存在显著差异,有的研究甚至表明融合模式的成效比隔离模式差。他们由此得出结论,对于大部分学习障碍的学生来说,融合教育在促进学生学业发展方面的作用并不显著。[④] 其他一些研究者也得出了类似的结论。[⑤]

---

① 熊絮茸,邓猛. 融合教育的宽容脉络及其现代性发展[J]. 继续教育研究,2011(11):8-11.
② Nancy M. Despite Best Intention:When Inclusion Fails[J]. The Journal of Special Education,1999,33(1):36-49.
③ Baker J. ,Zigmond N. Are regular education classes equipped to accommodate students with learning disabilities?[J]. Exceptional Children,1999,56(6):515-526.
④ Semmel M. ,Manset G. Are inclusive programs for students with mild disabilities effective? [J]. The Journal of Special Education,1997,31(2):155-180.
⑤ Farrell M. Debating Special Education[M]. London:Routledge,2010:110.

也有研究者将资源教室模式与融合教育模式和隔离模式进行比较。马斯顿(Marston)对在不同教育安置形式下学习障碍学生的阅读能力进行了研究,研究者将学生分别安置在普教课堂、普教和特教结合课堂、隔离式课堂三种教育环境中接受教育。经过一段时间对这些学生进行测验发现,在普教与特教相结合的环境下接受教学的学生成绩最好。① 米尔斯、科尔、詹金斯和戴尔(Mills,Cole,Jenkins & Dale)也做过类似的研究,结果同样表明资源教室的效果要好于普通教室和特殊学校。②

也有部分研究者发现隔离教育的效果并不显著。与在隔离班级接受特殊教育的学生相比,在普通班级就读的残疾学生,在认知上会发展得更好。③ 例如,巴克利(Buckley)比较了在普通学校和特殊学校接受教育的轻度智力障碍学生的学业发展情况。研究结果显示,在普通学校中学习的智力障碍儿童相对于特殊学校学习的智力障碍儿童而言,在语言发展和学业成绩上取得了更加明显的进步。④

到目前为止,关于不同教育安置条件下特殊儿童学业发展的研究并没有达成普遍一致的意见。但多数研究者认为,在融合教育的环境中残疾儿童的学业发展并不比隔离环境好。在资源教室模式中的学生由于既能在普通教室上课又能够在资源教室接受持续、高效的辅导,因此学业表现最佳。可见,融合教育并没有达到《萨拉曼卡宣言》中所宣传的那样能够满足所有残疾儿童的教育需求。即使是融合教育的支持者也承认,他们提倡融合教育的主要目的并不在于促进学生学业发展,而是基于所有儿童享有平等的教育权方面的考虑。

(二) 社会性发展

社会性发展是残疾儿童建立良好人际关系和融入社会的基础,同时也影响着残疾儿童个性的形成。在残疾儿童社会性发展方面,研究者的研究主要集中

---

① Kavale K. A.,Forness S. R. History, rhetoric, and reality: analysis of the inclusion debate[J]. Remedial and Special Education,2000,21(5):279-297.

② Lindsay,Geoff. Inclusive education: a critical perspective[J]. British Journal of Special Education,2003,30(1):3-12.

③ Halahan P. D.,Kauffman M. J.,Pullen. 特殊教育导论[M]. 第十一版. 肖非,等译. 北京:中国人民大学出版社,2011:50.

④ David Mitchell. Education that Fits: Review of International Trends in the Education of Students with Special Educational Needs[M]. University of Canterbury,2010:23-24.

在同伴接纳、社会交往技能和社会行为等方面。

有研究者认为,融合环境可以为残疾儿童的社会性发展提供现实的社会情境,对残疾学生的社会性发展起到积极的作用。例如,威纳和塔迪夫(Wiener & Tardif)从社会接纳、朋友的数量、与最亲密朋友关系的质量、孤独感、社会技巧和问题行为等几个方面比较了不同安置形式下学习障碍学生的表现。研究表明,在普通班级内接受支持(in-class support)的学生比在资源教室接受支持的学生更容易被同伴接受,问题行为也比较少;融合班级的残疾学生比隔离班级的学生与他们的朋友有更加满意的关系,自身有更少的孤独感和行为问题。总之,安置形式的融合度越高,残疾学生的社会情感功能发展就越完善。[1] 帕姆和洛丽(Pam & Lori)等人在总结了很多关于融合教育环境下残疾儿童社会性发展的研究后,认为在融合教育中重度残疾的学生在同伴接纳、互动和交友等方面得到较好的发展。[2] 博德曼(Boardman)的研究显示,在融合教育环境中,学习障碍儿童在社会接纳程度、社会交往技巧和自我价值感方面得到了明显提高。[3] 格兰伯格(Granberg)对三位在融合幼儿园的轻度残疾学生进行个案研究发现,这几位孩子在社会合作和交往方面都表现出积极的行为。[4]

也有研究者对于融合教育在促进特殊儿童社会性发展方面的作用提出质疑,认为融合教育模式对学生的社会发展有消极作用,包括自信和社会技巧等方面的缺乏和不足。沃恩、埃尔鲍姆和舒姆(Vanghn, Elbaum & Schumn)评估了融合的环境设置对于残疾儿童社会功能的影响,发现残疾学生很少会被正常儿童所接纳,并且他们被正常儿童所接受和喜欢的程度随着时间的推移而不断降低。[5] 一项有关融合教育环境中聋人的社会适应研究表明,聋人的社会成熟

---

[1] Wiener J., Tardif C. Y. Social and Emotional Functioning of Children the Learning Disabilities: Does Special Education Placement Make a Difference? [J]. Learning Disabilities Research & Practice, 2004, 19(1):20-33.

[2] Hunt P., Goetz L. Research on inclusive educational programs, practices, and outcomes for students with severe disabilities[J]. The Journal of Special Education, 1997, 31(1):3-29.

[3] Elbaum B. The Self-Concept of Students with Learning Disabilities: A Meta-Analysis of Comparisons Across Different Placements[J]. Learning Disabilities Research & Practice, 2002, 17(4):216-226.

[4] Granberg, T. Social skill acquisition for students with disabilities in inclusive early childhood classrooms[J]. UMI Dissertations Publishing, 2010:14-22.

[5] Kavale K. A., Forness S. R. History, rhetoric, and reality: analysis of the inclusion debate[J]. Remedial and Special Education, 2000, 21(5):279-297.

度比他们的健听同伴低,聋生和健听学生之间很少发生互动(Kluwin, Stinson & Colarossi, 2002)。[1]

多数研究认为,普通教室和资源教室为残疾儿童社会交往提供了现实的环境,为残疾学生与健全学生相互接纳与交往提供了机会。融合教育使残疾学生在同伴交往频率、获得社会支持、与同伴建立长久的友谊关系、同伴接纳、对学校的态度和自我概念等方面得到一定改善。[2] 因此,融合教育在促进残疾学生社会交往方面比隔离环境有更大的优越性,这也是融合教育迄今为止最广为接受的共识。

(三) 家长和教师对融合教育的态度

从法律的视角来看,家长是决定他们孩子的安置形式的决策者,在孩子的发展和教育活动中发挥着关键的作用。家长也是包括融合教育在内很多教育改革与实践的发起者和倡导者。[3] 他们对于融合教育的态度在一定程度上反映了融合教育的效果,因此了解残疾儿童家长对待融合教育的态度是非常必要的。伦代克(Ryndak)等人使用半结构访谈调查了13位残疾学生家长对于融合教育的态度。结果显示,家长对融合教育持积极态度,他们当中有9位家长感觉到了他们的孩子在融合课程中有了提高。并且,所有的家长都认为他们的孩子在语言、交流技巧上有进步,有很多的朋友和适宜的社会行为。[4] 1987年,麦克唐奈(McDonnell)为了了解家长对他们孩子的教育安置形式的满意程度,调查253位重度障碍的家长。在120个就读于特殊学校学生的家长中,66%的家长的孩子以前曾就读于普通学校;在133个就读于普通学校学生的家长中,73%的家长的孩子以前曾就读于特殊学校。这个结果表明学生就读于普通学校或者特殊学校的家长对于他们孩子的安置形式的满意度并没有什么区别,对各自教育安置形势下的教育质量都比较满意。[5] 辛普森和迈尔斯(Simpson &

---

[1] Halahan P. D., Kauffman M. J., Pullen. 特殊教育导论[M].第十一版.肖非,等译.北京:中国人民大学出版社,2011:50.

[2] 佟月华.美国融合教育对学习障碍学生的教育影响[J].中国特殊教育,2005(7):32-36.

[3] Hunt P., Goetz L. Research on inclusive educational programs, practices, and outcomes for students with severe disabilities[J]. The Journal of Special Education,1997,31(1):3-29.

[4] Garrick D., Laurel M., Salend S. Parental perceptions of inclusive Educational placements[J]. Remedial and Special Education,2000,21(2):121-128.

[5] 孙玉梅.国际全纳教育研究进展及启示[J].现代特殊教育,2007(11):24-27.

Myles)调查了学习困难学生的家长对于让他们的孩子到主流教室学习的态度，发现在有额外资源支持的情况下，76%的家长表示愿意把他们的孩子送到普通学校中去；而在没有额外资源支持的情况下，只有25%的家长愿意接受融合教育。[1]

从这些研究中可以看出，残疾儿童的家长对待融合教育的态度很复杂。家长对待融合教育的态度与他们的观念和期望有关，注重孩子社会化发展的家长往往会支持融合教育，而注重学业发展的家长则更支持"瀑布式特殊教育服务体系"(the Cascade of Special Education Delivery Service)。[2]

普通学校教师的态度同样对于融合教育有着关键性的影响。同时，教师作为融合教育的实施者，他们的态度也直接影响了融合教育的实施效果。斯克鲁格斯和马斯特罗皮耶里(Scruggs & Mastropieri)进行了一个关于教师对融合教育态度的调查，结果显示，有65%的教师认同融合教育的理念，40%的教师认为融合的目标能够实现，33%的教师认为普通教室是残疾儿童最好的安置形式。但是，只有28%的教师认为他们有足够的时间和专业技能将融合教育付诸实践。[3] 贝内特(Bennett)等人在研究中发现，普通学校教师缺乏实施融合教育的信心。[4] 库克、卡梅伦和坦克斯利(Cook, Cameron & Tankersley)研究了50个普通小学教师对于残疾学生的态度，发现普通学校教师对待残疾学生的态度与学生残疾的类型与程度高度相关。普通教师往往更关注那些没有行为问题仅有教学需要的残疾学生。然而这些教师对于部分残疾学生的忽略在本质上不同于在隔离环境中教师对学生的忽视，他们的忽略往往是因为缺乏经验、专业知识与技能所致。[5]

总体而言，普通教师对于融合教育的理念大部分是持支持态度的，但如果将残疾学生安排到他们班级里去，他们的态度则会发生消极的变化。[6] 这种变

---

[1] 孙玉梅.国际全纳教育研究进展及启示[J].现代特殊教育,2007(11):24-27.
[2] Garrick D., Laurel M., Salend S. Parental perceptions of inclusive educational placements[J]. Remedial and Special Education,2000,21(2):121-128.
[3] 孙玉梅.国际全纳教育研究进展及启示[J].现代特殊教育,2007(11):24-27.
[4] Cook, Bryan G., Cameron, David L., Tankersley, Melody. Inclusive Teachers' Attitudinal Ratings of Their Students with Disabilities[J]. The Journal of Special Education,2007,40(4):230-238.
[5] 同上注.
[6] 同上注.

化主要是由于普通教师对于教育残疾儿童的准备不足所致。

二、总结与分析

通过以上对融合教育的效果研究的分析可以看出,关于融合教育效果的研究结果不尽相同,这既是由于研究者本人的研究方法、个人价值观、抽样方法等方面的差异,也是由于不同国家和地区在资源服务体系、教师素质等方面的不同所造成的。[①] 根据多数研究者的研究结果,我们可以得出以下结论。

(1) 融合教育在促进残疾儿童的学业发展方面并没有产生实质性的影响,普通教育与特殊教育结合的资源教室模式更有利于残疾儿童在学业方面的发展。

(2) 在社会性发展方面,融合教育环境下残疾儿童比在隔离环境中表现出更积极的社会情感、沟通技巧与行为。

(3) 残疾儿童的家长对融合教育的态度与他们对自己孩子的期望有较高相关。

(4) 虽然普通教师对融合教育的理念持积极态度,但由于缺乏经验、技能等方面的原因,他们对残疾儿童在普通教室中发展的信心明显不足。

因此,无论是融合教育模式、隔离模式还是资源教室模式,它们可能在残疾儿童的某些方面的发展有比较突出的促进作用。然而,没有任何一种模式的有效性得到普遍的认同或者能够满足所有残疾儿童的教育需要。对于融合教育而言,它在促进残疾儿童的不同发展方面,其效果并不相同,它未必是满足所有残疾儿童教育需要的最佳实践方式和最有效的教育安置形式。由于残疾儿童不同类型之间以及同一类型不同残疾程度之间差异十分显著,因此,对于什么才是满足残疾儿童教育需求的最好安置形式这个问题,没有一个简单而直接的答案。正如考夫曼等人所言,也许并不存在唯一的、最好的安置形式,只有最大限度地发挥学生能力的多种合适的安置形式。[②] 安置地点本身并不是特殊教

[①] Zigmond N. Where Should Students with Disabilities Receive Special Education Services? Is One Place Better Than Another? [J]. The Journal of Special Education,2003,37(3):193-199.

[②] Halahan P. D.,Kauffman M. J.,Pullen. 特殊教育导论[M]. 第十一版. 肖非,等译. 北京:中国人民大学出版社,2011:50.

育发展的核心,有效的教学策略和个别化的教学才是特殊教育发展的关键所在。[①]

到目前为止,融合教育并没有被纳入 IDEA 之中,作为美国特殊教育发展的法律规定内容。决定残疾儿童安置形式的仍是"最少受限制环境"原则,这种谨慎的态度既符合美国当前特殊教育发展的实际情况,也受到了研究者对于融合教育效果研究的影响。当前,美国 IDEA 所规定的教育安置形式仍是通过"瀑布式特殊教育服务体系"来体现的,这是比较现实的政策,这种服务体系中的任何一种模式对于某一类残疾儿童而言都有可能是最少受限制环境,都有可能满足某一种类型残疾儿童的教育需求。在另一方面,我们也需要认识到,融合教育作为一种教育理想和发展趋势,它的实现不是一蹴而就的,它需要脚踏实地的、渐进式的步骤才能实现。

三、融合教育的效果分析对我国特殊教育发展的启示

我国在 1988 年全国特殊教育工作会议上提出了以特殊学校为骨干、大量附设班与随班就读为主体的特殊教育发展格局。[②] 这一教育格局对我国残疾儿童的义务教育普及发挥着重大的作用,然而随着社会的发展和对教育水平要求的提高,这一格局显示出了越来越多的问题。以随班就读为例,随班就读模式中的"随班就混"现象十分突出,并且教师的专业能力严重不足,残疾儿童在随班就读的班级中得不到专业的帮助,应有的尊重、关注和重视。[③] 通过对西方融合教育的效果分析的研究,我国特殊教育的发展可以得到以下启示。

第一,效果研究分析的结果显示,从考虑残疾儿童学业发展和社会性发展两方面来看,资源教室模式对残疾儿童的促进作用最为显著,这很值得我们反思与借鉴。我国随班就读的模式之所以出现如此众多的问题主要就是由于残疾儿童缺少外部资源支持,教学有效性不足,普通教师缺乏专业知识和技能,从而导致残疾儿童在学业和社会性发展方面的滞后和失败。而高质量的资源教

---

① Zigmond N. Where Should Students with Disabilities Receive Special Education Services? Is One Place Better Than Another? [J]. The Journal of Special Education,2003,37(3):193-199.
② 朴永馨.特殊教育辞典[M].北京:华夏出版社,1996:36.
③ 肖非,戚克敏.搞好随班就读是解决残疾儿童教育问题的关键[J].中国特殊教育,2009(5):3-4.

室可以为残疾学生提供专业化的环境和资源教师的专业服务,弥补随班就读的不足,解决所出现的问题。

从20世纪90年代中后期,国内主要的几个大城市以及一些比较发达的东部沿海城市就已经进行了创建资源教室的尝试。但总的来说,我国设立资源教室的随班就读学校还很少,并且从目前资源教室的开设情况来看,还存在很多问题。① 因此当前的关键在于如何扩大资源教室的规模,提高资源教室的教育质量。同时,我们要充分考虑不同的地区和城乡之间的差异,有的放矢地建立不同形式和水平的资源教室,探索适合不同地区的资源教室发展道路。例如,"十五"期间,北京市为了促使本市的随班就读工作能够再上一个新台阶,由市教委投资,选取了20所具有一定随班就读教育经验的学校尝试创建资源教室。② 在上海,大部分学校已经制定了实施资源教室方案的规章制度,资源教室工作已进入规范发展阶段。③ 而在我国一些教育条件比较差、经济比较落后的地区,由于班级和学生人数较少,这些地区在县或者乡级水平上培养一到两名巡回教师,发展巡回教师辅导制,这些都是非常有益的探索。④

第二,西方衡量融合教育是从比较不同特殊教育安置模式效果的角度出发的,我国研究者也需要实证研究证明我国特殊教育不同模式的效果,作为提高我国特殊教育质量和完善特殊教育发展格局的依据。从当前关于特殊教育发展的文献来看,我国学者缺乏对于不同教育安置形式效果的研究。究其原因,固然有研究条件的限制,但根本原因还是在于我国特殊教育发展仍处于起步阶段,过去一段时间特殊教育发展的重点在于提高残疾儿童入学率,普及残疾儿童的义务教育。⑤ 至于提高残疾儿童的教育质量则被置于次要地位,当然更谈不上对教育效果的研究。只有重视质量的教育,才会重视效果的研究,质量的

---

① 徐美贞,杨希洁.资源教室在随班就读中的作用[J].特殊教育研究,2003(4):13-18.

② 杨希洁,徐美贞.北京市随班就读小学资源教室初期运作基本情况调查[J].特殊教育研究,2004(6):7-11.

③ 李娜,张福娟.上海市随班就读学校资源教室建设和运作现状的调查研究[J].中国特殊教育,2008(10):66-72.

④ 邓猛.双流向多层次教育安置模式、融合教育以及我国特殊教育发展格局的探讨[J].中国特殊教育,2004(6):1-6.

⑤ 郭春宁.特殊教育应是国家基本公共教育服务优先保障的领域[J].中国特殊教育,2011(5):18-23.

提高依赖于效果的反馈,也依赖于效果的证明。① 近几年,国家对特殊教育的质量愈来愈重视,各方面的投入也不断增加。2010年国家颁布了《国家中长期教育改革和发展规划纲要(2010—2020年)》,明确提出,"提高残疾学生的综合素质""不断扩大随班就读和普通学校特教班规模"。这些都迫切要求对特殊教育效果进行研究。此外,随班就读作为融合教育在我国本土化的产物,已成为我国特殊教育发展的主体,在当今融合教育备受争议的情况之下,其传播与推广更是需要有良好的效果作为证明。只有通过实证研究明确特殊教育不同模式在我国真实的实施效果,才能为完善我国特殊教育发展格局提供依据,实现不同的安置模式的优化组合。

第三,尽管融合教育由于效果问题而备受争议,然而融合教育已经成为世界特殊教育发展的主要趋势,这是不争的事实。我们必须全面地认识融合教育,既要借鉴融合教育发展过程中的成果和经验,同时也要充分认识到融合教育实施中所出现的不足,做到取长补短。融合教育一直是在争论中向前发展的,然而正是这种争论使得我们对融合教育的理解更加深刻和全面,也推动融合教育本身的完善。随班就读作为融合教育在中国本土化的产物,在发展上与西方的融合教育还有很大的差距。我们更应该积极地去通过对西方融合教育的分析和研究来完善随班就读,避免西方融合教育所出现的问题,借鉴其优秀经验,发展具有中国特色的特殊教育发展模式。

---

① 赵立勤.浅析广告质量和广告效果的关系[J].企业技术开发,2006(2):83-85.

第三章 融合教育实践规律

理想主义思潮下的融合教育充满修辞的夸张,占领了伦理的制高点;与其说是一种系统的教育理论或思潮,不如说是一种崇高的道德追求。近乎完美的融合教育模式成功地导致了对传统的隔离特殊教育体系的完全否定,成为全球特殊教育发展的主要趋势。融合的理想崇高而美好,然而,在理想与现实之间的冲突是难以避免的,如何缓解与消除冲突,最大限度地追求这种理想,是摆在全世界人们面前的难题。课堂教学的质量不能依靠修辞与激情来实现,而需要探索并践行能够提高教学有效性的"最佳实践方式"。融合教育倡导者将所有美好的愿望寄予融合学校的创建,但是融合学校是否能够提供如此美好的前景?怎样的学校才能算是融合学校?对这些问题缺乏实证研究的有效证明。融合教育的理想需要通过实际的方式方法转化为有效的实践。

从宏观层次的教育理论范式来看,行为主义和建构主义范式的相互交织,构成特殊教育的主要教学理论基础;现有特殊教育的各种实践方式都源于这两个理论或受到它们的影响。同时,行为主义和建构主义范式下的特殊教育教学都视环境重建与情境创设为关键,建构主义与行为主义都注重环境重建,无论改变行为还是学习新的知识,环境的改变是基本前提。从中观的学校变革层次来看,"全校参与"模式和最近的 RTI(干预反应模式)构成了普通学校进行学校管理与教学范式改革的主要实践方式;使普通学校教育改革与针对"学习困难"与传统的"残疾"的教育服务结合起来,共同构成针对"特殊教育需要"的融合教育服务系统。从微观的课堂教学策略层次来看,特殊教育实践方式主要通过个别化教学、合作教学、差异性教学的具体教学方式来应对普通教室学生多样化学习需求。除此之外,课程改革与调整也是融合教育学校应对学生多样性的必然步骤。

普通学校要实现融合教育倡导的让所有儿童都在普通教室里接受高质量

的、适合他们独特的学习需要的教育,就必须重视调整普通教室里课程的形式、内容与实施策略,以使有特殊教育需要的学生能够和他们的同伴一起充分、平等地参与学校课程活动。本章内容主要就融合教育的最佳实践方式、课程调整方法以及教学策略进行介绍与分析;试图通过一系列的课程以及教学方式改革来发展高质量的融合教育和服务,并回应融合教育质疑者对融合教育在促进学生学业进步方面效益不高的怀疑。值得注意的是,这些方式方法是在西方教育环境下衍生出来的,其生成的土壤与中国不同。虽然它对我国发展融合教育有重要启示意义,但我们不能生搬硬套,而是需要思考其中内在的理念,再结合自身教育环境发展适合中国教育的融合教育实践方式。

第一节 特殊教育的最佳实践方式

特殊教育的最终目标就是使有特殊教育需要儿童能够接受到高质量的教育。如同其他各类教育形式一样,教学有效性是衡量特殊教育质量高低的根本指标,同时也是特殊教育专业人员孜孜不倦追寻的目标与长期困惑的根本问题。然而,在特殊教育领域里,教学有效性的理论与实践都是十分匮乏的,在推动回归主流以及融合教育发展的动因中,理想与伦理的力量大于对教学有效性的实证研究的证明。如果说融合教育遭遇"未能提供有效教学"的滑铁卢,同样,对传统的特殊教育学校是否能够提供有效的、高质量的教学的怀疑也不绝于耳。因此,对教学有效性进行探讨是目前特殊教育领域的当务之急。

一、特殊教育教学有效性需要通过"最佳实践方式"来实现
(一)教学的有效性使隔离的特殊教育模式得到确立

在人类社会早期,残疾人被认为是不可救药的,那时不存在残疾人教育,也就谈不到教学的有效性。14世纪以来,在理性之光照耀下,科学进步与博爱、平等的思想奠定了西方特殊教育最基本的理论前提。人们逐渐认识到残疾儿童和正常人之间的共性远远超过差异,残疾人是可教育的,同样具有可塑性。[1]

---

[1] 刘全礼. 特殊教育导论[M]. 北京:教育科学出版社,2003:11.

伊塔德对狼孩维克多的教育实验使人们意识到，无论一个人的残疾程度有多么严重，都有接受教育的可能性。既然残疾人是可以教育的，那么寻找使他们能够有效地接受教育的方法就成为特殊教育需要解决的关键问题。

早期的特殊教育先驱们都积极致力于探索能够提高教育效果的特殊教学方法与操作技术。从18世纪下半叶到19世纪上半叶，莱佩（Del'Epee）的手语教学、海尼克（Heinicke）的口语教学、谢根（Seguin）的生理训练法等教学方法的有效性得到了证明与广泛应用。随着人类对残疾病理学的研究以及检测技术的发展，针对残疾人"异常"特征专门的检测与治疗、补偿性教育的技术逐步得到完善。残疾病理学的基本假设是：残疾是由个体生理、心理缺陷所致的，应对残疾人进行医学的诊断、康复训练与针对缺陷补偿的教育，残疾人应该在隔离的特殊教育学校或机构进行教育。[1] 这一理论范式从18世纪末特殊教育诞生到20世纪中期一直占据统治地位，在这一时期发展了各种客观测量工具（如智力量表等）来诊断残疾或障碍的类型与程度，并据此发展出相应的药物、治疗方法以及具有明显医学特征的干预训练手段。这些早期的探索奠定了今天特殊教育的基本实践方式，"三早"的原则、行为主义的方法、感觉功能训练的策略等被证明有效的教学方法在今天的特殊教育实践中仍然被广泛地应用。

特殊教育先驱们发展出的这些有效的教学方法推动了近现代隔离的特殊教育模式的产生。如上述分析，早期的这些有效的教学方法是建立在残疾病理学范式的基础上的，在可控制的条件下通过对残疾个体或群体研究对象进行客观的实验与观察，逐渐总结出有效的诊断与干预方法。按照残疾的病理特征对残疾的不同类型及某一残疾的亚类型进行严格的区分，是这些有效教学方法能够被发现的前提。既然有效教学方法的获得是以残疾分类为基础的，那么对残疾人的教育要通过隔离的方式分别教育也就成为必然。可见，特殊教育先驱通过早期的探索发展了一系列有效的教育残疾人方法的同时，也使得传统的建立在严格残疾分类基础上的隔离特殊教育模式得到了确立。

（二）教学的有效性是判断不同安置模式的重要依据

随着回归主流以及融合教育思想的发展，传统的隔离特殊教育体系受到公

---

[1] Ballard, K. Researching into disability and inclusive education: participation, construction and interpretation [J]. International Journal of Inclusive Education, 1997, 1(3): 243-256.

开的怀疑与挑战。这不仅使残疾人进入各类各级普通学校的趋势在全球范围内得到加强,也使更多人关注特殊教育安置模式的研究。早在1968年,著名特殊教育专家邓恩发现:没有证据显示智力落后学生在隔离的特殊班里的学习表现比在普通班里强。他还声称现存的隔离制特殊教育体系为普通教育摆脱"为那些跟不上普通班进度的学生承担责任"提供了借口。① 显然,"是否能够提供有效的教学"在邓恩的研究中成为判断特殊教育安置模式的主要依据。其研究结论也成为支持残疾学生回归主流学校的主要论据:既然特殊班并没有比普通班提供更有效的教育,何必花费大量人力物力创设隔离的特殊教育机构?

然而,邓恩的研究同样没有证明残疾学生在普通班的教学效果要优于特殊班。从融合教育的支持者与反对者们的主要观点来看,他们的争论并不在于融合教育的基本理念和目标,而是主要围绕着这些理念和目标能否在普通教室里实现,②即能否转化为有效的教学实践。布恩和艾因斯科指出融合教育有三个层次:物理空间、社会以及教学的融合,而教学的融合是融合教育最高也是最难的目标。③ 从目前的研究来看,判断不同安置模式效率主要存在两方面的根据:学生能否在社会交往能力的发展与学业成绩方面取得进步。西方多数研究都得出类似的结论,认为特殊儿童在融合学校里社会发展与自信方面都进步明显,而在学业进步即教学有效性方面的结果并不能令人满意。④ 有研究认为普通学校设置资源教室的教学效果优于隔离式特殊学校(班)和全日制的普通班。例如,马斯顿使用基于课程的评价模式对融合教育以及其他教育模式下残疾学生的学业进步进行比较。结果表明在混合模式(普特结合)下残疾学生的阅读表现比单一模式(融合模式或特殊班)下有显著提高。⑤ 可见,教学有效性成为

---

① Lipsky, D. K., Gartner, A. Inclusion and school reform: Transforming America's classrooms [M]. Baltimore, Md: P. H. Brookes Pub. Co., 1997: 47.

② Nelson, J., Ferrante, C., Martella, R. Children's evaluations of the effectiveness of in-class and pull-out service delivery models[J]. International Journal of Special Education, 1999, 14(2): 77-91.

③ Booth, T., Ainscow, M. From them to us: An international study of inclusion in education[M]. London: Routledge, 1998: 127.

④ Barnett, C. & Monda-Amaya, L. E. Principals' knowledge and attitudes toward inclusion[J]. Remedial and Special Education, 1998, 19 (3): 181-192.

⑤ Marston, D. A comparison of inclusion only, pull-out only, and combined service models for students with mild disabilities[J]. The Journal of Special Education, 1996, 30 (2): 121-132.

判断不同安置模式优劣的关键依据。各种特殊教育模式之间最终的胜负将取决于能否找到有效的教学方法来真正提高特殊教育的质量,尽管这场对决或许没有也不需要胜利者。

(三) 融合教育教学的有效性需要通过"最佳实践方式"来实现

目前,西方各国传统的隔离式特殊教育机构体系已经崩溃,融合教育似乎逐步成为各国特殊教育的主要选择,并对全球范围内特殊教育安置体系产生颠覆性的影响。然而,反对融合教育的声音并未减弱,是否能够提供有效的教学至今仍然成为融合教育反对者最强有力的武器。特殊教育研究者逐渐认识到融合教育理论的完善与发展最终要建立在有效教学而非华丽的修辞与热情的鼓吹之上,课堂教学的质量不能依靠修辞与激情来实现,而需要探索并践行能够提高教学有效性的"最佳实践方式"(best practice)。"最佳实践方式"成为融合教育重要的组成部分。西方融合教育发达国家关于各种"最佳实践方式"的研究数不胜数,如果在谷歌中键入特殊教育"best practice",超过百万条信息扑面而来。

融合教育"最佳实践方式"是指在融合的教学环境下为达到最佳教学效果,满足学生多样化学习需要而采用的各种创新的教学模式与方式。①"最佳实践方式"代表了人们对于实现融合教育理想的美好愿望,我们虽然很难在现实中找到"最佳实践方式",但我们可以通过不断发展更好的实践方式(better practice)来无限接近这一目标。另外,如果说融合教育需要通过"最佳实践方式"来提高教学的有效性,那么,特殊教育学校同样需要探索有效的、高质量的教学策略。可以说,寻求"最佳实践方式"提高特殊教育教学的有效性不仅是融合教育领域的任务,而且是特殊教育领域需要共同努力的目标。

二、西方特殊教育教学有效性的最佳实践方式分析

(一) 特殊教育最佳实践方式的来源

西方特殊教育实践方式的转变,应结合西方特殊教育发展的总体趋势与背景来分析。西方特殊教育自20世纪70年代以来在安置模式方面逐步走向多

---

① Harpell, J. & Andrews, J. W. Administrative leadership in the age of inclusion: Promoting best practices and teacher empowerment[J]. The Journal of Educational Thought, 2010,44(2):189-210.

样化与正常化,从隔离与拒绝逐步走向融合与共享社会物质文明成果。[1] 残疾儿童逐步从特殊学校走向普通教室、由狭小的课堂走向家庭乃至于社区;教学组织形式由传统的大班或者集体教学向异质分组的、合作的方式转变;课堂管理由传统的运用纪律与权威向积极行为支持并结合运用多种辅助技术与资源等方式转变;教学范式由以教师为中心的单向传递模式向以学生为中心的平等建构的范式转变。

在此背景下,特殊教育最佳实践方式主要来源于以下三个方面:第一,已经被研究证明有效的教学方式。美国2002年颁布的《不让一个孩子落后法》(*No Child Left Behind Act*,简称NCLB)明确规定:教师必须使用"以实证研究为基础的教学方法"(evidence-based teaching method)进行教学活动。[2] 经过实证研究证明有效的特殊教育方式包括个别化教学、合作教学、伙伴学习等。第二,已经被历史证明有效的教学方式。从普通教育的角度看,无论东西方均在长期的历史基础上形成特有的教学传统,例如,启发式教学(产婆术)、讲授—练习法、直观教学、游戏教学等。这些教学方法同样被广泛地用来满足特殊儿童的教学需要。在特殊教育领域中,在历史中形成的方式包括:感觉代偿、个别辅导、医疗干预、感觉机能训练等各种手段。第三,在教师的探索与实践中发现的有效的教学方式。教学的成功与否最终掌握在教师的手中,教师有权力因时因地探索符合自己与学生特点的教学方法。融合教育理念倡导教师应该成为教学的真正主人,通过参与、分享等多种方式承担起教学的责任。

(二) 西方特殊教育的最佳实践方式

回顾西方特殊教育过去40年的历史并分析相关的研究成果可以发现,西方特殊教育主要实践方式主要在三个层次上得以体现。

第一,从微观的课堂教学策略层次来看,特殊教育实践方式主要通过"三个方法"来实现。①"个别化"(individualization)。主要包括"个别化教学""个别化教育计划"(IEP)和"个别化转衔计划"(ITP)三种教学方式。个别化教学关注学生个别差异,IEP关注学校教育,ITP则将家庭、学校、社会连接在一起,为

---

[1] 邓猛,肖非. 特殊教育学科体系探析[J]. 中国特殊教育,2009(6):25-30.
[2] Salend, S. J. Creating inclusive classrooms: Effective and reflective practices [M]. 7th ed. Pearson Education Inc. New Jersey,2011:21.

残疾儿童发展提供系统的、整合的教学与服务。克罗基特和考夫曼(Crockett & Kauffman)指出:94-142公法以及后来修订案的核心之一就是"个别化",只有满足学生个别化学习需求的教育才是适当的、高质量的教育,而个别化教育的实施需要借助"个别化教育计划"才能落到实处。① ②"合作"(collaboration)。主要包括教师间的合作教学(co-teaching)与学生间的合作学习(cooperative learning)。合作教学主要指特殊教师或者专业人员与普通教师共同承担、分享教育普通班级具有异质的、多样化学习需要的学生。这种合作教学的形式使普通教育与特殊教育相互渗透、融合,改变了传统的特殊教育模式以及普通教育的形式与发展方向。② 合作学习是指学生组成异质、多样的学习小组共同努力达成小组学习目标,在完成任务的过程中提升学生学业成就、促进社会交往能力发展。③ 主要包括伙伴学习(peer learning)、小组学习(group learning)、同伴辅导(peer tutoring)、同伴协助(peer-assisted learning)、结对子(pair learning)等方式。考夫曼认为:合作教学与合作学习的广泛使用改变了传统的教学范式。教学不再是一个单向的传递与给予的过程,而是一个师生平等参与、共同经历、自主探索、思想碰撞的知识生成与发现的过程。④ ③"分层"(differentiation)。主要包括课程分层(curriculum differentiation)、教学分层(differentiated teaching)、评估分层(differentiated evaluation)三个方面。"分层"是融合教育所要求的课程与教学变革中最为重要的组成部分,它根据学生能力与需要的不同确定适当的课程内容与形式、教学策略以及评价方式;为学生提供从完全同样到完全不同的课程选择范围以及弹性化的课堂教学与评价。⑤

---

① Crockett, J. B. & Kauffman, J. M. The least restrictive environment: its origins and interpretations in special education[M]. Mahwah, N.J. London: Erlbaum,1999:18.

② Cook, L., Friend, M. Co-teaching: Guidelines for creating effective practice[J]. Focus on Exceptional Children, 1995,28(3):1-16.

③ Murphy, E., Grey, I. M., Honan, R. Co-operative learning for students with difficulties in learning: a description of models and guidelines for implementation[J]. British Journal of Special Education, 2005,32(3):157-164.

④ Kauffman, J. M. Commentary: Today's special education and its messages for tomorrow[J]. The Journal of Special Education,1999,32(4):244-254.

⑤ 邓猛. 关于融合教育学校课程调整的思考[J]. 中国特殊教育,2004(3):1-7.

第二，从中观的学校变革层次来看，特殊教育改革主要体现在"两个模式"上面。①"全校参与"模式（whole school approach）。"全校参与"模式是在校长的领导下，全校教职工达成共识，共同确立学校发展愿景，制定学校融合教育发展政策，建立平等、合作、接纳的校园文化环境，鼓励所有教职员参与并共同承担教育有特殊教育需要的学生的责任，并促进家长与教师的合作。[①] ②"RTI"（Response to Intervention：干预反应）模式。RTI模式旨在通过多层次的教育与干预体系为有不同学习需要的学生提供高质量的教学效果；它注重测试学生对教学与干预的反应，迅速调节教师的教学与干预方式，并要求根据对学生表现动态评估的基础上运用经过科学研究证明有效的方式进行教学。[②] RTI模式通过三个层次来实施：第一层针对所有学生进行预防性干预，对有短暂学习困难的学生进行及早识别并通过优质教学改革进行干预。第二层针对部分有持续学习困难的高危学生提供额外的支持进行问题解决性质的干预；不同专业人员形成小组对儿童进行及时评估、制定并实施干预方案。第三层针对个别学生进行强化干预，除提供持续、集中的教育干预与定期评估外，RTI小组需要考虑儿童是否需要启动特殊儿童鉴定程序。[③] RTI模式与残疾儿童鉴定程序与安置服务体系联结在一起，使针对"学习困难"的教育服务与传统的"残疾"的教育服务结合起来，共同构成针对"特殊教育需要"的融合教育服务系统。

第三，从宏观层次的教育理论范式来看，特殊教育各种具体的实际教学策略的演化与发展建立在"两个主义"的基础上。①"行为主义"范式。行为主义在特殊教育中的运用正在从传统的"行为矫正"（behavior modification）技术逐步向"积极行为支持"（positive behavior support）的方法转变。传统的行为矫正技术认为儿童行为问题多为负面的，重视通过控制后果改变儿童的行为，倾向于使用"惩罚"这种单一的行为干预模式与策略。积极行为支持出现于20世纪80年代中期，起源于应用性行为分析和行为管理，是一种更为综合的方法。积极行为支持强调儿童的问题行为是他们生活环境一部分的事实，以积极的、

---

① 雷江华,连明刚. 香港"全校参与"融合教育模式[J]. 现代特殊教育,2006(12):37-38.
② Fairbanks, S., Sugai, G., Guardino, D., Lathrop, M. Response to intervention: Examining classroom behavior support in second grade[J]. Exceptional Children, 2007,73(3):288-310.
③ 牟晓宇,昝飞. 美国特殊儿童学业困难反应模式:RTI模式[J]. 外国教育研究,2011(4):54-59.

指导性的方法来代替对特殊儿童严重行为问题的惩罚,使用教育的方法扩展个体的行为技能和采用系统改变的方法重建个体的生活环境。所以有效的行为支持是通过创设积极的、回应性的环境,帮助个体改变生活方式。有效控制环境并提高其生活质量,体现对问题行为介入的主动性与前瞻性。[①]这种方法整合了教育与社会科学的理论视野,强调行为的社会性,重视行为与环境二者的紧密关系。积极行为支持的理念已经被美国纳入法律条框之中,在1997年美国的IDEA中,明确规定地方教育管理机构制订的个别化教育计划必须包含积极行为支持的内容。②"建构主义"范式。建构主义的思想来源于认知加工学说以及维果茨基、皮亚杰和布鲁纳等人的思想。这一理论范式认为学习是一个意义建构的过程,是一个通过新旧经验的相互作用而形成、丰富和调整自己认知结构的过程,意义建构则是同化和顺应统一的结果。[②]一方面,新经验要获得意义需要以原来的经验为基础,从而融入到原来的经验结构中;另一方面,新经验的进入又会使原有的经验发生一定的改变,使它得到丰富、调整或改造。由于学习是在一定的情境即社会文化背景下,借助其他人的帮助即通过人际间的协作活动而实现的意义建构过程,因此建构主义学习理论认为"情境""协作""会话"和"意义建构"是学习环境中的四大基本要素。[③]无论是重视建立概念框架的"支架式教学",还是以问题为基础的"抛锚式教学"策略都是通过这四大要素的组合来实施的。

综上所述,当前西方特殊教育各个层次的理论与实践主要是针对融合教育环境发展起来的;因为西方各国传统的隔离式特殊教育学校体系基本上已经崩溃。但是,这些理论与实践原则同样适用于特殊学校。其次,行为主义和建构主义范式的相互交织,构成特殊教育的主要教学理论基础;现有特殊教育的各

---

① Utley, C. A., Kozleski, E., Smith, A., et al. Positive Behavior Support: A proactive strategy for minimizing behavior problems in urban multicultural youth[J]. Journal of Positive Behavior Interventions, 2002(4):196-207.

② Kim, J. S. The effects of a constructivist teaching approach on student academic achievement, self-concept, and learning strategies[J]. Asia Pacific Education Review, 2005,6(1):7-19.

③ 王希海,郭红丽,周姊毓.教育学实践教学策略:情境、协作与会话、意义建构——基于建构主义学习理论的观点[J].林区教学,2010(2):1-2.

种实践方式都源于这两个理论或受到它们的影响。同时,行为主义和建构主义范式下的特殊教育教学都视环境重建与情境创设为关键,建构主义与行为主义都注重环境重建,无论改变行为还是学习新的知识,环境的改变是基本前提。

三、我国特殊教育需要寻求本土化的最佳实践方式

近年来,我国特殊教育虽然发展迅速,但基础薄弱的现状没有根本性扭转。现有特殊教育理论与实践多来自对西方的引进与移植,缺乏"扎根"于中国特有的文化土壤之上的碰撞与扬弃。[①] 我们需要立足我国特有的国情与文化传统之上,发展具有我国本土化特征的特殊教育最佳实践方式,促进我国特殊教育质量的提高。

(一) 特殊教育教学范式需要转变

当前我国特殊教育课程与教学范式上仍存在着简单模拟普通学校的现象,存在着两种倾向:有的像普通学校一样追求应试教育与高考升学率,有的则将普通学校课程简单加以简化与降低要求。在整体上,特殊教育学校实行的教学仍是以学科知识为中心的传统讲授式教学。特殊学校教材老化、教学方式单一、教师专业成长不足、自身特色发展不够的现象广泛存在着。

在建构主义的理论视野下,我国特殊教育教学的范式需要发生根本上的转变。建构主义理论视野下的知识获得是一个建构而非给予的过程;理论不是权威的特权,应该是不同范式之间的对话;教学不应该是一个单向的传递与给予的过程,而应该是一个师生平等参与、共同经历、自主探索的知识生成与发现的过程。因此,应该在我国具有浓重传道授业色彩的讲授式教学方式中结合以平等、探索为特征的参与式教学体系的要素,真正从以教师为中心走向以学生为中心,由教师独白式、单向垂直传递式教学走向师生共同建构、多维多向互动式的教学。另外,现代科学与信息技术的发展使学生知识与信息的来源远远不局限于教师,知识与信息的多样化已成为事实,学生不必不如师,甚至在某些领域远超于师的现象在各级学校中广泛存在着。这客观上打破了教师的绝对的知识权威与垄断地位。教师需要放下身段,与学生讨论、分享不同的知识与信息,

---

[①] 邓猛,苏慧. 融合教育在中国的嫁接与再生成:基于社会文化视角的分析[J]. 教育学报,2012(1):85-91.

需要将学生来自不同途径的信息带入课堂,使所有学生从中获益。

特殊教育教学范式变革应首先关注学生的多样性与独特个性。这种理念基于异质平等的思想,认为学生的多样性并非教学的负担,而应该成为教学的资源与优势。多样性的学生能够为班级贡献多元的观点与学习、交往方式,使教师和其他学生获益。① 我国特殊教育改革最需要的是范式的变革,需要由重视静态的书本知识走向动态的社会生活;由提供标准的、同质的课程走向弹性的、异质的课程;由传统的以医学—心理为基础的干预模式走向以社会学—教育学为基础的教育模式。

(二) 构建多样化的特殊教育教学环境

残疾是伤残者和阻碍他们在与其他人平等的基础上充分和切实地参与社会的各种态度和环境障碍相互作用所产生的结果。② 特殊教育的本质就是帮助残疾儿童提高适应与控制外部环境、提高其生活质量的能力。上述行为主义和建构主义理论说明:儿童行为塑造、改变以及知识学习有赖于环境改造与重建。环境包括物理环境和具有社会性的各种情境。不同的教学环境暗示着不同的教学方法,因此,改变教学应当从改变环境开始。教学环境单一必然导致教学过程单一,环境多样意味着教学的多样性;环境的结构化往往意味着教学的结构化。生活化教学首先需要生活化的情境,主题活动离不开活动的社会环境。因此,教师在进行教学的过程中应该有构建多元化教学环境的意识,改变传统的单一教学环境安排,根据教学目的与任务对教学空间进行功能分区与配置。教师应该精心创设结构化的、生活化的、儿童友好型的教学情境,将家庭、学校、社区范围内真实的生活情境与片断纳入教学过程是特殊教育教学改革重要的基础性工作。构建多样化的特殊教育教学环境是特殊教育教学改革得以成功的关键,避免教学中"旧瓶装新酒"的尴尬。

(三) 教学过程强调问题的解决与探究

建构主义教学理论认为新知识的获得必须建立在原有经验的基础之上,教学要建立在典型的、鲜活的真实事件或真实问题的基础上,必须到现实世界的真实环境中去体验、探究,而非仅仅偏安于教室一隅聆听教师的介绍和讲解。

---

① 邓猛. 我国特殊教育教师教育的困境与出路初探[J]. 现代特殊教育,2009(9):8-11.
② 邓猛,肖非. 特殊教育学科体系探析[J]. 中国特殊教育,2009(6):25-30.

对于许多残疾儿童而言,由于他们的残疾导致某些方面感知觉信息欠缺,他们不仅像正常儿童一样需要教师提供基本概念与规律的"脚手架"(即概念的不同方面或者要素),还需要教师提供各种相关感性信息与材料所构成的"砖头"(即素材)。因此,特殊教育教学必须走出传统的教室的范围,应该通过对现实生活中真实事件和问题的分析、体验与探索来进行教学。在这一动态的教学过程中,教师要呈现真实的问题、真实的事情、真实的情境,为他们解决问题与探究新知识提供工具与材料,帮助他们搭建起新知识的概念体系。特殊教师更要特别注意的是,要允许而非害怕学生在体验与探索中犯错误。错误往往是有意义学习所必需的,在尝试与错误中学习是探究式教学的核心,学生错误的出现是教师主动有效教学与干预的最佳时机,教师要让错误与失败成为教育的资源而非阻碍。[①]

(四) 发展"个性化"与"个别化"教学

Individualized Teaching 翻译成中文可以有两层意思:第一为"个别化"教学,是针对学生而言的,即根据学生独特的学习能力与特征进行因材施教;第二为"个性化"教学,是针对教师而言的,即教师在教学实践中形成自己独特的教学风格与艺术。教师独特教学风格的形成既是个别化教学的必然要求,也是教师在教学过程中发展"最佳实践方式"的必由之路。

无论是个性化教学风格的形成还是个别化教学策略的运用都需要教师改变传统的教学方式。教师要改变传统"教书匠"单一的知识传递的角色定位,善于在合作中教学,运用多种资源与现代技术教学,主动探索与运用"最佳实践方式",在教师的个人风格与学生学习需求之间架起桥梁,真正成为课程、教材与教学的主人。可见,最佳实践方式最终掌握在教师的手中,而教师独特教学风格的形成既是个别化教学的必然要求,也是"反思型教师"与所谓"专家型"教师的必由之路。

---

① Kim, J. S. The effects of a constructivist teaching approach on student academic achievement, self-concept, and learning strategies[J]. Asia Pacific Education Review, 2005, 6(1):7-19.

第二节　融合教育中的干预反应模式

干预反应(Response to Intervention,简称 RTI)模式最早出现在学校障碍儿童的诊断与评估之中,后来随着模式的不断发展变化,逐渐成为融合教育的有效教学模式和最佳实践方式。从1977年确定学习障碍这一类别之后到2003年以来,美国被诊断为学习障碍儿童的数量增长超过了200%,很多研究者认为这里面存在大量被误诊的学生。[①] 最初对于学习障碍的诊断没有统一的标准,较为公认的方法是根据学生的智商和学业成就来诊断学习障碍。这种做法一直被人诟病,认为其不仅出现虚报的情况,还无法为学生的教育提供有效的、及时的信息。于是在1997年,美国国家学习障碍联合委员会向美国特殊教育部办公室写信反映了当前学习障碍诊断中存在的问题,引起了研究者、专业机构倡导组和其他利益相关人员对这一群体的关注以提升学习障碍的鉴别程序。到2001年,格莱斯姆在美国特殊教育部办公室举办的学习障碍高端会议上发表了一篇名为《干预反应:鉴定学习障碍的一种替代方式》(*Responsiveness to Intervention: An Alternative Approach to the Identification of Learning Disabilities*)的文章,正式提出了"干预反应"这一概念。

之后美国2002年发布的《不让一个孩子落后法》,提到要为普通学校提供阅读优先(Reading First)项目资金,帮助普通学校引进类似干预反应的干预策略及其他早期阅读教学策略。研究者认为学生对干预的反应才是最有前景的替代诊断方法,它是基于问题—解决模式,并用该程序来根据学生的反应监测干预过程的强度需要。[②] 到2004年,IDEA 修订案要求学校要采取干预反应程序来鉴别学生是否需要特殊教育。干预反应在美国从立法的高度被予以重视,获得美国各地政府的大力支持,使得其成为美国教育领域的热点话题之一,引起广大研究者的关注。

---

① Vaughn, S., Linan-Thompson, S. & Hickman, P. Response to instruction as a means of identifying students with reading/learning disabilities[J]. Exceptional Children, 2003,69(4):391-409.

② Bradley, R., Danielson, L. & Hallahan, D. Identification of learning disabilities: Research to practice [M]. Mahwah, NJ: Erlbaum,2002:67.

一、干预反应的程序与特点

尽管干预反应可以追溯到 20 世纪 60 年代,但是它对教育者和家长而言仍是一个新名词。美国国家学习障碍研究中心将干预反应定义为:用问题解决和基于研究的方法实施学生评估来鉴别学习障碍的一种模式。[1] 因此干预反应是一个系统地为学生做任何教育决定的过程,它可以在早期有效地回应儿童的学习与行为问题并提供符合儿童需要的教学。不仅如此,干预反应还可以提供基于数据的方案来评估教学方式的有效性,它强调在整个过程中用数据监督学生的变化。它是一个重新设计的干预过程,建立有效果、有效率、有意义、持久的教学方式与学习环境,其目的是为孩子、家庭、教育工作者提供更好的引导。

它同时也是一种普教的倡议,因为它是在普通教育情境中开展的,有助于及时为普通教育中的高危儿童提供干预,以促进他们能够更好地在普通教育中获得发展。干预是一种教学手段,旨在对某种问题进行矫正,它与孩子的需求相联结,干预要求时常监督孩子的进步来确认干预的有效性,其中对学生进步的数据收集是用来塑造教学与指导教学的。在使用干预反应的过程中应避免孩子"等到没办法了"而在学习中失败的状况。干预反应可以让孩子及时在普通教育的班级里得到帮助。干预反应的设立目的是要帮助学校专注提高教学的质量,从而帮助有学习障碍的学生。

(一) 干预反应的核心成分

富克斯、莫克、摩根和扬(Fuchs,Mock,Morgan & Young)认为目前有两大干预反应实施的模式:标准方案(standard-protocal)和问题解决(problem solving)。[2] 标准化工具指密集的基于实验室研究的方法来检查引起学生学业失败的原因以及识别成功补救措施。它针对某一领域存在相似问题的学生,采用统一的测验对其进行评估,再根据该领域的不同方面进行干预。问题解决则是用基于现场试验试图确定儿童问题,据此设计有目的的干预,并通过考察学

---

[1] Sheri B., William N. B., Lindsay G. P., Lauren S. Implementation of Response to Intervention[J]. Journal of Learning Disabilities,2009,42(01):85-95.

[2] Fuchs,D.,Mock,D.,Morgan,P. L. & Young,C. L. Responsiveness-to-intervention: Definition, evidence, and implications for the learning disabilities construct[J]. Learning Disabilities: Research and Practice,2003(18):157-171.

习对干预的反应来调整接下来的干预措施。问题解决模式由以下四个过程组成:第一,确定问题。确认学生当下的学校表现与其应有的发展能力的差距。第二,分析问题。用不同的方式收集资料,比如儿童的作业,与家长的交流等,分析孩子为什么出现学习或行为上的问题。第三,开展与执行一个计划。根据学生能力和现有水平对学生学习进展的期望做目标上的设定,然后执行监督计划以保证在干预过程中能够确定计划正确执行。第四,监督进展。收集孩子在执行过程中相关的资料与数据来决定计划是否有效或需要做哪些调整。

虽然以上两种模式对干预反应的理解不同,但他们都是通过连续评估学生学业及行为表现,指导教学的系统化的三级干预模型,包含了干预反应的三个核心部分。

1. 三层级干预模型

在干预反应过程中,学生的需求是决定资源分配的关键,孩子的需求越多,层级支持也越高,层级的支持是根据孩子对教学的反应来决定的,它包含了三个递进的层级,如图 3-1 所示。

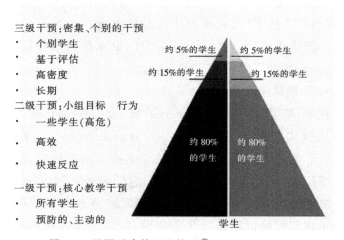

图 3-1 干预反应的三层体系[①]

一级干预(初级干预)是对所有的孩子在普通班级里由普通教育教师进行

---

① Berkeley, S., Bender, W. N., Peaster, L. G. & Saunders, L. Implementation of Response to Intervention: A Snapshot progress[J]. Journal of Learning Disabilities, 2009,42(1):85-95.

教学。学校必须确保所有的教学理论、方法、教材都应该是高质量的,被公认为有效的,这样的教学方式与环境才能帮助孩子学习。教学的教材必须基于一定理念和实践设计和开发,教材依据已设计与开发的目的来使用才能达到最好的教学效果。学校在执行一级干预时需要对全校的孩子进行筛查,辨认可能有学习障碍的孩子。如果筛查结果显示孩子可能有学习障碍时,孩子先在原来班级通过他的普通教育教师得到学习上的辅助。之后,学校开始进行一系列的教学过程,高频率的评估教学技能来观察孩子是否能从中得到帮助。经过一段时间,如果孩子没有进步的表现,教师可以与校内的其他专业人员进行正式咨询,组成团队一起决定如何帮助这个对一级干预没有反应的学生,考虑是否将其转到二级干预。该一层级是主动去发现学生的问题,寻找不能在班级教学中获益的学生,是积极寻找问题阶段,并希望由此预防学生在学业和行为中体验失败,预防学生由于教学不当而被错误地诊断为学习障碍。

二级干预建立在一级干预的基础上,对没有在一级干预中收益、没有达到应有发展的孩子组成的小组进行更为密集的干预。由于这个小组的孩子人数会相对较少,个别孩子可以从教师那里得到更多的回应,教师也会有更多的机会给予及时的、适当的个别反馈。教师发展出适合该群体的学习模式。二级干预通常包括更多技能的发展与练习,可在教室里、教室外、小组等多种教学情境中设置各种不同的、有针对性的教学内容。这一阶段学生得到频率更高的干预,并更为密集地监督学生对干预的反应,以便快速动态地反映学生的干预效果,进而能够及时有效地对其做出调整。富克斯等人认为需要用8周目标干预来鉴别学生是不是高危学生。[①] 尽管第二阶段还是由普通教师开展教学,但需要特殊教师、学校心理教师、言语与语言专家和其他学校员工共同合作设计和监督这一时期的教学。目标干预应以小组的方式进行,每周三次,每次约30分钟。

通过连续监督学生在二级干预中的表现,如果发现学生对二级干预也没有反应,则会转移到三级干预——特殊教育,特殊教育是更密集、个别化、发生在多种教室情境中的特殊设计的教育,有团队针对每个学生的特点和需要设计个

---

① Fuchs, D. & Fuchs, L. S. Responsiveness-to-intervention: A blueprint for practitioners, policymakers, and parents[J]. Teaching Exceptional Children, 2001(38):57-61.

别化教育计划(Individualized Education Program, IEP)。该阶段的教学可由普通教师和特殊教师共同教学,通常是单独针对某个学生或由一名教师对两个或三个学生进行教学,其中教学内容是根据每一个学生的需求制订的个别化教育计划。这一阶段与前两阶段相比,教学形式、教学频率以及教学时间均会发生变化,如果学生在该阶段没有做出相应的反应,那么它将是一个长期的过程。

总之,如果学习困难的学生没有在初级的基于证据的干预中取得进步就会被移到更上一级、更密集的干预中。层级之间的转移是依据个别化的程序监督数据。该三级设置的逻辑是如果学生不能从基于证据的干预中获得学业上的进步,则他们可以从额外支持中获益。多元的团队监督学生的进步来决定他们是否需要转向更密集或更疏松的环境。如果学生在转向更密集的层级仍无明显变化,那么团队就要建议根据其对先前干预的失败来做特殊教育的评估,反之亦然,学生在更为密集的环境中得到积极正向的反应时,也可以逐步转移到上一干预层级,较为理想的情况是学生能够回到班级教学的环境中。因此这个三级干预层次不是单向的,而是可以双向流动的。学校动态地根据学生在每个阶段的干预的反应来调整学生进入哪一个干预等级。

2. 循证干预

在干预反应中十分强调对儿童的干预需要采用被研究证明有效的方法,即循证干预。循证干预是指实践者根据具体的实践情境,检索并选择与实践情境相关的最佳研究证据,再结合实践者的个体经验,针对实践服务对象的具体特点,将三者完美地结合起来,给予服务对象最佳的干预方案。[①] 它深受实证主义的影响。实证主义是一个哲学系统,认为只有被科学验证或通过逻辑、数学证明的才是知识,以此来建立知识的客观性,客观性是人们认识外在事物的支点。对于教育而言,同样需要科学的、系统的研究。循证干预的目的是教师在教学过程中严格地遵循研究证据,以减少研究与实践的分歧并使学生能从教育中获得最大的收益。

前文提到干预反应的三层级干预系统,在每一个层级里面,都要求教师使用的测量工具以及干预方法都是被研究所证明的,它认为通过操作化、程序化

---

① Elieen Gambrill. Evidence-based Practice: An Alternative to Authority-based Practice[J]. The Journal of Contemporary Human Services,1999(80):314-350.

的方法获得的,能够概括和复制的才是证据,经验不能成为证据,或者说不能成为强有力的证据,并且需要用证据证明这些方法确实能够在实践中有效地解决问题,如学生的学业和行为问题。

3. 基于数据的监督程序

正是受到循证干预的影响,干预反应在实施过程中强调不断地收集数据以监督干预的效果,进而及时调整教学。在干预反应的过程中,干预程度越深,监督儿童进展的频率也要相应地增加。了解儿童的进展能更好地帮助整个团队针对儿童的学习特点制订更有效的计划。家长与专家小组对儿童学习进展的期望是整个干预反应过程很重要的一部分,整个团队需要一起持续开展对儿童的学习过程的监督,从而能在计划中做出最好的决策。学校在初级干预时对所有学生进行普查,需要收集资料作为对全体儿童的衡量标准,即学校使用这些资料来测量所有儿童的学习与进展。这些数据也帮助学校制定对大部分儿童有效的学校教学标准。在二级干预中,收集资料来确定教学的成果以及是否需要进一步的教学,使在二级干预中的儿童能在该过程中受益,取得积极的成果。三级干预与二级干预对于收集数据与资料的出发点是一样的,差别在于频率更多,由此如果儿童的教学需要改进,则团队可以尽早做出决定。

总体来说,基于数据来做决定的思想贯穿在干预反应的整个过程中,从筛查、过程监督到多层次干预都渗透了这一理念。在干预反应执行的过程中,学校从初级干预时收集资料的使用工具到干预过程中使用的测试工具都必须与该校区的教学标准一致。监督儿童进展的工具在三个等级中没有太大的差别,它们都被科学研究证明是有效的。在过程监督时所收集的数据旨在能帮助团队回答以下的几个问题:儿童有进步吗?执行干预反应过程在针对儿童的问题上有没有帮助?儿童的进展是否缩小当下与实际技能的差距?如果干预停止了,儿童自己还能继续进步吗?如果不行,当下的干预是否可以在普通班级的资源下进行?这些问题的答案正是为儿童教育做决定的关键。

(二)干预反应的特点

第一,干预反应体现了融合教育的思想。融合教育这一概念在20世纪90年代提出,其基本原则是在一切可能的情况下,全体儿童应在一起学习,无论他们有任何困难或差异。整个干预反应实施过程有助于提高普通教育的质量,更有效地教导来自不同背景和有不同需求的儿童,使有可能有特殊需求的儿童尽可能地在普通教育的环境下得到发展与进展。干预反应在排除儿童被过早"贴标签"的同时也避免过多儿童进入专业特殊教育系统。如果没有令人满意的干预反应,人们会更倾向于认为学生的学业不良是由于残疾导致的,而更少归因于不良的教学。[1] 干预反应正是考虑到所有学生在普通学校就学中可能遇到的问题,通过层级干预模式使他们能够从不同层级的干预中获益,顺利在普通教室接受教育。同时,又能将不能从普通教学中获益的学生挑选出来,考虑为其提供特殊教育,这也是美国教育中关注每个儿童的需要、为每个儿童提供适合的教育理念的体现。因此干预反应为儿童特殊教育评估提供更为准确的建议,与此同时,也为儿童的教育教学提供了有效数据,它最终可以尽可能地减轻国家的负担。

第二,干预反应的及时性。干预反应是一种用以评价和强调所有学生的教学需要,识别学生是否需要超出常规教室的干预方法。需要密切监督学生在干预中的反应来决定他是否需要更密集的干预以满足其教育目标。在干预反应的实施过程中,不断对学生的表现进行评价与反馈,能够第一时间了解学生对干预的反应,以便于尽快调整干预方案或者实施更为密集的干预。干预反应最为重要的作用之一是做出学生是否需要特殊教育的决定。这种及时地对学生特殊教育需要的关注,使得教师能尽早发现需要特殊教育的学生,并为之提供早期干预,从而把握学生的关键期进行治疗、干预、教育。关键期是指人或动物的某些行为与能力的发展有一定的时间,如在此时给予适当的良性刺激,会促使其行为与能力得到更好的发展,这主要与该阶段的神经可塑性有关。[2] 这种干预的及时性对所有儿童都是至关重要的,使教师尽快地调整出适合学生特点的教育与干预方法,让学生从中获益。韦小满等人认为干预反应的作用一方面可以防止学习问题变得越来越严重,另一方面可以避免给学生贴错标签。[3] 在评估过程中,以学生反应为导向的评估注重对教学的促进而非关注学生的缺

---

[1] Fletcher, J. M., Shaywitz, S. E., Shankweiler, D. P., Katz, L., Liberman, I. Y., Fowler, A., et al. Cognitive profiles of reading disability:Comparisons of discrepancy and low achievement definitions[J]. Journal of Educational Psychology,1994,86:6-23.

[2] 桑标. 关键期:医教结合的重要纽带[J]. 上海教育科研,2008(7)14-16.

[3] 韦小满,杨希洁,刘宇洁. 干预反应模式:学习障碍评估的新途径[J]. 中国特殊教育,2012(9):9-12.

陷,这一关注点的转变也使得评估能够积极服务于教学。

第三,干预反应是一种回应多样性的干预模式。层级干预体系旨在能区分学生对干预的不同反应,由此判断适合学生的干预手段和频率。它从学生表现出的不同入手,根据学生对干预的反应来判断学生对干预的偏好。在干预反应中,教学认识到学生不同的需要并对此做出反应,通过适当的课程、组织安排、教学策略、资源使用,来满足学生不同的学习风格和速度,并确保每个人受到高质量的教育。干预反应的实施跳出了传统普通教育"一刀切"的模式——对一个班级中所有学生采用一种方式教学,一种方式评价。它对每个干预的学生而言都是独特的,使他们能够获得对自己有效的干预,最终让每个学生能够发挥出自己的特色。

二、干预反应的反思与评价

干预反应在美国得到法律的支持,并在各个学校广泛予以实施,但其在具体操作过程中还存在一些问题。

第一,普通教育工作者积极性不高。尽管普拉斯(Prasse)以及其他的研究者提倡将干预反应看成一个"普通教育发起的事",因为干预反应本身实施的环境是在普教学校里,而且初级干预是对全体学生进行的筛查,但是学者发现只有一小部分与干预反应有关的文章发在普通教育的期刊上,即普通教育工作者很少关注干预反应。[1] 在中国也是如此,目前在国内发表的干预反应相关的文章,多数发表在《中国特殊教育》上,普通教育工作者很少关注或者很少有机会看到相关的文章。这种普通教育与特殊教育分离的形式,仍是干预反应能否成功实施的一个很大的障碍。正是因为普通教育与特殊教育传统的分离,使得在实际操作过程中,普通教师对干预反应并没有表现出太大的热情,而主要是特殊教育工作者对这一系统持有更高的期望。沙利文(Sullivan)等人调查发现,干预反应对于提高学生的学业成就有显著作用,但没有对学校文化和氛围产生任何影响。[2] 干预反应本身就是一个干预系统,没有给出明确系统的理论基

---

[1] McDaniel S., Albritton K., Roach A. Highlighting the need for further response to intervention research in general education[J]. Research in Higher Education Journal,2013(5):1-12.

[2] Sullivan Amanda L., Long Lori. Examining the changing landscape of school psychology practice: A survey of school-based practitioners regarding response to intervention [J]. Psychology in the Schools,2010, 47(10):1059-1070.

础,而是直接给教师自上而下地给出了一个完整的干预流程,这也使得普通教师只是作为该系统操作的一员,而非在教师理解并认可之后实行的一种教育手段。所以如何让普通教育工作者能够用积极的态度去支持、实践干预反应这一程序是目前存在的重要挑战之一。

第二,未关注普通教育教学质量。干预反应中十分强调过程的监督和目标教学,但是研究者们往往忽视了调查或者描述干预反应实施的情境——普通教室教学的质量。普通教室教学对干预反应的实施扮演了十分重要的作用,它是干预反应实施的情境,也是学生所处的情境。学生所处的情境(如教学环境的设置、班级文化、教师风格等)不同,会对学生产生不同的影响。从已有对干预反应效果研究的文献来看,研究者们往往关注学生的学业、情绪及行为反应,但忽视了自身研究中普通教育质量及其形式,以及它对普通教育产生的影响。

第三,干预反应是否需要改进。干预反应用于鉴别学生的学习、行为和情绪障碍等表现,因此不仅学习障碍儿童可能被鉴别出来,还可能涵盖智力落后、情绪与行为障碍以及 ADHD 等障碍儿童,因为这些障碍的儿童都可能表现出在学业、情绪和行为等方面的问题。但是这些障碍类型差异较大,所需要的干预方法也不同,因此富克斯等人认为需要在初级干预阶段引入二次动态测试,以减少因错误判断学生而产生的后期干预花费,又为真正需要密集型干预的学生提供更多的支持;此外,他们还提议让初级干预之后测试水平明显落后的学生直接进入三级干预。[①]

干预反应是在美国教育环境及其教育理念下衍生出来的一套干预系统,它引发了一场美国教育的变革。虽然其生成的土壤与中国不同,但毫无疑问它引起我们对教育、教育方法以及教育安置环境的思考。回到教育的本源,教育的根本目的是促进人的发展,因此无论是教育方法的使用还是教育安置环境的设置都是为学生发展这一目标服务的。干预反应这一系统的本质在于不断监督、不断调整对儿童的教育方法与儿童所处的教育环境,从而找出最适宜儿童的方法和环境,这才是我们需要从干预反应中学习和认识的。目前在我国还使用传统方法来定义学习障碍,用一刀切、固定的、难以改变的教育安置方式来教育学

---

① Fuchs D., Fuchs L. S., Compton D. L. Smart RTI: A Next-Generation Approach to Multilevel Prevention[J]. Exceptional Child,2012,78(3):263-279.

生,这是针对学习障碍者的教育难以见效的根源。中国的教育工作者不是要生搬硬套干预反应的实践系统,而是需要思考其中内在的理念,再结合自身教育环境发展适合中国教育的实践环境。

第三节 融合教育课程调整

融合教育的发展使得更多的残疾儿童能够进入普通学校环境中,与普通儿童一起接受教育。为了保证残疾儿童在进入普通学校环境后能够获得各方面的发展,美国先后在1997年和2004年两次修订IDEA,并于2002年颁布了《不让一个孩子落后法》,要求各州必须提高所有学生的学业标准,并且强调残疾儿童应该能够参与到普通教育活动中,取得与普通学生同等的进步水平。[1] 在这种背景下,融合教育课程日益成为融合教育发展的关注点。

一、为什么要研究融合学校的课程

融合教育的倡导者们呼吁特殊教育与普通教育重新组合、融为一体,并倾向于让学生在普通教室,而非抽出在普通教室外接受教育与服务。[2] 然而,融合教育并不意味着"安置于普通教室"这一唯一选择,多数融合教育的支持者都认为有特殊教育需要的学生在必要的时候可以离开普通教室接受相关的支持与服务。[3] 金-西尔斯(King-Sears)指出,几乎没有特殊教育工作者会认为特殊儿童只能待在普通教室里接受教育。[4] 因此,融合教育是一种新的教育形式,但更是一个从隔离逐步走向融合的过程,它可以有不同的程度。如皮吉尔与梅杰(Pijl & Meijer)指出融合可以有六种不同的水平。

---

[1] Kortering L. J., McClannon T. W., Braziel P. M. Universal Design for Learning: A Look at What Algebra and Biology Students With and Without High Incidence Conditions Are Saying[J]. Remedial and Special Education, 2008,29(6):352-363.

[2] Zionts, P. Inclusion strategies for students with learning and behavior problems: Perspectives, experiences, and best practices[M]. Austin, Tex.: Pro-Ed,1997:214.

[3] Smith, T. C., Polloway, E. A., Patton, J. R., et al. Teaching students with special needs in inclusive settings[M]. 3rd ed. Boston: Allyn and Bacon,2001:67.

[4] King-Sears, M. E. Best academic practices for inclusive classrooms[J]. Focus on Exceptional Children,1997,29(7):1-23.

（1）物理空间的融合：特殊儿童与正常儿童在共同的物理空间学习、交流。

（2）名称的融合：不再使用具有歧视性的标签。

（3）管理的融合：特殊教育立法、学籍管理、支持与服务不再独立于普通教育之外。

（4）社会性融合：特殊儿童平等参与学校与社区活动、生活。

（5）课程的融合：特殊儿童与正常儿童在同一教室使用同样的（并不排除必要的调整）课程，并取得学业上的成功。

（6）心理融合：普通教师与学生接纳个别差异，认为有不同的需要是正常的事情。[1]

多数的特殊教育专家，如布恩和艾因斯科以及我国的陈云英都认为这六种水平可以简化为三个层次：物理空间的融合、社会性的融合以及课程的融合，而课程的融合成为融合教育最高也是最难的目标。[2]

西方对融合教育效率的研究也恰恰集中于学生在融合学校是否能在社会发展与学业两个方面取得足够的进步。多数研究都认为特殊儿童在融合学校里社会发展与自信方面都进步明显，[3]而在学业进步即课程融合方面的结果并不能令人满意。[4] 丹尼尔和金指出："融合教室里有特殊教育需要的学生可持续的学业增长并没有出现……考虑到课程融合是融合教育的首要目标，这一目标看来很难实现。"[5]正因为如此，许多研究者都认为对融合教育的结论是"没有结论"。

可见，普通学校要实现融合教育倡导的让所有儿童都在普通教室里接受高质量的、适合他们独特的学习需要的教育，就必须重视调整普通教室里课程的

---

[1] Pijl, S. J. & Meijer, C. J. W. Does integration count for much? An analysis of the practices of integration in eight countries[J]. European Journal of Special Needs Education, 1991, 6 (2): 100-111.

[2] Booth, T. & Ainscow, M. From them to us: An international study of inclusion in education[M]. London: Routledge, 1998: 15.

[3] Barnett, C. & Monda-Amaya, L. E. Principals' knowledge and attitudes toward inclusion[J]. Remedial and Special Education, 1998, 19 (3): 181-192.

[4] Marston, D. A comparison of inclusion only, pull-out only, and combined service models for students with mild disabilities[J]. The Journal of Special Education, 1996, 30(2): 121-132.

[5] Daniel, L. G., King, D. A. Impact of inclusive education on academic achievement, student behavior and self-esteem, and parental attitudes[J]. The Journal of Educational Research, 1997, 91(2): 67-80.

形式、内容与实施策略,以使有特殊教育需要的学生能够和他们的同伴一起充分、平等地参与学校课程活动。然而,自从融合教育的观念诞生以来,人们主要关注个别教育计划的制订与实施以及课堂教学策略的调整,很少关注融合课程方面的研究[1]。这种对融合课程研究的缺乏导致融合学校与传统的学校教学实践没有什么本质的不同,从而未能真正实现融合的教育目标。[2]

二、融合学校课程应包括的主要内容

我国教育界一般认为,广义的课程是指学生在学校应学习的学科总和及其进程与安排,而狭义的课程是指某一具体学科。然而,随着终身教育观念的出现以及认识到教育不仅仅局限于课堂的现实,人们对课程的定义也发生了变化,如凯莉和韦尔加森(Kelly & Vergason)认为课程是指学生在学校的全部经历;[3]布鲁贝克(Brubaker)更认为课程是指一个人人生的全部经历。[4] 显然,有什么样的教育目标与理念,就有什么样的课程。具体到特殊教育,课程的内涵应该考虑到特殊儿童的个人生活自理能力、社会适应能力以及职业技能等方面发展的特殊需求与目标。传统的、狭义的课程观显然不适合特殊儿童。特殊儿童的课程不仅应该包括传统的语文、数学等学科,更应该包含自理能力、社会交往、职业技能等方面的内容。特殊教育的课程应该是广义的,泛指有特殊教育需要的人士根据自己的需要在学校学习的学科、参加的各种活动总和以及在家庭、社区开展的各种有针对性的训练、辅导与活动安排。

自融合教育运动以来,人们一直在问:是向教室内所有儿童提供同样的还是不同的课程?是向特殊儿童提供高水平还是打折扣的课程?争论的结果是:传统的普通学校课程不能满足教室内多样的学习需要;融合学校要实现"所有

---

[1] Sands, D. J. & Adams, L. , Stout, D. M. A statewide exploration of the nature and use of curriculum in special education[J]. Exceptional Children,1995,62(1):68-83.

[2] Skrtic, T. M. Behind special education: A critical analysis of professional culture and school organization[M]. Denver, Colo. : Love Pub. Co,1991:78.

[3] Kelly, K. A. , Vergason, B. Dictionary of special education and rehabilitation[M]. Denver: Love Publishing,1978:132.

[4] Brubaker, D. L. Curriculum planning: The dynamics of theory and practice[M]. Glenview, IL: Scott, Foresman,1982:45.

儿童都能获得成功"(success for all)的目标,其课程必须针对所有儿童。[1] 因此,融合课程首先是一种"共同课程"(common curriculum),即供所有儿童学习的课程,如英国1988年教育法确立的"国家课程"(national curriculum)。[2] 这种共同课程以儿童生理心理一般发展阶段的特点为基础,确定某一年龄阶段儿童应该达到的基本技能与学业水平,从而确定学校课程目标与内容,为儿童将来顺利地过渡到成人生活奠定基础。这种课程亦称为一般发展性课程(normal developmental curriculum)或功能性课程(functional curriculum),它既重视学生的学业发展领域,还包括学生的行为、情感、社会交往、人际关系等目标。[3]

值得注意的是,一方面,融合课程强调课程的共同性,即提供同样的、高质量的课程给所有儿童,要求那些有特殊教育需要的学生最终也要达到和正常儿童一样的课程目标。因此,融合课程内容应该包括普通学校的基本课程、学科。另一方面,多数的研究[4][5]认为融合课程应该具备弹性,应该体现学生学习能力的多样性,反映不同学生的不同特点与学习需要。例如,有特殊教育需要的学生需要在学校里学习一些普通儿童在校外通过自我探索、模仿、非系统的口耳相传就能够获得的一些知识,如基本的卫生习惯、生活自理能力、性别角色等。[6] 又如残疾学生到高年级以后,学校必须提供过渡课程与服务以帮助他们适应成人生活及发展相关职业能力、独立生活技能。美国1990年的IDEA即规定学校教师小组必须在特殊儿童16岁以前(重度智力落后与综合残疾儿童14岁以前)发展个别过渡计划(Individualized Transition Plan,简称为ITP),为他们提供职业训练与指导、成人指导与服务、独立生活技能、社区参与等课程与

---

[1] Ashman, A., Elkins, J. Educating Children with Special Needs [M]. 2nd ed. Australia: Prentice Hall,1994:11.

[2] OCED. Inclusive education at work: Students with disabilities in mainstream schools[M]. Paris: Organization for Economic Co-Operation and Development,1999:57.

[3] Jenkins, J. R., Pious, C. G., Jewell, M. Special education and the regular education initiative: Basic assumptions[J]. Exceptional Children,1990,56(6):479-491.

[4] Foreman, P. Integration and inclusion in action[M]. Sydney: Harcourt Brace,1996:132.

[5] Marchesi, A. International perspectives on special education reform[J]. European Journal of Special Needs Education,1998,13(1):116-122.

[6] Ashman, A., Elkins, J. Educating Children with Special Needs [M]. 2nd ed. Australia: Prentice Hall,1994:92.

服务。① 图 3-2 显示了融合课程的主要内容结构。

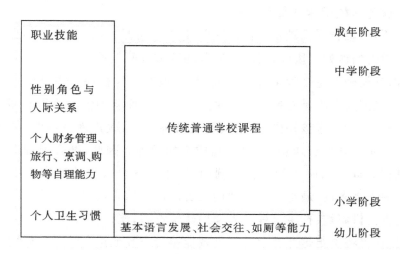

图 3-2 融合学校课程的主要结构②

所以,融合课程比传统的特殊学校以及普通学校课程的内容都更丰富、范围更广。一旦具体的共同课程内容得以确定,教师的任务是重新对课程目标与内容进行思考与调整以适应课堂内特定的学习能力与需要。③ 教师没有必要在课程实施的形式与次序、时间分配、教学材料的使用(如盲文、大字体课本)以及具体单元目标等细节方面完全同步。但是,教师必须保证所有的儿童,包括有特殊教育需要的儿童,通过融合课程最后都能达到特定社会要求的成人目标与能力。④ 正如美国著名的融合教育专家利普斯基和加特纳指出,共同课程是重新设计、调整以适应学生多样需要的起点。⑤

---

① Salend, S. J. Effective mainstreaming: Creating inclusive classrooms [M]. 3rd ed. New Jersey: Prentice-Hall, Inc, 1998:202.
② Ashman & Elkins. Educating Children with Special Needs [M]. 2nd ed. Australia: Prentice Hall, 1994:95.
③ Marchesi, A. International perspectives on special education reform. [J] European Journal of Special Needs Education, 1998,13(1):116-122.
④ Jenkins, J. R., Pious, C. G., Jewell, M. Special education and the regular education initiative: Basic assumptions[J]. Exceptional Children, 1990,56(6):479-491.
⑤ Lipsky, D. K., Gartner, A. Inclusion and school reform: Transforming America's classrooms [M]. Baltimore, Md: P. H. Brookes Pub. Co, 1997:2.

三、融合学校课程应如何调整

如上所述,融合课程既是面向所有学生的共同课程,又是适应学生个别差异的具有弹性的课程。因此,对融合课程的调整有两点最为重要。第一是课程的准入,即学校确保每个学生都能全面、平等地参与学校课堂内外的各种教学与活动,不能因为学生具有残疾或相关服务的需求而将他们拒绝于某项教学活动之外。相反,学校应该提供各种资源、设备与服务,改进教学策略,使融合课程真正成为所有学生都能够学习的、高质量的课程。因此,融合课程调整的第二点即是相关资源与服务的提供。例如,对于那些具有肢体残疾和感官残疾(如盲聋)的学生来说,最重要的是他们能否以适当的方式学习其他学生学习的课程。能否提供斜坡、扶手等残疾人辅助建筑设施,能否提供盲文材料、助听设备、音像教材等将决定这些学生能否有效地接受与其他正常学生一样的课程与教学。[1] 只要提供了适当的设备与服务,他们是可以与正常儿童一样接受普通学校的学科教学的。融合教育的信念之一就是特殊儿童不仅有权在普通教室里受教育,而且也应该在普通教室而非"抽出"的环境接受需要的支持、设备与服务。

在普通教室里提供相关的资源与服务需要多方面人员的投入。首先,由于普通班级里学习特点的多样性,一个教师很难满足全班学生的不同学习特点与需要,因此特殊教育教师不得不走进普通课堂与普通教师相互合作(collaboration),共同承担、分享教育全班学生的责任,从而改变了融合教育课程的呈现形式与方法。从20世纪80年代末期开始,合作教学的方法使普通教育与特殊教育相互渗透、融合,不仅极大地改变了传统的特殊教育模式,也在各个层面上改变了普通教育的形式与发展方向。其次,其他的相关人员,如家长、教育管理人员、医疗人员、社会工作者、语言治疗师、康复治疗师、职业技能培训人员等也都走进普通教室。[2] 这些支持与服务不仅仅局限于特殊儿童,它们面

---

[1] Ashman, A., Elkins, J. Educating Children with Special Needs[M]. 2nd ed. Australia: Prentice Hall,1994:74.

[2] Salend, S. J. Creating Inclusive Classroom: Effective and Reflective Practice[M]. Pearson,2011: 138-139.

向所有的学生,它们使普通学校的资源重新组合、结构更加异质化、功能更加多样化,使普通教育与特殊教育逐渐整合成为一体,保证有特殊教育需要的学生能够平等地"准入"融合课程,并为下面将要讨论的课程分层提供物质条件。第三是课程的分层(differentiation)。"分层"是融合教育最为必要的组成部分,它根据学生能力与需要的不同确定适当的课程内容与形式、教学策略以及评价方式。[1] 因此,融合教育的分层应包括课程、教学与评价的分层。虽然课程与教学密不可分,课程解决"教什么"而教学解决"怎么教"的问题,本节主要探讨课程而非教学的分层问题。韦斯特伍德(Westwood)指出课程的分层主要是课程内容的分层,即资质优异的学生学习更多、更艰深的内容,且经常要求他们独立完成;有特殊教育需要的学生学习较少、较简单的内容,且经常在别人帮助下利用更多的教学辅助工具(如卡片、大字课本等)完成。金-西尔斯认为融合课程应根据学生水平分为以下三层。

(1) 同样的课程(as is)。即所有学生学习同样的课程,不需要对课程内容做出任何调整,教学目标、要求也相同。

(2) 多重课程(multilevel curriculum)。即所有学生学习的课程内容相同,但要求掌握的水平不同。

(3) 交叉课程(overlapping curriculum)。即所有学生参加同样的教学活动,但所学习的课程内容和要求掌握的概念不同。[2]

利普斯基和加特纳认为除了以上的几种分层以外,还应该加上一种分层形式:替代性课程(substitute curriculum)。[3] 即由于普通学校传统课程不能满足某些学生需要,教师小组需要重新为他们设计单独的课程内容与教学活动。这些课程可以根据需要在普通教室、学校或社区内进行,并吸纳有兴趣的正常同伴一起进行。

---

[1] Westwood, P. Differentiation as a strategy for inclusive classroom practice: Some difficulties identified[R]. Paper presented at the Hong Kong Red Cross 50th Anniversary International Education Seminar, 2000:5-10.

[2] King-Sears, M. E. Best academic practices for inclusive classrooms[J]. Focus on Exceptional Children, 1997, 29(7):1-23.

[3] Lipsky, D. K., Gartner, A. Inclusion and school reform: Transforming America's classrooms[M]. Baltimore, Md: P. H. Brookes Pub. Co., 1997:159.

从以上的课程分层的策略来看,融合课程应该根据学生需要为他们提供从完全同样到完全不同的课程选择范围。然而,诚如韦斯特伍德批评的一样,课程的分层会使有的学生课程内容分量与要求降低,而有的学生则增加。[1] 这容易产生马太效应:使学生能力强的变得更强、差的变得更差,扩大了学生之间的差距。这有违融合教育追求的平等与公正的原则。如何在分层与公平之间保持适度的平衡,至关重要。比较可行的做法是采取"最少分层"的原则,即尽量地让所有的学生都参加同样的课程与教学活动,并尽量让他们独立地完成任务,只有在必要的时候才改变课程内容与教学方法。因此,第一选择是不变,其次是小变,第三是同学帮助,第四是教师的辅导,最后才是特别设计的课程与教学活动以及在家庭里开展的特别训练活动(见图3-3)。

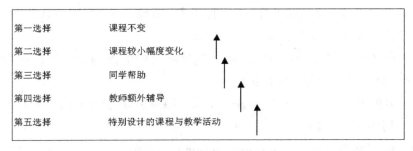

图3-3 最少分层的程序

注:此图摘自英国剑桥教育咨询公司中英甘肃基础教育项目特殊教育咨询专家简尼特·霍德伍斯(Janet Holdsworth)的讲课材料。

四、结论

通过以上融合课程及其调整的分析,笔者认为以下三点是需要注意的。

第一,融合课程是面向所有学生的共同课程,它反对传统的牺牲大多数能力一般或较差学生的发展需求、只注重极少数优秀学生发展的精英主义教育模式。融合课程与近现代以来西方追求教育的大众化(平民)的教育价值取向保持一致,它以儿童一般身心发展规律为基础,不仅注重儿童学业领域的发展,还

---

[1] Westwood, P. Differentiation as a strategy for inclusive classroom practice: Some difficulties identified[R]. Paper Presented at the Hong Kong Red Cross 50th Anniversary International Education Seminar, 2000:5-10.

强调儿童人格、社会交往、情感等多方面的发展要求,以追求教育公平、实现社会公正为终极目标。因此,融合课程的目的是发展学生各项潜能,鼓励学生之间的合作学习,反对以学业成绩作为评价学生的唯一手段。

就我国目前随班就读学校的课程设置与实施情况来看,还是以传统的面向升学考试的以"拔尖""培优"为目的,离融合课程的目标还很远。尽管近年来我国反对片面追求升学率、提倡素质教育的呼声与力度都比较高,我国现行的教育体制受传统文化中的精英教育模式影响比较大,仍然过分强调竞争、考试、升学率;社会大众以及家长对学校、学生追求升学率的压力还相当高。在这种情况下,只有很小一部分的优秀学生能够得到较好的发展,多数学生(不要说特殊教育需要儿童,就是成绩较差的正常儿童)的发展要求都很容易遭到忽视。这种以考试与升学率为中心的教育体制是与融合课程的目标相违背的,学生的潜能和独特需要不可能在这种体制下得到满足。这也是我国随班就读常常流于形式的根本原因之一。正如武汉市武昌区教研室一位主管特教的教研员对笔者讲的:"当我们说给学生减负时,它应该是真的;当我们倡导素质教育时,它应该是真的,而不是只关注极少数优秀的学生。只有这样,随班就读才能搞得好。"因此,随班就读课堂课程的改革与发展不仅仅涉及特殊教育领域,它与整个国家的教育体制改革紧密相关,也与文化传统的变革、社会大众教育观念的改造有密切联系。

第二,融合课程既是面向所有学生的共同课程,但并非"一刀切"的课程。相反,它是以满足不同学习能力与需要为目的的具有弹性的课程。因此,需要对融合课程根据"最小分层"的原则进行调整与分层以适应课堂内多样化的特点与需要。多年来,我国随班就读一直探索根据学生特点进行个别化的教学,并根据学生特点调整课程的内容与水平,可以说是在探索分层的形式与方法。但是,这种探索还需要进一步系统化。西方融合课程中提倡的"最小分层"的原则、根据学生需要为他们提供从完全同样到完全不同的课程分层与选择的范围的做法对我国随班就读今后的课程改革具有借鉴意义。要强调的是,课程的分层并非意味着一定要提供完全不同的课程。根据以上融合课程分层的原则与形式,可以发现,事实上只有极少数学生需要单独设计的、完全不同的替代性课程。大多数有特殊教育需要的学生可以采用经过很小修改的,甚至是相同的课程即可满足需要。"分层"只有在需要时才有意义,过度的分层与调整适得其反。部分教育管理部门、普通学校或教师借口没有条件为特殊儿童提供适当课程与教学因而消极对待随班就读的做法是站不住脚的。

第三,融合课程需要多种资源、辅助设备、改编的教学材料、人员包括合作教师与其他专业服务人员的投入。在这一点上,考虑到我国经济相对落后、教育投入较少、城乡差别较大的现实,在可以预见的将来还很难有较大的改变。但是,这并不意味着随班就读学校与教师在这方面什么都不需要做了。恰恰相反,随班就读学校与教师须知融合本身就是一个逐步实现的过程,应该根据当地实际的经济、文化、教育特点开发具有本土化特点的教材、材料、教具等资源,为随班就读课程发展与教学服务。据笔者所知,已经有一些地区在这方面做出了探索,并积累了一些成功的经验。

第四节 基于学习通用设计的融合课程

正如柯克(Kirk)所言:融合教育的成功并非依靠运气;仅仅将残疾儿童安置于普通教育环境并不意味着他们就能获得高质量和高标准的教育。[1] 决定融合教育成败的关键在于课程设计。[2] 现行的普通教育课程将所有的学生视作同一的,采取"一刀切"的方式,按照同一个模式和结构设计课程。它没有考虑残疾学生与普通学生接受和理解信息能力的差异性,很难让残疾学生获得平等的学习课程的机会。[3] 因此,韦迈耶(Wehmeyer)指出:残疾儿童在融合环境的学习中遇到的更多是障碍而非支持。[4]

要确保残疾儿童真正融入到普通教育课程中,除了对普通教育课程进行必要的调整外,还应该从课程设计本身出发来使课程适应多样化的残疾学生和其

---

[1] Kirk S. A. 特殊教育概论[M].第二版.韩福荣,曹光华,译.台北:双叶书廊有限公司,2011:54.

[2] Edyburn D. L. Would You Recognize Universal Design For Learner If You Saw It? Ten Proposition for New Directions for the Second Decade of UDL[J]. Learning Disability Quarterly,2010,33(1):33-41.

[3] Jiménez T. C., Graf V. L., Rose E. Gaining Access to General Education: The Promise of Universal Design for Learning[J]. Issues in Teacher Education,2007,16(2):42-54.

[4] Wehmeyer M. L. Beyond access:Ensuring progress in the general education curriculum for students with severe disabilities[J]. Research and Practice for Persons with Severe Disabilities,2006,31(4):322-326.

他有特殊需要的学生,即必须将课程建立在尊重学生个别差异的基础之上。[①]学习通用设计(Universal Design for Learning,简称 UDL)就是试图根据建筑学中通用设计的理念来设计融合教育课程,满足学生多样化需求的一种努力和尝试。学习通用设计在当前的国际特殊教育中尚属新兴研究领域,在我国与之相关的文章也比较少。本节试图分析学习通用设计的本质和特征及其在融合教育课程中的应用,并进行理论的反思和评价。

一、学习通用设计本质的探讨

学习通用设计是美国特殊技术应用中心（Center for Applied Special Technology,简称 CAST)根据建筑学中的通用设计(Universal Design)理念开发的课程设计新模式。CAST 认为,学习通用设计是一种以满足学生多样化需求为基础的课程设计框架,包括课程的目标、方法、材料和评估等方面。它将数字媒体技术渗透于课程的各要素设计之中,通过提供多样化的内容呈现、表达与参与方式,从教和学两个方面出发增强课程的灵活性和适应性,向学生提供适宜的符合其需要的支持,克服在传统的"一刀切"式的僵化课程之下学生所遇到的障碍和困难,使所有有特殊需要的学生,特别是残疾学生能够像普通学生一样获得知识、技能和学习的热情。希契科克、罗斯和迈耶(Hitchcock,Rose & Meyer):指出:在融合教育环境下学习通用设计通过灵活的课程和工具为个别化的学习提供了一个框架,它使教师能够将灵活性渗透到教学材料和方法之中,以此来适应教室中的每一个学生。[②] 根据 CAST 在 2011 年发布的《学习通用设计的指导纲领(第二版)[Universal Design for Learning（学习通用设计）Guideline Version 2.0]以及西方学者关于学习通用设计的论述,本节认为学习通用设计主要体现了以下几个特征。

(一) 以通达性(accessibility)为目标

学习通用设计是在融合教育背景之下为提高所有学生的学业标准的情况

[①] McGuire J. M., Scott S. S., Shaw S. F. Universal design and its application in educational environments [J]. Remedial and Special Education,2006,27(3):166-175.

[②] Hitchcock C., Meyer A., Rose D., Jackson R. Providing Access to the General Education Curriculum: Universal Design for Learning[J]. Teaching Exceptional Children,2002,35(2):8-17.

下产生的,它面向所有学生,特别是残疾儿童和其他有特殊需要的学生。它致力于推动所有学生进入到普通教育课程中,学习共同的知识,享受高质量的教育。学习通用设计反对将残疾儿童和其他处境不利的儿童排斥于普通课堂之外,主张平等学习与共同参与。① 而这要得以实现必须依赖于学习通用设计课程的"通达性",即在课程设计中通过提供多种信息呈现、表达和参与的方式,使具有不同背景、学习风格和能力的学生,以及各种类型的残疾儿童能够真正获得和理解课程。

学习通用设计的通达性体现在如下的三大基本原则之中。② 首先,学习通用设计提供多样化的信息呈现方式(Provide Multiple Means of Representation)。学习通用设计根据普通教育课堂中不同学生感知信息差异的特点,向学生提供多种因人而异的信息呈现方式,包括多样化的听觉信息、视觉信息,解释信息时采取多种可供选择的语言、图表和符号。例如,为了照顾到班里的残疾学生,教师在呈现一个数学概念时,既可以采取文字的形式,也采取图表和语音的形式,从而满足了不同学生的学习需要。第二,学习通用设计提供多样化的行为和表达方式(Provide Multiple Means of Action and Expression)。学习通用设计课程可以为每位学习者特别是残疾学生提供多样化的表达和交流方式,它使用多种交流媒介促进学生充分地展示自己所学的知识和技能。例如,根据学习通用设计原则的指导,学生可以使用不同的媒介完成作业。他们可以使用PPT、小组制作海报、剧本、一个模型或者视频录音等不同的方式。正是这种多样化的选择,使得学生在借助于一种媒介无法充分地表达自己时,可以选择其他更加有效的方式。第三,提供多样化的参与方式(Provide Multiple Means of Engagement)。学习通用设计考虑到了个体的偏好以及普通儿童与特殊儿童的特质,认识到不同学生学习动机与参与水平的差异,提供多种提高学习兴趣的方式和多样化的激励手段。在根据学习通用设计原则设计的数字环境下,针对不同学生遇到的困难,提供不同类型和程度的支

---

① Hitchcock C., Meyer A., Rose D., Jackson R. Providing Access to the General Education Curriculum:Universal Design for Learning[J]. Teaching Exceptional Children,2002,35(2):8-17.

② Center for Applied Special Technology. Universal Design for Learning (UDL) Guideline Version 2.0 [M]. Wakefield, MA: Author,2011:6.

持;选择不同的强化方式,以提高学生的学习动机和参与水平。将学习通用设计的这三条原则贯穿于课程的目标、材料、方法和评估设计中,可以使学生学习的障碍降低到最小化,从而实现对包括残疾学生在内的所有学生的"通用性"。

(二) 以大脑神经科学为理论基础

学习通用设计受到神经科学关于大脑功能分区研究成果的影响。根据神经科学的研究,大脑的不同功能区反映了学习的不同方面。[①] 例如大脑中的识别系统接收和解释感觉输入信息;策略系统能够使学习者规划自己的行动,促使学习者采取策略的方式系统地表达信息;情感系统控制每个人在活动中的参与水平。每个学生大脑中这三种认知系统的运行都存在差异,有着各自的优势和劣势。对应于支持学生多样化的识别系统、多样化策略系统以及情感系统多样化的发展,CAST 提出了上面所说的学习通用设计三大基本原则,这三大基本原则构成了学习通用设计的指导纲领。教师可以在充分了解学生特点的基础上,将学生在这三个大脑网络上所表现出的优势、劣势和兴趣编列成表,结合学习通用设计的基本原则,设计出具有适应性和调整性的课程。

(三) 以课程设计为着眼点

学习通用设计实质上是特殊教育研究中组织学范式指导下的一种新的课程设计框架。它认为,学生之所以出现学习问题是由于学习者与课程之间的互动出现了问题,而不唯独是学习者本人内在能力的问题。[②] 因此,学习通用设计改变过去在学生出现学习问题时调整和"修理"(fix)学生的做法,转而强调课程要根据学生需求与特点进行改变,而不是学生适应僵化的课程。与传统的融合教育实践方式相比,学习通用设计的侧重点在于课程设计,从课程出发推动特殊学生的融合,而不仅仅是安置方式的变化。课程从设计之初就应该体现差异化原则,在教学未发生之前就须考虑学生在学习中可能遇到的障碍和困难。因此学习通用设计课程强调课程目标、方法和评估等方面的设计上应具备多样性和适应性,从课程设计中减少或消除学生会遇到的困难,而不是学生遇

---

① Rose D. H., Strangman N. Universal Design for Learning: meeting the challenge of individual learning differences through a neurocognitive perspective[J]. Universal Access in the Information Society, 2007,5(4):381-391.

② Skidmore D. Towards an integrated theoretical framework for research into special educational needs [J]. European Journal of Special Needs Education,1996,11(1):33-47.

到障碍后再对学生和课程进行调整。① 学习通用设计的课程调整发生在学生遇到困难之前,教师必须具有前瞻意识,在了解、评估学生之后再设计课程,以此来减少随后在教学过程中课程"改装"(retrofitting)的困难和代价,增加学生学习的连续性。

(四)与技术相结合

学习通用设计框架为创造灵活性的课程和教学环境提供了引导,它主要是通过使用技术手段来使所有的学生,包括残疾学生最大化地发挥自己的潜能。② 希契科克指出:对于设计灵活的、支持性的以及可调整的学习通用设计课程,技术具有得天独厚的优势。③ 迈耶认为,对技术的倡导使得即时的、个性化的课程在实践中成为可能。教师可以选择多种媒体,将在线资源、学习软件、数字内容和音频资源等数字媒体结合在一起,④将它们渗透于课程的目标、材料和评估的设计中,形成灵活的、多样化的课程。这种课程能够根据学生的学习风格、身心发展特点和知识背景,允许教师自主选择应该在课堂呈现哪些信息以及以何种方式呈现信息。各种特征与需求的学生,特别是残疾学生借助媒体技术,能够以一种适应他们身心特征的方式展示所学知识。

综上所述,通达性构成了学习通用设计的核心,保证了包括残疾学生在内的所有学生都有机会享受高质量的普通教育,体现了融合教育背景下课程设计的核心精神。关于学习的脑科学则奠定了学习通用设计的科学基础,为学习通用设计提供了理论依据。从课程出发的前瞻性能够确保融合课堂教学"防患于未然";技术的运用使得学习通用设计在实践中得以实现。作为将融合教育理想付诸实践的一种方式,学习通用设计体现了西方个人本位论的教育目的,追求"以儿童为中心"的民主教育,承认所有的儿童,无论残疾与否,都有着同等的融入课堂教学的权利,每个儿童都是独立自主的个体,每个个体都有学习的潜

---

① Meo G. Curriculum Planning for All Learners:Applying Universal Design for Learning (UDL) to a High School Reading Comprehension Program[J]. Preventing School Failure,2008,52(2):21-30.

② Bernacchio C.,Mullen M. Universal Design for Learning[J]. Psychiatric Rehabilitation Journal,2007,31(2):167-169.

③ Hitchcock C.,Stahl S. Assistive Technology,Universal Design,Universal Design for Learning:Improved Learning Opportunity[J]. Journal of Special Education Technology,2003,18(4):45-52.

④ Abell M. M.,Bauder D. K.,Simmons T. J. Access to the General Curriculum:A Curriculum and Instruction Perspective for Educators[J]. Intervention in School and Clinic,2005,41(2):82-86.

力,教育要适应每个儿童的学习特点。学习通用设计对技术的运用,也顺应了数字化时代课堂教学的发展趋势。

二、学习通用设计的课程

作为一种课程设计框架,学习通用设计将基本原则贯穿于其中,并结合技术的使用,从而设计出了适应学习者差异的灵活的课程。罗斯和迈耶认为,学习通用设计课程理念主要渗透于课程设计的四个核心要素中:课程目标、达到目标的材料、方法和评估方式。[①]

(一)学习通用设计课程目标的设定

学习通用设计课程目标为所有的学生提供适宜的挑战和难度,反映的是所有学生都要努力学习的知识和技能。根据脑科学的研究成果,课程目标可分为认知目标(recognition goals)、策略目标(strategic goals)和情感目标(affective goals)三个部分。[②] 认知目标侧重于事实性的知识,包括"谁、什么、何时和哪里"(who, what, when, and where);策略目标侧重于如何做事情,强调技能和策略;情感目标侧重于价值观和感情的培养。教师要认识到不同目标的目的,据此选择课程内容,确定教学和评估方法。在目标的陈述上,学习通用设计主张将目标与达到目标的方法相分离,向学生提供多种学习方法,使学生根据个人的学习能力、学习风格和偏好等方面选择适合自己的方法,而不是限定学生以某一种方法实现课程目标。学习通用设计主张通过精心的构思和精练的语言,使课程目标的含义与方法的灵活性得到充分的体现。例如,教师想让学生掌握长跑过程中所遇到的挑战这样的目标时,传统的方式是"写一篇关于长跑过程中所面临的挑战"的作文或是查阅相关的文本材料最后交给老师。如果教师这样表达和要求,就会使学习障碍学生和运动障碍学生难以完成。然而如果教师换一种方式表达,如"创作一篇关于长跑过程中所面临的挑战"的作品,学生就可以借助于各种方法和技术媒体很好地完成,如一段自制视频、录音、图画等。

[①] Rose H. D., Meyer A. Strangman N. Teaching Every Student in the Digital Age: Universal Design for Learning [M]. Alexandria, VA: Association for Supervision and Curriculum Development, 2002:78.

[②] Rose D. H., Meyer A., Hitchcock C. The universally designed classroom: Accessible curriculum and digital technologies[M]. Cambridge, MA: Harvard Education Press, 2005:97.

此外,学习通用设计还向学生提供了一系列的数字媒体工具来指导和监控学生对于学业目标的实现。例如,CAST开发的eTrekker项目软件,可以帮助学生设定符合自己需要的课程子目标,并且能够经常提醒学生应该达到哪些目标。

(二) 学习通用设计课程目标实现的材料

在学习通用设计课程中,教师以灵活的数字媒体为载体提供课程材料,并且支持媒体以及多样化的内容呈现方式及转换来促进所有学生的学习。课程中的关键内容、事实、概念和原则都必须通过某种媒体来呈现,以便于根据学生不同的身心发展特点进行转换调节,满足学生们的学习需要。在数字媒体环境下,内容可以与承载它的媒体形式相分离,它可以以多种方式存在,并且可以根据学习者的需要相互转化。例如,文本信息可以在屏幕上以任意大小展示,也可以采用概念图或者盲文的形式,或采用视频、音频的形式满足各种残疾儿童的需要。另外,数字媒体网络化的特点允许学习者插入支持学习的超链接,例如多媒体解释、地图和百科全书等。这就使得学习者可以随时随地查询所需的信息,也可以向同伴或专家进行在线咨询活动。[1] 然而,教师必须明确,不存在某种单一的承载课程内容的最佳媒体形式,一切的媒体形式选择应以学生的需要为出发点。

(三) 学习通用设计课程目标实现的方法

学习通用设计课程强调使用基于数字技术的教学方法,加强教师教和学生学两方面的灵活性和多样性。在技术的辅助之下,教师根据不同任务中学习者解决问题的能力、心理特征、学习风格以及所取得的进步情况选择使用不同的方法来传递和展示教学材料所承载的知识和信息。例如,在讲授知识时,学习通用设计材料能够提供多样化的媒体支持,包括超链接词汇、背景材料和视频演示指导等。在学习通用设计的指导下,学生的学习也是按照个人的需要,与在线资源、学习软件、数字内容和音频资源等数字媒体结合在一起的。[2] 在学生展示知识时,学习通用设计材料能提供所需的工具和支持,采用多种方式分

---

[1] Rose H. D., Meyer A. Strangman N. Teaching Every Student in the Digital Age: Universal Design for Learning [M]. Alexandria, VA: Association for Supervision and Curriculum Development, 2002:78.

[2] Abell M. M., Bauder D. K., Simmons T. J. Access to the General Curriculum: A Curriculum and Instruction Perspective for Educators[J]. Intervention in School and Clinic, 2005, 41(2):82-86.

析、组织和展示个人的理解。① 通过多种技术辅助,帮助不同能力的学生达到课程目标。例如,当印刷文本材料成为某些学生学习的障碍时,这些学生可以运用数字媒体,例如数字文本、数字图像和数字多媒体等,这些数字音频和视频具有极大的韧性,学生可以借助于数字媒体的这些优势,以适合自己特点的方式展示所学知识。

(四) 学习通用设计课程目标的评估

在融合课程中通过使用学习通用设计可以增加评估的准确性和可通达性(accuracy and accessibility),即能够使包括残疾学生在内的所有学生积极主动地参与到评估中,并且能够检验出学生最真实的学习状况,尽可能地做到"无歧视评估"。在评估中,学习通用设计主要是根据其三个基本原则,增加其在测验的呈现、内容的表达以及对于评估的参与等三个方面灵活性,以此来实现评估的准确性和通达性。② 在测验的呈现方面,教师会考虑残疾学生的状况,对测验的格式做一些调整,例如放大字体或者采用音频的形式测验听觉障碍的学生。在内容的表达中,学生可以使用多种方式表达自己所学的知识。他们既可以通过书写、演讲和画画,也可以通过制作卡通画、视频或者多媒体课件的形式。在学习通用设计中,没有最好的、唯一的表达方式,只有最适合学生本人风格、需要和偏好的表达方式。在对测验评估的参与方面,学习通用设计主张采用嵌入式评估(Embed Assessment)和动态评估的方式,即将评估内置于平时学习中,而不是以一种终结性评估的方式。这能减少学生对评估的焦虑和恐惧,促进学生积极地参与到评估中去。

三、学习通用设计的反思与评价

学习通用设计的出现并不是偶然的,而是在融合教育运动中学习者特别是残疾学生学习需求得不到有效满足的情况下产生的。根据脑科学的研究成果,学习通用设计提供了多种具有选择性的、灵活性的学习和教学方式,使具有不

---

① What is meant by the term curriculum? [EB/OL]. http://www.udlcenter.org/aboutudl/udlcurriculum.

② Gargiul R. M., Metcalf D. Teaching in Today's Inclusive Classrooms: A Universal Design for Learning Approach[M]. 2nd ed. Belmont: Wadsworth, 2013:226-228.

同背景、学习风格和能力的学习者都能按照自己的方式获得和理解课程。它鼓励教育者在课程计划中要有创造性和灵活性,以此来实现对于所有学生的"通用性"。它促使教育者在课程计划之初就考虑具有不同认知特点的学习者如何平等地学习课程,而不是在学习者遇到困难时再进行课程的调整。[①] 罗斯指出:在融合教育背景下学习通用设计从理论上赋予了残疾儿童接受高质量课程的机会,并在实践中通过与技术相结合,尽可能最大限度地满足残疾儿童的需求,推动融合教育的发展。[②] 可以说,学习通用设计的推广和普及,必将使融合教育在由理想到现实的转变道路上又迈进了一步。

然而,在另一方面,我们也必须看到,虽然学习通用设计的原则已经获得了广泛的共识,然而它并没有得到普遍的采纳和实施。学习通用设计在其理念和实际的实施中仍然存在一些问题。麦圭尔(McGuire)指出,通用设计在某种程度上已经成为了一个时髦术语,一种时尚,以至于它很容易给人一种直觉上的吸引力,而不去考虑具体的情况。[③] 富兰(Fullan)认为,学习通用设计的实施是一场深刻的课程变革,它必然要遭受到持传统教学和课程观教育者的反对,在任何教育变革的初始阶段,改革者缺乏发起和维持持续变革的能力都将会导致变革的失败。[④]

(一) 学习通用设计的实施效率仍然有待进一步研究

对于学习通用设计,人们最关心的问题在于它的效率问题,即在融合教室中它是否能够真正实现对所有学生的通用? CAST 是学习通用设计课程最积极的倡导机构,自从提出学习通用设计课程的概念之后,便根据其基本原则,不断探索和开发新的数字多媒体学习工具,以帮助教师应对融合课堂中学生的能力和学习风格的异质性问题,例如"卡耐基策略指导"(Carnegie Strategy Tutor)、"原则性科学评估"(Principled Science Assessment)、"跟我读电子书"

---

① Shannon H. M., Stacy R. Universal Design for Learning and Emergent-literacy Development: Instructional Practices for Young Learners[J]. Delta Kappa Gamma Bulletin, 2013, 79(2): 70-78.

② Rose D. H., Meyer A. A practical reader in universal design for learning[M]. Cambridge: Harvard Education Press, 2006: 67-162.

③ McGuire J. M., Scott S. S., Shaw S. F. Universal design and its application in educational environments[J]. Remedial and Special Education, 2006, 27(3): 166-175.

④ Fullan M. The moral imperative of school leadership[M]. Thousand Oaks, CA: Corwin Press, 2003: 136.

(Read with Me eBooks)等等。CAST 通过一系列的实验研究,指出学习通用设计可以提高包括学习障碍、视觉障碍和听觉障碍等多种残疾类型学生的学习成绩和学习动机,对教育实践产生明显的积极影响。[1][2][3] 尽管如此,由于学习通用设计作为一种新生事物,这些实验并没有消除人们对于学习通用设计有效性的怀疑。当前更多的工作是致力于实施和宣传学习通用设计,关于它的深层次研究却还不多。没有充分的研究,我们很难将学习通用设计作为一种基于证据(Evidence-based)的有效实践方式。[4] 例如特殊儿童委员会(Council for Exceptional Children,简称 CEC)一直强调需要更多基于研究的证据来证明学习通用设计课程对其目标群体是有益的。[5] 由此可见,学习通用设计还没有达到能够令人完全信服的程度,其实施的有效性尚待进一步的研究。

(二)学习通用设计课程与其他教学实践方式的兼容性问题值得进一步讨论

在使用学习通用设计课程的情况下,融合教育的最佳实践方式例如协同教学(co-teaching)、合作学习(cooperative learning)、全校参与(whole school approach)、干预反应(response to intervention)干预模式等是否还需要?如果需要的话,学习通用设计课程如何与这些教学实践方式相结合呢?迈耶和罗斯指出,学习的通用设计与数字媒体技术相结合,能够在教学中提供多样化的信息呈现与表达方式,为每个学生特别是普通教育环境中的残疾儿童提供更多的学习机会,以满足他们的教育需求。[6] 学习通用设计通过课程设计本身就可以满足残疾儿童的学习需要,因此它是否还需要其他的诸如协同教学与合作学习这一

---

[1] Smith F. G. Perceptions of universal design for learning (UDL) in college classrooms[M]. District of Columbia:The George Washington University,2007:45-49.

[2] Kortering L. J., McClannon T. W., Braziel P. M. Universal Design for Learning:A Look at What Algebra and Biology Students With and Without High Incidence Conditions Are Saying[J]. Remedial and Special Education,2008,29(6):352-363.

[3] Coyne P., Pisha B., Dalton B. Literacy by Design:A Universal Design for Learning Approach for Students with Significant Intellectual Abilities[J]. Remedial and Special Education,2012,33(3):162-172.

[4] Edyburn D. L. Would You Recognise Universal Design for Learning if You Saw It? The Propositions for New Directions for the Second Decade of UDL[J]. Learning Disability,2010,33(1):33-41.

[5] Pisha B., Coyne P. Smart From the Start:The Promise of Universal Design for Learning[J]. Remedial and Special Education,2001,22(4):197-203.

[6] Rose D. H., Meyer A. A practical reader in universal design for learning[M]. Cambridge:Harvard Education Press,2006:67-162.

类的教学策略就成为一个很值得商榷的问题。如果需要,那么如何在新的课程设计模式下重新考虑这些教学实践方式的配合问题将是非常必要的,毕竟这些教学实践方式匹配的是传统课程设计模式。从西方现有的文献来看,还没有涉及这方面的研究。

(三)数字技术在学习通用设计中还有局限性

数字技术作为学习通用设计课程的重要支撑,尽管有很大的优越性,然而我们也必须认识到它的局限性。首先,设计不良的数字技术工具会给人一种进步的错觉,实际上它只是在重复印刷文本。例如,将印刷文本扫描成电子版的。数字工具必须从"通达性"和学习支持两个方面进行深思熟虑的设计,以此才能避免走向"印刷缺陷"(print disabled)。第二,在考虑数字技术所拥有的巨大潜力时,也应注意到数字鸿沟(digital divide)现象。尽管电脑和网络已经越来越普及,然而它还没有普及到所有的家庭,特别是在发展中国家和落后地区。第三,在忽视实施学习通用设计所需的技术成本时讨论新媒体技术的能力是没有实际作用的。为了促使数字技术满足多样化学习者的需要,许多学校的技术基础设施都需要进行更新或者重新设计。权衡实施新技术的成本和它带来的利益至关重要。

(四)正确认识学习通用设计与辅助技术的关系,实现二者的有机结合

很多教育者无法正确区分辅助技术与学习通用设计,往往将指导残疾学生使用辅助技术就视为是在实施学习通用设计。[1] 尽管辅助技术和学习通用设计都依赖于技术,然而二者却存在着根本性的差异。辅助技术是一种针对特定学生个体的工具,当学生出现学习困难时,辅助技术会过多地强调学生的调整,而不是课程,例如使用放大器、助听器等。它没有融入课程之中,而是与学生绑定在一起的,仅仅是帮助学生克服某一课程学习的障碍。[2] 相比之下,学习通用设计更偏重于课程本身的设计,课程在设计之初就与技术相结合,考虑到了每个学习者的需要和偏好,服务对象更加广泛,并不局限于残疾儿童。学习通

---

[1] Rose D., Meyer A., Hitchcock C. The universally designed classroom: Accessible curriculum and digital technologies[M]. Cambridge, MA: Harvard Education Press, 2005: 45.

[2] Willman J. M., Marino M. Universal Design for Learning and Assistive Technology: Leadership Considerations for Promoting Inclusive Education in Today's Secondary Schools[J]. NASSP Bulletin, 2010, 94(1): 5-16.

用设计能减少辅助技术的使用,但不能消除。[①] 二者的结合使用,能给学习者提供更大的帮助。

(五) 传统课程设计观念对学习通用设计的推广存在制约与挑战

传统的教学和课程设计观念根深蒂固,学习通用设计是否能被教育者充分理解是一个必须考虑的问题。一方面,在当前教育中,由于教师的责任不断增加,没有足够的时间接受学习通用设计培训,使得很多教师无法真正理解学习通用设计的理念,仍然使用传统的教学方式,换汤不换药,难以将学习通用设计运用于教学实践。另一方面,部分学校在不考虑学习通用设计课程如何提高教学的情况下,便急于购买数字技术设备,结果造成资源的浪费。[②] 这些对于有效地发展和实施学习通用设计提出了严峻的挑战。

第五节 融合课堂中的合作教学

长期以来人们习惯于一名教师负责一个班级的教学组织形式。尽管这种教学形式经常受到人们的批评,其局限性也广为人所知,[③]然而更有效的形式却似乎很难找到。在过去的几十年里,不断有关于两个或多个教师同时在同一教室里上课的尝试、试验,自20世纪60年代以来,一种新的教学形式——合作教学——开始在英美等国成为重组初中教学的基本策略,并随着近年来的中学及其他学校的重组(school restructuring)与改革而引起了人们巨大的兴趣。

一、合作教学的必要性

在普通班级里,不同学习能力水平的儿童存在着不同的学习需要。据估计,在一个普通班级里,约 1/4 的儿童会遇到不同程度的学习困难,而这些儿童都在智力、学习能力正常范围之列。近年来随着西方回归主流运动及融合教育运动的蓬勃发展,多数有特殊学习需要的儿童离开特殊学校,重新回到普通班

[①] Hitchcock C., Stahl S. Assistive Technology, Universal Design, Universal Design for Learning: Improved Learning Opportunity[J]. Journal of Special Education Technology, 2003, 18(4):45-52.

[②] Lessons Learned for Effective Technology Implementation[EB/OL]. http://www.cited.org/index.aspx? pageid=206.

[③] Barth, R. S. Improving schools from within: teachers, parents, and principals can make the difference [M]. San Franciso: Jossey-Bass, 1990:27.

级与同龄的正常儿童一起接受教育。① 这种变化使本来存在着巨大个别差异的普通班级的组成更加异质化(heterogeneous),学生的学习能力、个性特点、学习需要更加多样。显然一个普通教师很难满足全班不同能力学生的不同的学习需要,因此特殊教育教师不得不走进普通课堂与普通教师相互合作,共同承担、分享教育全班学生的责任。从20世纪80年代末期开始,这种合作教学的形式使普通教育与特殊教育相互渗透、融合,不仅极大地改变了传统的特殊教育模式,也在各个层面上改变了普通教育的形式与发展方向。合作教学也更多地被作为一种教师在普通班级里满足异质的、多样的学生学习需要的特殊教学策略与技巧。

在我国任何一个学校的任何一个班级里,同样存在着学生能力水平有差异的现象。虽然并不清楚准确的数字或比例,但可以确定的是,也有相当一部分的学生面临不同程度的学习问题或困难。另外,从20世纪80年代开始,为实现"普九"义务教育目标,我国开展了普通学校根据就近的原则接受特殊儿童尤其是轻度的智力落后儿童、使他们与同龄的正常儿童一起在普通班里接受教育的随班就读试验。越来越多的普通学校已经或即将接受特殊儿童,学生的学习能力差异、学习需要更加趋于多样化。② 如何对班上不同潜力、学习能力水平的正常儿童进行个别化教学或曰因材施教?如何同时满足班上有障碍的学生的特殊学习需要?如何将特殊教育的教学方法、技巧融入普通班级教学?这三个问题成为极具挑战性的课题。虽然我国目前对于合作教学的试验、运用都不广泛,而且国外的方法和策略不一定适合中国的实际教学情况,然而,了解西方合作教学模式的内涵与具体的做法对促进我国教学组织形式与教学方法的改进以解决上述问题仍然有着重要参考意义。

二、合作教学的内涵与意义

西方与特殊教育有关的文献对于合作教学的定义、具体做法、成功的经验与不足之处都有比较详尽的论述,也存在着不同的观点。尽管如此,多数研究者都同意"合作教学是指两名或两名以上的教育者在同一教学空间环境中向多

---

① Sage, D. D. & Burrello, L. C. Leadership in educational reform: An administrator's guide to changes in special education[M]. Baltimore, MD: Paul H. Brooders, 1994:66.

② Deng, M. & Manset, G. Analysis of the "Learning in Regular Classrooms" movement in China[J]. Mental Retardation, 2000, 38 (2): 124-130.

样的(diverse)或混合的(blended)、不同组的异质的(hyterogeneous)学生提供实质性教学(substantive instruction)"①。

这一定义包括四个基本要素:第一,合作教学必须有两名教育者,或偶尔有更多的教育者的参与。为了便于本节的讨论,及针对在普通班级里教育特殊儿童的实际情况,合作教师(co-teacher)经常是指一名普通教师(general teacher)和一名特殊教育者(special educator)。普通教师负责为班上不同能力的学生计划、理解、建构课程并决定课程的进度;特殊教育者指特殊学校教师、语言矫正教师、医疗人员等与特殊教育教学或康复服务相关的人员,他们负责鉴定每一个学生(包括有学习问题或困难的正常学生和有障碍的儿童)独特的学习需要并调整、改进课程与教学方法以适应这种需要。② 第二,合作教学强调提供"实质性教学",这意味着普通教师与特殊教育者对课堂教学活动的全面、共同参与。两类教育者相互配合、交流,共同备课、上课,成为创造融合性教学环境(inclusive educational settings)的基本策略。第三,"多样化的学生"指同一教室内不同能力的学生的自然分布。多样的学生包括能力超常、一般、属于正常范围但有学习问题或困难以及有障碍的学生。合作教学之所以需要特殊教师或其他相关服务人员的参与是因为他们不仅能为有障碍的学生提供个别教育计划(Individualized Education Program,简称 IEP),进行个别化教学,而且他们能为其他任何学生提供独特的帮助与服务。这是因为在普通教室里每个学生包括那些能力超常的学生,都会在某一阶段或时刻遇到学习或其他方面的困难而需要某种形式的特殊教育。这与每个人都需要特殊教育的观点是吻合的。③ 认为只有障碍或"残疾人"才需要特殊教育的观点是对特殊教育狭隘的、片面的理解。第四,合作教学是在"同一教学空间环境"中进行的。这并不排斥偶尔会将学生分开进行某些教学活动,如某些噪音比较高或注意力容易分散的活动。但是合作教学的确不赞成教师相互协调、共同备课却在不同的教学空间里对学生分开教学的做法。因为这种做法属于合作计划(collaborative planning)的范例,与合作教学相似但有很大的不同。

---

① Cook, L. & Friend, M. Co-teaching: Guidelines for creating effective practice[J]. Focus on Exceptional Children, 1995, 28(3): 1-16.
② Cook, L. & Friend, M. Co-teaching: Guidelines for creating effective practice[J]. Focus on Exceptional Children, 1995, 28(3): 1-16.
③ Sage, D. D. & Burrello, L. C. Leadership in educational reform: An administrator's guide to changes in special education[M]. Baltimore, MD: Paul H. Brooders, 1994:79.

合作教学的意义在于：首先，合作教学能够发挥来自不同领域的教师的优势，能够更好地满足学生的学习需要，扩大了学生对教学方法的选择机会。例如，尽管合作教学主要是为了满足在普通教室的特殊儿童额外的、独特的教学与相关的服务支持的需求，那些资质优异的儿童(the gifted)同样会因为有更多的、适应学生个别学习特点的教学选择而受益。同样，班内学习有困难但并非特殊儿童的学生也会因为多样化的教学选择及降低了的学生—教师数量比例而获得更多的机会。两名教师的结合降低了学生—教师比例使教师有更多的时间花在每个学生身上，从而增加了学生的参与程度。

其次，合作教学使那些原来某些课程或一天中某些时间必须到资源教室、特殊班或其他分开的、隔离的教学环境中接受单独的、额外的特殊教育或服务(pullout programs)的学生能够在普通班里停留更长的时间，减少了不必要的对教学连续性的干扰。即使是保守的估计，特殊儿童停下普通教室内的教学活动，收拾好东西，然后走到资源教室，重新调整进入到单独的、特殊教育计划，结束后又回到普通教室，这一过程至少需要一刻钟以上。这样如果学生每天离开普通教室去接受一次特殊服务，那么每个星期仅仅浪费在路上的时间就要75分钟以上。同时，单独的特殊教育计划的课程经常是零散的。在资源教室或特殊班模式下，即普通教育与特殊教育、服务分开时，即使普通教师与特殊教师在课外能合作一致共同备好课，不论特殊教师教学技巧多么精湛，学生都很难将在资源教室或特殊班里学习的知识与普通教室的活动整合起来。因此，合作教学能使普通教育与特殊教育融合在一起，使学生学习、教学及课程的连续性都得到保证。

另外，当一名有特殊需要的学生每天短时间离开普通教室到资源教室或特殊班去接受单独的、特殊教育服务时，他/她经常会感受到教师和其他同学不同的目光或歧视。普通教师和学生可能并不知道他/她去接受何种教育与服务，但他们很容易对此产生否定的、消极的感觉。国外有调查显示这些学生更愿意与同龄儿童一起在普通教室里接受特殊教育与服务，而不是分开。[①] 合作教学正是强调让有特殊需要的学生在普通教室里学习改编的、配有辅助的普通课程。需要特别注意的是，在普通教室里将特殊儿童简单地拉到一边，与其他同学分开来进行教学也是一种隔离(segregation)的、歧视的教学，它产生的歧视一点也不比传统的资源教学模式少，它不是合作教学，而是另一种隔离：教室内的隔离。

---

① Walsh, J. M. Student, teacher, and parent preference for less restrictive special education models—Cooperative teaching[J]. Case in Point, 1992, 6(2): 1-12.

三、合作教学的基本策略

如上所述,合作教学的特点就是能够将普通教师与特殊教师的优势、专长都带到教室里来,取长补短、相互补充。合作教师之间能否相互信任、相互支持、共同面对挑战、分享经验、交流信息、真正建立起协作的工作关系(collaborative working relationship)就成为决定合作教学成功与否的关键。这种关系的建立依赖于多种因素如合作教师的教学经验、目标、个性特点及学校的管理、支持等,这里主要讨论合作教师在课堂上经常采用的五种组织形式或基本策略模式(见图3-4)。

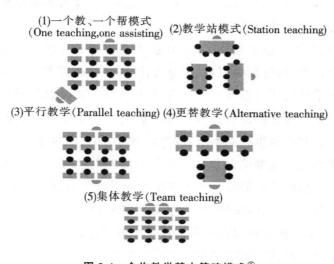

图3-4 合作教学基本策略模式[①]

(一) 一个教、一个帮模式(One teaching, one assisting)

这种模式下,一位主导教师(lead teacher)负责全班教学的同时,另外一位教师则作为助理教师(assistant teacher)在教室里来回走动,观察学生并在需要时给予帮助。这种策略比较简单,不需要多少预先的共同计划或备课,能够为学生提供基本帮助从而使班上学生多样化的学习需要得到满足。需要注意的是,教师在教室里要善于观察学生是否需要额外的帮助,因为有的学生即使遇

---

① Cook, L. & Friend, M. Co-teaching: Guidelines for creating effective practice [J]. Focus on Exceptional Children, 1995, 28(3): 1-6.

到问题可能也不会明白地流露出来。同时教师在教室里走动时要避免成为学生关注的焦点从而干扰了学生的注意力。这一模式的另一主要问题在于学生可能会怀疑、挑战助理教师的权威性,因此最好是两位教师经常调换主导教师与助理教师的角色。

(二) 教学站模式(Station teaching)

学生被分成不同的组,安排在教室里不同的位置,称之为教学站。教师将教学内容分为两个、三个或更多的部分,然后分别进行教学。在两个教师、两个教学站的情况下,教师将教学内容分为不同的两个部分,然后在自己负责的教学站上教授那一部分的教学内容。教完后,两组学生互换而教师仍然重复教授自己那部分内容。如果学生独立工作、学习能力较强,可以考虑安排第三个教学站,让一部分学生能够独立工作、学习、作业或进行小组活动等。这种方法要求教师共同备课、划分教学内容、充分合作,每一位教师都单独负责一部分的教学责任。教学站模式可以在任一年级水平运用。它可以降低学生—教师的数量比例从而使教师在单位时间内对每一个学生投入更多的精力;有障碍的学生则可以被融合到小组里面而不是被排斥;另外,两位教师地位平等、都负责教学不会导致教师的角色冲突及学生对教师权威性的怀疑。这一模式的潜在问题在于首先会增加教室内的噪音水平和学生的活动量,这给教室的秩序及系统的教学带来干扰;其次,合作教师的教学必须能够同步进行并保持内容的一致性,这样学生才能够按预定时间顺利地从一个教学站转到另一教学站。

(三) 平行教学(Parallel teaching)

平行教学也能够降低学生—教师数量比例,它经常被用于与需要大声回答、实际动手操作或相互影响、交流等有关的教学活动;适合于练习、实践课、需要教师严格监督的课或讨论活动。在平行教学中,班级被分成两个由异质的学生构成的小组,教师共同备相同内容的课,但各自负责一组学生的教学。教师可以利用平行教学来教给学生关于某一问题的不同方面,然后让他们相互交流、分享。例如,教师要进行关于环境保护问题的教学,两组学生都接受关于濒危物种的教学,但其中一组接受关于保护野生动物的知识,而另外一组学习野生动物保护导致的经济问题如相关人员的失业。然后,两组学生交流、讨论相关的问题并根据不同的见解尝试提出不同的解决办法。要注意的是,平行教学需要教师相互协调以使学生大致在相同的教学时间范围内接受相同的教学内容。与教学站模式一样，噪音与活动水平有时会导致教学问题。

（四）更替教学（Alternative teaching）

有时有障碍或有学习困难的学生会需要额外的、有针对性的教学或辅导，在教学站或平行教学的大组、集体教学模式下，他们有时会跟不上或特殊需要得不到满足。更替教学模式可以解决这一问题。在这种模式下，一位教师负责小组（通常 3～8 名学生）教学，同时另外一位教师负责一个大组的教学。例如，大组的学生学习明天课文里要使用的生字词或阅读新课文，而小组的学生在教师指导下使用多种辅助技巧与材料复习、巩固已学过的内容。这样做的风险是，如果有学习问题的学生经常被安排在补习性质的小组里，他的挫折感会加强，同学也容易对他产生消极甚至是歧视的看法。因此，扩展小组的功能与目标很重要，如有的教师将小组发展成为兴趣发展小组或评估小组等来发展学生的兴趣、相互检查学习情况，并使每个学生都有机会进入不同目标的小组学习。同时，这样做有利于发展学生的社会能力，在小组中，学生有更多的机会相互交谈、模仿、帮助、交换学与帮的角色，特别是教师可以选择学习好的学生与较差的学生组成一个组，较好与较差的学生在帮与被帮的过程当中都得到了发展。

（五）集体教学（Team teaching）

两名教师共同负责教学，相互轮换着引导、组织讨论，或一位教师讲课的同时另外一位教师做动作示范，或一位教师讲课而另外一位教师操作、演示教具如多媒体，两位教师也可以配合进行必要的角色表演以使课堂生动、形象。例如，在介绍辩论技巧知识的课堂上，两位教师以对话的形式一边介绍相关的技巧，一边模拟就某一问题进行辩论，可以使学生对辩论的相关知识有更深刻的认识。这种教学模式更灵活、更容易激发教师的创造性与学生的学习兴趣，使课堂组织更加多样化。同时它也更具有挑战性，需要更充分的事先准备、更高的配合技巧及教师之间的相互信任。

以上列出的五种教学组织形式是实现合作教学的基本策略。在实际教学过程当中，这五种教学策略并非机械、固定的，它们都有许多变式，都各有所长，应根据实际教学要求灵活运用。① 任何一种模式的选取都应该考虑学生的特点与需要、课程的要求、教师的教学风格与偏好以及对可利用的教学空间的衡量。有经验的教师并不只是选择某一种,而是在同一节课里综合运用两种或三种甚至更多的教学模式以满足学生多样化的学习需要,达到教学目标。

第六节　融合教育环境下的差异性教学

在当前融合课堂中学生日趋多样化、课程标准不断提高的双重压力之下,普通教师必须竭力探求新的教学模式以适应如今充满多样化的班级课堂,教师必须针对学生不同的学习风格、能力水平和学习偏好,给予他们不同的教学,即差异教学(differentiated instruction)。

一、差异教学的特点与原则

(一) 差异教学的内涵

1961年沃德(Virgil Ward)在论述超常儿童教育时,首次提出了"差异教学"的概念,并提出根据差异化的原则设计超常儿童的课程,尽可能地激发学生多方面的思维和能力。② 后来随着回归主流与融合教育的发展,普通教室中的残疾儿童以及其他各种有特殊需要的学生日益增多,"差异化"的理念也不再局限于超常儿童课程设计,开始渗透到了包括残疾儿童在内的各种有特殊教育需求的学生的教学之中。然而尽管差异教学作为融合教育的有效教学方式已经得到了广泛的推广与应用,差异教学的理念也已拓展到了课程设计、教材开发和教学环境设计等各个领域,但人们对于什么是差异教学仍然众说纷纭。③④ 其中汤姆林森(Tomlinson)对差异教学的

---

① Cook, L. & Friend, M. Co-teaching: Guidelines for creating effective practice [J]. Focus on Exceptional Children, 1995, 28(3):1-16.

② Ward, V. S. Finding the gifted: An axiomatic approach [M]. Columbus, OH Charles E. Merrill, 1961:214.

③ Qualter A. Differentiated primary science. Buckingham[M]. Open University Press,1996:9.

④ Hall, T. Differentiated instruction[M]. Wakefield, MA: National Center on Accessing the General Curriculum,2002:2.

定义最具有代表性,他指出:差异化教学是教师针对学习者独特的教育需要所做出的教学反应,在多样化的课堂中,教师根据学生的准备水平、认知能力、学习兴趣和风格主动设计和实施多种形式的教学内容、教学过程与教学成果。[①] 为了进一步厘清差异教学的概念,汤姆林森从差异教学是什么,而不是什么做了具体阐释。汤姆林森认为:(1)差异教学是群体性教学,面向全班所有学生的差异,而不是过去常常强调的"个别化教学";(2)差异教学采用弹性动态分组,而不是固定的同质分组;(3)差异教学是对教学内容的深度和性质进行澄清,而不是简单地增加、减少学习内容或提高、降低学习难度;(4)差异教学是建立在精心策划的、以教学目标为导向的课堂活动基础之上的,而不是将完整的教学过程分解得支离破碎的混乱教学。

综上所述,差异教学是一种通过调整课程、教学方法、所使用的教学资源、教学活动和评估方式来适应学生差异化需要、最大限度地增加他们学习机会的教学方式,它通过对传统教学过程的改变,以此应对混合能力班级中学生的差异,包括学生的学习准备水平、兴趣和学习风格。简而言之,差异教学就是教师所做的关于教学与课程方面的差异化调整以适应融合课堂中学生多样化的过程。

差异教学是建立在多元智能理论、学习风格理论与社会建构论基础之上的。加德纳的多元智能理论和科博的学习风格理论表明,每个学生都是具有自己的智力特点、学习类型和发展方向的潜在人才,教师应做出多样化的教学选择,以适应个体差异的需要。[②] 社会建构主义也同样要求教师在教学过程中要组织学生积极参与到学习过程中,强调知识的个体属性。在此基础上,罗克、埃利斯和格雷格(Rock, Gregg & Ellis)等人提出了差异教学的四个基本指导性原则:(1)对作为个体的学生差异要做出灵活性反应;(2)对教学内容、过程和学习产出进行持续的调整从而适应学生个体已有的知识水平、认知能力和学习风格,以教学的差异适应学生的差异;(3)差异化必须是对高质量课程的拓展与提升,而不是代替或降低;(4)差异教学通过向每个学生提供最恰当、最有效的差

---

① Carol Ann Tomlinson. 差异化教学的学校领导管理[M]. 杨清,译. 北京:中国轻工业出版社,2005:3.
② 王辉,华国栋. 论差异教学的价值取向[J]. 教育研究,2004(11):41-45.

异化课程调整,其目的是通过辅助学生的学习,满足每个学生的需要,从而最大限度地挖掘学生的潜力,促进学生的发展。① 汤姆林森认为除了上述四个基本原则外,差异教学还必须保证教学的有效性,即注重教学效益,以尽可能少的时间、精力和物力投入,取得尽可能好的教学效果。

从以上的差异教学的基本原则来看,差异教学不是培养整齐划一的教育产品,而是通过多渠道、多路径的课程与教学调整来为不同能力层次的残疾学生和其他有特殊需要的学生提供更高程度的课程准入与教学融合,塑造个性化的学生,最大限度地实现他们的潜力。但值得注意的是,差异教学并不是简单的教学技巧,诚如汤姆林森所强调的,差异教学不是单纯的一种教学策略,教师在尝试差异教学时应该准备多把"刷子",而不只是一只"画笔",差异教学需要教师综合多种教学方法来共同实现教学内容、过程与结果的差异化。②

(二) 差异教学的基本特征

汤姆林森指出,差异教学从其本质上来看,就是将教师的教与学生的学进行概念化、系统化的教学模式,通过这种概念化和系统化,每个学生的学习能够得到尊重,进而最大限度地提高每个学生的学习潜力与学习结果。③ 差异教学要探讨适合学生特点的教学策略,或者具体地说是探讨适合每一位学生特点的教学内容、教学形式、教学过程与学习成果,最终目的是促进每一位学生在原有的基础上都得到最大的发展。它力图通过教师教学的调整来应对融合教育背景下学生日益多样化的教学现实。根据相关的文献,笔者认为差异教学有如下基本特征。

1. 差异教学是教师教与学生学相匹配的过程

《萨拉曼卡宣言》中宣称:"每个儿童都有独一无二的个人特点、兴趣、能力和学习需要,教育体系的设计和教育方案的实施应充分考虑到这些特点与需要的广泛差异。"差异教学的前提假设就是每位学生都有自己独特的学习偏好、认

---

① Rock Marcia L., Gregg Madeleine, Ellis Edwin & Gable Robert A., et al. REACH: A Framework for Differentiating Classroom Instruction[J]. Preventing School Failure, 2008, 52(2):31-47.

② Gartin Barbara C., Murdick Nikki L., Imbeau Marcia, et al. How to Use Differentiated Instruction: With Students With Developmental Disabilities in the General Education Classroom [M]. Council for Exceptional Children, 2002:269.

③ Tomlinson, C. A. The differentiated classroom: Responding to the needs of all learners[M]. Upper Saddle River, NJ: Pearson Education, 2005:78.

知能力和学习需要,并且这些不同会对学生的学习产生重要的影响;当学生的学习得到必要的教学支持的时候,特别是能够与他们的兴趣、能力和爱好相一致的时候,学生的学习能够达到最佳水平。[1] 差异教学强调教师的教与学生的学相匹配并不是整合学生的差异来适应统一的指令性课程,而是差异之间的匹配与对应。教师需要充分了解班级中每个学生的准备水平、兴趣、能力与学习风格特征,以此为基础来设计课程、教学方法、材料与评估方式,并在教学过程中竭力做到教学环境、内容、教学方法和学习结果的差异化。例如,提供不同感觉通道的信息,布置不同难度的作业等。可见,尽管差异教学仍然是以教师为主导的教学方式,但它更多地是围绕学生针对教师的改变与调整,是以教师的差异适应学生的差异,正如霍尔、斯特兰曼和迈耶(Hall,Strangman & Meyer)所言,差异教学要求教师在教学中要具有充分的灵活性,能够随时根据学习者的需要来调整课程、信息呈现方式,而不是期望学生改变他们自己。[2]

2. 差异教学的目的是通过教学与课程的差异化最大限度地促进学生的学习

差异教学要探讨适合学生特点的教学策略,具体地说是探讨适合每位学生特点的教学内容、教学形式、教学过程与学习成果,[3]其最终目的正如汤姆林森所言,是最大限度地促进每个学生潜力的发展。这使得差异教学有别于过去所针对残疾儿童或学习困难儿童所做的那种打折扣的课程或教学调整,例如降低残疾儿童的学习目标,减少学习内容等。韦斯特伍德指出,尽管那些关于减少或降低教学内容与教学目标的理由看似有理,但这些减少的或打折扣的课程内容从长期来看会加剧学习困难或残疾儿童与普通学生在学习上的差距,导致强者愈强、弱者愈弱的现象,这种教育上的"马太效应"反而有违融合教育中最基本的平等与公正精神。[4] 差异教学不是取代原来已有的课程另起炉灶,而是对原有的高质量课程的拓展与丰富,它为追求同样发展目标的不同学生提供了差

---

[1] Tomlinson, C. A., Allan, S. D. Leadership for differentiating schools & classrooms[M]. Alexandria, VA: ASCD, 2000:198.

[2] Hall, T., Strangman, N. & Meyer, A. Differentiated instruction and implications for UDL implementation[M]. Wakefield, MA: National Centeron Accessing the General Curriculum, 2003: 2.

[3] 赵小红,华国栋. 个别化教学与差异教学在特殊教育中的运用[J]. 中国特殊教育,2006(8):40-45.

[4] Westwood, P. Differentiation as a strategy for inclusive classroom practice: Some difficulties identified[R]. Paper presented at the Hong Kong Red Cross 50th Anniversary International Education Seminar, 2000:5-11.

异化的成长路径。因此,在差异教学过程中,教师更多地是应该为学生提供必要的辅助和支持,完成与其他学生同样的教学内容与课程目标,而不是打折扣的、降低了难度的内容。换句话说,教师应该能够帮助学生比他们在没有得到支持的情况下学习的更多,而不是更少。差异教学不应该以牺牲特殊需要学生的教育质量为代价,如果在经过教师精心策划的课程学习后,学生学习到的只是破碎的零星的知识,那么又何必耗费时间与精力去实施差异教学呢?

3. 差异教学的核心是教学过程的差异化

尽管差异教学要涉及教学内容、过程和教学结果等多个方面,但差异化教学过程无疑才是差异教学的核心。当我们为某些残疾学生或者其他有特殊需要的学生设计不同的课程内容、持不同的语气时,无形之中就会扩大能力较强者与能力较弱者之间的差异,固化本已存在的不公,将完整的课程肢解得支离破碎。王(Wang)指出,已有充分研究证明,当学校针对残疾学生尝试修改教学内容或实施个别化教学内容时,学生并不能得到高质量的教学。另外,一些残疾学生或者学习困难学生,特别是高年级的学生,他们本身并不喜欢被调整过的教学内容或被给予更加简单的任务,使用这些"过度特殊化"的课程内容或任务会更加突出他们的与众不同与特殊性,导致他们与普通学生无论是在学习上还是在生活中都格格不入,形成"隐形隔离"。他们仍然是希望能够与他们的普通同学有着同样的活动、教材和作业、分级标准,而不是另行一套。而差异教学的一个潜在误区就是从一开始就降低了对残疾儿童或学习困难儿童的要求,并且认可了他们较低层次的学习结果。周而复始,就会形成恶性循环,要求越低,学习结果越低,进一步导致以后的期望值降低。

相比于课程内容、教学方法或教学材料上的调整,教师通过在教学过程中改变与学生交流和互动的方式更加容易操作且更自然。有经验的教师甚至只使用差异化的提问方式或者诸如评价、表扬或奖励类的强化就可以为学生提供所需要的额外帮助。更重要的是教学过程的调整并不会影响教师为全班学生讲授同样的课程内容,更加符合"最少差异"的课程调整原则。[①] 德舍纳、埃贝林和斯普拉格(Deschenes,Ebeling & Sprague)指出,教学过程的调整是教师最灵活的

---

① 邓猛. 关于融合学校课程调整的思考[J]. 中国特殊教育,2004(3):1-6.

差异化方式,它对教师来说是较少干扰的,很少再需要额外的时间来制订特别的计划。改变更容易发生在当教师只需要往新的方向前进一小步的时候而不是直接大幅度地跳跃。因此,过程调整被混合能力班级(mixed ability classrooms)中的教师视为最容易、最具有操作性的调整方式。

二、融合教育环境下的差异教学

(一) 差异教学的"差异"在哪里

差异教学能够为融合课堂中不同能力的学生提供真正的学习机会,它能够通过教学的差异化来适应差异化的学生。对于这种差异化,汤姆林森认为差异教学主要体现在教学内容、过程与结果上的差异。[①] 塞兰德指出,为了适应班级中多样化的学习者,教师需要在教学内容、教学过程、教学结果、教学情感以及学习环境方面进行差异化教学以应对学生不同的学习风格、认知能力和发展水平。[②] 波洛韦和巴顿(Polloway & Patton)则整合多位学者的差异教学理论,提出了差异教学的综合模式,强调差异教学的多维度性和复杂性。[③] 具体而言,波洛韦和巴顿所提出的综合性差异教学模式包括以下几个方面:环境差异、内容差异、过程差异、管理差异、结果与效果差异等。

1. 环境差异

环境差异包括融合课堂中教师所能操纵的、能够提高学生学习状况的物理环境方面的因素。多伊尔(Doyle)指出,尽管关于班级设计与教具安排的研究表明,不同的教室空间布局不会对学生的学业成绩产生影响,却会对学生的态度与行为产生明显的影响。对于某些残疾类型的学生而言,教室的空间格局需要特别的设计才能确保学生的学习需要得到满足。教师在课堂教学中环境差异具体体现在以下几个方面:(1)座次安排。这种策略是最适合于有各种听觉问题和注意力困难的学生。通过恰当地安排座位,教师能够接近学生从而更有

[①] Minke K. M., Bear G. G., et al. Teachers' experiences with inclusive classroom: implication for special education reform[J]. Journal of Special Education, 1996, 30(2):152-186.

[②] Salend S. J. Creating Inclusive Classrooms: Effective and Reflective Practice[M]. Peason, 2011: 286.

[③] Smith, Polloway, et al. Teaching students with special needs in inclusive settings[M]. Pearson, 2012: 69.

利于集中学生的注意力。(2)教室布置。通过对教室物理空间环境的优化,教师能够在教学中更方便地开展合作教学、同伴辅导等以促进残疾学生的学习,包括班级布局、桌椅、墙壁和展览板等的使用。(3)准入性。主要是指教室无障碍环境的设计,教室的环境最基本的是能够让残疾儿童从物理上进入,然后才能讲求课程与教学的进入。(4)特殊化的设备。教师需要为残疾学生提供特殊化的器材,例如轮椅、听力辅助器具以及其他的应用系统和交流工具。

2. 内容差异

教学内容的差异包括教学内容本身的差异和承载教学内容的材料形式的差异两个方面。首先,对于教学内容的差异,金-西尔斯根据学生的认知能力和学习风格将融合教育课程差异化分为三个层次:(1)同样的课程,即所有学生学习同样的课程,不需要对课程内容做出任何调整,教学目标、要求也相同;(2)多重课程,即所有学生学习的课程内容相同,但要求掌握的水平不同;(3)交叉课程,即从不同的课程领域向多样化的学生教授个别化的技能,将与学生学业发展相关的特定技能融入不同课程的学习活动中。① 其次,在教学材料的差异化上,传统的基于文本的教学材料虽然有其优点,但并不适合某些类别的残疾学生,例如视觉障碍和听觉障碍。一方面,教师可以通过以下三种方式对文本材料进行差异化处理:(1)使用其他类型的材料形式来代替当前的文本材料;(2)提升当前已存在材料的理解力;(3)为学生提供信息技术的帮助。第一个主要是避免与消除当前已存在的文本材料有关的问题,后两个主要是对当前已存在和正在使用的材料的调整。另一方面,教师应该以通用学习设计理念为基础,强调以多种媒体形式为载体向学生提供教学内容,除了最常见的纸质印刷文本外,还充分利用丰富而快捷的网络资源来根据学生的需要差异化处理学习材料,例如,将教学内容转化为视频或音频材料以适应视觉障碍或听觉障碍学生。

3. 过程差异

教学过程的差异主要涉及课堂中教师的教学安排,例如分组、教学内容呈现、必要的辅导等方面。在分组中教师采用弹性分组的形式,充分考虑学生的不同能力、学习风格之间的匹配,给予学生自主选择分组的方式,避免学生产生

---

① King-Sears, M. E. Best academic practices for inclusive classrooms[J]. Focus on Exceptional Children, 1997, 29(7), 1-23.

被强制指派的感觉,体现出对学生的尊重。① 在内容的呈现方式上,教师可以借助多种媒体材料,例如 PPT、电子白板。在教学过程中,教师可以根据学生的能力给予他们更多的或者更少的辅助,提供多种形式的信息呈现方式,在上课过程中对不同能力的学生提问不同难度层次的问题,并且根据学生的需要还可以采用合作教学、同班辅导等教学策略。

4. 管理差异

差异模式的管理要素主要集中于行为,确立一个管理行为的有效体系对所有学生都是有利的,然而,对于那些行为违反常规的学生而言,需要使用某些特别化的技巧加以引导。管理行为最重要的一点就是需要确立引导班级动态发展的规则与程序,主要是指对所有学生的期待。教师应该在学期开始之时就确立所有的一般期待、规则、程序和其他规定,并引导他们学习,并准备好处理违反规则的措施。在班级中教师要特别注意引导有特别需要的学生,特别是有情绪与行为问题的学生对规则的学习。在对学生的行为管理中,得到研究支持最多的是积极行为干预与支持。该方法整合了 IDEA 中所规定的积极行为干预计划和功能性行为评估,强调教师要创制预设的积极干预并避免惩罚,当必须采取惩罚措施时,学校必须重新评估学生的 IEP 并努力分析导致问题的不良行为,尽最大可能用积极的支持来引导学生恰当行为的养成。

5. 结果与效果差异

对于教学成果的差异化,教师一方面向全体学生提出相同的核心知识、观点的学习目标,另一方面允许学生选择符合自己基础和能力、兴趣的成果形式,从而使学习的共同目标和个人目标得以实现。②

(二) 如何做到"差异教学"

(1) 确定学生是否需要差异。教师在班级内实施教学之前最重要的一步是要明确班级内有哪些学生需要在学习中实施差异化。可能课堂中很多学生都需要差异化,教师所面临的挑战就是要了解哪些学生需要辅助,他们需要哪些帮助以及如何进行差异教学。由于在班级中技能发展与能力发展的两端即超常儿童

---

① 华国栋.实施差异教学是融合教育的必然要求[J].中国特殊教育,2008(10):3-6.
② Rock Marcia L., Gregg Madeleine, Ellis Edwin & Gable Robert A.,et al. REACH:A Framework for Differentiating Classroom Instruction[J]. Preventing School Failure,2008,52(2):31-47.

与残疾儿童都需要差异教学,因此教师在实施差异教学时面临着严峻的挑战。

(2) 确定需要的特定领域。圣安杰洛(Santangelo)指出,有效的差异教学根植于教师对学生的独特需要以及他们的共性的理解和欣赏。[①] 教师应该知道他们的学生所面临的现实问题。只有了解学生的具体问题才能在教学与课程中做出相应的调整从而解决这些问题。目前已有研究开发出鉴别学生特定学习需要的工具,如胡佛和巴顿的研究。

(3) 实施多样化的差异实践方式——最少干预原则。当实施差异教学时,教师应该坚持最少干预原则。首先,教师没有足够的时间进行大量的、复杂的调整;其次,即使是很小的调整也可以发挥有效的和强有力的作用,例如,改变一下学生的座位就可以很好地解决学生注意力不集中的问题。

(4) 监控学生进步。毫无疑问,当前特殊教育领域已经十分关注学生在学业、行为和社会性发展等领域的进步问题。收集关于课堂中为学生所做出的调整方面的信息是非常必要的,没有信息收集就不可能知道这些调整是否起了作用。

(5) 评估与修正差异化教学实践。所有的差异化实践都需要为它们的有效性做出评估,然后才能决定是否有必要继续这样做、终止或者以某种方式修正。

三、差异教学的反思与评价
(一) 差异教学所引起的马太效应

差异教学中最具有争议的是教学内容差异,即课程差异。其争议点主要在于课程差异是否符合融合教育的公平与公正问题。西方学者从公平的不同视角出发,韦斯特伍德从结果公平出发认为,课程差异会导致马太效应,即针对不同能力的学生予以不同的教学内容会造成学习者强者愈强、弱者愈弱的现象。而汤姆林森则从过程公平的立场出发,认为在学生能力和认知水平多样化的班级中,公平不应该被认为是同等地对待每一个学生,而应该是确保每个学生都能获得他取得学业成果所需要的支持。[②]

[①] Santangelo T., Tomlinson C. A. Teacher Educators' Perceptions and Use of Differentiated Instruction Practices: An Exploratory Investigation[J]. Action in Teacher Education,2012,34(4):309-327.

[②] Tomlinson, C. Fulfilling the promise of the differentiated classroom: Tools and strategies for responsive teaching[M]. Alexandria, VA: Association for Supervision and Curriculum Development,2003:99.

（二）差异教学理想与现实的差距

差异教学强调教师在课程上调整教学环境、内容、过程和学习结果来适应多样化的学生群体，以此来实现学生的最大化发展。笔者认为这种理念极具理想化色彩，尽管教师在接受关于差异教学的培训后都知道在课堂上应该将教学内容、教学方法与学生的能力和需要相匹配，但实际上很难做到这点。一方面正如上文所讲的很多高年级学生并不希望自己被差异化以突出自己的与众不同，另一方面是教师缺乏实施它的时间，没有得到实施差异教学的专业化的发展资源和所需要的行政支持。教师仅仅将差异教学视为强加于他们的行政指令。汤姆林森认为，差异化的障碍是对时髦的恐惧，他们不知道如何去评估学生的准备水平，如何去将恰当的资源与教学相匹配。即使是非常有经验的教师也不会很容易地就能做到将学生个体的不同需要和能力与恰当合适的目标、方法和材料相匹配。

（三）差异教学中教师的主观差异化问题

差异教学主张教师要根据学生的能力和学习风格来调整教学内容、方法与评估方式，但是学生的能力与学习风格应该如何确定呢？教师主观地认定学生的能力与学习风格显然并不合适。教师很容易根据自己假定的学生的能力水平与学习风格来高估或低估学生的学习能力，

（四）差异教学的有效性

差异教学容易给人带来一种直觉上的吸引力，当前关于差异教学的有效性的研究仍然是不够的，关于差异教学的有效性更多的是逸闻趣事，而较少是基于证据的研究。关于差异教学有效性的证据最初来自于一些推荐书和班级案例，饱受诟病；后来更多地局限于一些教师未发表的随笔和博士的学位论文。霍尔指出，研究差异教学的主要困难就在于差异教学看起来更像是不同教学实践的"打包"处理（package），差异教学更多地是被视为新兴的和有发展前途的教学实践。尽管当前有很多实施差异教学的建议方式，但并不存在一种特定的规则，很多时候这反而让差异教学更难以实施。对个体需要的反映和对不同策略灵活选择的需要为差异教学的量化研究提供了难题。

第四章 融合教育支持保障体系

融合教育的基本原则就是平等、公平,不管背景、民族、地位、身体条件如何都应该在普通的学校接受教育;其核心理念就是要让社区所有的儿童进入普通学校接受教育。事实上,绝大多数残疾儿童无论程度的轻重都是在普通学校接受教育的。但是,这并不意味着仅仅将残疾儿童置于普通教室即可,融合教育成功的关键在于能否将特殊教育相关支持与服务融入普通教室。在融合学校里,有特殊教育需要的儿童应该得到他们可能需要的各种额外支持,以保证对他们的教育效果。否则,发生于普通教室的隔离与歧视更能戕害残疾学生的心灵,也会让正常学生学会歧视、拒绝、隔离等不正确的人生观。

因此,以融合教育为价值导向的教育改革没有足够的资源的支持只会导致灾难性的后果,融合教育政策的制定与执行必须充分考虑各种相关资源的提供与调配。2005年及2010年在英国召开全球最有影响的融合教育大会便以"融合与支持性大会"(Inclusive and Supportive Education Congress)为题来强调支持体系与融合教育的共生关系。美国《教育所有残疾儿童法》(即94-142公法及其后来的修订法案)要求为残疾儿童制订的"个别化教育计划"中也包含对"相关支持与服务"等的明确要求,近年来更是直接要求为残疾学生制订并实施"个别化支持计划"(Individualized Support Plan,简称ISP)。各类治疗师与相关设备也进入普通学校共同构成支持与服务体系,这已经成为包括我国在内的各国发展融合教育的基本举措。

显然,融合教育只有在学校与教师得到足够的人力与物质资源支持的情况下才有可能获得成功。如果教师实际得到的资源与支持与他们对资源与支持的需要之间的差距越小,融合教育就越可能获得成功。多数研究却表明:教师经常感觉到他们能够接受到的"支持"并没有起到支持的作用,校长与管理机构提供的支持的类型经常不是他们最需要的。因此,融合教育最大的梦想就是希望能够在充足、丰富的资源与支持的基础上进行。然而,接纳与平等的社会氛围尚需继续孕育,社会偏见与隔离无处不在,由学校走向社区融合的路径仍然曲折,专业人员的匮乏与培训不足的现象广泛存在。尽管很多国家都致力于发展融合教育,但没有一个国家真正实现了高质量的、有效的融合教育。

本章内容从融合教育的政策与立法保障、教师教育及培养、社区支持与合作、支持性环境的创设等融合教育支持体系中的关键要素进行理论分析与探讨。这一支持体系应该基于家庭、学校、社区三位一体的综合的、广泛的社会网络结构。学校教育仅仅只是残疾人融合教育的一部分,融合教育需要残疾人所在社区各种资源的支持,他们的生存与发展要更多地依赖于社区、社会的教育和支持。这一体系应涵盖文化氛围、政策保障、经费投入、物理环境改造、各类专业人员提供、技术设备的配备、信息分享等不同层次与方面的内容。

第一节 融合教育的法律与政策分析

一、从"隔离性"特殊教育政策到"融合性"特殊教育政策

受教育权是人最基本的权利之一。然而,当我们从全球的范围审视特殊教育发展的历史以及推动其发展的动力时,我们很容易发现人类对于如何对待残疾人这个问题经历了从杀戮到遗弃、忽视、怜悯与过度保护,进而发展到逐渐接纳,到尽最大限度地促使残疾人融合进主流社会的发展过程。[①] 在这一漫长的过程中,人类对于残疾的理解与认识在文明与野蛮、理性与盲目之间的冲突中得到考验,这一过程也反映了人类在认识、完善与发展自身的历程中的曲曲折折。[②] 在西方的古罗马与希腊时期,对于残疾的遗弃、绝育、杀戮就非常流行。在西方中世纪时期,一方面,在基督教宣扬的仁慈、博爱的精神的影响下,许多有残疾的人士得到人道主义的收容与关怀;另一方面,残疾人又被视为"魔鬼缠身""上帝的惩罚"。据不完全统计,在中世纪的欧洲,有超过30万的人因

---

① Kirk, S. A., Gallagher,J. J. & Anastasiow, N. J. Educating exceptional children [M]. 13th ed. Wadsworth Publishing Co. Inc.,2012:3.
② 周甲禄,邓猛,袁朝.中国残疾儿童教育纪实[M].武汉:湖北少年儿童出版社,1997:6.

为被认为"魔鬼缠身"需要驱邪而被处死。尽管也有教会与其他慈善机构为残疾人开展早期的济贫、养护性质的福利与慈善工作，系统的针对残疾人的庇护、康复与教育直到 18 世纪末才得以初步形成。在文艺复兴、工业革命以及法国启蒙思想运动等的影响下，自由、平等、博爱的资产阶级价值观在欧洲得以确立，对残疾人的系统的学校教育才得以产生。从这里我们也可以看出，特殊教育从一开始就与人的基本权利的尊重与保护紧密联系在一起，它体现一个社会文明发展的水平。

美国的《独立宣言》与宪法所确定的民主、平等与自由的原则保证其公民的个性自由，美国宪法的第 14 次修订更明确规定"为公民提供非歧视性的、平等的保护，不论其年龄、性别、种族、民族为何"。事实上，由于长期存在的种族隔离不能够为处境不利的儿童提供宪法所规定的教育与平等机会方面保障。因此，美国历来就有利用诉讼、立法以及儿童权利的相关倡议行动来保障残疾儿童的各种权利，联邦政府对于教育的介入被视为克服歧视与贫穷、实现人权目标的基本手段。① 美国国会经常颁布联邦法律确保残疾人的教育与社会福利。例如，仅从 1827 年到 1975 年间，美国就出台了 175 部专门针对残疾人的联邦法律。②

20 世纪五六十年代之前的特殊教育法律基本上都是针对隔离式特殊教育，强调教育的普及性、获得教育的机会而非教育的平等。在这种背景下，隔离是合法的，很多法官以维持秩序、防止过分要求而浪费时间以及免使孩子们看到其他残疾学生而产生不舒服的感觉为借口规定有破坏性的孩子或者智力障碍的孩子不能进入普通学校。③ 而到了 20 世纪五六十年代以后，由美国黑人发起的反种族歧视、隔离的民权运动遍及全美，民权运动者所要求的黑人在政治、教育及社会生活上的平等权利，也鼓舞了其他少数民族还有残疾人士争取平等

---

① Meyen, E. L., Skrtic, T. Exceptional children and youth [M]. 3rd ed. Denver: Love Publishing Com., 1998:45.

② Peters Susan J. "Education for All?" A Historical Analysis of International Inclusive Education Policy and Individuals with Disabilities[J]. Journal of Disability Policy Studies, 2007, 18(2):98-108.

③ Halahan P. D., Kauffman M. J., Pullen. 特殊教育导论[M]. 第十一版. 肖非，等译. 北京：中国人民大学出版社，2011:24-25.

的努力,特殊教育也开始走向融合的道路。[①] 在这一阶段,许多与残疾相关的著名法庭裁决与辩论[例如,1954年的布朗诉托皮卡市教育局、1972年的宾夕法尼亚智力落后协会(PARC)诉宾夕法尼亚州政府案与米尔斯诉华盛顿教育局等]以及专业人士与家长组织等民间团体的倡议运动对特殊教育的发展产生了深远的影响。[②] 这些运动以西方所谓追求个人自由、社会平等等价值为社会文化基础,为有特殊需要的人士平等、有尊严地参与社会生活以及新的特殊教育理念的诞生提供了动力。随着民权运动的发展,包括美国、英国等在内的国家以及联合国教科文组织给予融合教育更高程度的关注,更多的与融合教育相关的法律政策得以通过并对残疾人士的生活与教育、对全球特殊教育与残疾人康复的发展都产生了重要的影响。

二、与融合教育相关的法律政策分析

(一) 美国与融合教育相关的法律政策分析

20世纪50年代美国掀起了旨在反对种族隔离与歧视,争取民主权利的群众民权运动。在民权运动的潮流下,黑人群体在各个方面开始争取与白人群体享受平等的权利。在教育领域,布朗诉托皮卡教育局一案不仅改变了黑人群体的教育权问题,也推动了特殊教育的发展。根据判决:公立学校所实行的种族隔离教育是不平等的,违反《宪法第14条修正案》。该案的判决对于残疾儿童来说是非常重要的,因为平等机会的概念既适用于少数民族学生,同样也适用于残疾儿童。布朗案之后,美国出现了一系列有关特殊儿童受教育权利的诉讼。在联邦最高法院和地区法庭上,平等机会的概念被公平地用在了残疾儿童身上。[③]

1973年美国通过了《康复法》,其立法的主要目的是任何得到联邦资金支持的机构都不得歧视残疾人,为残疾人进行设施改造以便给残疾人提供与普通人同等的服务,从而促进残疾人参与和融入正常的社会生活。该法律是民权运

[①] Winzer, M. A. The history of special education: From isolation to integration[M]. Washington, D. C. : Gallaudet University Press, 1993:370.

[②] Peters Susan J. "Education for All?" A Historical Analysis of International Inclusive Education Policy and Individuals with Disabilities[J]. Journal of Disability Policy Studies,2007,18(2):98-108.

[③] 肖非.美国特殊教育立法的发展——历史的视角[J].中国特殊教育,2004(3):91-94.

动影响下的产物,其重点在于保障特殊儿童在入学和受教育的过程中不受任何歧视,例如,它规定"学区不得因残疾拒绝任何儿童入学,拒绝他们通过学习获得益处的机会,或者受到歧视"[①]。1975年福特总统签署的《教育所有残疾儿童法》(即94-142公法)对残疾人的生活与教育产生了重要影响。94-142公法确定了"免费、适当的、公立的教育"、最少受限制环境原则、零拒绝、无歧视评估与鉴定等基本原则,这些原则都体现了回归主流的思想,对全球特殊教育政策的制定与教育实践产生了巨大的影响。[②] 其中最能体现融合教育理念的是"最少受限制环境"原则和"零拒绝"原则。

"最少受限制环境"被定义为"尽可能地为残疾儿童,无论是在公立或私立机构或其他看护机构,提供合适的、与非残疾儿童一起受教育的机会。只有当提供足够的帮助和服务,而由于残疾的特质和严重程度使得其在普通班级无法获得满意的教育时,将儿童转移到特殊班级或者隔离式的学校或进行其他的安置才是合法的"。因此,首先,"最少受限制环境"不仅仅是一种安置形式,更是教育的起点。安置只是形式,其目的是为学生提供适合的教育。其次,"最少受限制环境"原则是一个相对的概念,回归到正常学校和班级并不是唯一的安置选择。事实上,"最少受限制环境"提供了从普通班级、有顾问的普通班级、普通班级加额外的教学和服务、资源教室到隔离式班级、隔离式学校、寄宿制学校、居家或住院的金字塔式的连续性的教育安置选择。第三,"最少受限制环境"是一个多维度的概念,不仅包括课堂教学的安置,也包括课外活动和学校外活动和服务的安置。"环境"不仅包括"物质"(physical)的,同时包括"人文"(human)的、"情感"(affective)的和"地理"(geographic)的。第四,应提供充分服务和实施,保证特殊儿童在正常班级中所受到的教育的质量。

IDEA中体现融合理念的另一原则是零拒绝,即任何残疾儿童都不应该被公立教育排除。学校必须对所有残疾儿童进行教育,无论残疾的性质和严重程度如何,这一原则都适用。在1989年的提姆西诉罗切特学区委员会一案中,法

---

① Mitchell L. Yell, David Rogers, Elisabeth Lodge Rogers. The Legal History of Special Education: What a Long, Strange Trip it's Been[J]. Remedial & Special Education,1998,19(4):219-228.

② Mittler, P., Brouillette, R., Harris, D. World yearbook of education 1993: Special needs education[M]. London: Kogan Page, 1993: 89-100.

院做出判决"无论残疾儿童能从教育中受益多少,也不管残疾的性质和严重程度如何,公立学校都必须为所有残疾儿童提供教育"[①]。

尽管 LRE 和"零拒绝"原则还允许隔离性教育环境的存在,但实际上只有相当小的一部分重度残疾儿童才在隔离性的环境中学习,LRE 已经保证了大部分残疾学生在普通学校中接受教育的权利。根据 2009 年的数据统计,在美国,只有 4% 的残疾学生完全被安置在隔离的环境中;有 96% 的残疾学生在普通学校中接受教育,75% 的学生在普通教室中的时间超过了一天时间的 40%。[②] 当前美国传统的隔离式特殊教育学校体系基本上已经崩溃,融合教育已成为美国特殊教育发展的主流。

另一方面,IDEA 及 LRE 由于其在融合理念方面的不彻底性也招致了众多批评。巴列里(Baglieri)等人指出,尽管关于残疾范式的讨论已持续多年,但显然这些讨论成果并未完全反映到 IDEA 当中去,IDEA 中仍然散发着浓厚的残疾医学模式色彩。[③] 美国将 LRE 作为推行融合教育的主要依据,但 LRE 所体现的是回归主流思想,与融合教育思想仍然存在着不一致,正如泰勒(Taylor)所言,回归主流下的 LRE 原则本身就赋予了限制环境以合法性。[④] 这一原则暗示着在某一种情况下隔离式的环境对于残疾儿童而言是合适的,特别是重度残疾儿童,但明显违背了融合教育的意愿。并且 LRE 混淆了隔离、一体化与服务密度的关系,它认为只有在限制较多的隔离的环境中才可以提出高强度和密度的服务,而在限制较少的环境中是不能提供的。另外,最少受限制环境原则并未明确指明这种"环境"是物理环境还是教学环境或社会环境,尽管大多数人认为它只涉及物理地点,但有些人则提出环境的受限制不仅仅纯粹是个地点问题,还包括教学内容与教学方法,即一个地点的教学环境和社会环境。例如,对一些学生来说,与在普通教育班级中相比,被安置在特殊班级和特殊学

---

① William L. Heward. 特殊需要儿童教育导论[M]. 肖非,译. 北京:中国轻工业出版社,2007:27.
② Smith,Polloway, et al. Teaching students with special needs in inclusive settings[M]. Pearson,2012:9.
③ Baglieri S., Valle Jan W., Connor David J., Gallagher Deborah J. Disability Studies in Education: The Need for a Plurality of Perspectives on Disability[J]. Remedial and Special Education, 2011, 32(4): 267-278.
④ Taylor, S. J. Caught in the continuum: A critical analysis of the principle of Least Restrictive Environment[J]. Journal of the Association for Persons with Severe Handicaps, 1988, 13 (1): 41-53.

校对他们在学业、情感和社会发展方面限制更少。因此最少受限制环境原则存在着某种模糊性。尽管IDEA中规定普通学校对残疾儿童入学方面应该践行"零拒绝"原则,但面对严重违反纪律的残疾学生,很多学校也开始考虑实施最为强硬且极具争议的"零容忍"策略。

IDEA后来又经历1990年、1997年、2004年数次修订,但与融合教育相关的基本原则基本上没有发生太大变化。其中比较明显的变化是1990年的IDEA中对残疾类别的称呼,法案中使用"disabilities"来代替"handicapped",在指称某一类别残疾儿童时将儿童个体放在前面,例如"children with learning disability",而不是"learning disabled children",这些细微的变化都凸显了美国残疾人法中"以人为本"的理念以及对残疾人的尊重。1997年的IDEA修正案中,该法中提出要提高对残疾儿童的学业期待,推动残疾儿童在融合性更高的环境中接受教育。1997年修正案整体上变化比较小,而真正作出重大调整的则是2004年的IDEA修正案,该法中涉及了IEP、家庭参与、特殊教育鉴定、转衔等方面,并且进一步提高了对残疾儿童的期待。

另外能够对融合教育产生重要影响的法律是2002年颁布的《不让一个孩子落后法》(NCLB)。NCLB"要求三至八年级的所有学生都要进行阅读和数学的年度测验""每个学校和各类别的儿童都必须达到其所在的州确定的通过率,并且这一通过率将逐渐提高",以达到"2014年以前,让所有儿童精通全部科目,并且由具备资格认证、有较高业务水平的教师来教授各门课程"的目标。所有三至八年级残疾儿童也必须参加各州的标准化评估,依据学生的残疾情况,可以对评估进行相应的符合州规定的调整或者在IEP中制定替代性的目标和评估,但是IEP只是可以选择如何进行每年一次的州评估,而不能选择是否可以进行评估。每个州不仅要求将该州残疾儿童的评估成绩作为一个单独的部分报告,并且要求将残疾儿童的成绩作为总成绩的一部分进行报告。[1]

(二) 英国与融合教育相关的法律与政策分析

1.《沃诺克报告》

英国《1944年教育法》规定儿童的教育应该建立在他们的年龄、天资和能

---

[1] William L. Heward. 特殊需要儿童教育导论[M]. 肖非, 译. 北京:中国轻工业出版社, 2007:32.

力的基础之上,并由此划分了 11 类缺陷儿童,这些儿童在当时被描述为"在教育上异常的"(educational subnormal)。《1944 年教育法》是建立在当时流行的教育哲学基础之上的,即孩子应该适应学校而不是学校应该适应孩子,在这种教育理念之下,残疾儿童主要在隔离式特殊教育中接受教育。20 世纪 60 年代,在"一体化"与"去机构化运动"的影响下,1973 年,以沃诺克(Warnock)夫人为主席的沃诺克委员会对英格兰、苏格兰和威尔士为生理或心理能力丧失的儿童与青少年提供的教育进行了考察,于 1978 年发表了《关于残疾儿童及青少年的教育报告》,即《沃诺克报告》。其内容包括特殊教育的范围、鉴定和评估制度、普通学校中的特殊教育、特殊学校中的特殊教育、5 岁以下儿童的特殊教育和转衔制度等内容,该报告对英国的融合教育有着深远的影响。其中与融合教育最为密切的包括以下几点。

(1) 首次明确地提出了"特殊教育需要"(Special Educational Needs:SEN)的概念。《沃诺克报告》指出:如果儿童在学龄阶段具有相较于同龄儿童来说非常显著的学习困难,或者具有阻碍他们像正常儿童一样学习的残疾因而需要特殊教育,即称为特殊教育需要儿童。因此,"特殊教育需要"既包括轻微、暂时性的学习困难,也包括严重的、永久性的残疾。如果说"缺陷"和"残疾"是静态的概念,表示个体身体或心理方面不可逆转的异常,"特殊教育需要"则是一个动态的概念,表明学生在成长与发展过程中的不同阶段可能有不同的教育需要。"特殊教育需要"远远超出了传统的以病理学为基础的残疾分类、诊断,它完全从教育的视角审视儿童的需要,"学习困难"取代了"缺陷"与"残疾",每个儿童都有可能在发展的某个阶段遭遇学习困难因而具有特殊教育需要。

(2) 支持"一体化教育"。报告关注在实践中如何改变现有的教育体系以期尽可能地实现"一体化"的教育,而不是争论各自的利弊;提出特殊教育的目的是让特殊儿童能够独立参与社会生活,提高生活质量。一体化的教育和成长环境,有利于特殊儿童的个性和社会行为的发展,为以后融入社会生活打下基础。关于融合教育的分类和形式,由于摒弃了传统的、基于医学的残疾分类方法,特殊需要儿童的人数大幅增加,类型与困难程度更加复杂化。沃诺克提出了多样的、弹性的融合教育以满足每位特殊儿童的个体教育需要,认为在大多数特殊儿童回归普通学校的情况下,保留部分特殊学校是满足少数特殊需要儿童独特学习需要的必要选择。

报告中提出,在当前学校中有 20% 的学生有特殊教育需要,但仅有 2% 的学生所需要的支持是一般普通学校所不能满足的。沃诺克建议应该为这 2% 的学生提供专业的特殊服务以确保他们能得到恰当的教育。

2.《沃诺克报告》以后的特殊教育政策

《1981 年教育法》接受了《沃诺克报告》的意见,取消了以传统的分类方式为基础提供特殊教育服务的方式,引入了对特殊教育需要的评估与鉴定以及相关教育服务措施。

《1988 年教育改革法》的内容主要体现在通过考试将市场竞争机制引入到教育体制中和统一国家课程削弱地方对教育的管理权。这一"准市场"的教育体制对特殊教育和特殊儿童带来了消极影响,主要表现在以下两个方面:第一,竞争性的考试体制不利于融合教育。普通学校顾及自己在国家考试中的表现,并不欢迎特殊儿童就读。"工具主义"这一与特殊儿童及其家长的需要、选择相反的价值取向在市场竞争的环境下使特殊儿童及其家长的利益被边缘化。[1] 第二,国家标准化测试将特殊儿童置于不利的地位。这类考试规定了统一的形式,让某些特殊儿童陷入不利的处境。虽然在之后的实践中,考试的准入形式不断发展以满足特殊儿童的需要,例如更大字体的试卷等,但由于其最重要的一点,即考试的内容是以国家课程为基础的,不包括某些特殊儿童真正需要的并且学习的课程,统一的国家考试对特殊儿童还是不利的。[2]

《1993 年教育法》和 1994 年《特殊教育需要鉴定与评估实施细则》。《1993 年教育法》明确规定地方教育当局必须在主流教育的环境中对特殊教育需要儿童提供与非特殊教育需要儿童一起的教育机会。"实施细则"核心的内容就是关于鉴定和评估程序的规定,将鉴定和评估的阶段依学生需求的复杂程度分成下列五个阶段:(1) 普通班教师界定学生特殊教育需求并且在与校内特教协调员咨询后采取行动;(2) 特教协调员负责管理学生的特殊教育需求,与班级老师

---

[1] Barley, C., Woods, P. School Choice, Markets and Special Education Needs[J]. Disability and Society,1998,13(5):763-783.

[2] Mittler, P. Education Pupils with Intellectual Disabilities in England: Thirty Years On[J]. International Journal of Disability, Development and Education,2002,49(2):145-160.

合作；(3)由校外的专家来支援普通班教师和特教协调员；(4)由地方教育当局考量进行法定评估的必要性，如果需要的话则进行跨学科的专业评估；(5)由地方教育当局考量书面说明的必要性，如果需要的话，就要拟定书面说明，并安排、监督、检视所提供的服务。[①] 实施细则详细规定了地方教育当局、学校和"特殊教育协调员"等相关人员的职责，并且提供了相关人员的合作模式。

1997年《特殊教育绿皮书》[Excellence for all Children Meeting Special Educational Needs(Green Paper)]。该文件重申政府的政策是提高所有学生的教育标准，包括有特殊教育需要的学生。《特殊教育绿皮书》的核心目标是为特殊儿童提供平等的教育机会和卓越的特殊教育服务，其内容倾向于将在普通学校就读当做融合教育的核心内容，忽略了在特殊学校就读的学生如果得到恰当的教育也可以实现社会生活中的融合。[②]

根据1994年《特殊教育需要鉴定与评估实施细则》的实施情况和2001年颁布的《特殊教育和残疾人法规》的内容，2002年重新修订了《特殊教育需要实施细则》。其目标是"让特殊儿童的潜能得到最大的发挥，最大限度地融入到学校生活中，成功地实现到成人的过渡"。实施细则的变化主要体现在以下几个方面：(1)更有力地支持融合教育；(2)增加了地方教育当局对特殊儿童的家长必须履行的责任：包括提供咨询和信息，提供解决争端的途径；(3)特殊学校和相关的学前机构对学生提供特殊教育时必须履行告知家长的义务。新的实施细则增加了学生参与、家长参与和与其他机构的合作这三章内容。同时，该实施细则将早期教育作为一章单独列出来，表明对早期教育的重视，并且将早期教育作为融合教育的一部分。规定"所有接受政府资金的学前教育机构，包括各种看护机构必须遵守该手册""实施由政府资助的学前教育项目的机构可以和学校进行合作，让这些机构觉得自己也是整个融合教育的一部分"。

(三) 联合国相关条约与宣言

从融合教育理念的发展来看，联合国的公约与宣言一直都发挥着引导作用。从早期的《人权宣言》(1948)到最近的《全民教育行动框架》(2000)，联合国教科文组织无论是在普通教育还是在特殊教育领域中都始终走在前列，特别是

---

① 林宝贵.特殊教育理论与实务[J].台北：心理出版社，2008：216.
② 林宝贵.特殊教育理论与实务[J].台北：心理出版社，2008：218.

融合教育。彼得斯(Peters)认为,首先,从全球来看,世界各国在为残疾儿童和普通儿童所提供的教育机会之间存在着巨大的差异,如果不进行完全彻底的变革,几乎没有可能实现全民教育的目标;其次,近几十年来,残疾人国际组织一直致力于从国际宣言或条约中维护残疾人利益,对他们而言,联合国从法律上将其缔约国与公约或宣言绑定到了一起,宣言或公约本身就体现了对国际社会的道德权威;第三,长期以来人们一直都认为,通过正式的文本政策来将权利纳入到法律之中并宣布其内容是权利实现的必要条件。①"二战"结束之后联合国的几个重要文件体现了融合教育理念发展的历史和脉络。

联合国于1948年颁布的《人权宣言》(Universal Declaration of Human Rights),在第26款规定"每一个人都有受教育的权利",而且,至少在初级(小学)教育阶段应该受到强制性的、免费的教育。1959年联合国安理会一致通过的《儿童权利公约》(UN Declaration on the Rights of the Child)在第7款里规定:儿童有权接受免费、强制性的教育;第5款则具体规定残疾儿童有权受到适合其残疾条件的特别的待遇、教育与照顾。1971年《联合国智残人士权利宣言》(the United Nations Declaration on the Rights of Mentally Retarded Persons)第2款规定,教育服务是促进智残人士最大限度发展其潜能的必由之路。这些教育与平等的权利随之扩展到所有的残疾人。1975年,联合国颁布的《残疾人权利宣言》(UN Declaration on the Rights of Disabled Persons)第6款主张:教育、训练、康复以及其他服务作为残疾人的权利,能够促进他们潜能与技能的发展,并促进他们"社会融合或再融合"。

这些联合国相关的条约与宣言所反映的价值观与规定的原则为世界各国所遵从,也为各国相关立法提供了法理依据与动力,也推动了残疾人士融入主流学校、社会的进程。例如,1979年,美国法庭在判定学校拒绝一位处于智力落后边缘的、有情绪行为问题的儿童违法的时候就引用了这一条款。

自20世纪80年代中期以来融合教育成为特殊教育领域内讨论最热烈的焦点,融合教育所追求的许多价值目标也成为许多国家制定教育发展方针与政策的理论依据。1989年,联合国再次通过《儿童权利公约》(Convention on the

---

① Peters Susan J. "Education for All?" A Historical Analysis of International Inclusive Education Policy and Individuals with Disabilities[J]. Journal of Disability Policy Studies,2007,18(2):98-108.

Rights of the Child）规定：各国应承认儿童受教育的权利，并且在平等的基础上逐步实现儿童这一权利。其中，第23条规定残疾儿童应接受特殊照顾与康复服务，且这些服务应该在免费、尽最大可能的原则之下来进行以确保残疾儿童接受有效的教育、训练、健康医疗服务、康复服务、职业训练、娱乐休闲的机会，以促使他们最大限度地实现社会融合与个人发展的目标。同时，该公约指出在许多发展中国家，许多儿童受教育的权利还得不到保证。因此，1990年，联合国在泰国宗迪恩举行了世界全民教育大会，提出了全民教育（Education for All）的目标，指出："对所有儿童、青年和成年人进行普及教育，提供均等的机会，如确保女童和妇女以及其他未受教育群体拥有接受基础教育的机会。"由于残疾人、少数民族、贫困儿童、妇女和女童都处于被边缘化、排斥或歧视的艰难处境，为他们提供平等的上学机会与适合他们特点的教育对于实现"全民教育"的目标具有非常重要的意义。显然，融合教育与"全民教育"在追求教育公平与每个人都接受高质量的教育的目标与手段方面完全一致，二者相辅相成。1993年2月，亚太地区特殊教育研讨会在中国哈尔滨召开，会议通过了《哈尔滨宣言》，就实施全民教育、建立融合学习观念等问题形成初步的建议。

1994年，联合国教科文组织在西班牙萨拉曼卡召开了"世界特殊需要教育大会"并发表了《萨拉曼卡宣言》，在宣言中强调，每个儿童都有接受教育的机会，每个人都有独特的教育需要，教育应该满足包括特殊儿童和普通儿童在内的所有儿童的特殊需要，每个有特殊教育需要的儿童能够进入普通学校并同普通儿童一样享有平等的受教育权。具体内容如下。

（1）每一个儿童都有受教育的基本权力，必须给予他实现和保持可接受水平的学习之机会。

（2）每个儿童都有独一无二的个人特点、兴趣、能力和学习需要。

（3）教育体系的设计和教育方案的实施应充分考虑到这些特点与需要的广泛差异。

（4）有特殊教育需要者必须有机会进入普通学校，这些学校应该将他吸收在能满足其需要的、以儿童为中心的教育活动中。

（5）实施此种融合性方针的普通学校，是反对歧视、创造欢迎残疾人的社区、建立融合性社会和实现人人受教育的最有效途径；进而言之，他们为绝大多数的儿童提供了一种有效的教育，提高了整个教育体系的效益，并从根本上改善了教育的成本—效益比。

《萨拉曼卡宣言》正式从国际社会领域中确立了融合教育理念，与联合国之前发布的条约或宣言相比，更加突出残疾的社会学影响以及社会公平与平等的理念。首先，《萨拉曼卡宣言》是建立在这样的假设前提基础之上的，即人类的差异是正常的，相应地，学习必须适应孩子们的需要而不是让孩子们适应预先设定的教学与课程。其次，在残疾的定义上，它更加强调外界环境的不利影响。第三，宣言中进一步宣称，"每个孩子都有独一无二的特点、兴趣、能力和学习需要"，对个体的关注更加强调能力而非缺陷。最后，该宣言超越了以往的以课程教学的准入和平等机会为衡量学校教育平等的指标，它强调政府不仅要为融合教育的发展提供政策和资源，还应该用问责制来评判平等，呼吁国际社会为融合教育的实施提供必要的技术支持和资源以及多部门的合作。因此，维斯利（Vislie）指出，《萨拉曼卡宣言》在全球范围内所确立的融合教育的政策日程，代表着特殊教育从回归主流到融合教育的语言范式的转变。[①]

三、当前与融合教育相关的法律与政策的特点

与融合教育相关的特殊教育立法因为每个国家的法律制度和传统的不同、特殊教育实践不同，其政治和文化制度的影响表现出不同的特征。但是从法律的内容来看，法律内容的发展还是能够在不同程度上体现出融合教育理念的发展过程，其具体表现在以下几个方面。

第一，提供特殊教育的服务年限不断增加，早期干预和转接服务不断完善。特殊教育的目的更加强调为特殊儿童成人后融入到社会做准备。从美国的特殊教育立法来看，法律规定了从为6—17岁的特殊学生提供服务到为0—21岁的特殊群体提供服务，包括早期干预和转衔计划。

第二，去标签化。传统的特殊教育建立在以病理学为基础的鉴定和分类之上，但是自1978年《沃诺克报告》提出"特殊教育需要"这一概念取代传统的分类方法以来，大部分国家的特殊教育的理论和实践都采纳了这一观念。将鉴定

---

① Vislie, L. From integration to inclusion: Focusing global trends and changes in the western European societies[J]. European Journal of Special Needs Education, 2003(18): 17-35.

和评估的重点放在教育需要这一重点上,而不是残疾的类型。

第三,特殊儿童受教育权这一方面,立法实现了从形式的平等到实质的平等这一转变。在特殊教育发展的初期,特殊教育的立法在于保证残疾儿童与其他儿童平等的受教育的权利,而对于是否受到恰当的教育则不是法律的焦点。同样,伴随着"民权运动"和残疾人人权的发展,从法律上规定了最大程度的融合,但是对于在普通学校的特殊儿童受教育的状况却没有规定。伴随着特殊教育实践的发展、家长和相关团体的推动,以及有大量的研究作为支撑,法律的焦点开始从受教育权形式的平等转移到受教育权实质的平等,规定了特殊教育各个环节的程序和权利内容,旨在保障特殊儿童的需要得到最大程度的满足。

第四,从隔离式教育服务体系到融合教育的转变。美国1975年的94-142公法体现了美国回归主流运动的思想成果,成为"残障人士的权利清单"[1],改变了传统的特殊学校与特殊班的隔离安置形态,倡导"零拒绝"的哲学,使残疾儿童从隔离的环境向主流环境过渡,以实现教育平等、社会公正的理想。英国自《沃诺克报告》以来倡导的"特殊教育需要"不仅使狭义的残疾人教育走向真正广义的特殊教育,也使特殊教育成为普通学校再也难以回避的一个问题。它使残疾儿童从被歧视、忽略逐步走向平等接受教育、参与学校与社会生活;从隔离与拒绝逐步走向融合与共享社会物质文明成果。[2]

第二节 融合教育的教师培养

特教要发展,师资须先行。同样要提高融合教育的教育教学质量,培养高质量的师资是关键。当前高等师范院校承担着培养融合教育教师的主要责任,对它们来说,有必要进一步改革教师教育体制,探寻适合融合教育发展方向的教师职前培养体系,提升特殊教育质量,促进融合教育发展。

---

[1] Meyen, E. L., Skrtic, T. Exceptional children and youth [M]. 3rd ed. Denver: Love Publishing Com., 1998:23.

[2] 邓猛,肖非. 特殊教育学科体系探析[J]. 中国特殊教育,2009(6):25-30.

一、融合教育背景下高等师范院校特殊教育师资培养的改革方向

融合教育要求普通教师和特殊教师在高度多样性的融合学校环境中相互合作、协同教学。普通教师掌握特殊教育或融合教育相关知识与技能,特殊教育教师学习普通教育的相关教学方法,成为融合教育教师教育的必然选择。

(一)培养融合教育的普及型人才:让普通教师具备特殊教育技能

普通学校从来就没有、也不可能与特殊教育绝缘。在任何一个自然的班级里,有优秀学生,也有学习困难学生;有正常学生,也可能有残疾学生等;且约有20%左右的学生在他们的学校生涯中可能会经历比较显著的学习困难因而需要特殊教育。每个儿童都有可能在发展的某个阶段遭遇学习困难而具有特殊教育需要,忽视这部分学生的教育理论与实践必然是不完整的教育理论与实践。融合意味着完全接纳,它基于满足所有学生多样化需要的信念,在普通学校适合儿童年龄特征的教育环境里教育所有的儿童;学校应成为每一个儿童获得成功的家园,而非寻找借口排斥残疾或其他处境不利学生的壁垒。融合教育是面向所有学生的教育,关注学生的多样性与独特个性,这种理念以后现代主义的异质平等为目标。[1] 学生的多样性并非教学的负担,相反是教学的资源与优势;多样性的学生能够为班级贡献多元的观点与学习、交往方式,使教师和其他学生获益。这也是1994年在萨拉曼卡召开的世界特殊教育会议确立的融合教育学校的目标:以融合教育为目的的普通学校是消除歧视、创建友好社区、建设融合社会和实现全民教育的最有效手段。[2] 在融合教育中,广大普通教育教师将成为融合教育的主体,每一个教师都可能面临有特殊教育需要的儿童。只有在学生多样性得到尊重与体现的融合教室里,长期以来被忽视的残疾学生、学困生、流动儿童等才能够留得住、学得好。

融合教育的目标就是要彻底告别隔离的、等级制教育体系的影响,使特殊教育与普通教育真正融合成为统一的教育体系。随着融合教育的发展,残疾及

---

[1] Sasso, G. M. The retreat from inquiry and knowledge in special education[J]. Journal of Special Education, 2001, 34 (4), 178-193.

[2] Salend, S. J. Creating inclusive classrooms: effective and reflective practices[M]. 7th ed. New Jersey: Pearson Education Inc., 2011: 7.

其他被边缘化的儿童进入普通班级已成为全球共同的趋势;特殊教育成为普通学校再也难以回避的一个问题。① 有特殊需要的儿童在普通班级能否获得合适的、有效的教育,成为衡量一个国家教育公平实现程度以及社会文明发展水平的重要标准。融合教育政策必须通过教室内的课程与教学活动得以执行,社会与学校的价值观、知识要求需要经过教师的课堂教学传递;培养普通教育教师具备基本的特殊教育观念与技能成为保证融合教育成功的重要因素。

近年来世界各国无不调整对普通师范生的培养目标,更新教师教育内容,培养能够在普通教室里应对学生多样化需求的融合教育教师。例如,与我国同属发展中大国的印度在师资培训普通课程中插入特殊教育相关内容,如在社会与哲学基础课中插入"特殊教育需要儿童与平等教育机会"。② 西方发达国家中,英国的学校不再安排特定的教员和独立的课时开设特殊教育培养课程,而是将教授特殊教育能力的责任分配至每位教员身上,要求他们将特殊教育的知识融入平时的教学中。③ 为实现这一目标,英国教育行政部门采取了对所有教师都进行特殊教育能力培养的方式来推进融合教育的进程。英国在1978年发表的关于《残疾儿童及青少年的教育报告》中即提出,为了保障特殊儿童能够在普通学校获得适当的教育,普通教育教师职前培养中应该加入特殊教育的内容,并应将特殊教育的相关课程作为每一个普通教育教师入职前的必修课程。④ 1981年英国《教育法》正式提出对特殊儿童开展融合教育之后,1984年英国教育部门要求所有希望获得职业资格的教师在入职前都要修读特殊教育课程;英国教师资格委员会只承认那些有特殊教育课程的师资培训机构。⑤

美国于1997年修订的IDEA明确要求:随着残疾学生在普通班级的数量增多,普通教师必须有足够的特殊教育的知识储备,从而减少残疾学生融合教

---

① Rose, R. Confronting obstacles of inclusive education[M]. Routledge:Tayler & Francis Group, 2012:231.
② 赵微.英国培养普通师资具有特教技能[J].中国特殊教育,1998(4):33-36.
③ 刘嘉秋,昝飞.英国普通教育教师职前特殊教育能力的培养与启示[J].外国教育研究,2010(1):81-84.
④ Smith Marilyn C. , Zeichner Kenneth M. Studying teacher education: The report of AERA panel on research and teacher education [M]. Routledge, 2005:533.
⑤ 同上注.

育失败的现象。① 美国于2002年通过的《不让一个孩子落后法》专门就处境不利儿童的教育和提高教师质量进行了明确的规定,要求将融合教育的目标渗透到教师教育的培养目标、课程设置与资格认证之中,并以普通教师和特殊教师合作教学为目标的教师培养方式成为融合教育教师教育的主要实践模式。目前,美国的绝大多数州的教师教育计划中包含着针对残疾儿童教育的课程与实践要求;通过普通教育专业学生选修特殊教育专业各课程或者非特殊教育专业学生选修特殊教育作为第二专业等方式培养具备特殊教育知识和技能的教师。②

(二)培养融合教育的专业化人才:让特殊教育教师具备普通教育能力

融合教育不是仅仅将残疾儿童置于普通教室即可,其成功的关键在于两个紧密相连的要素:(1)普通教师和特殊教育工作者在普通教室的紧密合作与协同教学;(2)特殊儿童所需的相关支持与服务必须顺利地融入普通教室。③ 各类康复、治疗人员与相关设备也进入普通学校共同构成支持与服务体系,这已经成为包括我国在内的各国发展融合教育的基本举措。许多国家的融合教育学校更是配备专门的特殊教育教师,他们以特殊教育协调员、巡回教师、资源教师或者支持教师等角色进入普通班级,协同普通教育教师一起教学与指导,共同承担对包括残疾儿童在内的所有学生的教育责任。④ 在融合学校中,特殊教育教师不仅需要在学生活动、人际交流等方面给学生提供帮助,而且还要在准备上课、课堂教学、辅助医疗、健康教育、班级管理等方面提供辅导和支持,⑤ 促使有特殊需要的儿童融入和参与到课堂教学之中。因此,特殊教育教师需要了解融合环境中学生多样的学习特征,探索普特融合的教学规律;具备基本的普通教育能力,面向所有学生进行教学与辅导。

融合教育实践对传统的特殊教师教育提出了挑战。传统的师范特殊教育

---

① Salend, S. J. Creating inclusive classrooms: Effective and reflective practices[M]. 7th ed. New Jersey: Pearson Education Inc., 2011: 7.

② 范秀辉,申仁洪.美国教师职前融合教育能力的培养与启示[J].外国教育研究,2011(6):61-65.

③ Salend, S. J. Creating inclusive classrooms: Effective and reflective practices[M]. 7th ed. New Jersey: Pearson Education Inc., 2011: 7.

④ Harpell J., Andrews J. W. Administrative leadership in the age of inclusion: promoting best practices and teacher empowerment[J]. The Journal of Educational Thought, 2010, 44(2): 189-210.

⑤ 李聪莉,黄志成.融合学校中的辅助教师[J].全球教育展望,2005(2):6-10.

专业主要为隔离的特殊学校或机构培养教师;融合教育的发展不仅使得隔离的特殊学校逐渐减少,且要求现有的特殊学校转变职能,成为融合教育的资源中心。高等师范院校的特殊教育专业培养目标与方式随之改变;更多地是要培养能够在普通学校里从事特殊教育工作的教师;少数到特殊学校或机构任教的教师,也需要具备对所在学区的融合学校提供专业支持的能力。因此,许多西方国家的师范院校特殊教育专业着重培养具备特殊教育专门知识且能够在普通教室里从事学科教学与合作技能的专业人才。

例如,为了让特殊教育专业学生走上工作岗位后,能够顺利地指导和支持融合班级的特殊儿童,堪萨斯大学教育学院特殊教育专业开设有融合策略与婴幼儿早期干预、小学融合环境中的教学方法等课程。[①] 为了使特殊教育教师具备普通教育学科教学能力,日本高校不仅开设了大量特殊教育类课程,而且也开设了中、小学主要学科课程,其学分仅次于特殊教育类课程,保证了特殊教育教师能在中、小学胜任主要文化课的教学,避免了只懂特殊教育而无法保证文化课教学的尴尬。因此,我国特殊教育专业的培养目标应该顺应融合教育的发展趋势,培养学生既懂得特殊教育知识和技能,又懂得某种文理学科知识,更重要的是懂得如何将以上两类知识用于随班就读环境中的特殊学生和普通学生。

二、我国高等师范院校特殊教育专业改革的对策

改革开放以来,随着南京特殊教育师范学校的成立以及五所部属师范大学开办特殊教育专业,我国特殊教育教师培养逐步走上专业化与多样化的道路,初步形成了中国特殊教育学科规范与教师教育体系。近年来,随着政府对特殊教育重视程度的提高,各级各类高等院校陆续开设特殊教育师范专业,规模不断扩大。但是,我国特殊教育教师与普通教育教师职前培养体系依然相互独立,壁垒森严。现有的教师教育课程体系中没有系统地包含特殊教育的内容,普通学校教师的职前与职后培训都没有系统地包含特殊教育课程,教师资格证书的获得与考核也很少包含特殊教育的知识与技能。即使是科研院所以及高校中的教育研究者,也缺乏特殊教育的基础知识与训练;现有教育学科的本、

---

① 范秀辉,申仁洪. 美国教师职前融合教育能力的培养与启示[J]. 外国教育研究,2011(6):61-65.

硕、博士生等课程也很少包含特殊教育的课程内容,仿佛特殊教育是天外来客,不属于普通教育者应该关注的范畴。① 这与国际融合教育的趋势相违背,也不符合对"教育公平""全民教育"等普世性的价值观的共同追求。因此,高等师范院校特殊教育专业面临改革的重大挑战,需要探索既符合国际融合教育发展理念,同时满足我国特殊教育实际需求的专业培养模式。

(一) 我国高等师范院校要培养特殊教育专业化程度较高的骨干人才

目前,我国高等师范院校特殊教育师资培养仍停留在为盲校、聋校、培智学校等三类特殊学校培养师资的"有限规模"状态,课程设置多以综合化的特殊教育通识人才培养模式为主,即专业不细分,师范生主要掌握特殊教育专业领域的各类知识,但不针对某特定残疾类型进行深入的学习与实践。这种培养模式使毕业生具有较宽广的知识面和广泛的适应性,但专业精细化程度不够,难以承担对特定残疾类型进行专业性质较强的教育教学或者康复训练工作,更不用说满足融合教育发展所要求的支持与指导方面的需求了。

事实上,近年来,随着社会的进步与特殊教育的发展,特殊教育对象范围不断扩大,残疾类型更加分化,情绪/行为障碍、自闭症、学习障碍、注意力缺陷与多动症(ADHD)等新的残疾类型不断出现,这些特殊教育对象的教育与社会适应问题受到前所未有的关注。② 因此,仅仅针对传统盲、聋、弱智三类残疾儿童的教师教育专业设置是范围极其狭窄的培养模式,其通识化的培养使得特殊教育专业人员专业化不足,分工不明确,精细化不够。一系列相关的职业如针对不同残疾类型的特殊教师、管理者、治疗师、康复服务人员等得不到明确的分化,导致特殊教育尚未发展成为成熟的职业/专业体系;也不能满足时代发展与特殊教育范围扩大导致的对更为专业化、高质量的特殊教育与康复服务的需求。③

同时,我国特殊教育学校数量持续增加,对特殊教育专业人才需求日益加剧。2008年,教育部、国家发改委颁布《"十一五"期间中西部地区特殊教育学

---

① 邓猛,周洪宇. 关于制定《特殊教育法》的倡议[J]. 中国特殊教育,2005(7):3-6.
② Villa, R. A., Thousand, J. S. Restructuring for caring and effective education: piecing the puzzle together [M]. Baltimore, Md.: Paul H. Brooks Pub, 2000: 17.
③ 邓猛. 我国特殊教育教师的困境与出路探讨[J]. 现代特殊教育,2009 (9):8-11.

校建设规划（2008 至 2010 年）》，总体规划目标实现后，中西部特殊教育学校数量将由 2006 年的 1012 所增加到近 1500 所，从而实现特殊教育学校基本辐射中西部地区所有地（市、州、盟）和 30 万人口以上县（市、旗），学校结构布局趋于合理。2010 年国家颁布的《国家中长期教育改革和发展规划纲要（2010—2020 年）》提出，到 2020 年，基本实现市（地）和 30 万人口以上、残疾儿童少年较多的县（市）都有一所特殊教育学校。这些政策提出后，我国各个省都加大了对特殊教育学校的建设扶持力度，开办了许多新的特殊教育学校，导致特殊教育教师数量缺口较大。

可见，与西方各国由于融合教育发展导致特殊学校数量减少、传统的隔离式特殊教育机构体系彻底崩溃的情形不同，我国在相当长一段时间内将继续扩建特殊教育学校，为残疾儿童提供高质量教育与康复并为当地融合教育发展提供专业支持与指导。但是，目前我国高等师范院校开设的特殊教育专业数量仍然有限，培养的特殊教育专业的学生人数不足以满足目前特殊教育学校对于专业化教育与康复以及引领、支持融合教育发展的综合化需求。

因此，高等师范院校特殊教育专业数量与规模需要不断增加；培养模式应该在传统的综合与通识教育的基础上，进一步走专业分化的道路。通识教育应逐步增加与不同残疾类型教育康复相关的内容，并扩展对融合教育相关理论与方法的掌握。专业化培养则根据学生的兴趣与社会的需求培养针对不同残疾类型的专业化程度较高的教育康复的骨干人才，能够在特殊教育机构或者学校里从事专业的教育康复工作，并能够为本地区融合教育的发展提供专业的支持与指导。因此，对他们的培养应该遵循以特殊教育为主、以普通教育为辅的方式设置专业课程与实践；在当前中国特殊教育发展背景下，此种培养模式下毕业的学生以特殊教育专业化、精细化为追求目标，主要获取特殊教育教师资格证，普通教育资格并非他们必须的要求。目前我国正在加强特殊教育教师的任职资格标准制定的研究与工作，但我国尚未形成统一的、规范的特殊教育教师资格制度。我国特殊教育教师的任职标准应该从普通教育教师的任职标准中分离出来，建立符合我国实际的特殊教育教师资格认证制度。

（二）我国高等师范院校要培养能够实施融合教育的复合型专门人才

融合教育越来越发展成为与特殊教育平行的、单独的专业体系，经常被合称为"special and inclusive education",因此需要专门的人才来实施融合教育。西方许多高等院校已经尝试进行专业整合,创办融合教育专业,培养系统掌握融合教育环境下应对包括残疾在内的各种需求与拥有差异教学的专门知识和技能的人才。通过此种培养方式的学生毕业时授予两种资格证书,形成"教师资格证书+特殊教育教师资格证书"双证制的融合教师培养模式。[①] 例如,美国纽约州的雪城大学开设有融合小学特殊教育和融合早期儿童特殊教育专业;弗吉尼亚大学柯里教育学院的特殊教育课程中开设有小学特殊教育普通课程和中学特殊教育普通课程等。[②]

随班就读是我国普及残疾少年儿童义务教育的主要策略,超过60%以上的残疾学生在普通学校里与正常儿童在同一环境中接受教育。这一发展模式在20世纪80年代以来几乎所有的特殊教育相关法律、法规中都得到确认与强调。这一事实意味着异质化、多样化已经成为普通学校的事实,普通学校必须通过自身的变革与资源重组,应对学生多样的、个性化的学习与发展需求,促进教育公平与质量目标的实现。2013年,北京市教委、市残联共同组织在全国率先实施"北京中小学融合教育行动计划",在随班就读模式的基础上发展与融合教育理念更加一致的"同班就读",促进融合教育的发展。这也意味着普通学校需要融合教育的专门人才,应对学生多样化需求带来的挑战。[③] 我国高等师范院校应该结合国际融合教育的趋势和我国随班就读发展的现实,积极创造条件,开设融合教育或者随班就读专业,培养具备在普通学校实施特殊教育的复合型专门人才,推进融合教育的发展,促进整体教育体制变革。融合教育复合型人才课程设置应该"特殊教育、普通教育、融合教育"三类知识与技能并重、合理分配,学生毕业时能够获得普通教师和特殊教育教师两种资格证书,具备在普通学校从事资源教师、巡回教师、特殊教育辅导教师等专业性较强职业的能力。目前,我国南京特殊教育职业技术学院开设有初等教育随班就读专业。随着融合教育的发展,更多高等师范院校开设融合教育专业、建立顺应时代发展

---

① 范秀辉,申仁洪. 美国教师职前融合教育能力的培养与启示[J]. 外国教育研究,2011(6):61-65.
② 刘扬,肖非. 试论我国特殊教育师资培养中的几个争议问题[J]. 教师教育研究,2005(7):47-51.
③ 北京中小学融合教育行动计划[EB/OL]. http://www.bdpf.org.cn/zwpd/zcfg/jypxl/c16200/content.html.

的教师教育体系是必然的趋势。

(三) 我国高等师范院校要培养具备基本特殊教育技能的融合教育普及型人才

融合教育以所有的特殊儿童都有权与同龄儿童一起在自然的、正常的环境中生活与学习为前提,要求普通教师担负起教育残疾学生的责任。[1] 几乎所有与融合教育教师相关的研究表明,如果普通教师不具备教育残疾学生的意愿、专业技能与足够的支持,残疾儿童即使被安置于普通教室也会处于被隔离状态。[2] 我国随班就读的发展使越来越多的残疾儿童回归主流学校与教室,仅靠少数的特殊学校教师的支援或者资源教师的工作不足以满足学生多样化需求。我国近三十年来随班就读实践质量不尽如人意的根本原因就是特殊教育专业支持的缺乏以及普通学校教师特殊教育意愿与专业能力的不足。普通学校教师资格证书的获得与考核很少或根本就没有包含特殊教育成分;特殊教育知识与技能长期以来局限于特殊学校的围墙之内,普通学校缺乏特殊教育的知识和人才,这直接影响到随班就读的质量。

随班就读的发展要求普通教育教师具备特殊教育技能。为了适应随班就读的深入开展和融合教育发展的需求,我国在高等师范院校的教师培养课程体系中应该系统、广泛地开设特殊教育知识或学科专业知识的选修课和必修课。各级师范院校、教师培养机构的职前职后教师教育以及各级教育相关的学位、学历教育中应明确地包含特殊教育课程模块,使之成为教师教育中不可缺少的必修课程,而非仅仅停留在可有可无的选修课程的地位。这样才能将特殊教育知识系统地纳入普通教师培养与教师资格考核制度中来,充分地利用教师资格制度加强师资培训机构对师资培训的导向作用,培养具备特殊教育基本知识与技能的融合教育普及型人才。这种人才培养模式课程设置应以"普教为主、特教为辅"的方式进行,学生毕业时获得的是普通教师资格和随班就读资格证书,专业性质较强的特殊教育资质并非其必然要求。在此基础上,我国应尽快将建立随班就读教师任职资格标准的工作提上议事日程,通过国家立法的手段系统地建立起随班就读教师

---

[1] Florian, L. Special or inclusive education: future trends[J]. British Journal of Special Education, 2008, 35 (4): 202-207.

[2] Scott, B. J., Vitale, M. R. & Masten, W. G. Implementing instructional adaptations for students with disabilities in inclusive classrooms[J]. Remedial and Special Education, 1998, 19 (2): 106-119.

任职资格标准体系,实现随班就读教师专业化发展,提高随班就读质量。

三、结论

融合教育的发展丰富了世界各国教育改革的内容,也改变了传统的教师教育体制。融合教育对教师的要求发生了变化,它不仅要求有高质量的特殊教育教师,还要求特殊教育教师具备普通教育能力,更需要普通教育教师具备特殊教育的知识与技能。融合教育要求特殊教育与普通教育的技术和方法相互渗透,共同满足学生多样化的教育需求。[1] 因此,高等师范院校需要转变人才培养观念,要改变以往的特殊教育教师和普通教育教师各行其是的独立培养模式,将特殊教育教师培养与普通教育教师培养紧密地结合起来。高等师范院校要主动适应融合教育发展的趋势和我国特殊教育实际需求,逐步增设特殊教育或融合教育专业及相关课程;现有特殊教育专业课程应包括普通儿童的相关学科内容和教学方法,注重对融合教育环境下具备多样化特征的不同儿童进行差异化教学。这样,才能够建立健全完整的特殊教育师资培养体系,将特殊教育师资培养真正纳入到我国整体的教师教育体系中来,构建完整的、专业化的、符合全民教育与教育公平目标的教师教育体制。

第三节 融合教育中的学校社区合作

一、学校、社区和融合教育

融合教育的发展并不仅仅是学校领域的事情,同时也需要社区的支持与改革。1996年,在萨拉曼卡宣言提出融合教育理念的两年之后,联合国教科文组织(UNESCO)发起了"融合教育学校与社区支持项目"(Inclusive Schools and Community Support Programmes),旨在实现融合教育的目标,促进残疾青少年及成人入学率和教育质量的提高。具体目标包括:政策推进;教师培训;教育支持服务;家长教育;早期教育;意识觉醒;聋人教育;成人教育;过渡到积极生

---

[1] 陈小饮,申仁洪.特殊教育教师专业化标准及发展模式的研究述评[J].中国特殊教育,2008(4):65-69.

活。[①] 1999年召开的第18届亚太地区特殊教育研讨会以"21世纪特殊教育合作—社区网络"为会议主题。会议讨论认为要把所有可利用的资源联系起来,充分发挥社区网络与合作关系的协作、参与、支持作用,并提出:建立具有创新精神的社区工作方式;通过教育者、家长和社区的结合与合作的方式来完成个人计划;通过一起学习公认的成功模式和创造使所有类似儿童受到尊重的环境,形成对有特殊教育需要的儿童的认识、关心、支持和同情。[②] 由此可见,融合教育并不仅仅是学校教育的融合,若如此看待融合教育则是窄化了萨拉曼卡宣言以来融合教育理念的丰富内涵。融合教育的最终目的是为了让残疾人能够参加主流社会生活,与普通人一起平等地工作、学习和生活。融合教育需要残疾人所在社区各种资源的支持,学校教育仅仅只是残疾人融合教育的一部分,他们的生存与发展要更多地依赖于社区、社会的教育和支持。[③]

社区是由居住在某一地方的人们结成多种社会关系和社会群体,从事多种社会活动所构成的社会区域生活共同体。社区成员在生活上、心理上、文化上有一定的相互关联和共同认识。[④] 社区是一个小型社会,人们的日常社会活动大都是在具体的社区内进行,社区是整个社会的缩影。一个社区在其内部必定有某种同质的因素:共同的价值观、历史传统、地域或相互依存的社会关系等。这些共同的特质便是一个社区区别于其他社区的标志,它能使其成员对社区产生强烈的认同感和归属感。[⑤]

社区与学校相比,有着更为复杂的社会关系。社区这一具备较为复杂社会关系的场所,能够与学校的融合教育相互映衬,实现特殊儿童社会融合的目标。社区中存在着亲戚关系、邻里关系、工作关系,还存在着当代信息社会的社交网络关系。这些社会关系的建立能够帮助特殊儿童和家长更好地融合这个小范围的社会系统,为与主流社会相融合提供具体的实现渠道。在社区举办的丰富

---

① UNESCO. Inclusive Schools and Community Support Programmes Report(1996,1997)[EB/OL]. http://unesdoc.unesco.org/images/0011/001176/117625eo.pdf.
② 钱丽霞.21世纪特殊教育合作—社区网络——第18届亚太地区特殊教育研讨会概述[J].中国特殊教育,1999(1):1.
③ 彭兴蓬,邓猛.博弈与融合:社会分层背景下的全纳教育研究[J].外国教育研究,2013(8):45-53.
④ 刘视湘.社区心理学[M].北京:开明出版社,2013:60.
⑤ 雷少波.社区教育资源的开发及其价值思考——改善学校教育的教育社会学分析[J].教育理论与实践,2001(7):8-10.

多彩的活动中,居住于其中的特殊儿童及家庭通过与社区中的个人、家庭、团体接触,增强双方的相互交流、相互理解、相互联系,有利于消除主流社会对特殊儿童由于隔离产生的偏见,为特殊儿童融入主流社会扫除障碍。社区应寻找、整合、充分利用本社区的社会资源,尽可能地为学校教育提供方便,为特殊儿童和普通儿童创造一个可以相互学习、共同成长的校外环境。通过开展丰富多彩的活动,如成长夏令营、学生联谊、社区志愿等活动,让特殊儿童与普通儿童有相互了解和建立友谊的机会。同时,社区向家庭生活提供支持,如提供上学前和放学后的孩子照管服务,以及其他支持家长的服务,如社区通过开办家长学校、举办家庭教育讲座、开展家长教育经验交流会、家长与孩子之间进行交流等形式,这既可以抓好家庭教育指导,也可以让家长交流和沟通,有利于消除普通家长对特殊儿童的偏见和歧视。1997年,美国 IDEA 修正案更强调特殊儿童的家庭—学校—社区的沟通,以及帮助特殊儿童获得非教性服务。学校要改善儿童的学习环境与方式,提倡更多的合作性学习、同伴照顾、个别化以及团队教学,尝试各种各样的教学策略,为教师提供培训与指导。社区中重要团体需要理解学校的教育项目,利用社区的资源帮助儿童更好地参与各项社会活动。[①]

总之,融合教育的实施不仅仅是学校和家庭的责任,而是全社会的责任。社区可以成为学校教育、家庭教育和社区教育之间资源整合的桥梁,改变学校教育、家庭教育和社区教育相互独立、相互隔离的状态。社区可以为主流教育学校实施融合教育提供支持;社区本身可以成为学校实施融合教育的场所和课程资源;社区教育是学校融合教育的重要补充。

二、融合教育学校的社区支持

融合教育的核心理念是:面对学生的多样性,主流学校应该尽力做出改进与功能扩展,以满足不同学生的特殊教育需要。然而,作为一种教育机构,主流学校的改进与功能扩展不可能是无边界的,特殊学生的许多需要无法只靠主流学校就可以满足。另一方面,融合教育能否有效实施不仅仅是技术性的教育方法的问题,它更依赖于广泛的社会文化的接纳与支持,而这种改变无法只是依

---

① 安秋玲.论社会工作在我国特殊儿童教育中的介入[J].中国特殊教育,2009(3):13-16.

靠学校就可以在社会大系统中发挥影响。基于以上的考虑,融合教育的发展需要社区给予支持。①②

(一)宣传融合理念

融合教育可能会遭遇社会文化方面的限制。在有的文化之中可能会比较容易接受特殊儿童在普通学校中就读,而在另一些文化之中却会将特殊儿童排斥在主流教育之外的观点看做是理所当然的。在我国的古老文化中,一直有着助残、同情残疾人的优良传统,但是在漫长的封建社会发展中也产生了对残疾人的许多歧视与偏见。一方面民众有同情、帮助残疾人的传统,另一方面却认为教育残疾人是浪费精力与时间,残疾人被认为没有接受教育的必要或者是只能在隔离特殊教育环境中接受较为简单与低等的教育。社会公众对于残疾人的教育与其他平等权利还不能够完全接受。③ 在这种情况下,融合教育若要取得发展,社区需要帮助宣传融合教育的理念,改变群众观念,形成接纳态度,创设全纳教育的良好社会环境。社会对残疾人持接纳开放的态度,残疾儿童才能够很好地融入主流学校,在更为和谐的文化环境之中接受平等的教育。

(二)社区康复服务

社区康复的本意是指利用当地社区的资源,着重为居住在低收入国家的人们提供康复。如今,社区康复概念包含了一个更广的发展策略,在社区的水平提供康复服务,为社区康复项目划定了一个现实和必须的范围。④ 传统的专业机构内的康复服务可能不适用于对特殊儿童实施融合教育。在融合教育发展以前,特殊儿童的教育与康复都是在隔离教育环境中进行的,有时这两者可能是在同样一个机构同时进行的,有时对特殊儿童的教育是在医疗机构康复过程中的一种辅助手段。而如今,面临的重要挑战是,如果特殊儿童在普通的教育机构中受教育,那么他们就需要在学校和康复机构之间奔波,难以兼顾。目前有研究者提出了"医教结合"的理念并在一些地区实施,这种理念的核心观点是

---

① 杨锦龙.试探全纳教育支持系统的建构[J].福建论坛:社科教育版,2008(S2):131-133.
② 申仁洪.全纳性学习环境的生态化建构[J].中国特殊教育,2004(1):1-4.
③ 邓猛,朱志勇.随班就读与融合教育——中西方特殊教育模式的比较[J].华中师范大学学报:人文社会科学版,2007(4):125-129.
④ 世界卫生组织(WHO).社区康复指南——以社区为基础的康复(教育篇)[EB/OL]. http://whqlibdoc.who.int/publications/2010/9789889887834_health_chi.pdf? ua=1.

将医疗康复的资源从医疗机构转移到学校之中。最开始这种转移是在特殊学校之中,后来逐渐扩展到主流学校领域。然而,这一方法的困难在于,医疗机构的专业人员没有过多的时间到学校中提供康复服务,而学校的教师同样也没有足够的精力和专业资质来完成这一任务。

20世纪初,面对大型福利机构中暴露出的非人性化问题,欧美国家开始不断地进行讨论、批判并积极寻找解决方法,提出了"去机构化"的理念。根据这一理念,专业机构中所提供的康复服务对许多人来说是不必要的和不适用的,而且许多的康复活动是可以在社区开展的。世界卫生组织在1989年出版的手册《在社区中训练残疾人》就是关于如何利用当地的资源在社区举行康复活动的指南。[①] 社区康复服务为融合教育提供了强有力的支持,特殊儿童这样就避免了在学校与医疗机构之间的奔波,又避免了学校承担过多超出教育之外的责任,更为重要的是,社区康复还增加了特殊儿童在社区之中出现的频率,为普通民众接触到他们并接纳他们提供了机会。

(三) 协助筛查

实施融合教育的第一步当然是发现这些特殊儿童,然后对他们进行鉴定并进行合理的安置与设计相应的特殊教育服务。筛查本应是专业机构的事情,但是在这一过程之中,会遇到无法发现适龄特殊儿童的情况。产生这种情况的原因是多方面的,而最主要的原因有两个:一方面是地理方面的阻碍,有些地方地广人稀又交通不便;另一方面是人文方面的阻碍,特殊儿童的家长受到传统观念的影响,认为"家丑不可外扬""残疾儿童接受教育没有用"。在这种情况下,要想将散居山野的特殊儿童逐个寻找出来,社区就需要承担"发现"适龄特殊儿童的任务。社区依靠广泛的社会关系网络,动员社会力量(主要是当地的群众、教师、学生)来提供线索。他们熟悉本地的情况,会通过许多非正式的渠道发现特殊儿童的线索,之后,当地行政组织、教师和社区负责人对残疾儿童进行初步的筛查。然后,专业鉴定人员对这些初步筛查的儿童进行全面的检查与诊断。[②] 通过这样的方式,就可以将那些需要接受融合教育的特殊儿童寻找出来。

---

① WHO. Training in the community for people with disabilities[EB/OL]. www.who.int/disabilities/publications/cbr/training/en/index.html.

② 邓猛. 金钥匙视障教育:理论与实践[M]. 北京:教育科学出版社,2008:174.

(四) 职业转衔服务

残疾学生在接受了中等教育之后,有一部分学生会继续接受高等教育,而对于大多数的残疾学生而言,参加就业是主要选择。在从学校走向就业这一阶段,对残疾人提供的一系列指导与帮助就是职业转衔服务(transition service),这种服务近年来逐渐引起人们重视。当然,这种服务可以由学校来提供,但同时也需要社区来介入,社区可以为残疾人提供职业训练的场所和更具实践意义的指导。社区的就业指导可以通过以下途径来实施:一方面利用社区中丰富实践资源使残疾人得到锻炼的机会,社区教育具有学校没有的实践条件。残疾人通过社区教育机构的联系,进入工厂或企业实习,应用学校学习内容培养职业态度为将来步入社会打下基础。另一方面,工厂、企业、单位通过残疾人的实习活动,了解他们的实践能力,才能从根本上消除歧视态度,变被动接受政府安置为主动接纳残疾人,并营造平等自强自立的良好氛围。[①]

(五) 提供资源支持

特殊儿童在普通学校接受教育,需要普通学校提供多样的个别化的教育服务,以满足这些儿童多样化的教育需求,这些服务的实施需要投入大量的人力与物力。除了需要政府的资金支持之外,许多地方需要自己筹措资金来发展特殊教育。社区内存在着一些企事业单位、基金会、非政府组织,社区可以通过自己的区位优势来协调这些资源以加大对融合教育的投入。1993年颁发的《中国教育改革和发展纲要》指出:"支持和鼓励中小学同附近的企事业单位、街道或村民委员会建立社区教育组织,吸引社会各界支持学校建设,参与学校管理,优化育人环境,探索出符合中小学特点的教育与社会结合的形式。"另一方面,社区内还存在许多闲置的人力资源,这些人可能是志愿者、离退休人员或者专业人士,他们可以为融合教育提供自己的知识与精力,成为教学辅助人员。

总之,融合教育作为一个系统性的工程,需要对整个社会进行全面的改造。融合教育的实现不能仅仅依靠主流学校的力量,社区由于具有资源整合的能力和全方面的功能,可以在各个方面对融合教育的实施提供强有力的支持。

---

① 肖艳.关于社区教育在特殊教育中作用的思考[J].中国特殊教育,2004(9):13-16.

三、特殊学校的社区化融合教育

残疾人的社会融合除了依靠融合教育之外,还需要通过社区融合来加以配合。残疾人通过对社区生活的平等、全面的参与能够减少社会对残疾人隔离造成的歧视与排斥。虽然,融合教育从根本上反对隔离的特殊教育学校的形式,但是对许多发展中国家来说,特殊教育学校依然是残疾儿童可以获得教育机会与教育资源的现实可见的途径。融合教育理论家布思和艾因斯科认为,融合教育分为三个层次:物理空间的融合、社会性的融合和课程的融合。[①] 如果拥有足够的变通精神,即便是在特殊教育的形式之下依然可以提供满足以上三个层次中全部或某个层次融合的机会。

近年来,在我国发展出一种在特殊学校内实施的社区化的支持性融合教育模式。这种教育模式转变缺陷补偿式理论为支持性教育理论,转变隔离式课堂教学为面向社会的开放式融合教育方式,以社区为课堂,以生活为教师,以社区内的公民为辅助教育,开展社会化的融合教育。这种在特殊学校的融合教育是以残疾人"生活质量"为成果导向的特殊教育,借助支持的策略和方法调动各种有效资源来满足残疾儿童的特殊教育需求。对这种教育模式而言,凡是能够满足特殊教育需求的事物,都可以视为特殊教育资源。通过调动这些资源来改善教学条件,增进教育成效,促进学生适应社区,融入社区。[②] 这种教育模式的核心理念包括以下几个方面。[③][④]

第一,建立一个与常人生活质量一致的标准作为教育成效的指标体系和成果目标,从而保障残疾人能够过上与常人一样的常态生活。

第二,课堂教学的社会化,打破隔离特殊教育"以教材为中心,以教师为中心,以课堂为中心"的"围墙式"教育,让残疾人走出校园,走入社区,在社区中获得相应的技能。传统的课堂教学是在学校教室内进行的,而对于特殊学生而言,课堂的教学情境下形成的知识无法适应复杂的社区生活环境。残疾儿童的

---

① Booth,T.,Ainscow,M. From them to us: An international study of inclusion in education[M]. London: Routledge,1998:2-7.
② 许家成.特殊教育社区化:理想与现实的结合点[J].现代特殊教育,2006(4):4-6.
③ 许家成.社区化:中国特殊教育改革的突破口[J].现代特殊教育,2012(1):14-17.
④ 刘佳芬.培智学校社区化教学模式的实践探索[J].现代特殊教育,2012(1):8-11.

社区化教育能够帮助残疾人提高其社会适应能力,具有学校教育、家庭教育不具备的优势。[①] 残疾人对社会环境的适应受到学校、家庭、社区多种外界因素影响。目前学校没有专门设置课程对他们进行社会适应教育,很少组织活动或讲座来讲授社会适应内容。[②] 残疾人通过在社区中活动,能够掌握更为实用的社会交往技能,同时也让社区中的成员通过接触到残疾人获得与残疾人相处的经验。课堂教学社区化是指在社会大背景下开展教育教学活动,通过对课程的改革,教学内容和方法的创新,在社区中实施生态化课程。一方面,把课堂延伸到学生生活的社区中,把原来的小课堂拓展成社会大课堂,在生活中学习,在学习中发展。另一方面,丰富课堂的内涵,充分体验正常人现代生活内容和方式,使特殊学生在教育中获得尊重,在情感、态度、价值观等方面有新的发展。[③]

第三,为残疾人营建无障碍环境,让残疾人融入普通学校和常态的社区环境。一方面要创设物理环境无障碍,让残疾人有机会无障碍地进入社区的任何一个角落之中,增加他们与社区其他成员接触交流的机会;另一方面要在社区内创造接纳与平等的人文环境,在这个环境中,没有公开的歧视和隐蔽的歧视,人们乐意为残疾人提供各种合理生活、学习和交往等方面的便利。

第四,对残疾儿童保持较高的期待,重视残疾人内在的需求与梦想。传统的特殊教育是基于残疾人能力受限的假设之上,课程的设置是依照残疾人能力的程度而相应的简单化。这种方式造成了对残疾人的低期待,残疾人接受的是残缺的教育。而新模式的教育强调对残疾人教育需要提供支持性的课程,这种课程的设置不以残疾人的能力受限为假设,而是以残疾人内心需求与梦想为导向。

第五,调动资源,建立社会支持体系,增进残疾人的独立性、生产性、参与性,最终提升残疾人的满足感和幸福指数。残疾儿童的社会化教育不仅需要特殊学校教学理念与方法的转变,而且更需要社会为特殊儿童提供学校的场所与机会。这就需要学校联合地方教育机构整合社区的资源为特殊教育教学提供

---

① 肖艳.关于社区教育在特殊教育中作用的思考[J].中国特殊教育,2004(9):13-16.
② 张宁生.听力残疾儿童心理与教育[M].大连:辽宁师范大学出版社,2002:196.
③ 王爱民,刘佳芬.培智学校教学的重构——基于"达敏学校课堂教学在社区"的实践研究[J].现代特殊教育,2010(7,8):57-61.

支持。例如,宁波达敏学校就成立了开始联络各方人士组织建立"特殊教育协作理事会",并选举出理事长、秘书长等,制定章程、工作计划。特殊教育协作理事会拥有上千位理事与上百家理事单位,真正为特殊教育顺利开展社区化教学提供了物质与人文环境,社区中齐备的设施成为了特殊教育的无限资源。①

综上所述,社会化的支持性教育是在传统特殊教育学校形式下开展的特殊教育。这种教育模式由于需要将封闭的校园环境打开,让特殊儿童更多地接触社会,因此对社区资源的依赖比起普通学校更为强烈。

四、社区教育:学校融合教育的补充

教育是一项培养人的社会实践活动,如果从这个意义上来讲,只要是有意识地促进了人的发展,那么就应该称为是教育,因此,教育的含义要远远超过学校教育的范围。教育是从人一出生就开始了,教育可以分为正式的学校教育和各种非正式的教育。一般来说,"正式的教育"是指发生在认可的组织机构中,比如,中小学、学院、大学,经常可取得资格认可和证书;"非正规的教育"是指正式教育系统以外机构所组织的教育活动;"非正式的教育"是指整个一生中来自于家庭、朋友和社区的所有学习,这种学习与正式学习和非正规学习不同,是没有经过组织的。② 人的教育离不开学校、家庭、社会,单靠学校和家庭的力量不足以教育好学生,社区的力量也相当重要,学校应清楚地认识到:教育是社区的一项重要职能,是培养学生的重要途径。③ 因此,我们可以说,社区不只是作为支持学校融合教育的支持系统而存在,其本身就是实施融合教育的重要场所。

(一) 社区提供家庭支持

社区根据家长的具体需求提供个性化家庭支持。研究发现,特殊儿童的家庭需要一些特殊的服务,如喘息服务(Respite Care Service)、情绪支持、咨询服务等。④ 许多特殊儿童家长认为最可信以及最鼓舞人心的是相似家庭带给他

---

① 徐德荣. 特殊教育社会支持系统的建立和运作[J]. 现代特殊教育,2012(1):11-13.
② 世界卫生组织(WHO). 社区康复指南——以社区为基础的康复(教育篇)[EB/OL]. http://whqlibdoc.who.int/publications/2010/9789889887834_education_chi.pdf?ua=1.
③ 张萍. 促进学校教育与社区教育相结合[J]. 中国教育学刊,2009(5):46-48.
④ Christopher G. Petr, David D. Barney. Reasonable efforts for children with disabilities: the parents' perspective[J]. Social Work,1993(3):247-254.

们的启示,他们希望了解其他特殊儿童的家庭是如何做的。因此,社区可以开展一些针对特殊儿童家长的小组工作,使他们在与其他面临相似问题的父母的互动中,获得非正式的支持。社区还可以组织专业人士为父母提供咨询与培训,给父母提供孩子发展的资料,帮助父母理解孩子的特殊需要,帮助父母获得教育和训练孩子的技能。[1]

社区可以为家庭提供各种社会融合机会。例如:游戏小组、日间中心、母亲和儿童团体的自助托儿所。通过一些简单活动促进他们在社区开展残疾儿童的融合教育,如:支持家庭带子女进行郊游、购物以便融入社会;鼓励家庭让孩子在房子外面玩耍,如有必要可给予特别坐具或辅助设备以作支持,社区也可以帮助制作这些器具;鼓励与非残疾儿童一起玩,促进邻里之间以及兄弟姐妹之间的相互学习。[2]

(二) 社区提供职业与技能教育

在学校的系统之外,社区可以提供非正式的教育。这些教育虽然不能代替正式的教育,但却是学校教育的重要补充。这种教育形式范围广泛,从以家庭为基础的活动到政府计划和社区活动,从完善的机构举办的被认可的课程教学,到少量资金运转的地方机构举办的课程。社区可以为残疾人提供培训服务以促进他们劳动技能的发展。例如浙江省慈溪市有一个残疾人无失业社区,该社区通过设立爱心服务站,为残疾人免费提供技能培训,定期邀请农技人员上门指导种养技术,提高劳动技能并实现了1.8万残疾人就业。[3] 在社区大学可以开办社会交往课程,以提高残疾人主动交往能力。为残疾青年开设的社会交往课程包括四个方面:一是增加和选择适当的社交技能;二是加强谈话技能的训练;三是通过培养亲社会交往行为(pro-social communicative behaviors)而减少不适当的行为;四是社会性技能的培训。[4]

---

[1] Sandra Altshuler,Sandra Kropels. Advocating in schools for children with disabilities:what's new with IDEA? [J]. Social Work,2008(3):320-329.

[2] 世界卫生组织(WHO). 社区康复指南——以社区为基础的康复(教育篇)[EB/OL]. http://whqlibdoc.who.int/publications/2010/9789889887834_education_chi.pdf? ua=1.

[3] 陈利群. 浙江省慈溪市残协争创残疾人无失业社区[J]. 中国残疾人,2004(12):21.

[4] Morgen Alwell & Brian Cobb. Social and communicative interventions and transition outcomes for youth with disabilities[J]. Career Development for Exceptional Individuals,2009(32):94.

(三) 社区开展终身学习

《残疾人权利公约》第二十四条指出:"为了在不受歧视和机会均等的情况下实现这一权利,缔约国应当确保在各级教育实行融合教育制度和终生学习。"由欧洲终身学习促进会提出并经罗马会议同意的终身学习的定义是:"终身学习是通过一个不断的支持过程来发挥人类的潜能,它激励并使人们有权力去获得他们终身所需要的全部知识、价值、技能与理解,并在任何任务、情况和环境中有信心、有创造性和愉快地应用它们。"①终生学习机会的种类包括:成人教育(包括技术和正式工作资格的获得);继续教育(包括正式教育机构提供的学分或非学分课程);专业发展(包括通常由雇主提供的在职培训中学习工作技能);自主学习(个人学习环境,包括图书馆和网络等各种学习资源和手段)扫盲班;开放式学校;各种机构提供的技能训练;自助小组和家长组织的为少数群体提供的学习机会。②

总之,融合教育的开展要延伸至社区领域,社区作为学校教育的补充可以满足残疾人更广泛的教育需要。社区教育比正式教育体系更加灵活、有针对性、易于开展,因为正规学校教育的改变是系统性的,过于刻板,难以短时间内做出变化与回应。但是社区教育也仅仅是一种学校教育的补充,让残疾儿童进入主流学校与普通儿童一起接受融合教育,是实现平等教育权利的根本途径。

第四节 融合教育支持性环境建设

融合教育发展到今天,已经不仅仅是转变特殊学生的存在空间,而更多地是为全体学生提供"有绩效责任的服务",这种服务是负责任的融合。要实现这种融合,除了政策的调整、课程的重构以及教师能力的提升外,还包括支持性环境的建设。阿姆斯特朗提出:特殊教育正在从"缺陷模式"转化为"成长模式",强调特殊学生只是部分能力的限制,而不是全面的损伤;如果能够提供其所需

---

① 刘凤红. 以成人终生学习为导向的课程开发[J]. 继续教育与人事,2003(3):14-16.
② 世界卫生组织(WHO). 社区康复指南——以社区为基础的康复(教育篇)[EB/OL]. http://whqlibdoc.who.int/publications/2010/9789889887834_education_chi.pdf?ua=1.

要的支持服务,他们是可以成长的。① 而为了实现这种成长,提供的支持服务并不是把特殊学生抽离出来单独给予特殊支持服务,而是在普通班级中提供服务,也就是融入式的服务。这种融入式的服务包括融合教室物理环境和心理生态的调整,通过运用辅助性科技,促进全体学生对个别差异的理解,进而实现学生的有效融合,并切实满足学生需求。

一、物理环境的调整

物理环境的调整是指学校根据特殊学生的需求,建立或改善整体性的设施设备,营造无障碍校园环境,使特殊学生对校园设施和设备均能达到可到达、可进入、可使用的程度。特殊学生进入融合班后,最终目标就是希望他们能"融合于班级中",奥汉隆(O'Hanlon)曾表示:融合教育的实施应该让学生在其班级中,达到物理、社会和功能的融合。② 物理的融合是指学生能够顺利地进入班级上课,这是融合教育的最低标准,也是首要条件。例如,肢体障碍或视觉障碍的学生借由辅助性科技、校园无障碍环境设施的规划,以及相关工具的提供,可以相对自由地进入普通班接受教育。社会的融合是指特殊学生能够被班级中其他同学所接纳,并能与他们产生正向的沟通和互动。功能的融合是指特殊学生在班级中能够学习,其功能表现能够得到最大的发挥。

特殊学生的障碍本身即并非全有或全无的状态,它是相对于环境而言的,如果环境没有任何障碍,并且提供协助,即使个体有身心障碍,也不会变成"残障",他仍然可以行动自如,便捷地运用空间。因此,校园的无障碍物理环境是特殊学生能够参与各项教学活动的重要条件,也是融合教育能够成功实施的基本要素。

根据彼特森和希蒂(Peterson & Hittie)的说法,物理环境的调整包括了两个方面,一个是学校建筑和设施的无障碍,一个是教室空间与设施的无障碍。具体如表 4-1 所示。③

---

① 钮文英.拥抱个别差异的新典范——融合教育[M].台北:心理出版社,2008:21.
② O'Hanlon, C. Special education integration in Europe[M]. London: David Fulton,1993:56.
③ 钮文英.拥抱个别差异的新典范——融合教育[M].台北:心理出版社,2008:305.

表 4-1　无障碍的学校和教室环境设计的层面和内涵

层面	内涵
一、建立无障碍的学校建筑与设施	1. 提供无障碍的学校设施。 2. 学校各地点的出入口容易进出。 3. 便于学生在校园中行动的设计。
二、建立无障碍的教室空间与设施 A. 教室外观和空间运用	1. 教室的位置安排在一楼。 2. 降低教室环境的复杂度，使学生容易取得和使用（例如：书柜的高度须考虑学生的身高和肢体状况）。 3. 增加教室物理环境、设备和器具的安全性，以避免危险与伤害（例如：铺上防滑垫、避免有尖角的器具、餐桌尖角处加上护套）。 4. 教室出入口方便进出。 5. 让学生拥有适当大小的空间，以方便使用辅助性科技和进行活动。 6. 增加学生对教室布置、设备和器具的熟悉度（例如：告诉学生教室的布置情形，若有调整或新的设备加入，也要及时告诉学生）。 7. 考虑学生的需求设计书桌（例如：对于上肢有困难的学生，考虑提供可以调整/旋转的桌子；对于弱视的学生，提供稍微有倾斜的桌子，或是提供书架，使他们不用靠近及弯腰就能看见；还可以在座位上加装台灯，提供额外的光源）。
B. 座位安排	1. 座位安排在教师容易监控与协助的位置。 2. 座位安排在同伴容易协助的位置。 3. 座位安排在不易分心或不易受干扰的位置。 4. 座位安排在靠近黑板的位置。 5. 考虑该生的视野，将座位安排在中间的位置。 6. 座位安排在容易看到教师说话的位置。 7. 座位安排在容易看到教师脸部的位置。 8. 配合学生的身高安排桌椅。 9. 允许该生移动位置，以便认读教师或同学的唇语，或看清楚视觉材料。

续表

C. 环境布置	1. 注意物理环境因素的安排(例如:采光、温度、通风、色彩等因素),以增进学生信息的接收和学习。 2. 减少会让学生产生焦虑不安或其他情绪行为问题的物理环境因素。 3. 减少环境中噪音或诱发分心的刺激,以增进学生的专注力。 4. 提供结构化且多样化的教室环境。 5. 提供回馈的教室环境。 6. 让学生一起参与布置一个整齐、清洁和温馨的环境,并且注入幽默于教室布置中。 7. 教室布置与教学内容、学生需求和兴趣相配合,并且能做弹性调整。 8. 提供能让学生操作和使用、弥补其限制的学习环境。 9. 安排能引起学生兴趣的器材,以供他们在课余时间使用或娱乐。

(一) 建立无障碍的学校建筑与设施

美国 1973 年颁布的《康复法》第 504 条款中明确主张所有残障者,应该在"最少受限制的环境"中接受教育,且得到合理的调整,这些调整包括了物理环境和教学的调整,直至 1990 年的 IDEA 中亦同样规定所有残障者享有参与就业、公众设施、交通、政府机构和大众系统等无障碍环境的权利。[①] 因此,建立无障碍的学校建筑与设施是满足残障者教育需求的基本条件。

当普通学校的环境未能及时调整时,当支持性环境建设未能融入普通学校,特殊学生就会像是"回归主流中的孤岛"而四面受挫。融合教育强调在单一的教育系统中传递教育服务,每位学生在自然融合的环境中与同伴一起学习、生活、工作和游戏,这样才能有助于其适应未来融合的环境。

这种自然融合的环境就包括无障碍的学校建筑与设施,例如,为肢体残障的学生改装厕所、游乐场的设施、学校的进出口等;为视觉障碍的学生铺设盲道等;为听觉障碍的学生设置可视化铃声等。

(二) 建立无障碍的教室空间与设施

建立无障碍的教室空间与设施包括了教室外观和空间运用、座位安排以及环境布置等方面的调整。

---

① 钮文英.拥抱个别差异的新典范——融合教育[M].台北:心理出版社,2008:57.

1. 教室外观和空间运用

教室、楼梯、游戏室等场所，均应考虑无障碍的原则，如教室的出入口均有无障碍通路相连，教室外围或内墙均设有扶手，楼层之间均有坡道可以供特殊学生自由进出等。

教学空间及活动场所规划需符合教学的需要，并做出合理的规划。无论是各楼层的无障碍通道还是各教室与专业教室间的转换都有合理的布置。教室空间的运用上可以借助于结构化环境的安排，将不同内容或功能的教学活动进行清晰明了的功能分区，如小组讨论区、游戏区、个人学习区等，让学生能够准确理解环境和活动之间的关系，更好地融入教学活动。

2. 座位安排

根据不同类型特殊学生的不同需求，座位的安排也有不同。如听觉障碍的学生可能需要特殊的座位安排，若教师采用讲授的方式，他们可能需要坐在教师附近，并且少受声音干扰的座位；或者教师应不时转换在教室讲课的位置，走入学生群中，确保学生即使坐在较远的位置，也有接近教师的机会。对于视觉障碍的学生，也应该以能够清楚接听教师的口头指引为安排原则，并尽量使其座位能够接近写字白板和其他提供学习指导的器材，以减轻视力负荷。同时，座位要有足够大的空间，以便放置所需的学习辅助器，如大字体课本、录音机、立体图表、扩视机或电脑等。对于有注意力障碍的学生，座位的安排应该尽可能避免学生被周围环境事物影响，远离门口以及窗户等，降低环境中可能产生的视觉及听觉刺激。

3. 环境布置

特殊学生首先需要一个相对安全的环境，然后才能接受针对性的教育。所以在环境的设计布置上要充分考虑其安全性。如门窗高度、宽度、开启设计、地面的铺设材料、家具的选择等都应该充分考虑是否存在潜在的危险，应该如何杜绝。

特殊学生需要感受到身心双重安全，舒服的环境、丰富的感官刺激可以帮助他们处于一个良好的心理状态，从而减少问题行为的发生，同时帮助他们从多渠道获取信息，得到经验。例如可以利用家具、地面质地、高低、色彩等不同的材料将活动区域进行有效划分，既可以提供不同的感官刺激，也有利于对不同区域的认知。

另外,井然有序的环境,对学生和教师均有好处。教师可以把书本、作业、教具、玩具等日常学习用具放在一个特定位置,向学生示范怎样正确使用桌椅及储物柜,建立清晰的教室指示和教室秩序,帮助学生轻松掌握,轻松接近。

二、心理环境的营造

布里克(Bricker)表示如果特殊学生只是身在普通班中,随班陪别人上课,并没有真正融入群体中,也未得到引导和介入;他们虽然身体没有被隔离,但实质上已经被隔离了,那就违背了融合的真意。[1]詹尼和斯内尔(Janney & Snell)指出:经营融合班级最重要的在于在学校和班级中形成"融合的文化"[2],融合的文化即鲍尔和布朗(Bauer & Brown)所提出的需要营造一种有"社群感"的班级气氛,是一种对所有学生接纳和关照的社群。[3]

融合教育要营造一个赞扬和欣赏个别差异的环境,而不只是接纳和容忍个别差异。例如重度和多重障碍学生在学习时,可能会做出一些特别或有点可怕的行为,像是发怪声、前后摇晃他们的头等;这些行为一开始都很难被一般学生所理解,而且可能影响彼此间的人际互动。因此,协助一般学生了解他们产生这些行为的原因,可以大大地减少一般学生的恐惧和排斥感。一旦这些行为的原因比较能被理解之后,我们可以教导一般学生协助障碍同伴,以一个较为社会所接受的行为来取代原来的行为。

积极行为支持理论强调,个体的问题行为与其所处的环境存在密切的关系,因此改善个体存在的生态环境将有利于个体良性发展,而这种生态环境则包括了周围环境对特殊学生持积极而支持的态度和行为,与特殊学生建立良好的社会关系,提供一个温暖与鼓励的环境,能够敏感地觉察并满足他们的特殊

---

[1] Bricker, D. The challenge of inclusion[J]. Journal of Early Intervention, 1995,19(3):179-194.
[2] Janney, R. E. & Snell, M. E. How teachers use peer interactions to include students with moderate and severe disabilities in elementary general education classes[J]. Journal of the Association for Persons with Severe Handicaps, 1996, 21(2), 72-80.
[3] Bauer, A. M. & Brown, G. M. Community in inclusive high school. In A. M. Bauer & G. M. Brown (Eds.), Adolescents and inclusion: Transforming secondary schools[M]. Baltimore: Paul H. Brookes, 2001:73-84.

需要,给予选择与控制的机会,增进人际交往与社会关系,同时提供适合其能力和需要的学习与训练机会,促使他们生活形态的正常化,并让他们的潜能发挥到最高的程度。

因此,融合班级中心理环境的营造,也即前面所说的社会融合,不仅指特殊学生能够被班级中其他同学认同,并且能够被其他同学接纳,并产生正向的沟通和互动,体验到群体的归属。

(一)营造认同与接纳的环境

钮文英在《拥抱个别差异的新典范——融合教育》一书中举了这样一个例子:《美女与野兽》电影中,美女刚开始对野兽的外表深感恐惧,但在进一步接触后,她发现野兽内心善良的一面,进而开始喜欢他。[①] 因此她认为,要引导普通学生与特殊学生建立友谊,进而支持和协助特殊学生,须建立在了解和接纳的基础上,包括对于特殊学生各项特质、行为方式、优势以及弱项等各方面的了解。

为了达成普通学生对特殊学生的了解的目的,教师可以通过综合实践活动或班会活动等,安排相应的课程讨论主题,或观看视频媒体等进行知识的传授和分享;另外,教师也可以通过邀请特殊人士或相关照顾者现身说法来进行经验的分享与交流;最后,教师亦可以适当安排"模拟和体验障碍"活动(见表4-2),帮助普通学生能够设身处地地理解特殊学生,学会欣赏他们并接纳他们,并通过这些活动掌握应如何与特殊学生进行良好互动,如何提供协助等。

表4-2 体验障碍活动举例[②]

障碍类型	体验活动
体验和了解视障	1.要学生闭上眼睛翻书至第20页。 2.要学生戴上眼罩走路。
体验和了解听障	要学生戴上耳机借着读唇传话,而读唇时,教师或同学的头如果不停地转动,他们会有什么感受。

---

① 钮文英.拥抱个别差异的新典范——融合教育[M].台北:心理出版社,2008:271.
② 钮文英.拥抱个别差异的新典范——融合教育[M].台北:心理出版社,2008:275.

续表

体验和了解阅读障碍	给学生很难的文章要其阅读。
体验和了解数学障碍	给学生很难的数学题目要其计算。
体验和了解书写障碍	1. 给学生西藏文或阿拉伯文要其抄写。 2. 要学生戴着大手套,使用非惯用手。 3. 把卡片放在额头,在上面写自己的名字。
体验和了解智障	1. 读一段很难的指令,要学生做出指令中要求的动作。 2. 讲一段指令,要学生做出与指令相反的动作。
体验和了解自闭症	1. 让学生戴着耳机,耳机中一直反复说着:要走某一条路线,却被教师和同学要求不能走这条路线。 2. 让学生说出"喜欢别人用什么方式对待自己,不喜欢别人用什么方式对待自己",进而协助他们了解班上的自闭症同学也有其喜欢和不喜欢之处,例如他不喜欢别人的触碰,只是大家的喜恶有些不同。

(二) 营造安全与归属的环境

美国著名社会心理学家马斯洛在1943年提出了五种层次的需求,分别为生理需求、安全需求、爱和归属感、尊重和自我实现五类,依次由较低层次到较高层次排列。而安全包括了身体和心理的安全,它是形成爱和归属感、尊重和自我实现的基础。身体的安全感我们在前面谈到由物理环境的无障碍来实现,那么心理的安全感则需要教师和同伴有意识地营造和谐接纳互助的心理环境。学生在感到被需要和欣赏的情况下,才可能表现出正确的行为。

1. 教师的引领

教师在这个过程中扮演着至关重要的作用。教师对班上的特殊学生秉持积极与接纳的态度,增加学生间互助的学习情境,帮助学生彼此间产生正向的回馈,能够较好地避免敌意和冲突的产生,建立一个心胸开放、互相尊重以及资源共享的环境;若教师对融合不支持,将会影响其他学生对于特殊学生的看法,以及特殊学生对自己的看法。

阿伦森（Aronson）表示学生如果觉得自己受忽视，永远被排斥为圈外人，这种遭忽视和排斥的感觉会使他们陷入混乱困惑、焦虑无助，生活无意义；青少年的烦恼有一大部分源自对于受排斥的恐惧。[①]萨波恩-谢文（Sapon-Shevin）指出：融合意味着我们每一个人都隶属于这个群体中。[②]要实现这种融合，则需要为学生提供参与所有班级活动的机会，使他们感受到自己是这一群体中不可或缺的一部分，即使由于学生存在残障局限，无法独立参与活动，也能够在别人的帮助下，部分参与到集体活动中。当然也可以借由合作学习的模式，让学生为共同目标一起工作。教师应积极提供和巧妙设计特殊学生与普通学生一起合作互动的机会，支持与赞许他们之间建立和谐温馨的人际关系，开展形式多样的交流活动，而不要频繁地因其障碍而给予特权，或剥夺特殊学生与其他学生一起相处和学习的机会。莫克和考夫曼认为在融合班级中，教师必须考虑学生教育的公平性，关注所有学生，并且提供适宜他们的教学，不能忽略能力强的学生，而造成特殊学生被优待隔离的处境。[③]

2. 同伴的支持

要达到物理、社会和功能的融合，普通教师是班级管理的灵魂人物，除了教师外，普通学生也扮演关键性的角色。鲍尔和谢伊（Bauer & Shea）即指出，在普通班级中，为特殊学生建立"自然支持来源"是融合教育成效的要素之一。[④]这种自然支持来源于融合教育中普通学生这个群体，当教师引导普通学生和特殊学生建立了和谐有效的同伴关系后，在教学活动中、生活休闲中均能够发挥同伴支持的作用，帮助特殊学生更好地实现团体的融合。在具体的支持过程中，同伴可以率先掌握特殊学生的独特沟通方式，如图片、手势、动作等，达到较好的沟通互动的目的，而同伴亦可以通过榜样示范、口语提示、身体提示等方式引导普通学生正确地参与到学习和生活情境中，避免特殊学生在寻求互动的过

[①] Goleman, D. Social intelligence: The new science of human relationships [M]. Chicago: Hutchinson, 2006: 38.

[②] Sapon-Shevin, M. Because we can change world: A practical guide to building cooperative, inclusive classroom communities[M]. Needham Heights, MA: Allyn and Bacon, 1999: 4.

[③] Mock, D. R. & Kauffman, J. M. Preparing teachers for full inclusion: Is it possible? [J]. The Teacher Educator, 2002, 37(3): 202-214.

[④] 钮文英. 拥抱个别差异的新典范——融合教育[M]. 台北：心理出版社, 2008: 132.

程中处处碰壁,无人引导,甚至对融合环境产生恐慌。

这种自然支持来源的建立,不仅能够提升特殊学生在融合环境中的安全感和归属感,给予特殊学生足够的心理支持,也能够增加特殊学生与普通学生的互动交流机会,使双方都有机会得到锻炼。为了实现融合的环境,虽然一开始我们是为了某些特殊需求的学生做调整和改变,但后来会发现很多学生也都因此而受益,实现了所有学生共同发展的教育理想。

(三) 营造尊重与自我实现的环境

在马斯洛的需求层次理论里,尊重与自我实现的需求属于较高层次的需求。尊重需求既包括对成就或自我价值的个人感觉,也包括他人对自己的认可与尊重。自我实现的需求则是在前四项需求得到满足后衍生出来的新的需求,如,实现自我、发挥潜能等。在满足融合环境中特殊学生的高层次需求过程中,教师需要引导学生进行两个方面的转变:一是从缺陷模式到赋权模式的转变,二是从被决定到自我决定的转变。

1. 从缺陷模式到赋权模式的转变

融合教育更多地是提供一个机会,让学生学习到每一个人都是有价值的。同时教师应积极努力让学生发掘和欣赏其他人(包括特殊学生)的价值。那么教师首先应该具有正确的信念,应该珍视每个孩子的独特性而不仅仅局限在孩子的障碍。另外,教师应该切实采取行动来提升学生的自我认同。特殊学生由于生理和心理的限制,可能自我概念较低、自我预期不佳,例如有情绪障碍的学生在各方面,尤其在学业上的自尊心及自信心较低,那么教师可以多在课堂上给予正面的鼓励和赞许,这种鼓励和赞许可以是口头赞赏、可以是实物奖励、也可以是减免任务等。但是在这个过程中,教师必须留意只赞许良好的行为表现,而切忌滥用赞赏。为了让学生获得更多成功和发展的机会,教师必须关注每位学生的需求,将教学内容和学生的生活紧密结合在一起,从学生有兴趣的事物切入教学内容、设计教学活动等,以增加学生成功的经验,进一步提升其自我认同。

让学生认识到自我的价值,需要学生参与到班级活动中,并且得到成功的经验,来提升其自我价值感。教师可以让特殊学生作为班级活动的服务者,满足被服务者的需求,同时也促进服务者的自我成长。这是特殊教育从过去缺陷模式到赋权模式的最有效转变。在缺陷模式下，特殊学生被描述为被动的受助者，而非积极的行动者，忽视了特殊学生积极向上的一面；赋权理论认为，任何个体或群体都有能力改善自己的生活，制定自己的生活议程，获得相应的技能，建立自信，能够参与有关自己的问题解决的决策，而不是被动地接受各种安排。

赋权理论认为特殊学生完全有能力实现为他人服务的任务，成为服务的提供者。相关研究表明：服务学习不仅能让特殊学生学习到一些功能性技能、服务的态度和技巧，还是一个可以发挥其优势能力的好方法，并且能够让他们产生团体的归属感，提升其自尊与独立感，实现更有效的融合。[①] 因此，教师在日常教学和活动中，应该鼓励特殊学生参与到教学和管理中，如让特殊学生担任班干部、教师助手等促进其自我价值的发展。

2. 从被决定到自我决定的转变

雅库佩克（Jakupeak）表示，过去的融合教育是以学生的优势和需求作为设计课程的起点，新的思维则增加了了解学生对未来的愿景，提供他们选择和决定课程内容的机会，因此我们要教导他们选择和决定的能力。[②] 这也是赋权理论的另一个方面，让特殊学生有机会自己做抉择与决定，也让学生有自由和受尊重的感觉。教师可以在条件允许的情况下，衡量学生能够承担的责任范围，让他们学习做选择与决定，能够更好地提升融洽的班级气氛，也能够更好地实现学习效果。

菲尔德和霍夫曼（Field & Hoffman）提出了在融合情境中发展特殊学生自我决定的个体模型，强调个体的信念、知识和技能在自我决定发展中的重要性，并建立了自我决定的理论模型。[③] 模型包括发展个体信念、知识和技能的五个基本要素，包括了解自己、评价自己、计划、行动以及经验的结果和学习。前两个主要强调个体内部机制，是自我决定的基础；计划和行动是在这一基础上采取行动所需的技能；而经验的结果和学习可以强化自我决定所需要的技能。因此，整个的教学或学习过程，更应该是以学生为主，以学生为导向的学习，根据

---

① 钮文英.拥抱个别差异的新典范——融合教育[M].台北：心理出版社，2008：315.

② Jakupeak, A. J. School programs for successful inclusion for all students. In J. W. Putnam (Ed.), Cooperative learning and strategies for inclusion: Celebrating diversity in the classroom[M]. Baltimore: Paul H. Brookes, 1998: 203-228.

③ 暴占光，张向葵.促进残疾学生自我决定能力发展的教育策略[J].中国特殊教育，2005(2)：82.

学生的切实需求和实际选择来开展教学活动。

三、辅助性科技的运用

最好的融合教育应该是涵盖了欣赏所有学生、美观的环境、安全的空间、无障碍的建筑、全方位的设计、辅助性科技等。物理环境的无障碍实现了空间的融合,心理环境的营造实现了社会的融合,而辅助性科技则有助于功能融合的实现,有助于特殊学生潜能的发挥。根据美国《辅助科技法》(Assistive Technology Act, 1998),辅助性科技的定义为"任何物品或装备,不论是现成或经过修正的、高科技或低科技的、电子或非电子产品,只要能增加、维持,或改进残障者功能者皆可谓之"[①]。辅助性科技具有增强肌力、耐力和正常动作的学习;预防伤害;减轻照顾者负担;提升学生独立性和功能表现;增加学生自信心等方面的功能。例如采用电脑辅助教学来加强学生概念的学习,或支持学生以其速度来学习;另外电脑也可以成为特殊学生的辅助性科技,像阅读机、盲用电脑打字机、同时转译机等都可以帮助学生提升其学业表现,增加其自信心等。在融合班级中辅助性科技的运用主要包括康复类、移动类、沟通类和学习类这四种类型。

(1) 康复类辅助性科技。康复类辅助性科技主要涉及一些相关的医疗设备,如站立架、血糖计、喷雾器等,在进行融合的过程中,需要考虑到这些设备的衔接和运输,以及相关操作服务的培训等,以保障特殊学生的使用权益。

(2) 移动类辅助性科技。进入融合班级中的特殊学生,教师需要考虑他们在移动上是否需要特殊的设备,如轮椅、助行器以及盲杖等,让学生能够借助辅助性科技,在无障碍的空间中,进行学习活动或学习场所的顺利转换。

(3) 沟通类辅助性科技。帮助学生进行良好沟通,或使用沟通辅具是让特殊学生能够融入普通班级的关键。特殊学生可以借由替代性的沟通辅具,如沟通图卡、微型计算机沟通板、计算机辅助沟通系统等表达需求或希望,进行信息传递,建立社交亲密感。美国辅助沟通系统专家贾尼丝(C. L. Janice)认为沟通类辅助性科技并非为沟通障碍者找到科技的解决方法,而是要使沟通障碍者更

---

① 王晓岚,等.辅助性科技于教室情境中的应用[J].特殊教育季刊,2003(89):9.

有效地从事多样化的沟通互动,提升生活质量。[①]

（4）学习类辅助性科技。学习类辅助性科技涵盖的范围较广,例如电脑学习软件、多媒体平台等都可以作为学习类辅助性科技。电脑游戏能为特殊学生提供互动模式的独立练习机会,教师可以通过电脑鼓励学生参与到教学活动中,通过创设丰富多变的场景让学生在游戏中掌握知识、发展社交等。例如针对注意力缺陷的学生,教师在课堂中可以善用电脑,既可以将电脑作为一种奖赏,也可以借助学习软件或游戏软件,检查学生的能力或进行反复练习,起到巩固新知的作用。

多媒体平台可以较好地呈现多种材料,让沉闷的教室变得有趣,提高学生的学习兴趣,激发潜能。当然在这些辅助科技的使用过程中,教师需要结合教学内容合理安排,避免学生因为只顾有趣而忘记学习其中一些特定的内容和能力。

工欲善其事,必先利其器,好的辅助性科技可以促进教学的效益,保障融合的效果,为特殊学生的有效融合提供支持。但由于在融合班级中,辅助性科技的使用者仅仅是少数的一两个学生,因此还需要考虑到班级中其他教学者和普通学生的感受和需求,更好地平衡各方面的关系,让辅助性科技在融合环境中扮演适当的角色。

四、融合教育的社会支持

（一）建立统一学籍制度,转变二元教育体制,从制度支持来实现融合教育

教育是一项社会公共事业,具有公众性和公益性,所有儿童都有权利接受融合教育,因此,可以运用统一学籍制度来打破二元教育体制。在学籍制度的建立过程中,残疾儿童是否优先选择了普通学校,倘若不是,则需要说明原因,并建立责任问责机制。如果是因为普校的原因,则需要督促普校进行教育改革;如果是因为学费等经济原因,则需要依托教育部门、民政部门等来共同解决;如果是因为自身的残疾原因,则需要医院出具专门的诊断证明;等等。在学籍制度的建立过程中,它可以对每一个残疾儿童的教育状况进行跟踪、反馈、约

[①] 陈强,等.辅助沟通系统及实用技术[M].北京:科学出版社,2011:21.

束以及督促相关部门责任到位。通过内部的教育制度的变革,促使统一教育体制的形成,将特殊教育学校转变为资源中心,与普校进行有效结合,来实现融合教育。

(二)构建融合教育的法律体系,确定残疾人的融合教育权利,从权利支持来实现融合教育

第一,在受教育权的下位设立融合教育权,从融合教育权的内涵、运行机制、教育手段、法律救济等方面进行详细规定,形成融合教育的权利义务体系。第二,要颁布《特殊教育法》,该法律的位阶应该是《教育法》的下位,与《义务教育法》《职业教育法》等单行法律处于同一位阶。在《特殊教育法》的体例设计上,要把融合教育作为一章专门予以规定。与此同时,还要根据实践需要,出台《融合教育条例》,各省市再根据融合教育的环境和条件,出台相应政策。与此同时,在《教育法》《义务教育法》等法律中,要把对残疾人进行融合教育的内容予以增加和修订,这就基本形成了融合教育权的结构框架体系。第三,在融合教育实践过程中,要确立融合教育优先权,以此来推动普通教育体系的改革、社会大众的视角转变、对残疾人的态度的改变等,可以在短期内掀起普通教育和特殊教育的改革,从而真正地推进人权理念下的融合教育。

(三)根据我国经济发展水平状况,开发多种融合教育安置模式,从教育支持来实现融合教育

第一,对于经济发展程度和教育环境较好的地区,例如北京、上海、武汉等地,可以在普通学校设立资源教室、聘请资源教师、能够满足特殊需要的随班就读等,来实现融合教育。第二,对于经济发展程度一般和教育环境一般的地区,则可以充分运用特殊教育学校的资源,建立资源中心,来实现融合教育。《中国残疾人事业"十二五"发展纲要》提出"三十万人口的县应该建立一所特殊教育学校",就是一个很好的实现融合教育的契机。在我国普通教育学校还没有意识到要为融合教育提供各种教育支持的背景之下,要充分运用特殊教育学校的资源。第三,对于边远山区、经济发展落后和教育资源匮乏的地区,展开巡回辅导制,以作为融合教育的有效策略。值得注意的是,该策略不能作为政府不承担融合教育责任的借口,因此,它的适用需要专家组的严格评估。

(四)重点建设普通教育体系的融合教育环境,从环境支持来实现融合教育

第一,在普通教育体系分层推进融合教育。在普通幼儿园、小学、中学,根据地区发展水平,配备资源教师、资源教室、特殊教育班、资源中心等,设置无障碍环境设施,定期举办关爱残疾人的活动等,广泛地接纳残疾儿童,以保障实现残疾儿童的义务教育。在普通高等院校,对于肢残、视障、听障等儿童要尽可能地提供教育机会,不能以残疾为由拒绝其入学。在课程的开设上,要广泛开设盲文、手语等课程,让普通学生积极参与和学习,从而形成良好的融合教育环境。第二,在师范院校开设针对所有学生的融合教育必修或选修课程,让这些未来的教育工作者了解残疾人,培养融合教育的理念,这对于未来开展融合教育工作有着重要的作用。目前,普通教育体系对于残疾人的拒绝,在教师层面,很多是由于对残疾人缺乏了解和没有相关的专业知识,从而对残疾人不知所措。因此,师范院校十分有必要开设融合教育课程。第三,在普通教育体系,从教育管理者到教师,从课程设置到校园环境建设,从活动开展到宣传广播,都要融入对残疾人的关怀和关爱的元素,并由此辐射到社会中去。

(五)以政府购买服务手段为牵引,从政府支持来实现学校和社区的融合教育

政府购买服务,是由政府和乙方签订合同,对第三方进行特定项目的服务,如果完成了合同所规定的内容,政府则对乙方给付报酬。它的服务项目,并不局限于教育领域。目前,香港、上海、深圳等地区开展得较好。第一,由教育部门主导,吸纳大量拥有特殊教育知识的兼职教师和在校研究生,作为对有特殊需要的残疾人进行上门服务的资源储备,对具有严重残疾程度的残疾人进行教育辅导,根据服务时间、残疾种类、内容的难易程度等,由家长签字确认服务效果,从而获得政府给付的劳动报酬。在薪资的给付之外,还可以将提供服务较好的教师纳入其编制,从而形成稳定的政府购买服务教育体制。第二,由民政部门主导,吸纳大量拥有社会工作专业技能的人员进驻社区,对残疾人进行上门服务。它针对社区内所有有特殊需要的人群,例如对有自杀倾向、经济状况窘迫、丧偶、独居老人、残疾人等群体进行服务。服务的内容,并不局限于教育的范畴,它包括康复、生活等各个方面;服务范围较广,从资源整合到帮助服务对象解决实际困难等,具有很强的社会性。第三,以政府购买服务为手段,调动学校、社区和社会的各种资源,积极促进融合教育,尤其是对于因经济问题、残疾程度严重、家庭不支持等原因而引发的无法获得教育的残疾人,是一条很好的融合教育解决路径。

(六) 构建社会支持关系网络,从关系支持来促进融合教育的实现

第一,通过对政府、学校、家庭、亲友和邻里、社区、社团进行融合教育建设,以形成融合教育实现的社会支持主体。第二,通过从政策支持、物质支持、权利支持、情感支持、信息支持等层面进行建设,以形成融合教育实现的社会支持内容。第三,通过对支持主体与残疾人之间、支持主体之间等关系的形成,对支持行为进行有效的评价等,这有利于信息的交换,增强支持的效度,从而形成立体的社会支持网。第四,对残疾人的社会支持,最终是为了调动整个社会的资源,孕育融合教育的文化土壤,让每一个社会成员都纳入其中,为残疾人接受合适的、优质的教育发挥力量,这也有利于增强社会凝聚力,从而实现"对所有有特殊教育需要的人士"提供适当的融合教育。

五、结语

为了实现融合教育的最高目标,让所有学生都因为融合教育而获益,融合教育的发展需要从物理和心理无障碍的层次,逐步朝向课程学习无障碍以及社会互动无障碍的层次迈进。因此融合教育的落实,首先应该从物理环境和心理环境的无障碍着手改变,通过物理环境和心理环境的无障碍建设,借助辅助性科技的运用,构建融合教育的支持性环境,这是实施融合教育的基础建设。只有打好了这一根基才有可能实现课程的融合、学习的融合以及最终社会的融合。

第五章　融合教育理论本土建构

　　从全球范围来看,特殊教育发展有着共性,融合教育的目标及其蕴涵的普世性价值观为各国所承认。但是,各国特殊教育的发展显然有着自己特定的社会文化基础与发展轨迹。融合教育理论与范式是建立在西方社会的政治、经济、文化基础之上的。文艺复兴和启蒙运动以及后来的民权运动奠定了融合教育的社会文化基础;从隔离走向融合与西方社会理论发展是一脉相承的,以人本主义为核心价值观的建构主义以及后现代主义思潮的发展构成融合教育最基本的哲学基础;从隔离到去机构化运动,再到回归主流、融合教育,每一个环节的发展都是建立在对前一运动的继承和批判的基础上的。融合教育是西方特有的社会文化土壤里结出特殊教育理论的果实,是西方社会民主、自由等所谓普世性价值观在教育领域的具体化。

　　从融合教育具体实践来看,尽管很多国家都致力于发展融合教育,但没有一个国家真正实现了高质量的、有效的融合教育。即使在首先倡导融合教育的美国,其效果仍然是值得怀疑的,其结论仍然是"没有结论"。没有一个国家的做法能够为其他国家发展融合教育提供一个标准的蓝本或范例。因此,各个国家需要根据本国的国情探索适合自己的融合教育服务模式,并在此基础上形成本土化的特殊教育理论与学科基础。一方面,融合的理念与目标成为一个全球讨论的热门议题,它以追求社会公平与平等等普世性价值观为基础,为各个国家制定融合教育目标、政策提供了依据与动力。即使在最为贫穷、资源缺乏的国家,融合教育也至少成为使更多处境不利儿童享有学校教育机会的政治宣示或者现实举措。另一方面,各民族或国家具有独特的社会文化体系,对融合教育的理论与实践有着独特的影响,使融合教育在各个国家的本土化成为可能。

　　本章内容从宏观的历史分析以及中西方文化比较的视角出发,对融合教育的本质进行本土化的阐释与分析,对融合教育的本土化理论建构进行初步探索;认为我国特殊教育基础还比较薄弱,理论与实践方式还不够多样化;融合教育并非我国本土文化的自然生成,它是对西方理论与中国国情之间的嫁接、冲撞与融汇,是基于文化嫁接之上的再生成。我国并没有发展后现代主义的社会文化土壤;科学与人文、实证与建构主义之间的冲突与交融也没有西方那么剧烈。建构与后现代主义强调的平等、个性自由、多元等西方的哲学观念在我国没有或很少得到强调。融合教育在我国缺失其生成的文化和哲学基础,这也是目前国内学者对融合的理解存在着各种争论的重要原因。我们应该结合国际特殊教育发展的趋势,尤其是国外融合教育模式的发展经验与教训,对我国特殊教育模式进行思考。正如朴永馨教授指出,国外没有任何一个国家可以为解决中国几百万残疾儿童教育准备好现成的药方;我国特殊教育的发展模式必须建立在我国特有的国情与文化传统之上,对西方的文化传统、教育哲学等应该采取拿来主义的态度,不能照搬。[①] 显然,我国特殊教育的发展模式必须建立在我国特有的国情与文化传统之上,并体现社会主义的政治与教育理念,结合国际融合教育模式的发展经验与教训,对我国特殊教育模式进行思考,探索适合我国国情的融合教育理论与实践模式。

第一节 融合教育理论的社会文化特性与本土化建构

文化是一种社会现象,是人们在长期发展的过程中形成的产物。当代社会学大师安东尼·吉登斯(Anthony Giddens)将文化与社会视为相互依存的概念,认为文化具有粘合社会的功能。他认为,社会中的成员是在共同的文化造就的结构化的社会关系中被组织起来的。如果没有文化,我们便根本不能被称为通常所理解的"人"。我们会失去表达自我的语言,丧失自我的意识,我们的思考与推理能力也会受到限制,因为我们将缺少可以共同分享的文化符号和意义的空间。吉登斯认为文化的基本内容是一些无形的方面,或者说精神的方面,如信仰、观念和价值。因为,对所有的文化而言,其中最重要的内容是限定什么是重要的、值得的和应该的思想观念,即文化价值观。当一个处于文化之

---

① 朴永馨.努力发展有中国特色的特殊教育学科[J].特殊教育研究,1998(1):1-3.

中的人与世界进行互动的过程中,这些抽象的价值观就会为他的行为赋予意义并提供指导。价值观会塑造一个文化成员在其环境中的举止。在不同的文化之中人们共享的价值观念也会有很大的不同。例如美国社会就崇尚个人主义,而日本社会则推崇同质性的集体主义。人的许多行为和习惯都是基于文化价值观念的。例如在一些地区可能如果女孩到了20岁还没有出嫁是可耻的事情,而在另一些地方晚婚则是可以被接受的,这些都与人们所共同分享的价值观有关系。

一、融合教育理论的社会文化特性

特殊教育理论是建立在特定社会的政治、经济、文化基础之上的,当某一社会对"残疾"、平等等观念发生变化时,特殊教育的基本理论与教育形式也会随之变化。① 因此,一方面,融合的理念与目标成为一个全球讨论的热门议题,它以追求社会公平与平等等普世性价值观为基础,为各个国家制定融合的教育目标、政策提供了依据与动力。即使在最为贫穷、资源缺乏的国家,融合教育也至少成为使更多处境不利儿童享有学校教育机会的政治宣示或者现实举措。另一方面,各民族或国家具有独特的社会文化体系对融合教育的理论与实践有着独特的影响,使融合教育在各个国家的本土化成为可能。社会文化特性是指各个国家或者地区所独有的意识形态、政治经济结构、历史传统、文化特质等特征;②回顾融合教育发展历程,我们可以看出其社会文化特性主要表现为以下两点。

(一) 从社会发展的宏观视野来看融合教育

融合教育理论是建立在西方社会的政治、经济、文化基础之上的,有着深厚的文化和社会基础。社会公正、权利平等的理想是一个逐渐实现的过程。从人类追求公正、平等的过程来看,与其说是"天赋人权",倒不如说是社会各阶层、相关群体自己抗争与争取的过程。例如,尽管美国自开国之初便在其宪法里确定了人人平等的原则与公民的自由与民主等基本权利,这些理想与实践却总存

---

① 邓猛,肖非. 融合教育的哲学基础:批判与反思[J]. 教育研究与实验,2008(5):18-23.

② Kauffman, J. M. Commentary: Today's special education and its messages for tomorrow[J]. The Journal of Special Education,1999,32 (4):244-254.

在着矛盾,平等的理想与隔离的现实不断挑起社会矛盾与冲突。平等只局限于白人,黑奴与其他族裔移民备受歧视,以至于在公众场所、交通工具及学校内都是黑人白人分开;而华人也不得在路上挑担子或拥有物业;加利福尼亚州更一度立法不准华人子女入读普通学校;等等。[①] 这些不平等的做法通过民权运动、残疾人以及其他相关团体的游说、法律诉讼、公众舆论等社会运动方才逐步得到克服与改善。融合教育直接起源于美国20世纪50年代以来声势浩大的民权运动(Civil Rights),更远则可以追溯到文艺复兴、法国启蒙运动等西方资本主义发展时期对个人平等、自由、多元选择等的追求的一系列社会运动。[②] 正是这些社会运动孕育了西方所谓以个人自由、社会平等为价值目标的社会文化基础,也为有特殊需要的人士平等、尊严地参与社会生活以及新的特殊教育理念的诞生提供了动力,使传统的对残疾人进行隔离式的教育与服务受到公开的怀疑与挑战,并导致融合教育的诞生。

(二) 从社会科学理论范式变迁的角度来看融合教育

西方的特殊教育实践经历了隔离式特殊教育体制(特殊学校与特殊班)、回归主流、融合教育等阶段。不同阶段的变迁紧扣西方社会科学发展过程中科学与人文、客观与主观、实证与建构(解释)主义之间的对立与转换的脉搏。[③] 建构主义对于社会科学的发展有着深刻影响,且与后现代主义哲学范式相互交织,共同为特殊教育提供了宏观的认识论范式基础。融合的核心价值观念就是平等、个别差异、多元等后现代主义哲学崇尚的基本价值观。带有浓重后现代主义色彩的融合教育理论在特殊教育领域成功地成为垄断式话语,顺利地成为各国特殊教育政策制定、实施的依据与动力。[④]

西方融合教育的发展也是特殊教育理论与实践发展到一定程度的自然产物,是特殊教育发展的共同规律。西方在如何对待残疾人士的问题上经历了从杀

---

① Poon-McBrayer, K. F. & Lian, M. J. Special needs education: children with exceptionalities[M]. Hong Kong: Chinese University Press, 2002: 57.
② 邓猛. 从隔离到融合:对美国特殊教育发展模式变革的思考[J]. 教育研究与实验,1999(4):41-45.
③ Sasso, G. M. The retreat from inquiry and knowledge in special education[J]. Journal of Special Education, 2001, 34 (4): 178-193.
④ 邓猛,肖非. 隔离与融合:特殊教育范式的变迁[J]. 华中师范大学学报:人文社会科学版,2009(4):134-140.

戮到遗弃、忽视、怜悯与过度保护，发展到逐渐接纳，到最大限度地促使残疾人融合进主流社会的发展过程。在西方，特殊儿童首先从完全被拒绝的环境进入到寄宿制学校，然后到特殊学校和特殊班，20世纪70年代以后则普遍到资源教室接受教育并逐步实现回归主流，进而发展到更为彻底的融合教育。这种变化不是一蹴而就的，而是遵循着稳定的、渐进式的原则，从拒绝到接受与安置、从隔离到回归主流、从普通与特殊教育双轨制到整合的教育安置体系，并逐渐走向融合。[①]每一个环节的发展都是建立在对前一运动的继承和批判的基础上的。

可见，西方融合教育理论的生成与发展，是西方特有的社会文化土壤里结出特殊教育理论的果实，也是西方社会民主、自由等所谓普世性价值观在教育领域的具体化。同时，这一过程与西方社会理论范式的发展与变迁一脉相承，也是特殊教育发展规律的自然表现。显然，我国特殊教育的发展模式必须建立在我国特有的国情与文化传统之上，并体现社会主义的政治与教育理念，对西方的文化传统、教育哲学等应该采取拿来主义的态度，不能照搬。我们应该结合国际特殊教育发展的趋势，尤其是融合教育模式的发展经验与教训，对我国特殊教育模式进行思考，探索适合我国国情的融合教育理论与实践模式。

二、融合教育理论的本土化诉求
（一）西方融合教育研究缺乏历史文化的视野

近年来西方关于融合教育的争鸣对于推动融合教育在各国的发展起到了重要的作用，为各国特殊教育工作者的融合教育实践提供了具体指导，为特殊教育专业人员的培养提供了坚实的知识与技能培训的基础。但是，学术界从来就缺乏对于融合教育与社会特别是社会科学发展关系的系统研究，更缺乏对于融合教育哲学理论基础的深入探讨。总的来看，围绕着融合教育的发展进行研究成为20世纪80年代以来西方特殊教育最主要的焦点。西方关于融合教育的研究主要集中于两个层面：一是对于融合教育理论的系统介绍与总结。在这些研究中，研究者对于融合教育的基本概念体系、发展沿革、专门术语及其定义、不同的思想观点与争论以及政策层面的鼓吹与游说等方面进行系统的论述

---

① Reynolds, M. C. An historical perspective: The delivery of special education to mildly disabled and at-risk students[J]. Remedial and Special Education, 1989, 10(6):7-11.

与概括。①② 特别需要强调的是,这些研究中充斥着热情的语言与华丽的修辞,以人权与社会公平等理念为出发点,旨在推动融合教育的发展与深化。二是操作与技术层面,关注的是通过融合教育的理论指导教育各类有特殊教育需要的儿童、改进其学习的效率与生活的质量;强调通过学校重组、变革以及课堂的教学调整改善有特殊教育需要学生学习与学校参与的质量与水平,并建立良好的家校合作及社会支持系统。③④

在诸多融合教育的论著中对于哲学基础的论述仅仅简单停留在人权、多元、平等、个性自由等西方社会长期以来形成的价值观基础的描述与鼓吹的层面,甚少有从人类社会思想与理论发展、社会科学范式发展与变迁的角度对融合教育的基本概念框架与假定进行哲学反思与探索,因此特殊教育理论的匮乏几乎是全球性的。理想主义的思潮下的融合教育充满修辞的夸张,占领了伦理与美好道德的制高点。这也使得融合教育更多地被人们视为一种美好的教育理想与完美的价值追求,而不是一个准确的教育学术语或一种系统的教育理论或思潮。

融合教育的理论仅停留在表层,无论是系统化还是深入的程度都不够,融合教育的本质及历史文化特性没有得到深入的探讨,更缺乏"扎根"于不同文化背景与教育体制的基础上对融合教育进行具有本土化特征的理论生成与发展。这些都可能导致具有强烈西方理想主义色彩的融合教育理论与话语体系在全球特殊教育领域成功地成为垄断式话语,违背融合教育提倡的平等与多元的理想,也不符合各国特殊教育发展的需要。

(二) 我国融合教育的发展需要本土化理论

从全球范围来看,融合教育仍然处于摸索、发展阶段,并没有一成不变的模

---

① Croll, P. & Moses, D. Ideologies and utopias: Education professionals' views of inclusion[J]. European Journal of Special Needs Education, 2000, 15 (1): 1-12.

② Low, C. Point of view: Is inclusivism possible? [J]. European Journal of Special Needs Education, 1997, 12 (1): 71-79.

③ Murphy, E., Grey, I. M., Honan, R. Co-operative learning for students with difficulties in learning: a description of models and guidelines for implementation[J]. British Journal of Special Education, 2005, 32 (3): 157-164.

④ Harpell, J. & Andrews, J. W. Administrative leadership in the age of inclusion: Promoting best practices and teacher empowerment[J]. The Journal of Educational Thought, 2010, 44 (2): 189-210.

式。不同的国家、不同的社会背景下人们对于融合教育的定义、目标、实施途径及其结果都存在着不同的看法。尽管很多国家都致力于发展融合教育,但没有一个国家真正实现了高质量的、有效的融合教育,即使在首先倡导融合教育的美国,融合教育的效果仍然是值得怀疑的,并不能产生令人满意的或适当的效果。[①] 没有一个国家的做法能够为其他国家发展融合教育提供一个标准的蓝本或范例,各个国家需要根据本国的国情探索适合自己的融合教育模式。

中国的特殊教育发展需要中国的特殊教育理论,需要中国特殊教育工作者自己的努力与实践去探索、去发展。朴永馨指出,没有任何一个外国可以为解决中国几百万残疾儿童教育准备好现成的药方,我国特殊教育的发展模式必须建立在我国特有的国情与文化传统之上,对西方的文化传统、教育哲学等应该采取拿来主义的态度。[②] 从本质上来看,融合教育在中国的发展缺少其生成的文化土壤,它是从西方嫁接到我国的一个文化概念。我国并没有如西方那样的融合教育发展的社会文化土壤,融合教育背后的平等、个性自由、多元等西方哲学观念在我国没有或很少得到强调。[③] 目前国内关于融合教育方面的研究,以介绍西方理论、实践以及扩展融合教育项目为主,本土化的理论探索与生成少,深入的反思与批判少,结合各地特有文化特点的分析也不多见。

因此,融合教育在我国缺失其生成的文化和哲学基础,这也是目前国内学者对融合的理解存在着各种争论的重要原因。融合教育并非我国本土文化的自然生成,它是对西方理论与中国国情之间的嫁接、冲撞与融汇,是基于文化嫁接之上的再生成。这种再生成需要"扎根"于中国特有的文化生成与演进的环境,通过对传统的扬弃、对其他优秀文化成果的吸纳,在特定的时代与地域中以"自发的""内在的"方式生成具有本土化特征的融合教育理论。

三、融合教育理论的本土化需要研究什么

从本质上讲,特殊教育不仅是一门具有较强实践性的学科,更是一门理论

[①] Cook, B., Semmel, M. & Gerber, M. Attitudes of principals and special education teachers toward the inclusion of students with mild disabilities[J]. Remedial and Special Education, 1999, 20 (4): 199-207.

[②] 朴永馨. 努力发展有中国特色的特殊教育学科[J]. 特殊教育研究, 1998(1): 1-3.

[③] 邓猛, 朱志勇. 随班就读与融合教育:中西方特殊教育模式的比较[J]. 华中师范大学学报, 2007 (3): 125-130.

缺乏且需要理论建设的学科。特殊教育理论的缺乏需要更多的探索和创新,对融合教育的理论基础与本质特征进行理性的批判性的分析尤为重要。这种分析有助于厘清融合教育的本质,确定融合的历史文化特性,探索适合我国教育实际的特殊教育服务模式,促进教育公平与全民教育目标的实现。从研究的角度出发,融合教育理论本土化建构至少需要加强以下几个方面的研究。

(一) 从社会科学理论与范式角度对融合教育进行哲学思考,奠定融合教育的理论基础

社会科学理论与范式涵盖社会科学与人文学科等多方面理论以及隐含在这些理论背后最基本的信念与假设。社会科学理论是指对社会现象各方面进行解释、预测并影响社会生活与实践的一系列命题或者假设,例如,政治学或者经济学理论就是对现实政治与经济生活系统解释的不同层次的命题与假设体系。社会科学范式是对于知识、社会、认识世界的能力和理由的一系列相互联系的假设或基点,它奠定或引导社会科学研究的方向,决定研究的问题、方法。[1] 因此,"范式"可以在本体论、认识论和方法论三个层面表现出来,分别回答事物存在的真实性问题、知者与被知者之间的关系以及方法论体系的问题,协调人们对世界的看法以及他们的行为方式。[2] 从宏观层面来看,社会科学领域存在着科学主义和人文主义两大基本研究范式。科学与人文的对立与转换导致特殊教育从心理—医学向社会、教育模式的变迁,并为融合教育提供了宏观的认识论范式基础。以人本主义为核心价值观的建构主义以及后现代主义思潮的发展就是融合教育最基本的哲学基础。[3] 从微观层面来说,社会分层、社会冲突、社会学习、社会批判、文化复制、文化演化、生态理论等不同的社会理论与不同学科的理论则直接为融合教育的研究提供不同的理论视野或研究主题。

---

[1] Greene, J. C. & Caracelli, V. J. Defining and describing The paradigm issue in mixed-method evaluation [M] // Advances in mixed-method evaluation: The challenges and benefits of integrating diverse paradigms (pp. 5-19). San Francisco, Calif.: Jossey-Bass, 1997: 17.

[2] 滕星,巴战龙. 从书斋到田野:谈教育研究的人类学范式[J]. 西北师范大学学报:社会科学版,2005(1): 19-22.

[3] Sasso, G. M. The retreat from inquiry and knowledge in special education[J]. Journal of Special Education, 2001, 34 (4): 178-193.

因此,融合教育的理论建设需要跳出特殊教育狭窄的领域和范畴,需要从人类社会思想与理论发展、社会科学范式发展与变迁的角度对融合教育的基本概念框架与假定进行哲学反思与探索,厘清特殊教育这一具体的学科领域背后所秉持的哲学范式、概念框架、价值理念、方法论与实践模式的变化趋势。① 这有别于多数现有论著仅仅立足于人权、多元、社会公平正义等空洞的社会价值观念论述融合教育的状况,也有利于确立特殊教育的学科与方法论基础;也有助于我们了解融合教育发展与西方社会思潮与范式变迁之间的关系。

(二) 从社会文化的宏观视野分析融合教育的本质特征

融合教育具有强烈的社会文化特性。特定的社会、文化、经济等各种要素不仅通过相关人员的态度与信念对融合教育政策执行产生广泛的影响,这些要素还直接对融合教育各个层面的执行直接发挥制约作用。尽管如此,从社会文化的宏观视角对融合教育进行分析与思考的研究却并不多。现有的研究多数从教育或者心理的角度出发,研究融合教育环境下特殊儿童的心理—行为变化或者课堂管理与教学技术,重视干预技术的发展与训练效果的提高,对特定的社会历史文化环境在融合教育中的作用关注不够。② 因此,我们需要从中西方不同的社会文化背景出发,将融合教育与中国特定历史文化背景相联系,从中归纳出生动具体的而非枯燥、抽象的融合教育理论;同时,通过纳入社会批判的视角促进带有浓厚文化气息的融合理论的发展。通过反思与意义的重构探索鲜明的个性化理论;通过人文价值的介入形成人性化的理论;通过纳入社会批判的视角促进带有浓厚文化气息的理论的发展;形成扎根于中国特定文化情景与过程之中的、具有独特性的融合教育的解读与本土化特征的理论。

(三) 从国际比较教育的视角出发探索融合教育的理论

如前所述,融合教育并非我国本土文化的自然生成,它是对西方理论的嫁接、冲撞与融汇,是基于文化嫁接之上的再生成。舶来的回归主流、融合教育被巧妙地"嫁接"在中国文化之上,通过"扎根"的方式生成具有本土化特征的随班

---

① 邓猛,肖非. 隔离与融合:特殊教育范式的变迁. [J]华中师范大学学报:人文社会科学版,2009(4):134-140.

② Kauffman, J. M. Commentary: Today's special education and its messages for tomorrow[J]. The Journal of Special Education, 1999, 32 (4): 244-254.

就读模式。它是在中西方文化交融与冲突的背景下,嫁接到中国文化上重新生长的一个元素,嫁接的过程与效果同样受到中西方文化碰撞的深刻影响。我国随班就读模式既受回归主流或一体化思想等国际特殊教育理论的影响,又考虑了我国的社会文化、经济、教育等实际的条件,兼具国际性和民族性。因此,我们需要关注国际融合教育理论与实践的动态,立足于中西方不同的文化与教育特征,对西方的教育思想应该采取拿来主义的态度,对外来文化精华采取吸纳与扬弃的态度;[①]进行比较与归纳,辨明随班就读与西方融合教育之间的关系,形成具有个性化的融合教育理论,并对我国特殊教育学科发展起到重要的引领作用。

(四)从实证研究的方法着手形成本土化的融合教育模式

特殊教育专业人员在长期的实践过程中虽然没有形成特殊教育学科独特的方法论,却较好地遵循了实证科学研究的精神与传统,社会科学共有的方法论、学术规范与具体的操作技术为特殊教育学科所遵循。哲学思辨与概念演绎的游戏从来就不为特殊教育领域所强调,思辨演绎与主观臆断的所谓理论研究不是特殊教育的传统;经验研究、科学干预构成特殊教育的研究与实践基础。西方学者对融合教育的主要批判就是认为融合教育是一种崇高的道德、伦理上的追求,但缺乏实质性的经验或实证研究的证明与支持。因此,加强融合教育的实证研究与实践探索,成为各国融合教育发展的主要任务。

我国特殊教育研究近年来发展较快,但从方法论的角度看还存在着较多的问题。目前我国特殊教育界对研究方法的重视程度以及运用的规范性都不够,方法论层次反思与讨论不多。现有已经发表的各种论文中,量的研究较多,质的方法运用较为少见;从为数不多的质的研究报告来看,叙述故事与堆砌资料的较多,系统的理论归纳与提升较少;特殊教育的各项量的研究报告中,数据的堆砌较多,利用数据进行推理性的分析、反思与理论探索的较少,本土化理论的生成与扩展更少。[②] 因此,一方面,我们在特殊教育研究中需要继续发扬实证主义的科学研究传统与规范,以问题研究为取向,克服个体经验式和纯哲学思

---

① 朴永馨.努力发展有中国特色的特殊教育学科[J].特殊教育研究,1998(1):1-3.
② 邓猛,苏慧.质的研究范式与特殊教育研究:基于方法论的反思与倡议[J].中国特殊教育,2011(10):3-9.

辨式的两种流弊,使融合教育理论与假设建立在科学经验研究的基础上。① 另一方面,我们要倡议积极转变研究范式,尝试通过行动研究、叙事研究和个案研究等质的方法来丰富融合教育的研究,探索丰富多彩的、具有本土化特征的特殊教育理论与模式。

第二节　宽容:融合教育的历史生成与本土建构

要求社会民主化、教育全民化的美国20世纪50年代的民权运动是融合教育兴起的客观背景,民权运动所倡导的平等、差异与多样性理所当然成为融合教育的核心理念;其中差异是宽容之所以必要的情境条件,承认差异与多样性的宽容是自由和人权的前提,自然成为融合教育生成的社会根基。尽管宽容和融合的内涵、特征、范畴存在差异,但平等原则下的差异对待方式的共性使得宽容和融合具有发展脉络上的因果互动,具有社会实践上的情境共性。宽容的社会有利于融合教育从理念走向现实;融合教育的推行有利于生成对"差异的热爱",而促使宽容真正走入人心,内化于精神。

一、宽容:融合教育的历史生成
(一) 融合教育与宽容的因果互动

房龙在其《宽容》中论述道:"为宽容的斗争直到个性发现以后才开始。在现代最伟大的新发现中,个性发现这一荣誉应归功于希腊人。"②对个性解放的追求是宽容生成与发展的能动要素。因为古希腊是一个泛神论的国土,信奉多种多样的神,所以那时的宽容主要包含有民族、气质、风俗、习惯等,甚至包括宗教信仰。这种状况一直到公元4世纪末,狄奥多西一世开始排斥异教信仰,基督教被正式确立为罗马国教时。由这开始的一千年里,理性受束缚,思想被奴役,最主张宽容的基督教变得最不宽容了,于是有了"十字军东征",有了"宗教法庭",有了"向书开战"等。这种状况直到16世纪的宗教改革运动才得以改变。宗教改革运动是欧洲历史乃至世界历史上的重大事件,人们往往把它同文

---

① 邓猛,肖非. 特殊教育学科体系探析[J]. 中国特殊教育,2009(6): 25-30.
② [美]房龙. 宽容[M]. 马晗,治梅,译. 上海:上海三联书店,2010:14.

艺复兴和启蒙运动一起看做是欧洲从中世纪向近代转变中精神文化层面上的标志。正如房龙所言:文艺复兴在客观上的确为良知的自由、为宽容和更为美好的世界,发出了振聋发聩的狮子吼。① 伏尔泰曾一针见血地提出:"要想在今生幸福安乐,如同我们不幸的本性所能容许的,就是要宽容厚道。"② 事实上此过程的变革是宽容逐渐占据主导的过程,而非从一开始就直接用宽容的方式解决宗教之间的长期冲突;宽容是在与"独断"的不断革命中取得胜利,并最终通过立法得以真正实现,从而有了现代形式。宽容现代形式最明显的表现就是1789年法国的《人权宣言》和1791年《美国宪法修正案》(人权法案),这些都是融合教育能够真正兴起并且迅速得以实施、实现的法律基础。可以说,现代宽容理念的出现历经了从古希腊到中世纪的不断演变,是人们在历史与现实的激荡中逐渐领悟到的如何对待客观差异性的一种智慧结晶。正如迈克尔·沃尔泽(Michael Walzer)在《论宽容》的前言中所写到的"宽容使差异成为可能,而差异使宽容成为必要"③。融合教育告知了教育如何对待差异,宽容教会我们如何在差异的世界中和平共存。

那么,宽容到底是什么呢? 伏尔泰说:"这是人类的特权。我们全部是由弱点和谬误塑造而成的。让我们相互宽容各自的愚蠢,这是大自然的首要法则。"④ 根据《大英百科全书》,对宽容的解释(宽容来源于拉丁文 tolerare):"允许别人有行动和判断的自由,对不同于自己或传统观点的见解能够耐心公正地容忍。"⑤ 宽容的思想发源于宗教仁慈和仁爱的学说。"宽容被理解为一种态度和一种心境,它描述了某些潜在的价值。首先它是一种反映16世纪和17世纪的宗教宽容起源的潜在价值,纯粹是为了和平而顺从地接受了差异性。人们成年累月的互相厮杀,但结果是人瘦马乏,不愿恋战,我们把这种心情称之为宽容。"⑥ 可见宽容最初的表现形式主要是对异教、异端学说和科学的宽容。⑦ 正

---

① [美]房龙.宽容[M].马晗,治梅,译.上海:上海三联书店,2010:14.
② [法]伏尔泰.论宽容[M].蔡鸿滨,译.广州:花城出版社,2007:148.
③ [美]迈克尔·沃尔泽.论宽容[M].袁建华,译.上海:上海人民出版社,2000:85.
④ [法]孔特-斯蓬维尔.小爱大德[M]吴岳添,译.北京:中央编译出版社,2006:179.
⑤ [美]房龙.宽容[M].马晗,治梅,译.上海:上海三联书店,2010:14.
⑥ [美]迈克尔·沃尔泽.论宽容[M].袁建华,译.上海:上海人民出版社,2000:10-11.
⑦ 陈根发.宽容与和谐社会[J].太平洋学报,2008(3):88-93.

如韦伯所言：宗教的理性化是由两个相互关联的过程交织而成的：一方面是巫术因素在宗教中的逐渐消失，另一方面是由文明化的西方人"把世界理解成一个有意义的和谐宇宙并相应调整自己对世界的态度"①，其中的态度就是宽容。由于西方文明进程中宗教对于社会生活的重大作用和调节功能，发端于宗教仁慈和仁爱的宽容历史地成为西方文明的催化剂，成为社会运作的调节剂；因为社会、政治和文化的多元差异是我们时代的一个基本事实，宽容更多的是人类对一种理想生活形式的追求，是寻求不同生活方式之间实现和平的必然条件。因而，现实中的宽容主要有两种含义：一是行为层面的容忍、忍受；二是心理或者说精神层次的容纳。

承认差异与多样性的宽容作为自由和人权的前提或必要条件与融合有着某种天然的联系。融合是在宽容已经成为社会良性运作的基本理念基础上与隔离不断抗争中脱颖而出的。它直接起源于美国20世纪50年代以来的民权运动者提出"分开就是不平等"的口号，要求不同种族、群体平等地参与社会生活，②本就是宽容法则的一种具体体现。民权运动使教育民主化思想得以迅速、广泛传播，其核心是国家公民都应享受平等的教育；促生了200年前兴起于欧洲，却在北美洲得到迅速发展的西方特殊教育历经正常化思想，去机构化运动，回归主流运动后的融合教育的诞生，从隔离到回归主流再到融合本就是宽容理念的最好诠释。而这一切的变迁假若没有源于差异的客观事实的宽容基础，民权运动所倡导的不同种族、不同群体平等地参与社会生活将难以实现，融合教育的理念更是遥遥无期。在民权运动的推动下，不同种族、不同群体平等地参与社会生活时，首要的就是教育平等权的实现，若没有他们平等教育权的争取与实现，无论是教育理念、教育制度、教育体制还是教育模式都难以根本性改变。融合教育的提出是全民教育实现的发展形式，此后逐渐应用到了特殊教育领域，至此，融合教育的提出才真正改变了"特殊教育"与"普通教育"的双轨制教育体系，使得特殊教育的一体化思想获得了实践形式，体现了宽容理念在现实生活中的更深层次的延伸。

差异是宽容和融合提出的一个既成事实和既定情境，而宽容和融合是一种

---

① Weber, M. Wirtschaft und Gesellschaft[J]. Tubingen: J. C. B. Mohr, 1956,1(4): 286.
② 邓猛. 从隔离到融合：对美国特殊教育发展模式变革的思考[J]. 教育研究与实验,1999(4):41-45.

价值取向,在事实与价值连接的中介正是宽容和融合都最为关注的对生命价值的绝对肯定,以尊重个性为前提的宽容的存在自然成为融合教育能够走上历史舞台的社会基础。尽管宽容侧重于社会上的所有人群基本关系的界定,而融合主要侧重于教育如何对待特殊群体,但若没有宽容为基础的社会关系处理的基本准则,又如何谈得上对于特殊群体的教育上的融合。尽管中外思想家对于宽容的概念与外延有着不同的理解,但宽容与自由、人权等概念紧密相连已是共识,宽容的所有论述都包含着对差异存在的认同与容忍,是对他人的关爱,对自己的善待,而融合就是特殊群体的自由、人权在教育上的宽容体现。

(二) 融合教育与宽容的情境共性

宽容的主体和客体实质是主体间关系,即在宽容实现中是没有主体、客体的严格而明确的指向,是一种平等基础上对等关系的直接体现。而发源于宗教仁慈和仁爱的宽容认为:善于宽容别人的人,他在宽容别人的过程中也得到了别人的宽容,同时也得到了基督的宽容。即"从宗教自由及其对话的前提来看宽容,我们所得到的启示是丰富的。其中,最重要的启示就是宽容本身实际上隐含着一个前提,这个前提就是相互承认宽容交往规则,彼此承认并接受'他者'的视野"[①]。"我们不仅要容忍个人之间和集体之间的差别,而且确实还应当欢迎这些差别,把它们看做是我们生活的丰富多彩的表现。这是一切真正宽容的实质。"[②]而如何对待差异本就是融合教育的核心要义。正如阿尔贝·雅卡尔(Albert Jacquard)在"萨拉曼卡宣言"中所言:"'他人'与我们不同,'他人'的存在使我们认识到自己是唯一的、独特的,这难道不是'他人'送给我们的最美妙的礼物吗?……丰富多彩恰恰存在于差异之中。"[③]

若从宽容的主体出发,融合教育中的宽容是互利的,即只要是宽容进行时双方利益的促进与满足是一种互动与双赢,不是一益一损;若从客体出发,融合教育中的宽容是公正的,体现着平等,即在融合教育过程中要求所有学生都应该得到同样对待,不应存在任何排斥;若不去区分主、客体,融合教育中的宽容

---

① 刘素民.宽容:宗教自由及宗教对话的前提[J].哲学动态,2005(2):13-16.
② [美]爱因斯坦.爱因斯坦文集第三卷·道德与感情[M].许良英,赵中立,张宜三,编译.北京:商务印书馆,1979:42-43.
③ [法]阿尔贝·雅卡尔.差异的颂歌[M].王大智,译.桂林:广西师范大学出版社,2004:64.

是对等的,体现着融合教育中的所有学生间平等基础上的融合与共处。正如联合国教科文组织(UNESCO)在《萨拉曼卡宣言》中所言:"尽管融合性学校为实现平等机会和全面参与提供了有利的环境,但它的成功仍需要一种不仅仅是教师和学校其他人员的努力,还包括同伴、家长、家庭和志愿者的共同努力。社会制度的改革不仅仅是一种技术性任务,它首先依赖于组成社会的每个人的信念、承诺和善意。"因而,融合与宽容触动了人类每个个体内在对于平等、自由的渴望与追求;是利己、利他与共善的过程,是共处与参与的过程。

融合的观念自产生之初就要求不同种族、群体平等地参与社会生活。而教育上的融合本质是指对待差异的方式,融合的实现必然需要宽容的建构,若没有宽容,融合应该仅仅是理念,而缺少成为现实的根基与可能性。从隔离到回归主流再到融合本就是宽容理念的最好诠释。融合教育者认为:在现代理性与精英文化背景下,残疾是社会政治活动的产物,是文化压制的结果。[1] 简言之是文化不宽容所致,传统的特殊教育分类、诊断、教学等知识与技能体系是这种文化与政治体制下的产物。"残疾是由于学校没有能力应对学生多元化的结果,而非学生本身的不足。"[2] 即融合教育承认个体差异的同时,认为人与人之间存在着一致性,这种一致性就是所有人,不管种族、肤色、性别和健康,都具有最起码的尊严、价值和权利等的根本一致性;差异只是表象,一致性是内在本质,正是这一个个既有一致性又有差异性的独特个体组成了我们。

融合教育本质上反映的是学生享有教育资源内部条件的一致性,教育资源与其自身主客观条件一致性,教育与其所处的社会条件的一致性,即融合教育的实质平等是永恒追求。融合教育更多强调的是个体间、群体间的相互接纳与包容,应该是不需要经过争论、斗争而自然赋予的权利,正如林达所言:"我们费心争吵……还不如回到伊甸园……然后在不同的文化中,先找到我们共同的基本理想,比如说,公平、平等、自由;在不同的文化中,坚持我们共同的起码品质,比如说,诚实、宽容和爱。"[3]宽容者的主要标志是:即使条件允许,他也不会去

---

[1] Skidmore,D. Towards an integrated theoretical framework for research into special educational needs[J]. European Journal of Special Need Education,1996,11 (1):33-47.

[2] Sleeter,C. E. Learning disabilities:The social construction of a special education category[J]. Exceptional Children,1986(53):46-54.

[3] 林达.打扫落叶好过冬[M].北京:生活·读书·新知三联书店,2006:217.

损害他人的权利。宽容者所"容忍"的并非他人的完全不同的观点、见解和标准或态度、行为方式、做法或某些行动,而是这些人的存在。若没有这种对等关系"容忍"的存在,融合无异于空中楼阁。

二、宽容:融合教育的本土建构

(一)宽容的东方文明脉络

"宽容"的中文解释是:宽大有气量,不计较或不追究。我国古代社会尤其强调"宽以养民""宽以济猛""宽博浩大,怀来万邦""宽则得众""不能容人者无亲,无亲者尽人"等社会控制方式,但都是在一种上治下从的等级关系中体现出来,并非指人与人的平行关系;我国"以德得多""以德服人""宽宏大量""严于律己宽以待人""退一步海阔天空""得饶人处且饶人"等处理人际关系的宽容观点已经成为被社会广泛认同的集体无意识,成为解决社会冲突、社会矛盾的重要方式。① 但更多的是在"宽恕"或者"饶恕"行为层面,并且还是在对方给自己造成伤害的过失层面,并非真正意义上基于平等基础上的宽容理念。中国封建王朝统治社会所依据的理论是儒家思想,其中社会中人与人之间的关系是以"仁"为核心在忠、孝、仁、义这几个最基本的道德范畴之上,建立起自己的伦理道德学说,并逐渐演化成为中国封建社会调节社会人伦关系的基本原则;因而,在此原则下,漫长的封建等级制社会使得宽容并没有内化为一种精神,进而成为自由、平等的土壤,更多的是一种强者对于弱者的施恩行为,并一直延续至今。此外,在"明尊卑、别贵贱"的礼制作为国家的根本制度之时,和谐理想与宽容主张只是有识之士的美好愿望而已,它无法冲破等级名分的制度性束缚。②

费孝通在《乡土中国》中,提出了"差序格局"的概念。他借用了孔子的话对此进行了说明:"子曰:'为政以德,譬如北辰,居其所而众星拱之。'这是很好一个差序格局的譬喻,自己总是中心,像四季不移的北斗星,所有的其他的人,随着他转动……孔子的道德系统里绝不肯离开差序格局的中心,'君子求诸己,小人求诸人'。因之,他不能像耶稣一样普爱天下,甚至而爱他的仇敌,还要为杀

---

① 李振.社会宽容论[M].北京:社会科学文献出版社,2009:143.
② 王四达.中国古代和谐理想与不宽容现实的历史反思[J].理论探讨,2005(6):43-45.

死他的人求上帝的宽赦——这些不是从自我中心出发的。"[①] "差序格局"的影响并不仅仅局限于个人,而是大到国家,小到家庭,无所不包。[②] "差序格局"造成了中国人宽容精神的缺失,使得传统中国社会成了一个缺乏宽容的社会。[③] 再回看中国历史上的宗教宽容,也没有真正走向世俗化的舞台。由于儒家的宗法伦理思想长期居于主导地位,决定了中国各传统宗教,必然受到儒家宗法伦理思想的主导和制约,不可能在意识形态领域居于统治地位。在中国无论是本土宗教,还是外来宗教的发展是在一相对宽容的环境中生成的,他们彼此之间并没有绝对的直接的利害冲突,所要做的是调适自己以适应儒家的伦理文化。中国的历代统治者之所以重视宗教,是因为他们认为宗教有推进道德教化和稳定社会秩序的功能。因而中国对于宗教本身向来也就是宽容的。[④] 但这种宽容并没有真正深入或者说渗透到每个人的生存、生活的理念里,因为中国的文化历来所强调的是集体而不是个人。特别是"近代以来,我国古代宽容思想的现代化和宗教宽容的世俗化进程,相对比较缓慢,而且至今尚未系统地渗透到国家的政治和法律生活层面。"[⑤]

从融合教育的历史沿革及其内涵阐释中我们可以得出,融合教育本土化的过程,能够成为其顺利嫁接而生成的除了宽容没有其他。然而,宽容是中国文明演进中熟人社会的世俗性的处事法则,并且在熟人世界宽容有时是没有边界的;宽及熟人世界外的他人的思想大多处在一种相对的理想状态,即使在社会某一具体事件处理中的确客观存在着,也主要侧重于宽恕,更多的是如日常语所言:大人不记小人过!更多的是一种不对等关系中的相对强势的一方自我道德完善的一种策略,更多的是一种高高在上的道德诉求,没有真正成为维系社会人与人关系的法则,因而建立真正的平等基础上的宽容在中国存在着断裂。在其中,宽容是向内的诉求,不是向外处理关系的基本原则。因此宽容于中国文明发展而言是内敛的,不同于西方文明中宽容成为解决宗教冲突的主要法则,进而成为社会良性运作的基础,这是根本性不同。因此在以宽容作为制度

---

① 费孝通.费孝通文集:第5卷[M].北京:群言出版社,1999:265.
② 卜长莉."差序格局"的理论诠释及现代内涵[J].社会学研究,2003(1):21-29.
③ 王迅.从"差序格局"看中国人宽容精神的缺失[J].苏州教育学院学报,2009(3):78-81.
④ 王霞娟,赵世才.中国传统社会与宗教相互关系的特点[J].雁北师范学院学报,2007(2):79-81.
⑤ 陈根发.宽容与和谐社会[J].太平洋学报,2008(3):88-93.

性的框架设计原则的融合教育在我国推行中,如何使得向内的宽容逐步走向制度化,应该是一个值得认真思考的问题。通过政治化、法律化的形式将熟人的宽容上升为公民社会维系的基本准则,此时融合教育的春天才有可能真正到来。

(二) 和谐社会——融合教育的社会生态

融合教育中国化是一个相对漫长的历程。西方文化中崇尚个人取向的文化价值系统,是相对散漫和疏离的,但有一根自由、平等的红线串着,在宽容的社会情境中形成了具有公民责任、公民权利、公德心、自我反省、自我约束的社会细胞结构,也是融合教育自提出后在西方国家迅速得以实施的根源。尽管,国内学者(如贺来)认为"'世界本身'就是一个充满差异的场域,尊重这种'差异性',并因此确立一种宽容'世界观',就是顺从和尊重世界的固有本性和法则;反之,就是违拗世界的本性与法则。在此意义上,宽容意识就不是外在强制力量的产物,而是世界的差异本性对人们的内在要求"[①]。杨楹认为"承认差异性、异质性、非同一性的客观存在,树立宽容的意识、多元化的观念,从而超越狭隘的追求单质性、同一性的视域"[②]。但在我国,宽容的红线虽然存在,但它是高高在上的,更多的是强者对于弱者的一种恩惠,这直接导致融合教育"正常"与"特殊"无法真正建立在相互平等、相互信任基础上进行共处与沟通。丹尼尔和加纳指出:"融合不是要将某些被歧视的人群或个体吸收到现有的社会经济生活联系与框架中来,不是要使某些人尽量变得'正常',也不仅仅是要改变某些被排斥被边缘化的人群的福利状态……融合远远超出残疾的范围。它本身并不是目的,它是达到目的的手段,即建构一个融合的社会。融合因此不是某个人的事情,而是与社会上所有的公民相关的事情。"[③]显然,这是一个比较宏观的、具有历史视野的定义,它需要全社会以及社会中各种机构与体制进行相应的调整;社会中现存的与隔绝、歧视相关的价值观、政策等都需要进行相应的变革。

---

① 贺来.宽容意识[M].长春:吉林教育出版社,2001:43.
② 杨楹.论宽容研究的五大理论误区[J].新东方,2009(12):17-20
③ Daniels, H. & Garner, P. Worldyear book of education 1999: Inclusive education[M]. London: Kogan Page; Sterling, Va.: Stylus Pub. ,1999:213.

融合不仅是不同个体差异基础上的平等共存的基本教育法则,而且还要求社会创造一个可以让差异对等共处的社会环境。在我国,没有"融合",但有"和而不同",《论语·子路》中有"君子和而不同,小人同而不和"的告诫,曾主张:"宽则得众,惠则足以使民"(《论语·阳货》)。《左传·昭公元年》中有"鲁以相忍为国也"。《庄子·天下》的"常宽容于物"和《韩诗外传》中的"德行宽容"等。《周易》中"保合太和,乃利贞","太和"就是最好的和谐状态。其政治思想所达到的高度与两千多年后西方国家所谓的"天赋人权"和"人生而自由"等思想的境界处在了同一水平面上。但在世俗化的演进中,"儒学倡导的以宽容为本的'仁政',还是被几乎历代统治者宣布为施政的目标,而且也成为广大民众要求摆脱贫穷苦难的精神寄托"[①]。尽管我国古代有学者曾把宽容看成是治理国家的方策之一,但在现实中其实仅是治理国家时的一个策略而已,有时甚至连策略都算不上。

我国当前的"和谐社会"的建构使得宽容这根红线跨越历史重新细细编织连接后回归世俗。"和谐"作为伦理概念,表达了公正有序、协调完善的关系与秩序状态,从这个意义上说,宽容是和谐之本。和谐的主要条件或标准之一就是诸种关系的伦理协调,而宽容就是协调诸种关系的"酵母"。当然,宽容是以原则与制度为保障的,绝不能走出制度规范、原则规训。《中共中央关于构建社会主义和谐社会若干重大问题的决定》提出的"坚持以社会主义核心价值体系引领社会思潮,尊重差异,包容多样,最大限度地形成社会思想共识"的原则,从多民族国家、多样化世界的视角,对"尊重差异,包容多样"的观念和实践做若干思考。"和谐"社会的建构成就了"宽容"所需要的这种制度性保障;"和谐社会"的目标里必然存在着宽容所需要的这种原则与制度保障,以使得宽容能够成为融合教育实现的社会生态环境建构的理念。因为,社会和谐的一个重要特征就是:尊重每一个公民的合法权利,消解人与人之间紧张对立的情绪。而宽容是个性尊重的前提、基础与保障,一个现代文明的和谐社会,必定是宽容的社会。和谐社会的建构可以创造条件,从根本上消除不利于宽容的限制,使得宽容的心态成为和谐社会的润滑剂。

---

① 陈根发.宽容与和谐社会[J].太平洋学报,2008(3):88-93.

当前,具有明显理想色彩的融合教育以不容置疑的最高道德诉求迅速为各国所接纳,但到底如何实施融合教育,即"不同"如何而"和"?目前已经成为融合教育讨论最多的话题,即我们怎么做的问题。融合教育针对"分离就是不平等",最终实现"正常"和"特殊"都应该共在一个"场域",在我国,这一"场域"的构建需要以宽容为基础的"和谐社会"的社会生态环境,没有这种生存土壤,融合教育的本土化只能是一种理想而高高在上。而和谐社会的提出与构建为宽容世俗化、制度化提供了制度层面的支撑,在此基础上挖掘中国传统文明的宽容种子使之成为融合教育实现的社会基础成为可能;此外,我国目前正在推行的"教育公平"也必然成为融合教育实现之契机。宽容的社会有利于融合教育的实施,融合教育的推进有益于构建宽容、和谐的社会。生成于西方文明的融合教育在本土化或者说中国化的历史进程中依然需要我们在探索东方文明的宽容基础上实现建构。因为现代社会多元异质化特征,宽容精神的培育,即如哈贝马斯说的是对"他者"的包容和尊重——这应该成为良性社会秩序生成的保障,成为一个现代化的充满活力社会的前提理念。

人类的文明史,在某种意义上就是不断地从不宽容走向宽容的过程,从排斥走向融合的过程。宽容能够给个体与社会一个内敛、反省、催人深思的空间,我们再把时间和感情加入其中,以内向性的生长获得力量。当宽容成为一种生活方式时,融合才可能真正实现。

第三节 融合教育在中国的嫁接与再生成

从本质上讲,西方融合教育理论是建立在西方社会的政治、经济、文化基础之上的,它远远超出了教育的范畴,成为与社会上所有的公民相关的事情,是挑战不公正与歧视的利器,与各国社会文明发展水平、人权保护以及社会公平与正义目标的实现紧密相关。然而在诸多融合教育的论著中对于其理论基础的论述仅仅简单停留在人权、多元、平等、个性、自由等西方社会长期以来形成的价值观的描述与鼓吹的层面,学术界从来就缺乏从特定社会文化的角度对融合教育进行理论思考与分析,融合教育的本质及历史文化特性也没有得到深入的探讨。这些都导致具有强烈西方理想主义色彩的融合教育理论在全球特殊教育领域成为垄断式话语体系,违背融合教育提倡的平等与多元的理想,也不符合各国特殊教育发展的需要。

一、融合教育的生成与嫁接
(一)融合教育在西方的生成

文化的生成是指一种文化在一个特定文化背景中自然发育的过程,融合教育在西方的提出,有着深厚的文化和社会基础。14世纪欧洲的文艺复兴运动和18世纪上半叶兴起的启蒙运动,所倡导的平等、自由、博爱等精神,以及美国的《独立宣言》与宪法所确定的民主、平等与自由的原则为西方特殊教育的产生和发展奠定了思想基础。第二次世界大战以后的民权运动,提出了"分开就是不平等"的口号,反歧视和反隔离,追求人权平等的思想,改变了西方人的社会观念。在此影响下,西方特殊教育经历了正常化思想—去机构化运动—回归主流运动—融合教育的发展历程。融合教育是在批判回归主流的基础上提出的,认为回归主流及其安置体系本质上是个不公平的等级制度,违背了回归主流本身所追求的教育平等的思想。[①] 1994年《萨拉曼卡宣言》明确提出了融合教育和融合性学校,并对融合教育这一全新概念进行了阐释。融合教育倡导一种零拒绝哲学,倡导教育要满足所有儿童的需要,不论他们有无或有何种困难和差异。

由此可以看出,文艺复兴和启蒙运动所倡导的人文主义思想是融合教育的哲学思想基础,而人权运动又为融合教育的发展奠定了社会文化基础,从隔离再到去机构化运动,再到回归主流、融合教育,每一个环节的发展都是建立在对前一运动的继承和批判的基础上的。并且西方特殊教育从隔离走向融合与西方社会理论发展是一脉相承的。传统的基于缺陷补偿的隔离制教育基于实证主义的哲学基础,重视对残疾的诊断测量,在隔离的环境中对残疾人进行缺陷补偿的教育,融合的观点与建构主义、后现代主义等新的哲学思潮异曲同工,它们强调社会环境对残疾的影响,要求解构传统的等级制度,进行开放性的公平的对话。在教育中就要消除特殊教育与普通教育的隔离,建立整合的公平的学

---

① 邓猛,潘剑芳.关于融合教育思想的几点理论回顾及其对我们的启示[J].中国特殊教育,2003(4):1-7.

校体制。① 可见,融合教育是西方特有的社会文化土壤里结出特殊教育理论的果实,是西方社会民主、自由等所谓普世性价值观在教育领域的具体化。

(二) 融合教育在中国的嫁接

文化的嫁接是指一种新的文化在另一个文化背景中融合的过程。之所以提出融合教育在中国的嫁接,是与融合教育在西方的生成演化过程相对而言的。融合教育在中国的发展缺少其生成的文化土壤,它是从西方嫁接到我国的一个文化概念。

我国漫长的封建社会是以儒家思想占统治地位,倡导"仁者爱人"的道德伦理,以及"天下为公"的大同思想,对残疾人主要持同情、悲悯等态度,重养不重教。真正的特殊教育起步还要从鸦片战争后西方传教士在我国建立特殊学校开始。中华人民共和国成立后尤其是改革开放后,政府开始关注残疾人受教育的权利,《中华人民共和国宪法》和《中华人民共和国义务教育法》为残疾儿童接受义务教育提供了法律保障。在我国经济比较落后的背景下,为迅速解决残疾儿童入学率低的问题,政府从20世纪80年代中期开始开展了一系列的随班就读的试验,探索适合我国国情的特殊教育发展模式。目前国内大多数学者都认为随班就读是在西方回归主流思想影响下,根据我国国情探索出的实施特殊教育的形式。但回归主流的"瀑布式特殊教育服务体系"深刻地影响了我国特殊教育格局的形成。②

1993年初在中国哈尔滨召开亚太地区的特殊教育研讨会上,inclusion一词被翻译成"融合"介绍到中国。从此,在中国很多人以"融合"为国际上的新观点而广泛使用。1997年9月在上海召开了中国一体化教育学术研讨会,来自美国、中国香港、中国台湾和内地的专家学者180余人参加了会议,对融合性教育进行了科学分析,阐明了推进融合性教育的必要性和可行性,并对我国随班就读工作做了回顾和前瞻。③ 之后,在国内掀起了学习和研究融合教育的热潮,主要是通过国际会议(如2000年第五届世界特殊教育大会等)、互访学者、

---

① 邓猛,肖非.融合教育的哲学基础:批判与反思[J].教育研究与实验,2008(5):18-22.
② 邓猛,朱志勇.随班就读与融合教育——中西方特殊教育模式的比较[J].华中师范大学学报:人文社会科学版,2007(7):125-129.
③ 汪发荣.融合性教育与融合性思想——参加"中国一体化教育学术研讨会"有感[J].中国特殊教育,1997(4):7-8.

翻译西方文献等途径介绍西方融合教育的理念以及欧洲和美国的融合教育实践模式，并从融合视角探讨我国随班就读的发展等。

从融合教育在西方和中国的发展历程的对比中可以看出，西方的融合教育是以西方的个人自由、社会平等等社会观念为基础，在价值观上与我国传统的儒家文化价值以及现有的社会主义体制与精神有着根本性的不同，甚至是冲突。它是在中西方文化交融与冲突的背景下，嫁接到中国文化上重新生长的一个元素，嫁接的过程与效果同样受到中西方文化碰撞的深刻影响。融合教育在我国缺失其生成的文化和哲学基础，这也是目前国内学者对融合的理解存在着各种争论的重要原因。

二、融合教育在中国嫁接面临的问题

（一）融合教育与中国传统儒家文化价值观的冲突

儒家的价值观经过两千多年的积淀，已经成为中华民族的一种集体潜意识。而儒学是一个复杂的观念文化系统，其复杂在于它包含着许多相反相成的思想倾向和特征，精华与糟粕并存。传统儒学中的许多思想与融合教育所倡导的平等、民主、尊重个性差异等的观念是相冲突的。

首先，儒学思想中包含的等级观念，以及所派生出来的宿命论倾向，阻碍了民主观念的深入发展。孔子提出了君君、臣臣、父父、子子的正名思想，儒学思想家企图建立一个安定和谐的社会秩序，从汉代董仲舒到宋明理学家创立了社会伦理学说，强调三纲五常的伦理秩序，对社会中上下、尊卑、贵贱的秩序的合理性进行论述，儒学在历史发展中不断吸收其他各家的思想，确立了其独尊的地位，成为历代统治者统一思想、维护封建等级制度的一种工具，至今，封建残余的等级观念依然牢固地存在于我国社会各个领域。另一方面，宿命论的倾向使人们安于现状，孔子把人的生老病死归之于"天"和"命"，把"道"的兴废也看成是"命运安排"："子曰：道之将行也与，命也；道之将废也与，命也。"（《论语·宪问》）[1]"天人合一"的思想让人们相信天、相信命运、相信冥冥之中有神灵的

---

① 涂可国. 儒学的人文——反人文悖论与人的全面发展[J]. 山东科技大学学报：社会科学版, 2004(4): 43-48.

主宰。① 儒学所包含的"听天由命"思想以及儒学思想家所倡导的"君权神授"、君权至上的观念扼杀了人的平等与民主意识,也注入了"无争意识"。致使人们尤其是弱势群体很少去主动争取应有的权利,改善自身状况。

融合教育追求的是平等的理想,它要求解构教育的等级结构,消除普通学校和特殊学校相互隔离的二元体制,要给予所有学生平等的参与社区和学校生活的机会,但是我国的教育制度深受传统等级观念的影响,从校长到教师再到学生被划分了各种等级,导致特殊学生很难适应学校的制度,而宿命论的观念使弱势的学生群体安于现状,听天由命,因此传统儒学遗留下来的等级和宿命论观念必然与融合教育所倡导的平等理念相冲突。

其次,儒家文化是伦理本位、道德至上的价值观,重视群体价值先于个体价值。儒家认为人在社会上不是作为一个孤立的"我"存在,而是作为君臣、父子、兄弟、夫妇、朋友等一系列社会角色身份而存在,人的本质体现在他所处的群体关系之中。儒家提倡的群体为重的价值观,认为个人利益要服从于集体利益,在一定程度上抑制了个性的发展。② 这与融合所倡导的教育多样性,尊重个别差异,强调异质的平等等观念是相左的。融合教育承认每一个儿童都有独一无二的个人特点、兴趣和能力,学校要创设条件来满足学生的多样化的教育需要,使每个孩子都能够在普通学校中接受到合适的教育,让每个孩子都能感到被接纳、安全和成功。

(二)融合教育与中国应试教育体制的冲突

虽然我国很早就提出了实施素质教育,但不得不承认目前的教育制度依然是应试精英教育。我国目前的基础教育的目标瞄向高考,所有一切学习目的都是为了高考,可以说整个教育体系从初等教育到高等教育几乎成了高考的预备机制。③ 我国应试教育状况一直未能改变与我国的教育传统和在封建社会中形成的求学观念有关。高考制度最早可以追溯到古代的科举考试,在历史发展中科举考试从一个新兴的人才选拔制度逐渐地走向衰落,考试内容和形式日益僵化和形式化,种种弊端日益暴露,最终走向消亡。科举考试的形式虽然已不

---

① 高媛.儒家文化对中国人思想观念的影响[J].吉林省教育学院学报,2009(3):6-8.
② 徐克谦.中国传统思想与文化[M].桂林:广西师范大学出版社,2007:55.
③ 胡耿.高考问题:历史、现状与对策[J].教育导刊,2003(5上):46-48.

存在了,但科举考试将权力、财富、地位与学识结合起来,它所秉持的"学而优则仕"的功利思想被一代代传了下来,今天的高考依然把职业、财富、地位与学识结合起来,人们对读书的重视与对高考的期待使应试教育和升学考试得到了有力的支撑。①

在以应试教育为主的学校制度里,学校分为"重点校""一般校"和"薄弱校"。学生被分为"优等生""中等生"和"差生"。而划分的标准就是考试分数。教育的主要对象是能够考上大学的少数学生,忽视甚至放弃对大多数学生的培养。② 在这样的一种氛围下,学校由于高考和竞争的压力,效率原则是其主要考虑因素,于是,教育公平放在了次席。在我国中小学里面,基于学校利益的考虑(升学率、竞争优势、拨款和学校安全等),常常将"危及"到学校利益的一部分所谓"差生"和"问题生"排斥在主要关注之外,以确保"良好"学生的利益。③

在这样的教育大背景下开展融合教育必定是困难重重,对我国随班就读的调查研究发现普通教师和普通学生家长对随班就读的态度与其他群体相比倾向于消极,这一结果与我国目前的教育制度尤其是教育评价制度有很大关系。融合教育需要一个平等的、具有包容性的环境,以使所有学生都能够接受适合自身的教育,但是目前我国的应试教育以分数作为评定学生、教师和学校的标准,为此形成的残酷竞争的形势必然会将那些不适应高考的"特殊"学生排斥在外。因此可以说如果这种培养和选拔精英的应试教育制度不改变,没有建立更具弹性和包容性的教育评价机制,实施融合教育,使特殊学生在普通学校和班级中平等地接受合适的教育就只能是天方夜谭。

(三)融合教育的支持与服务匮乏

虽然西方学者对融合教育的定义有着不同的看法,但是综合这些概念可以发现他们都强调了一点,即融合教育要为儿童提供成功的机会,要给予学生个体发展所需要的支持和服务。融合教育的根本目的是要在普通教室为包括残疾儿童在内的所有儿童提供高质量的教育。因此为使融合教育有实际意义,融

---

① 钱民辉.教育处在危机中、变革势在必行——兼论"应试教育"的危害性及潜在的负面影响[J].清华大学教育研究,2000(4):40-47.

② 同上注.

③ 仲建维.公正和平等:支撑融合教育发展的阿基米德支点[J].全球教育展望,2002(5):73-76.

合性学校必须根据学生的多样化需要,对课程和教学、学校的资源和服务等进行调整,以保证教育的高质量。①《萨拉曼卡宣言》中"全民教育"(education for all)目标实现的前提是学校有能力为所有学生提供需要的服务(serve all students)。② 美国的融合教育经历了30年的发展,已经从一种教育理念发展为波及全美中小学的教育改革运动,美国在融合教育方面取得的成就与它的健全的法律政策保障体系、全方位的教育服务体系、高水平的教师队伍、小班化的教学组织形式等方面的支持和服务是密不可分的。③

融合教育在发展中国家的实施存在很多的障碍,主要是特殊学生在普通学校中得不到相应的支持和服务。有学者调查发现支持性服务、相关的资源和人员的缺失,具体包括设备资源缺乏、专业人员培训不足、资金匮乏、法律保障体系不完善等,是影响发展中国家融合教育有效实施的主要因素。④

我国作为最大的发展中国家,在实施融合教育中面临同样的问题。因相关的支持与服务的缺乏,导致我国的融合教育只是停留在形式层面,仅仅做到了让部分特殊学生(特殊学生的类别和障碍程度都有限制)到普通教室中学习,出现了"随班混读""随班就座"等现象,并没有达到融合的实质目的,即让所有学生在最少受限制的环境中接受适合他们的高质量的教育。我国的随班就读的出发点是在传统的特殊学校教育发展较薄弱,不能满足需要的基础上,以经济的手段、较快的速度将大量游离在学校外的特殊儿童招收进来,使他们有机会接受义务教育。多年来各地区以及相关政策法规都以提高特殊儿童入学率为主要目标,教育质量,即特殊儿童能否在普通教室中接受适当的教育长期受到了忽视。⑤

但可喜的是,经历十余年发展,随班就读已经发展到由追求数量向质量转化的时期,而提高随班就读的质量的关键在于社会和政府能够为特殊儿童和随

---

① Eleweke C. J. & Rodda M. The challenge of enhancing inclusive education in developing countries [J]. International Journal of Inclusive Education,2002(2):113-126.
② 同上注.
③ 佟月华.美国融合教育的发展、实施策略及问题[J].中国特殊教育,2006(8):3-8.
④ Eleweke C. J. & Rodda M. The challenge of enhancing inclusive education in developing countries [J]. International Journal of Inclusive Education,2002(2):113-126.
⑤ 邓猛,潘剑芳.关于融合教育思想的几点理论回顾及其对我们的启示[J].中国特殊教育,2003(4):1-7.

班就读提供足够的包括资金、人员、环境、政策等多个方面的支持和服务。

三、融合教育在中国的再生成

（一）儒家精神的扬弃——融合教育在中国再生成的文化土壤

虽然如上文提出的，作为影响我国国民潜在价值观的儒家文化，有其诸如等级观念和群体价值取向等的消极影响，但儒家文化有着丰富的内涵和多元性，其蕴涵着仁爱、正义、人本思想以及追求和谐的处世之道等。这些儒家的精华，为融合教育在中国本土的发展奠定了文化基础。

儒家的核心思想是"仁"，孔子将仁爱思想由"仁者人也，亲亲为大"（《礼记·中庸》）推广到"泛爱众""人不独亲其亲，不独子其子"（《礼记·礼运》），要求人要有广博的胸怀去爱众人，从恻隐同情之心出发，以善良仁爱之意待人接物。儒家还提出以"忠恕之道"去实现"仁爱"，发扬"天行健，君子以自强不息"的刚毅进取的奋斗精神去追求和实现道德的永恒价值和现实生活中的理想人格。儒家的"泛爱众""由己推人"的仁爱思想，对我国历史上对待残疾人的态度有很大的影响，在古代西方社会以残忍的方式对残疾人实施杀戮、遗弃、绝育时，我国先人就提出"使老有所终，壮有所用，幼有所长，鳏、寡、孤、独、废、疾者皆有所养……"（《礼记·礼运篇》）的大同思想。发扬儒家传统的仁爱思想可以促进社会对特殊人士的宽容和接纳，消除对特殊人士的歧视，有利于融合教育的实现。

儒学的仁爱思想中也包含着正义和人权思想。儒学中"君君、臣臣、父父、子子"（《论语·颜渊篇》）"不在其位不谋其政"（《论语·泰伯》）的"正名"思想，"过犹不及"的中庸思想中的平衡和谐，"君子喻于义，小人喻于利"（《论语·里仁》）的重义轻利的道义精神，无不体现了儒学思想中对正义的追求。儒家文化是一种人本主义文化，侧重从人的角度关照人生、社会、自然，重视人的生命意义和价值，宣扬以道德为人生的最高价值。[①] 孔子重视人，认为不论贫富贵贱人格都是平等的，所谓"三军可夺帅也，匹夫不可夺其志也"（《论语·子罕》）。在人的受教育权方面，孔子提出了"有教无类"的思想，即人不分贵贱贫富和种族，人人都可以入学接受教育，还提出了"因材施教"的教育方法，尊重学生的个

---

① 中国人民大学孔子研究院.儒学评论第4辑[M].保定：河北大学出版社，2008：111.

体差异。

综上可以看出,虽然我国的传统儒家文化与西方的文化价值观存在差异,但是从深层次来看,儒家传统中强调的仁爱、正义和人本思想等与西方社会人权平等、公平正义等理念存在根本的一致性,只是因其文化传统不同,从而带有很多民族特性。西方正义理论是以精确性、法制性、个体性等为特征的,而儒学的正义体现了其圆通性、伦理性、群本性和和谐性等特点,[①]西方的人权思想从自然法角度提出的,儒家人权思想是一种伦理型人权思想,从道德原则来论述人权问题,并试图依靠道德的力量实现人权。[②]

中国儒家文化所蕴涵的仁爱、正义和人权等文化思想同样可以成为融合教育在中国发展的社会文化基础。但需要强调的是,从西方嫁接而来的融合教育在中国的发展需要扎根于我国特殊的文化土壤之中。不可否认,在漫长的封建社会也产生了对残疾人的许多歧视和偏见,社会公众对于残疾人的教育与其他平等权利还不能够完全接受,[③]这恰恰体现出了儒家思想的多元化和复杂性,我们需要摈弃其封建落后的糟粕,大力宣扬儒家思想中的精华部分,创设一个更加仁慈宽容、平等公平、更具接纳性的社会氛围,只有这样融合才能在中国健康生长。

(二) 社会主义和谐社会——融合教育在中国再生成的社会背景

新世纪我国提出了建设社会主义和谐社会的目标,所谓"和谐",是指融洽、协调的状态。社会主义和谐社会即是一个民主法治、公平正义、诚信友爱、充满活力、安定有序、人与自然和谐相处的社会。和谐社会的形成就为融合教育在中国的发展提供了一个良好的社会基础。

公平正义是社会主义和谐社会的核心价值和目标追求。公平正义包括程序公平正义即起点上和机会上的公平正义和结果的公平正义,即强调对不同的人予以不同的对待,赋予人们结果上的公平。[④] 完善社会主义法制建设,坚持公民在法律面前一律平等,尊重保障人权,保护公民权利和自由是实现起点公

[①] 沈晓阳.孔子仁学思想的正义论意蕴[J].齐鲁学刊,2010(2):5-10.
[②] 李世安.试论儒家文化中的人权思想[J].河南师范大学学报:哲学社会科学版,2003(5):81-85.
[③] 邓猛,朱志勇.随班就读与融合教育——中西方特殊教育模式的比较[J].华中师范大学学报:人文社会科学版,2007(7):125-129.
[④] 刘哲昕,张云.公平正义是社会主义和谐社会的基本要求[J].党建研究,2007(4):23-24.

平正义的基本要求,①而通过政府政策合理配置社会资源,完善社会保障制度是实现结果公平正义的有效途径。

教育公平是社会公平的重要内容,也是构建社会主义和谐社会的重要途径。教育公平同样包含着起点的公平、过程的公平和结果的公平,即人人都有受教育的权利,人人都应该接受合适的教育。但是目前我国因地区差异、贫富差异、学校内部差异等,教育资源的分配不合理,而导致教育的不公平,长期影响着我国社会的发展与和谐。特殊教育作为教育的一个分支,无论是与普通教育相比还是特殊教育内部都存在着不公平的现象,比如残疾儿童入学率低,特殊教育质量不高,地区差异大等。② 近年来我国已经认识到教育公平在实现社会公平中的重要性,并通过完善教育政策法规体系、政府扶持和调控资源分配等途径保证教育在区域间的平衡,重视弱势群体包括残疾人、农民工子女和贫困子女接受公平的教育。

另外,和谐社会的建设必然是建立在经济发展基础之上的,改革开放30多年来,尽管存在着经济发展的不平衡等问题,但中国的经济增长速度是世界上最快的,年均GDP的增长率接近10%。③ 我国的经济发展可以在一定程度上为缓解融合教育实施所面临的支持与服务缺乏的问题提供经济条件。

融合教育的发展需要一个平等、公平的社会基础,需要社会与政府为特殊人群的教育提供足够的支持和服务,融合教育的实质是人人享有平等的受教育权利,人人都有权接受教育,其目的是保证特殊儿童与残疾儿童一样平等地在普通学校接受"免费适当的"教育,这与和谐社会中所追求的教育公平的目标是一致的。通过完善法律制度、经济制度、教育制度、社会保障制度等而形成的民主法治、公平正义的社会主义和谐社会为融合教育在中国本土的发展提供了所需的社会基础。

(三)新课程改革——融合教育在中国再生成的必然步骤

2001年开始实施的基础教育改革,倡导以人为本的核心理念和承认学生

---

① 刘哲昕,张云.公平正义是社会主义和谐社会的基本要求[J].党建研究,2007(4):23-24.
② 孟万金.全社会都要关注残疾儿童教育——论残疾儿童教育公平[J].中国特殊教育,2006(9):3-5.
③ 叶敏华,陈祥生.我国的经济发展目前处于什么水平——与西方发达国家的比较[J].国家行政学院学报,2009(4):93-96.

多元需要等观念为融合教育在中国的实施提供了可能。新课程改革提出了"为了每一个孩子的发展"的目标,高度关注人的解放主题,解放人的思维、人的个性和人的灵魂,要培养德智体全面、和谐、均衡发展的"完整的人"。① 为达到此目标,课程改革纲要提出了课程、教学、评价等方面的具体改革措施。倡导建构性学习,注重学生的兴趣、参与、探究发现以及合作交流的学习方式,建立评价项目多元、评价方式多样、既关注结果更加重视过程的评价体系,改变课程评价方式过分偏重知识记忆与纸笔考试的现象以及强调评价的选拔与甄别功能的倾向。② 还提出改革和完善考试制度的要求,改革高等学校招生考试内容,探索提供多次机会、双向选择、综合评价的考试、选拔方式(基础教育课程改革纲要)。旨在改革当前应试教育出现的种种弊端。

最新出台的《国家中长期教育改革和发展规划纲要(2010—2020年)》提出优先发展、育人为本、改革创新、促进公平、提高质量的工作方针;育人为本即为所有学生提供适合的教育;进行教育体制改革,改革质量评价和考试招生制度,改革教学内容、方法、手段等;促进教育公平,保障公民的受教育的权利,保证公平的受教育机会;把促进人的全面发展、适应社会需要作为衡量教育质量的根本标准等。这一系列的措施都为新课改提供了强有力的政策支持。

新课改触动了传统教育的等级与僵化体制,承认学生多元需要等观念与融合相一致,多元化的课程和评价方式,强调建构和合作的学习方式为残疾儿童重返普通学校提供了更多的空间,只有承认了多元化需要、不过分强调学业竞争,而是强调学生多样化发展的新课改精神下,融合才更有可能。

由此可以得出,博大精深的儒家文化为融合教育在中国的再生成提供了文化土壤,社会主义和谐社会建设,以其所倡导的公平正义、民主法治等原则为融合教育的本土化提供了社会基础和物质条件,新课程改革所追求的多元化的课程目标为融合教育在中国开展提供了大的教育背景,这些都促进了嫁接来的融合教育在中国的再生成。我国特殊的文化背景和社会制度就决定了融合教育在中国的发展不能够照搬西方的融合教育模式,况且在世界范围内,融合教育

---

① 南海.对新课改"以人为本"核心价值理念的价值学解读[J].教育科学,2010(4):51-54.
② 钟启泉,等.为了每一个学生的发展——新世纪中国基础教育课程改革刍议[J].全球教育展望,2001(2):3-8.

还处于摸索阶段,还没有一个国家真正实现了高质量的、有效的融合教育,没有一个国家的做法能为其他国家发展融合教育提供一个标准的蓝本。[①] 但也应看到儒家文化中的一些积极的思想并没有被我们很好地坚持和发扬,比如儒家的仁爱思想,蕴涵的正义思想和人权思想等,多数还处于潜在的状态,而社会主义和谐社会所倡导的民主法治和公平正义还在形成之中,还需要社会成员和政府的努力,新课改的完成也是任重道远,因此融合教育在中国的发展必定会是一个漫长的复杂的过程。

第四节 中西方文化视野下融合教育的解读

一、西方权利文化与东方儒家文化

(一) 西方权利文化推动融合教育发展

西方社会的一个显著特征就是其深厚的权利文化。我们这里说的权利文化是指西方人通常的一种思维方式,他们更愿意从权利的视角来思考问题,解决问题。

在教育领域,"受教育权是一项基本的人权"已经在世界范围内形成了基本的共识,并在很多国际性公约中得到了体现。1948年12月,在第三届联合国大会通过的《世界人权宣言》第26条指出:"每一个人都有权接受教育……教育必须指向人的全面发展,并且应该有助于增强对人权和基本自由的尊重。"1994年5月,在世界特殊教育大会上通过的《萨拉曼卡宣言》中指出"每一个儿童都有受教育的基本权利,必须给予他实现和保持可接受水平的学习之机会……融合和参与对于人的基本尊严以及享有和实践人权的是至关重要的"。2006年联合国大会通过的《残疾人权利公约》指出,残疾人享有受教育的权利。缔约国应当确保在各级教育实行包容性教育制度和终生学习,最充分地发展残疾人的个性、才华和创造力以及智能和体能,使所有残疾人能切实参与一个自由的社会。

---

① 邓猛,朱志勇.随班就读与融合教育——中西方特殊教育模式的比较[J].华中师范大学学报:人文社会科学版,2007(7):125-129.

然而，残疾儿童进入普通教育体系中学习的权利的获得经历了漫长的过程，长久以来在社会的观念中认为特殊儿童不应该出现在普通教室中。1893年，马萨诸塞州最高法院规定，那些"智力较弱"的、"不可能从教学中受益"的、"会对其他孩子造成麻烦"和"不能对自己进行正常的、得体的、身体上照顾"的孩子，可以把他们从公立学校驱逐出去。1934年，俄亥俄州法院规定，根据州6到18岁义务入学法令，赋予州教育厅开除特殊学生的权力。1969年，北卡罗来纳州规定，如果残疾儿童已经被公立学校开除，而家长仍然坚持要将其子女安置在公立学校，就是一种犯罪行为。[1]

20世纪50年代以来，美国出现了声势浩大的民权运动。由美国黑人发起的反种族歧视、隔离的民权运动遍及全美，民权运动者要求黑人在政治、教育及社会生活上的平等权利，大大促进了社会观念的改变。[2] 从这一时期开始，许多与残疾相关的著名法庭裁决与辩论以及专业人士与家长组织等民间团体的倡议运动对特殊教育的发展产生了深远的影响。这些运动以西方所谓追求个人自由、社会平等等价值为社会文化基础，为有特殊需要的人士平等、有尊严地参与社会生活以及新的特殊教育理念的诞生提供了动力。[3] 其中，三个关键性的法庭判例极大地推动了当时人们对于特殊儿童接受融合教育观念的转向。

第一个影响残疾儿童的重要案件并非是一个处理特殊教育问题的案件，而是一个处理种族隔离的案件——布朗诉教育委员会案。该案件在美国高等法院具有里程碑意义，被认为是美国历史上意义最重大的裁决，对黑人和白人是否应该一起接受教育作出了最终裁决。在此案之前，1896年普莱西诉佛格森一案的裁定，确定了"隔离但平等"的原则。该原则认为只要是将相同质量的公共设施提供给黑人和白人，那么将黑人隔离就不违反宪法第十四条修正案中的"平等保护原则"。但是布朗诉教育委员会案的判决推翻了这一原则。[4] 这一裁定是由9位大法官共同决定，并由首席法官厄尔·沃伦（Earl Warren）进行

---

[1] 刘坤.二战后美国特殊教育立法的演进及其对我国的启示[D].河北大学硕士学位论文,2009:5.
[2] Winzer, M. A. The history of special education: From isolation to integration[M]. Washington, D. C.: Gallaudet University Press,1993:365.
[3] 邓猛,潘剑芳.关于融合教育思想的几点理论回顾及其对我们的启示[J].中国特殊教育,2003(4):1-7.
[4] 张冉.布朗诉教育委员会案的微观分析[J].全球教育展望,2012(3):39-45.

陈述:"现在让我们来看一看这个案例所提出的问题:尽管硬件设施以及其他'有形'因素可能是相同的,在公立学校中仅仅基于种族而对儿童实行隔离是否剥夺了弱势群体的儿童接受平等教育的机会呢?我们认为是的。……在公立学校中对白人儿童和有色人种儿童的种族隔离对有色人种儿童存在有害的影响。尤其当这种隔离得到法律的支持时,其有害影响可能会变得更大,因为种族隔离政策往往被理解为标明黑人群体低人一等。低人一等的感觉会影响儿童学习的动机。因此,获得法律支持的种族隔离具有阻碍黑人儿童教育以及精神的发展、部分剥夺他们在一个族群混合的学校体系中能够得到的益处的倾向……隔离的教育设施从本质上就是不平等的。因此,我们认为此案的起诉人以及其他受类似行为影响的人,由于他们所起诉的种族隔离的原因,被剥夺了受宪法第十四条修正案所保证的平等法律保护的权利。"[①]该判例传达了这样的观念:教育公平不只是要考虑资金的投入和物质层面,而且要考虑社会的融合。既然作为少数族裔的黑人能够进入普通学校,那么其他被隔离在普通教育体系之外的少数群体(如残疾儿童),为什么不能回归主流学校?可以说,该判例在确立特殊儿童接受融合教育的权利方面打下了坚实的基础。

第二个有广泛影响的判例是宾夕法尼亚智力落后儿童协会诉宾夕法尼亚州。宾夕法尼亚智力落后儿童协会认为,该州在1949年通过的《公立学校法》中有条款歧视智力发展迟缓儿童,例如拒绝为智力发展迟缓儿童提供免费的教育和训练方案,只对某些类型的特殊儿童提供免费适当的教育服务,而没有规定对智力发育迟缓儿童提供上门服务。因此,该州的智力发展迟滞儿童无法接受到应有教育,这违反了联邦宪法"平等保护原则"。宾州法院最终判决:(1)宾州政府1949年通过的《公立学校法》违反了宪法,因而宣布无效。(2)对涉案的儿童重新评价,并在此基础上提供免费适当的教育。(3)宾州必须为6—21岁所有智力发育迟缓的儿童和青少年提供适合的教育或训练方案。(4)对6岁以下为普通儿童提供的学前方案,同时也必须提供给智力发展迟缓儿童。[②]该判例成为确立所有残疾儿童都有受教育权的基础。这个案例还确立了每一个儿

---

① 教育历史回顾:布朗诉教育委员会案[EB/OL].(2004-05-17)[2014-11-12].http://news.sohu.com/2004/05/17/22/news220152270.shtml.
② 秦梦群.美国教育法与判例[M].北京:北京大学出版社,2006:79-81.

童都应该获得适合他的教育并被安置在最少受限制环境中的基本原则。可以说,该判例对于确定特殊儿童接受融合教育权利具有决定性的意义。

第三个判例是紧接着上一个判例发生的米尔斯诉教育委员会案。原告是七位残疾儿童的家长,他们认为哥伦比亚特区教育委员会没有为所有类型的残疾人提供公立教育与训练,并且该教育委员会还违反了联邦宪法适用的正当程序原则。教育委员会没有通过家长的同意就将残疾儿童从公立的小学停学和开除,并安置到其他的教育环境中去。经过法院调查,哥伦比亚特区有22000位残疾人,而只有约4000人接受了特殊教育。法院经过审理作出判决:(1)教育委员会应该对所有残疾人提供适当的教育,否则就违反了平等保护和正当程序原则。(2)如果教育委员会要对残疾人作出停学的决定,需要遵循正当程序原则,有家长充分地参与并举办听证会。(3)不能以经费不足作为不尽法律义务的借口。(4)不可将大部分经费投入到普通教育部门,而对特殊教育不公平的对待。[①] 该判例与宾夕法尼亚智力落后儿童协会诉宾夕法尼亚州案一起成为制定1975年《教育所有残疾儿童法》的重要依据。

通过以上判例的共同影响,所有残疾儿童的受教育权利已经得到社会观念的广泛承认,并通过《美国残疾人法》(ADA)、《教育所有残疾人法》(IDEA)、《康复法》第504节的非歧视条款等联邦法律确定了下来。从整个融合教育发展的过程中看,从20世纪50年代中期,黑人儿童还在遭受种族的隔离,到1975年《教育所有残疾儿童法》颁布确定了特殊儿童进入普通教室学习的权利,融合教育发展的速度似乎快的有些不可思议。这背后的力量是深植于美国社会之中的权利文化起到了大力推动的作用。权利的合法性建立在对于"什么是公正"的理解上,以第一个案例来说,之前人们对于什么是公正的理解是"隔离但平等",而随着社会的发展,公正的观念发生了转变,黑人被排斥在白人建立的教育系统之外本身就意味着不平等。这种观念上的变更反映了大众对于什么是公正的看法的转变,而这种转变很快就会在法官对法律精神的演绎与自由裁量权中反映出来。法官的裁决并不只是抽象的法理解释,而是结合了法律判决的背景——"种族隔离政策往往被理解为标明黑人群体低人一等。低人一等的

---

① 秦梦群.美国教育法与判例[M].北京:北京大学出版社,2006:79-81.

感觉会影响儿童学习的动机",正是这种在社会大背景下对公正原则的小心审视才使得社会细小的观念变迁能够较快地反映到法律判断中,进而影响法律的制定和权利的保障。可见,权利文化由于促使社会大众对公正观念反复的审视而带有对现有秩序的超越性,融合教育就在这种权利文化的超越性之中快速发展。

(二) 儒家文化对西方权利观念的消解

根据西方自然权利学说,任何一个人在社会和国家中都拥有诸如生命权、自由权、财产权等基本权利。这些基本权利是人与生俱来的,而非由国家赋予的。这些权利在任何社会组织形成之前的自然状态中就已然存在着的。洛克在他的权利理论中就描绘了一个前社会的自由状态:人们进入社会生活之前,处在一个人人平等和自由的自然状态,在这种自然状态中,人们享有完全平等的自然权利,没有谁可以享有比他人更多的权利。因此,人们在组成国家之后,这些人们在自然状态下已经享有的人人平等的基本权利必须被尊重并受到保护。[①]

在中国的社会文化中并不存在西方的这种自然权利的观念。费孝通在《乡土中国》中分析了中国社会文化和西方社会文化之间的区别。他指出西方的社会构成是按照"团体格局","他们常常由若干人组成一个个的团体。团体是有一定界限的,谁是团体里的人,谁是团体外的人,不能模糊,一定分得清楚。在团体里的人是一伙,对于团体的关系是相同的,如果同一团体中有组别或等级的分别,那也是先规定的。"[②]因为大家都承认团体的概念,在团体里的有一定资格,如果资格被取消了就得走出团体,并不是说是人情冷暖的问题,而是权利问题。而中国社会是按照"差序格局"构成的,"我们的格局……是好像把一块石头丢在水面上所发生的一圈圈推出去的波纹。每个人都是他社会影响所推出去的圈子的中心。被圈子的波纹所推及的就发生联系。每个人在某一时间某一地点所动用的圈子是不一定相同的"[③]。在这种社会网络中,人与人之间

---

① 陈林林.从自然法到自然权利——历史视野中的西方人权[J].浙江大学学报:人文社会科学版,2003(2):81-87.
② 费孝通.乡土中国[M].北京:北京出版社,2011:32-33.
③ 费孝通.乡土中国[M].北京:北京出版社,2011:34.

有亲疏远近之别,"以'己'为中心,像石子一般投入水中,和别人所联系的社会关系,不像团体中的分子一般大家立在一个平面上的,而是像水的波纹一般一圈圈推出去,愈推愈远,也愈推愈薄"①。由于中国社会的这种关系网络的结构,在中国社会的传统观念中不存在西方意义上的平等观念,每个人由于其身份和地位的不同,他所获得的权利的范围也就很不相同,也就不大可能产生人人平等的自然权利。

中国人也是不大愿意通过打官司争取所谓不可让渡的权利,因为打官司本身就带有"破坏关系"的负面特征。在西方邻里之间可以为了一些小纠纷对簿公堂,判决之后,不管谁输谁赢都能够接受,继续做邻居。这在中国社会是不大可能的,如果将邻居告上法庭,那很可能以后就仇人相见了,因为打官司本身就违反了邻里之间"好说好商量"的基本原则。因此,如果在上学的过程中遭受到不公正的待遇,随班就读的家长也不愿意告到教育局和其他政府部门那里去,而是更愿意用私人的方式来解决孩子上学的问题。在随班就读的实践中,家长经常通过编织人情关系网络来帮助随班就读生在普通教室中不被排斥并受到周围人的照顾。

除此之外,影响中国人权利观念的另一个儒家思想是"保民而王"的政治文化。"保民而王"是孟子给梁惠王提出的一个治国的思想,孟子这一主张的基本含义是:保护或安定人民,以建立理想的国家政权。孟子认为,只要不过多地侵扰百姓,只要能让人民的基本生活需要得到满足,就可以很好的统治人民:"五亩之宅,树之以桑,五十者可以衣帛矣。鸡豚狗彘之畜,无失其时,七十者可以食肉矣。百亩之田,勿夺其时,数口之家,可以无饥矣;谨庠序之教,申之以孝悌之义,颁白者不负戴于道路矣。七十者衣帛食肉,黎民不饥不寒,然而不王者,未之有也。"②孟子认为如果民众缺乏一定的物质基础和生活水准的保障,那么社会就容易陷入混乱。统治者对人民过分剥夺,只会等来老百姓的反抗。因此,要使社会安定,国家富强,就应使"民有恒产",保证人民有基本的生活水平。③ 可见,中国儒家政治哲学的核心思想就是国家应该尽力地保障和提高人

---

① 费孝通.乡土中国[M].北京:北京出版社,2011:36.
② 《孟子·梁惠王上》
③ 梁文清.论孟子"保民而王"的思想[J].黔南民族师专学报:哲社版,1996(2):33-37.

民的生活水平,这是政府得以被拥护的道德基石。

在中国的一系列官方文件上都可以看到这种儒家政治观念的传承。《中国人权发展50年》白皮书开篇这样叙述道:"新中国成立50年来,特别是改革开放以来,中国政府始终把解决人民的生存权和发展权问题放在首位,坚持以经济建设为中心,大力发展社会生产力,使经济和社会发展突飞猛进,综合国力显著增强,人民生活水平大幅度提高,实现了从贫困到温饱和从温饱到小康的两次历史性跨越。"①2004年和2009年《中国人权事业的进展》白皮书提到:"中国经济平稳较快发展,人民的生存权和发展权得到了较大的改善。""把妥善应对国际金融危机、保持经济平稳较快发展与促进人权事业发展有机结合起来。"可以看到,中国发布的每一份人权白皮书都将"保证人们的生存权和发展权"放在了极其重要的位置上,与"保民而王"的政治观念是同构的。

这种政治哲学之下,中国的权利观念与西方的权利观念有本质上的不同。安靖如认为,中国存在一种与众不同的权利话语,将权利视为一种实现利益目标的手段而不是目的本身的观念。每个人都应享有"权利"的含义就只是说每个人都应享有的利益。② 因此,可以说西方的权利观念是以自由为内涵的个人权利,而中国的权利则是一种被国家保障的群体利益。

在随班就读的实践中,这种群体利益的权利观念极大地影响了政策的制定方式。在随班就读的政策中,经常有将残疾儿童随班就读的权利看做是被保障的群体利益,而不是一项个人的权利。如在《中华人民共和国残疾人教育条例》有这样的规定:"各级人民政府应当加强对残疾人教育事业的领导,统筹规划和发展残疾人教育事业,逐步增加残疾人教育经费,改善办学条件。""地方各级人民政府应当将残疾儿童、少年实行义务教育纳入当地义务教育发展规划并统筹安排实施。县级以上各级人民政府对实施义务教育的工作进行监督、指导、检查,应当包括对残疾儿童、少年实施义务教育工作的监督、指导、检查。""中国残疾人联合会及其地方组织应当积极促进和开展残疾人教育工作。""社会各界

---

① 《中国人权发展50年》白皮书[EB/OL].[2013-03-01]. http://www.people.com.cn/item/rqbpsh/02.html.
② [美]安靖如(Stephen C. Angle). 人权与中国思想:一种跨文化的探索[M]. 黄金荣,黄斌,译. 北京:中国人民大学出版社,2012:237.

应当关心和支持残疾人教育事业。"从这些规定中,可以看到残疾儿童的受教育"权利"的实现依赖于政府、残联、社会各界的保障,而其中缺少的是残疾儿童个人的权利如何通过司法、诉讼的方式得以实现的制度安排。残疾儿童没有被当做单独的权利主体来看待,而是被当做一个利益群体来看待。国家保护的不是某一个人的权利,而是整个残疾儿童群体集体的利益。

2006年修订的《中华人民共和国义务教育法》中关于随班就读的规定更加明显地反映了"群体权利"的观念。其中规定"普通学校应当接收具有接受普通教育能力的残疾适龄儿童、少年随班就读,并为其学习、康复提供帮助"。可以看到,"具有接受普通教育能力的"是一个极其模糊的词汇,至今国家也没有出台如何判定一个儿童是否"有能力"接受普通教育的标准。这种模式的"权利"规定是不可能出现在西方的法律中的,但是由于中国的群体权利观念,这种规定是可以被接受的。这种权利观念的后果就是,作为个人的残疾儿童无法获得在普通教室中学习的确定资格,而随时面临着被视为"无能力在班级里学习"而被劝退的危险。

(三)儒家"仁爱"文化对随班就读的促进与阻碍

儒家仁爱文化强调对弱势群体的帮助与照顾。我国古代典籍《礼记·礼运》就提出"人不独亲其亲,不独子其子;使老有所终,壮有所用,幼有所长,鳏寡孤独废疾者皆有所养"的观点,体现了儒家的仁爱思想与对残疾的宽容和接纳。[①]

仁爱文化在很大程度上促进了随班就读的发展。在随班就读缺乏资金支持、教师培训和详细法律规定的情况下,教师对随班就读的教育都是出于对残疾学生的"仁爱"之心的。教师将教育随班生看做是"扶危救困",很多的时候随班生被教师描绘成无助的、能力低下的、可怜的形象,然后激发出教师去扮演帮助随班生摆脱生命中阴霾的高尚角色。在教师的带领下,学生们也竞相地帮助随班生,有的不惜牺牲自己的休息时间,占用自己的学习时间。可见,儒家文化中"仁者爱人"的思想在推动随班就读的实践中起了很大的作用,对随班生的额外关注与帮助并不需要明确的法律规定确定资格,教师和同学的关爱就可以起

---

① 刘全礼.特殊教育导论[M].北京:教育科学出版社,2003:82.

到决定性的作用。如果将这种广泛的爱心行为放置在西方的社会之中却是难以理解的,西方人会想"为什么教师要偏爱这些学生,对这些学生的偏爱是否影响了对所有学生同样对待的公正原则"。当然,如果一个可接受的公正原则确认这些儿童确实应该得到偏爱,那么这种偏爱会通过法律的形式固定下来,并会被大众接受。从西方少年儿童的角度来说,他们不大会与中国的少年儿童一样,从对特殊儿童的帮助中获得自我的崇高价值感。如果他们愿意去帮助这些儿童很可能是出于某种基督徒似的信念。这里需要说明的是,西方的基督教的爱的观念与儒家的仁爱观念有很大不同,基督教的爱是个人主义的,对他人的爱是出于个人纯粹的选择;儒家的爱是关系形式的爱,这种爱本身就包含了一种社会的等级形式,而人会在"自上而下"的施恩中获得满足。在普通教室中,普通学生对随班生的施恩也会受到教师的鼓励,教师会将那些愿意帮助他人的优秀同学树立成典型,并通过这种方式进行道德教育。从中可以发现"仁爱"观念下的那种等级的秩序,"优秀者"对"弱者"的帮助就隐藏在"仁爱"的行动之中。与此相比,西方的少年儿童更加关心的是人与人之间平等的互惠关系,他们愿意去选择与谁交朋友,而不需要什么额外的荣誉的驱使。有西方的研究表明,普通学校教室内分享性质的活动更有利于残疾学生与正常学生长期与互惠关系的建立,而帮助性质的活动则相反。但是,随着年级的增高,残疾学生与正常学生平等、互惠的互动关系逐渐减少。① 而在我们调查访谈的过程中发现,中国的学生在升入初中以后会更加接纳随班生,这很可能是由于随着社会化的程度不断提高,儒家与人为善的"仁爱"思想更加起作用。而且,被访问的残疾大学生都认为歧视与排斥很大程度上是由于"素质低""不懂事"造成的,这也说明了中国社会文化的归因方式,"懂事"就意味着遵循儒家的仁爱准则。

  儒家文化消解了权利的观念,并用"仁爱"的观念添补个人权利"不在场"所留下的空缺。但是,从随班就读实践的长远发展看,这种添补是不成功的。首先,"仁爱"是建立在对随班生怜悯的基础上的,没有给予随班生足够的尊重和平等的对待。其次,"仁爱"建立在教师的个人素质与性格特征上的,它非常不稳定。最后,"仁爱"所激发出的教学努力是有限的,表现出"仁"与"爱"本身就

---

① Hall, L. J., McGregor, J. A. A follow-up study of the peer relationships of children with disabilities in an inclusive school[J]. The Journal of Special Education, 2000, 34 (3): 114-126.

能够让教师产生自我满足的感觉,而教师缺乏继续寻找有效性教学的动力。因此,如果随班就读的实践动力仅仅来源于"仁爱",来源于"献爱心",来源于周围人的"怜悯",那么随班就读就不会取得很大的发展。

二、精英教育文化与信任教育文化

(一)精英教育文化排斥融合教育理念

中国建立了最为悠久的考试制度——科举,在这个考试制度之上建立了最为古老的"精英教育"体制。在传统的精英教育体制里,教育的过程是不断甄别、筛选、淘汰落后者的残酷竞争过程。教师是知识的绝对权威与垄断者,学生所做的事情是将教师的传授奉为"金科玉律"牢记、理解,然后通过科举考试实现"朝为田舍郎,暮登天子堂"的梦想。[①] 今天的教育体制依然遵循着科举制的古来逻辑,在高考体制笼罩下精英教育是无可奈何的必然选择。

强调成绩的精英教育文化与融合教育理念是水火不容的。有大量的研究表明,如果班级很重视学习成绩,那么由于残疾学生学习跟不上,教师对融合班级里的特殊儿童的容忍度很可能就会下降,而班级里的同龄学生对他们的接纳度也会降低。[②] 如果学校重视考试的成绩,那么学生很可能会被剥夺考试的资格,这在我们中国的随班就读实践和外国的融合教育实践中都得到了印证。学校努力提高总体的学业成就水平,就需要承受更多的压力。对学生学习成绩的重视以及对高层次思维技巧的强调,这些对残疾学生而言都构成了潜在的问题。[③]

在随班就读的实践中,我们几乎不用费力就能感觉到精英教育的影响。值得注意的是,强调成绩有时候也会促进残疾学生的随班就读。由于中国社会普遍重视教育,有着"万般皆下品,唯有读书高"的思想传统,因此,只要一个人学习成绩很好,那么几乎可以掩盖他身上所有的不足。在这种思想传统下,重视成绩的普通班级环境并非排斥所有的随班生,如对于肢残这类不会影响学习的残疾学生来说,如果他们能够取得良好的成绩,就能够很好地融入普通班级中,

---

① 邓猛.我国特殊教育教师教育的困境与出路初探[J].现代特殊教育,2009(9):8-11.
② Cook, B. G., Gerber, M. M. & Semmel, M. I. Are effective school reforms effective for all students? The implications of joint outcome production for school reform [J]. Exceptionality, 1997 (7): 77-95.
③ Braaten, S., Kauffman, J. M., Braaten, B., Polsgrove, L. & Nelson, C. M. The regular education initiative: Patent medicine for behavioral disorders[J]. Exceptional Children, 1988, 55:21-27.

甚至还能获得教师的赞扬与同学的尊重。但是,由于随班生大部分都不能适应普通教室的学习,他们的学习成绩一般处于班级的最后几名,再由于他们身体的残疾和与众不同的举动,他们也就很容易遭受到歧视,很难融入到普通教室之中。

精英教育对于融合教育的排斥不仅仅在中国的随班就读实践中表现得很明显,它几乎成为影响世界融合教育发展的主要阻力之一。一个最明显的例子就是德国。德国可能是精英教育发展最好的国家,他们一直以自己的高质量的教育为自豪。但是,正是这样一个教育与经济都很发达的国家,在融合教育的发展上却成为了整个欧洲的"垫脚石"。在德国现有竞争性的普通教育体制下,特殊教育体系走向融合困难重重。2010年数据显示,德国仅有20.1%的特殊学生被纳入普通教育体系,这一数字甚至低于很多发展中国家。从融合教育视角来看,德国学前教育的融合率为61.5%,一旦进入小学阶段便骤降到33.6%,在中学阶段再次降半,仅为14.9%。并且,随着年龄的增长,孩子当中排他的现象也变得更为严重。而造成德国融合教育发展缓慢的主要因素就是由于德国普通教育体系的传统是以筛选机制为根本的精英教育。在德国,小学四年级便开始分流,10岁孩子分别被归入文科中学、实科中学和主科中学。文科中学是通向大学的唯一途径。德国普通教育体系把融合教育的职责彻底推给"不培养精英的"主科中学,以便保证文科中学教育的精英性。[①]

德国可能是一个极端的典型,因为它奉行的是双轨制的教育体制,在提倡教育大众化的今天,这种教育模式越来越少了。我们可以从一直追求"不让一个孩子落后"的美国教育体系中看到,只要是强调成绩的教育体制,那么就一定会排斥融合教育。

假设你现在是一个残障学生,或者你来自低收入的少数民族家庭。你在新德里、波哥大、伦敦或者纽约的一所城市学校上学。你被学校锁定为潜在的学业失败的群体中的一员。你和其他弱势学生成员必须在标准化的测试中达到该年级或年龄组的学业标准。你与你的这个群体一起参加

---

① 全纳教育:不仅仅是钱的问题——德国全纳教育 2012 年盘点[EB/OL].(2012-04-11)[2014-06-22]. http://www.liuxue86.com/a/407994.html.

了考试,但是没有达到学区和地方教育局设定的及格标准。自然地,你被贴上了不合格的标签,你所在的整个学校也要受到惩罚。现在,假设你是这些学校中的一名教师,你被要求去教导这类特殊学生。你知道你的学生很适合你所开发和调整后的课程,并且,他们取得了显著的进步。但是,根据政府政策所规定的标准,你的学生却被认为是"不合格的"。在实施高风险测试的国家和地区中,这种情况已经不断地发生在成千上万的学生和教师身上,美国最为严重。①

美国的教育体制其实不能算是标准的精英化教育,但是美国的文化中秉持的"机会平等"主义却是与精英教育中所强调的竞争性相一致。在这种理念下,美国的公平观念在于要让所有的儿童(包括特殊儿童)在学校里都能够取得成功,只有这样才能够保障他们进入社会之前能够站在同一个起跑线上,获得同样的机会。这也就是为什么美国"教育重组与融合国家中心"强调融合教育的目标"就是要帮助残疾学生准备好完全地参与社会并能够对社会有所贡献"。在这里,我们要探讨的就是,美国对于进入普通教室儿童的高要求实际上排斥了融合教育,打击了学校和教师接受这些孩子的积极性。有趣的是,在我国的情况正好相反,随班就读政策将残疾学生的成绩排除在外,不计入教师考评的总成绩。但是这种做法也没促进残疾学生在普通教室的融合,相反出现了教师"甩包袱",甚至是"寻租"的现象。这就很值得我们思考,难道融合教育无路可走吗?一方面如果我们实行高压政策,逼着教师想方设法地提高残疾学生的成绩,但是却不大可能有效果;另一方面,如果实行宽松的放养政策,特殊学生又得不到相应的发展。而这里很难有一种中间的路线,因为我们无法确定到底何种标准才是适合普通教室中的残疾儿童的。

这又回到我们正在讨论的问题上了,精英教育文化或者说只要是强调某种单一成绩标准的教育文化就一定是与融合教育相排斥的。进一步地分析,现有的教育体制大都打上了工业时代的烙印,学生就像是没有个性的产品一样被批量生产出来。回首前工业时代,人们的教育都是极具个性的。当时实行的是家

---

① Susan Peters, Laura Ann Oliver. Achieving quality and equity through inclusive education in an era of high-stakes testing[J]. PROSPECTS:Quarterly Review of Comparative Education,2009,39(3):265-279.

庭教育,那些有钱的人家会请家庭教师为孩子进行个别的授课;而那些贫穷的人家实行的是一种劳动教育。设想如果学校教育能像家庭教育那样个别化的话,残疾儿童可能更容易在学校内取得成功。但这样的设想可能有些理想化,因为现在的班级人数和师生比来说,那种悠闲自得的个别化教育必然无法实行。即便教师能够有足够的时间关注所有儿童的特殊性,但是他也势必不会掌握足够多的教学方法来有针对性地教育每一个儿童。所以,我们需要一种更加可行的解决途径。

(二) 信任教育文化:芬兰的启示

通过以上分析,我们发现只要是强调考试成绩与学业竞争就会对残疾学生在普通教室中的融合造成威胁。那么,是否存在一种不强调成绩,但是又能取得有效教育效果的教育体制呢?芬兰的教育也许可以给我们一些启示。芬兰是世界上教育发展最好的国家。芬兰连续三次(2000年、2003年和2006年)在OECD的PISA测试中都取得了综合排名第一的佳绩,而且与其他国家相比,芬兰学生之间的差距很小。[①] 芬兰也将很多残疾学生安置在普通教室之中,他们同样也被安排参加PISA的测试,他们也取得了很好的学业成绩,所以芬兰的融合教育是非常成功的。我们这里主要是讨论整个芬兰教育体系的文化氛围,并找出其中适合融合教育发展的因素。

如果说芬兰为什么能够取得这么好的成绩,那主要的原因是由于芬兰教育体系内流行着一种特殊的文化——信任文化。芬兰的教育官员们相信教师、校长和家长们愿意竭尽全力地为芬兰的儿童和青年提供尽可能好的教育。[②] 所以芬兰与其他国家的最大不同就在于,国家不会通过考试制度来监督教师的工作。不但如此,国家教育委员会对教科书的监督权力被废除,而是通过与教师教育部门、自治市教育当局、校长、教师合作制定"核心课程"提供了一个宽泛的课程框架。每个学校都可以在此基础上制定出符合地方特色的课程。教师也可以自行制定课程,自选教科书或不用教科书,只要符合核心课程的基本原则即可。教师完全处于一种自由放松的状态中,他们从来都不会受到定期视察、

---

① OECD. Knowledge and skills for life: First result from PISA 2000[R]. Pairs,2007:13.

② Aho, E., K. Pitkanen & P. Sahlberg. Policy development and reform principles of basic and secondary education in Finland since 1968 [M]. The Education Unit at the World Bank,2006:132.

考评或者审核。而教师的教学动力来源于被信任所带来的荣誉感。在芬兰,教师受到社会广泛尊重和普遍认同,并享有国家公务员的工资待遇。教师职业是很多芬兰年轻人向往的职业,受欢迎的程度与律师和医生不相上下。每年有众多年轻人申请教师教育项目,并参加"学位教师教育文凭课程"的学习,但只有10%的学生被选拔进入教育学院。[1] 每一个芬兰教师都被视为教育教学方面的专家,芬兰教师在被信任感的驱使下努力为每一个青少年提供优质的教育。

芬兰的教育理念不但信任教师,而且极其信任学生。芬兰以学生为中心,充分尊重学生的发展自由。除了高中毕业考试,不设任何国家外部考试。1998年芬兰颁布的《基础教育法令》(Basic Education Decree)规定,不能对中小学生进行分数等级区分,而是采取描述性的评估和信息反馈。芬兰学校会把与国家或地区相比较的孩子的成绩反馈给家长,而不是将与学校其他学生比较的成绩反馈给家长。[2] 在芬兰,教师们总是鼓励学生们独立学习。芬兰的学生很少从课本上学习知识,芬兰的学生需要自行拟订所有的学习和读书计划,他们需要根据所要学习的内容自己主动搜集资料。所有学生的读书计划都由他们自行制订,芬兰儿童被要求学习自己搜集资料,而不是从课本里学习。除了需要依靠自己的主动性来学习知识外,芬兰的儿童还需要在学校的指导下学会如何对自己的学业情况进行评估。学生具备的自我评估能力实际上替代了例行考试的功能,既起到监控学习进度的作用,又不对学生造成压力。

芬兰的教育家反对考试,认为考试所规定的时间限制会对学生造成压力。由于一些学生喜欢稳步的独立思考,考试的压迫感会扼杀这些长时间思考学习者的自信。事实证明,强调考试,教育不会改善,反而经常会带来相反的效果。考试太多,学生只会疲于应付,学习不能用考试成绩来衡量。由于没有考试的压力,芬兰儿童可以在轻松的学校气氛中自由地学习。一位芬兰教育家认为:芬兰学生有责任感,有尊严,这是因为他们是自愿上学,而不是被逼的。[3]

---

[1] Aho, E., Pitkanen, K. & Sahlberg, P. Policy Development and Reform Principles of Basic and Secondary Education in Finland since 1968 [M]. The Education Unit at the World Bank, 2006: 127.

[2] Andreas Schleicher. 确保教育质量与公平:来自 PISA 的启示[J]. 教育展望国际比较教育专栏:全纳教育(中文版), 2009, 39(3): 50-62.

[3] 全球教育的典范——芬兰[EB/OL]. (2012-07-16)[2014-11-12]. http://blog.sina.com.cn/s/blog_43d86e7501015d0q.html.

从以上对于芬兰教育的特点的描述中，我们可以发现到底是什么样的教育文化可以适合融合教育的发展。芬兰的信任教育文化为我们敞开了新的视野，它告诉我们成功的教育并不一定需要激烈的竞争和严格的监控。那种高压力的学习泯灭了学习者的独立性、创造力和学习热情。竞争所带来的对成绩低下者的排斥是无法避免的，因为学生获得价值与快乐的方式就是来源于这种竞争，而反过来他们又会以这样的方式来评价和看待别人，这样就会造成对低成绩同学的歧视或者同情。相反，芬兰的信任教育文化氛围，能够使得每个人依照自己的方式来评价自己，从自己的成长中获得快乐。这就解决了融合教育中面临的评价两难问题——要么低期待（中国），要么要求太高（美国）。并且，每个人更多是关注自己的成长，大家更多的是自己跟自己比较，所以歧视也就会大大地减小。笔者认为，如果融合教育要取得成功就需要彻底地改变现在的精英教育体制，只要我们大胆地转变思想，就会看到意想不到的结果。

三、弱势群体文化与少数族群文化

（一）弱势群体文化阻碍社会融合

随班就读生如何真正的融入普通教室中去，这是一个很重要的问题。因为，对于这些特殊儿童和他们的家长来说，进入普通教室中学习的一个核心的目的是希望能够在社会交往方面得到发展，有时候这一目标甚至超过了对学业成就的渴望。在我国，将残疾人称作是"弱势群体"几乎是不用避讳的，在各种媒体、官方的讲话中都可以看到这种直接的称呼。当然，将残疾人和特殊儿童看做是"弱势群体"会激发全社会对这一人群的同情心，并因而对他们给予帮助。但是，这一文化标签所带来的副作用同样是很大的。在普通教室里，处于"弱势地位"的随班就读生与处于"强势地位"的普通学生之间的交往形式，正如之前分析过的，只能存在两种形式：或者遭受忽视与排斥，或者接受帮助与爱心。虽然，表面上看似相反的行为，却有着相同的"歧视"成分在其中，只不过一个是恶意的，一个是善意的。当然，人们绝不会否定在一个充满"爱意"的环境中，随班生的境遇会比在一个充满"恶意""压抑"与"排斥"的环境中要获得更多的好处。但是，笔者想提出的疑问是，这是不是他们"融入"普通教室的唯一方式？当这些孩子进入社会之后，是不是依然被看成弱者，重复这种被帮助的形式？其实很多残疾人并不希望社会的过度帮助，但是社会却不会给他们自力更生的机会。

> 即使是在与其他人相同的条件下，单位还是不愿意聘用你的，这是一个没法回避的事实。这一点对于我来说，没有打算说你在和别人相同的条件下，别人会接纳你。这种社会的环境，不是你现在能够改变的了的。你只能说是，通过一些努力，让自己和整个群体变得更好，你要让整个社会的人看到，你这个群体是有实力的……有一些，怎么说呢，我不是很乐意。如果说，在相同的条件下，我没有被录用还好接受一点。更多的是，你去应聘的时候，他可能连给你一个去展示自己的机会都没有。这个可能是有一点点需要改进的吧？（小Y）

这种将残疾人看做是"无能的""弱势的"社会刻板印象本身就造成了他们在社会上难以生存。残疾人的弱势形象与残疾人是"低能的"判断联系在一起，最终造成了残疾人无法在社会中获得更多的资源，最终加重了他们的"弱势群体"的地位，这是社会的"自证的预言"。

确实也存在一些成功"融入"的例子。笔者在调查中了解到，一位在普校学习的聋人因为他是校足球队的球员，通过足球与其他健听的球员建立了深厚的友谊，所以他感觉在普通学校与健听的同学相处得很好。上了大学之后，他与他的球员们获得了多次校足球比赛的冠军，他也因此获得了其他人的尊重。从这个例子中看到了一种"融合"的形式，残疾人在某一项活动中的突出表现获得了与普通人平等交流和获得尊重的机会。但是，这样出的例子可能太过特殊了，而且在本质上与成绩好的随班生在普通教室内受到重视没有本质区别。我们不指望所有残疾人都一定会有"一技之长"，也不能要求残疾人非得有所表现才可以融入普通社会，因为这显然是不公平的。对于大多数残疾人来说，对主流社会的强烈向往和主流社会对他们的排斥之间的矛盾是相当强烈的。一位在普通学校学习过的聋人表达了他的一种在主流文化与残疾人文化之间徘徊的焦虑心情。

> 随着年龄的增加，耳聋带来的种种问题越来越突出。做个在常人圈中生活的聋人，实在太不容易。偶然的机会，我遇见了很多只会打手语的聋人朋友们。他们的生活明显脱离了主流社会，但他们的幸福感比我更强

烈。也许,他们摆脱了嘈杂的世界,所以比我更容易获得安宁。

和他们在一起,我确实有强烈的归属感。但我很难做到过和他们一样的生活。可是这并不能意味着我可以在主流社会上从容生活,交流困难是所有问题的源头。不能和别人同步做事也罢,可悲的是,现在越来越多的人认为我不爱说话。只是我不知道大家说什么,担心自己说错话,所以我沉默。

我不属于两个世界,一个是主流社会,另一个是聋人社会。这让我想到了高中化学实验:一小块钠投入到盛有水和油的烧杯,钠在水和油的界面浮动,慢慢变小,最后消失。

我问了和我有惊人相似经历的朋友,我问:游走在两个极端的世界,你感觉如何?她只是淡淡说了下:挺好的啊,可以了解彼此不了解的世界。我知道,她的话背后也同样充满了无奈。(一位普通学校的聋人,MTH)

我们需要社会大众不将残疾人、特殊儿童看做是社会中的弱势群体,而将他们看成是拥有与众不同特征的社会的一员。通过形成这样的广泛共识,那么残疾人在整个社会中,特殊学生在普通班级中的境遇就会得到很大的改观。然而,这样的观念如何能够建立起来呢?一些外显的行为和看法可以通过有意识的努力去达到,比如竭尽所能地去看到特殊儿童的优势,尽力地去理解他们的表达方式,这些事情都可以通过对自己理性的告诫而达到。但是,有另一些内隐的情绪却难以只是通过意志改变,因为这样做挑战的是整个文化常识和自己根深蒂固的心理定式。如果主流社会的人无法认为残疾群体正在过着一种令人向往的生活。如果他们认为主流社会是更好的,而残疾人的生活是没有什么可以羡慕的。如果残疾人仅仅在表现出刚强不屈的时候才会获得普通大众的认可与尊重,而他们平常的生活却被看成低人一等、令人不快的。那么,就不能说我们可以摆脱残疾人作为"弱势群体"的帽子。简言之,残疾人想进入主流社会,而主流社会的人却对残疾社会没有那种欣赏甚至艳羡的眼光,这种情况不改变的话,那么残疾人很难有自尊地与主流社会相融合。

(二)少数族群文化促进社会融合

如何看待残疾的观念正在从医疗模式向社会政治模式转变。社会政治模式认为残疾的不便更多是社会、政治、文化建构的产物,而不是由于残疾人自己的生理缺陷。在这种模式下人们认识到若要提高残疾人的地位需要改变的不是残疾人本身而是社会的外在环境。对于残疾人来说,什么才是他们真正面临的问题呢？我们一般认为人的健康是幸福快乐的基本前提,那些年迈的、有疾病的人一定是满腹牢骚、生活灰暗的。但是积极心理学的研究表明,这些刻板的印象都与事实不符。有研究表明,随着年龄的增长,生活的满意度却略微上升了。另有研究表明,即使是癌症末期的病人,整体的生活满意度与客观上健康的人相差无几。① 同样地,对残疾人来说,身体上的功能障碍通过长时间的努力他们基本已经能够适应。然而,社会上的偏见与歧视却是他们很难通过努力改变的,他们已经被打上了低能的、不正常等社会的烙印与标签,无法摆脱。因此,残疾现象中包含社会创造的因素,解决残疾人问题应该从人们的意识与抽象的概念上再造残疾的观念,切断功能限制与无能之间那种基于社会偏见的观念联结。② 因此,残疾不应该被看成是悲惨、贫困、无能的弱势群体,而应该被看成是独特的少数族群,就像美国社会中的黑人一样。用美国黑人群体与残疾群体相比较有特别的价值,因为黑人也被认为是素质低下的,并曾遭到过种族隔离,与残疾人现在的境遇有些相像。而现在可以看到过去对黑人的负面看法基本上都是偏见,这就会令我们反思现在是不是对残疾人犯了同样的错误。我们要改变这样的错误,一方面需要我们所有人观念上的转变,另一方面,残疾人可以通过建立自己独特的少数族群文化,来获得自我的认同,并扭转社会大众的观念。

举例来说,美国的聋人就已经拥有独特的少数族群文化,并且这种文化是强而有力的,足以使他们为自己感到自豪。聋的特征在这些聋人看来,不再是缺陷,而是一种文化群体的象征。

> 美国的聋人都认为,聋不是残疾,而是一种生活方式,因此他们也就不需要医学仪器的介入,重要的是他们之间相互鼓励并为彼此感到自豪。很多聋人为了保护手语这个传统的交流纽带,而拒绝使用像耳蜗植入器或复杂听力辅助器之类的新的医学发明。甚至有一小部分但是数量却在增长的父母有意去做一些胚胎基因测试,以便让他们的孩子去分享他们的耳聋

---

① [美]马丁·塞利格曼.真实的幸福[M].洪兰,译.沈阳：万卷出版公司,2010：64-65.
② Hahn, H. Public support for rehabilitation programs: The analysis of U. S. disability policy [J]. Disability, Handicap & Society,1986(2), 121-137.

事实。聋是一个不算问题的问题,因为有了现代化的通信设备,聋人也可以直接参与常人进行的活动。美国的耳聋人士想把这种生活方式沿袭下去。一位聋人说:"我们中的一些人用着手语长大,另外一些则选择了耳蜗植入器,他们都会为他们是聋人而感到无比自豪。我只是把我自己看成一个由于耳聋而需要跨文化和双语交流的人,耳聋对我来说不是一个挑战或者说一种残疾,但它给我的生活增加了乐趣。"①

从这一个例子可以看到建立一种独特的少数族群的残疾人文化是具有现实可行性的,这对消除残疾学生在普通班级中的弱势地位也很有借鉴意义。斯坦巴克等人就提出建立残疾儿童在学校的特殊文化团体的建议。他们认为,普通教室通常只有很少的残疾学生,这就会导致残疾学生很少有机会能够与其他同样类型的学生认识和交流。为了防止这种孤立,可以给残疾学生找到与自己类似伙伴的机会。学校或者社区可以有计划地给具有相同特征的学生提供共处的机会。通过这种共处,残疾学生的个性特点可以得到承认,并促使他们更自信地与团体之外的人接触。这样的小团体是特殊儿童自己创立的,学校的教师和工作人员只是起到促进和帮助的作用。这样的团体可以让每一个学生(残疾生和非残疾生)都获得对自身个性的积极认同。

因此,融合并不意味着残疾人努力去适应主流文化,或者残疾儿童费力地适应普通学校的文化。融合也不应该朝着这样的方向努力,即让他人认为残疾人没有什么差别,因为拒绝承认差异就像是硬要自己"不管铲子叫作铲子"一样荒谬。残疾人士和普通大众都需要在多元文化中承认这种差别,并通过建立残疾人有特色的少数族群文化并以更加积极的自我认同感与主流社会相融合,才是残疾人与普通人最终能够平等共处的有效方法。融合应该是双向的,这才是融合的本意。

---

① 美国部分聋人拒绝助听器 称聋是生活方式[EB/OL].(2006-12-19)[2014-11-12]. http://news.sina.com.cn/w/h/2006-12-19/132911832013.shtml.

第六章　融合教育理论本土发展

尽管融合教育模式的效果还没有被研究有效地证明,它却成功地导致了对传统的隔离特殊教育体系的完全否定。融合教育似乎逐步成为各国特殊教育的主要发展模式,并顺理成章地占领了特殊教育领域的理论与伦理的制高点,形成了垄断的话语体系。事实上,西方各国特殊教育实践表明传统的隔离式特殊教育学校体系基本上已经崩溃,隔离的特殊学校(班)已经或正在消失。

如果说西方融合教育模式是一种理想主义的模式,它以西方个人自由、社会平等社会观念为基础,是在隔离式教育发展到一定阶段,特殊儿童义务教育已得到实现的基础上发展起来的;其目的是保证特殊儿童与正常儿童一样平等地在普通学校接受"免费、适当"的教育,追求的是特殊教育的高质量,最终追求的是实现个人尊严与社会公正的目标。我国随班就读则是一种实用主义的融合教育模式,旨在为我国大量还没有机会接受任何形式教育的特殊教育需要儿童提供上学读书的机会。它是我国作为发展中国家,在经济文化还不够发达的情况下发展特殊教育的一种实用的、也是无可奈何的选择。我国随班就读是在我国经济、文化教育相对落后情况下的产物,"以特殊学校为骨干、大量附设班与随班就读为主体的特殊教育发展格局"的随班就读模式是对实践经验的总结与国际融合教育发展趋势的参考下做出的探索与政策宣示。随班就读无疑使得我国许多学龄期残疾儿童与普通儿童一样享受到公平的教育机会。

近年来,中西方理念的相互交织与冲突,一方面丰富了我国特殊教育理论与实践方式,另一方面似乎不断困扰着我国特殊教育发展的方向。在西方融合教育者宣称:融合教育超越任何经验或实证研究的时候,我国需要因地制宜探索自己的融合教育发展模式。这不仅没有违背融合的思想,相反会丰富融合教育的理论与实践,并为其他情况类似的发展中国家提供了可借鉴的经验。

本章内容对西方融合教育和我国随班就读模式进行了系统的比较与反思；对我国特殊教育发展的格局以及融合教育面临的困难进行概括与思考；在此基础上提出了同班就读的发展模式。同班就读的提法可能并不完整或者精密，但它却试图开启对我国近三十年来未遭怀疑与审视的随班就读模式及特殊教育发展格局的重新思考与反思。同班就读是随班就读的自然延伸。如同随班就读是我国特殊教育实际和西方回归主流思想相碰撞的产物一样，同班就读是我国对国际融合教育理论趋势的中国式回应。我们应该吸纳国际融合教育发展的经验与教训，结合我国教育改革的大政方针，探索实施同班就读的具体实施策略与实践模式。

第一节 随班就读与融合教育的比较

我国自20世纪80年代中期以来开始了吸收能够跟班学习的残疾儿童在本村普通小学随班就读（Learning in Regular Class，简称为LRC）的试验。相关的研究却并不丰富，主要集中于如何进一步扩大随班就读的规模，使更多的残疾儿童少年就学有门。专业人士发现很难对随班就读进行准确的定义，相关的特殊教育法律法规也没有就随班就读进行详细的规范。而各地因地制宜探索的多种多样的随班就读办法与策略更使随班就读的意义趋于多元化。对于随班就读概念的分析、对于随班就读与融合教育的关系以及随班就读的本质的研究还不多见。

一、随班就读与融合教育的安置形式

融合教育思想自出现以来不仅导致了支持者与反对者的分野，还在其自身的支持者中制造了分裂，[1]即出现了部分融合（partial inclusion）与完全融合（full inclusion）的争论。尽管如此，inclusive education 以及与之相关的 mainstreaming（回归主流），integration（一体化）还有我国研究界不是很熟悉的 regular education initiative（正常化教育发起）等不同的术语从理论观点到实践

---

[1] Skrtic, T. M. Behind special education: A critical analysis of professional culture and school organization [M]. Denver, Colo.: Love Pub. Co, 1991:78.

都很相似。① 多数时候专业人士是不加区别地使用这些概念的,很少关注它们间的不同;在实际的特殊教育课堂教学实践中,人们更是很难鉴别究竟是在进行回归主流教育还是融合教育。②③ 从广义地理解融合思想的角度出发,我们可以忽略这些不同名称的细微区别,把它们都包括到目前全球特殊教育领域内声势浩大的融合教育运动内,将所有的试图把特殊儿童部分或全部学习时间安置于普通教室的努力都视作融合教育。

早在1970年,德诺提出根据学生的不同残疾与教育需要提供从最少限制的环境(普通班)到最多限制的环境(不具备教育性质的医院或其他养护性机构)的"瀑布式特殊教育服务体系"。这一体系体现了回归主流思想,尽可能地使特殊儿童从塔的底端向顶端移动,即从隔离的环境向主流环境过渡,以实现教育公平、社会公正的理想;特殊儿童通过一系列安置环境的变换,走向主流环境,使特殊教育与普通教育实现交融。④

我国各类特殊教育相关的法律法规都相继规定或确认:我国特殊教育要以"特殊学校为骨干,以大量设置在普通学校的特殊教育班和吸收能够跟班学习的残疾儿童随班就读为主体"的发展格局。只要将这个格局与美国20世纪70年代回归主流思想以及相对应的"瀑布式特殊教育服务体系"或"最少受限制环境"的原则略加比较,我们就很容易得出结论:回归主流对我国特殊教育的发展的影响是深刻的。⑤ 我国特殊教育发展格局中虽然可选择的安置形式较少,但也遵循了从隔离逐渐走向融合的原则。"瀑布式体系"自20世纪70年代提出以来,四十多年过去了,美国特殊教育也经历了从隔离式特殊学校或机构、特殊班、瀑布式多层次服务体系到融合教育的变化。时至今日,我国多数特殊教育工作者对这一"瀑布式体系"仍然情有独钟,认为是比较完美的模式,并用多种形象的、本土的术语对它进行描述、总结,在我国出版的各类特殊教育理论著作

---

① 邓猛,潘剑芳.关于融合教育思想的几点理论回顾及其对我们的启示[J].中国特殊教育,2003(4):1-7.
② 同上注.
③ Salend, S. J. Effective mainstreaming: Creating inclusive classrooms [M]. 3rd ed. New Jersey: Prentice-Hall, Inc. 1998:146.
④ 邓猛.从隔离到融合:对美国特殊教育发展模式变迁的思考[J].教育研究与实验,1999(4):41-45.
⑤ 邓猛.双流向多层次教育安置模式、融合教育以及我国特殊教育发展格局的探讨[J].中国特殊教育,2004(6):1-7.

或教科书中都有介绍或讨论。可见,我国特殊教育发展格局的确深受西方融合教育思想的影响。

对于随班就读的定义,国内学者一般都承认随班就读是在西方回归主流思想影响下,由我国特殊教育工作者根据我国国情探索出的对特殊学生实施特殊教育的一种形式,它以较经济的成本、较快的速度使特殊儿童就近进入邻近的普通小学接受义务教育。从现有文献内容和观点的倾向性来看,有的研究者似乎将我国随班就读和西方回归主流或融合教育等同对待,认为它们之间没有什么不同。[①][②] 这些学者在国际学术交流中直接使用"mainstreaming"(回归主流)或"inclusive education 或 inclusion"(融合教育)等术语来描述我国随班就读的情况;并认为我国随班就读模式受国际特殊教育理论如回归主流或一体化思想的影响因而具有国际性。[③]

另外一些研究者似乎更倾向于认为随班就读与西方的回归主流或者融合教育之间有本质的区别。正如朴永馨指出,随班就读"与西方的一体化、回归主流在形式上有某些共同之处,但在出发点、指导思想、实施办法等方面有中国的特色"[④]。笔者曾与北京师范大学朴永馨教授、北京联合大学刘全礼教授进行过讨论,两位学者均认为随班就读在中国20世纪50年代末就已经出现,根本不存在从西方引进的问题。朴永馨指出,20世纪80年代初,东北的一些学校就有弱智儿童跟班学习的事例;黑龙江海伦县也出现了聋童、多残儿童在村小随读的实践。[⑤] 1983年国家教委就指出,弱智儿童多数已经在普通小学就学;1987年国家教委《关于印发"全日制弱智学校(班)教学计划"的通知》中明确提到:大多数轻度弱智儿童已经进入当地小学随班就读。这是目前查到的在教育部文件中第一次出现"随班就读"一词的文件。中国的随班就读与美国的融合教育有相同之处。但是,中美两国国情是不同的;随班就读考虑了我国的社会

---

① Mu, K. L., Yang, H. L. & Armfield, A. China's special education: A comparative analysis[R]. Indiana University, Bloomington, 1993:3-8.

② Potts, P. A Western perspective on inclusion in Chinese urban educational settings[J]. International Journal of Inclusive Education, 2000, 4 (4):301-313.

③ 邓猛,潘剑芳.关于融合教育思想的几点理论回顾及其对我们的启示[J].中国特殊教育,2003(4):1-7.

④ 朴永馨.特殊教育辞典[M].北京:华夏出版社,1996:43.

⑤ 朴永馨.融合与随班就读[J].教育研究与实验,2004(4):47-40.

文化、经济、教育等实际的条件,具有我们自己的民族性,是中国人自己总结和探索出来的。① 朴永馨解释:安置形式是为各国教育目标服务的,有相同的地方,这说明了特殊教育发展有共同的规律;也有不同的地方,这表现出地方的特色,是特殊教育民族性的一面。中国的随班就读与美国的回归主流在教育安置形式等方面有相同之处,正是特殊教育共同规律在各国的体现,是人类文明发展到一定程度的共同诉求,但并不意味着可以将二者等同起来。②

总结这些学者的文献与相关观点,随班就读与融合教育主要有以下几个显著的不同点。

(1) 随班就读参照了西方融合教育的做法,例如,也是将特殊儿童置于普通教室,逐渐重视学生的潜能的鉴定与开发;另一方面,它也保留了某些苏联的影响,例如,重视对学生的缺陷进行补偿与矫正,这些缺陷学的理论与方法在中国特殊教育领域受到重视,其效果也为实践所证明。

(2) 融合教育以西方的自由、平等、多元的社会文化价值观念为基础,而中国特殊教育发展生长于传统儒家教育思想的历史文化背景之上,并体现社会主义的政治与教育理念。

(3) 随班就读处于起步阶段,还比较简单、粗糙,并不像融合教育那样是一个理想的教育哲学或完备的教育目标、方法体系;随班就读只是解决我国残疾儿童教育问题的一个切实可行的具体实施办法。西方"瀑布式体系"较系统、供选择的层次较多,而我国以随班就读为主体的发展格局较简单、层次较少。

(4) 融合教育的根本目标是要在普通教室为包括残疾儿童在内的所有儿童提供高质量的教育,面向的是全体学生;随班就读的服务对象目前来说还是以盲、聋、弱智三类残疾儿童为主,许多中重度残疾、综合残疾儿童以及其他残疾类型的儿童还没有进入普通学校,还没有上学接受教育的机会。

---

① 朴永馨.努力发展有中国特色的特殊教育学科[J].特殊教育研究,1998(1):1-3.
② 朴永馨.融合与随班就读[J].教育研究与实验,2004(4):47-40.

二、随班就读本质的探讨

(一) 随班就读属于融合教育范畴

如前所述,所有的试图把特殊儿童部分或全部学习时间安置于普通教室的努力都可视作融合教育。从这个角度出发,随班就读应该属于全球范围内的融合教育运动范畴。[①] 尽管朴永馨认为这只不过是全人类特殊教育发展共性的体现,然而,今日全球特殊教育发展的共性恰巧就是融合教育。正如1994年由88个政府和25个国际组织在西班牙萨拉曼卡召开的"世界特殊教育需要大会"所达成的广泛共识:

> 有特殊教育需要者必须有机会进入普通学校,这些学校应该将他们吸收在能满足其需要的、以儿童为中心的教育活动中;实施此种融合性方针的普通学校,是反对歧视、创造欢迎残疾人的社区、建立融合新社会和实现人人受教育的最有效途径(选自特殊教育文件选编1990—1995)。

萨拉曼卡所确定的建立融合学校与社会、发展融合教育的原则为世界各国包括中国所遵从,为各国确立融合的教育目标、制定相关政策提供了依据与动力,这正是人类文明发展到今天残疾人教育与社会观念共同的潮流,是全人类特殊教育发展的共性。我国随班就读也应该、事实上也被包含在全球融合教育潮流的共性之内,这种共性也是随班就读的国际化时代背景的体现。

至于随班就读的民族性,它与融合教育的理念并不冲突。从全球范围来看,融合教育仍然处于摸索、发展阶段,并没有一成不变的模式。在不同的国家、社会背景下,人们对于融合教育的定义、目标、途径及结果都存在着不同的看法。[②] 尽管很多国家都致力于发展融合教育,但没有一个国家真正实现了高质量的、有效的融合教育。即使在首先倡导融合教育的美国,其效果仍然是值得怀疑的,并不能提供满意的证明。[③] 没有一个国家的做法能够为其他国家发

[①] 邓猛,潘剑芳.关于融合教育思想的几点理论回顾及其对我们的启示[J].中国特殊教育,2003(4):1-7.

[②] Fuchs, D. & Fuchs, L. S. Inclusive schools movement and the radicalization of special education reform [M]. Exceptional Children, 1994, 60 (4): 294-309.

[③] Cook, B., Semmel, M. & Gerber, M. Attitudes of principals and special education teachers toward the inclusion of students with mild disabilities[J]. Remedial and Special Education, 1999, 20 (4): 199-207.

展融合教育提供一个标准的蓝本或范例,各个国家需要根据本国的国情探索适合自己的融合教育模式。①

因此,我国因地制宜探索自己的发展模式,不仅没有违背融合教育思想,相反丰富了融合教育的理论与实践,并为其他情况类似的发展中国家提供了可借鉴的经验。将随班就读纳入全球融合教育运动的范围,不仅能使我们以更宽广的视野自觉地运用融合教育的基本理论和别国的经验来指导我国随班就读实践,从而有利于明确我国随班就读的发展方向、提高其质量,而且为国内学者使用规范的学术语言参加国际学术交流与对话提供便利。②

(二) 随班就读:一种实用主义模式

如果说西方融合教育模式是一种理想主义的模式,我国随班就读则是一种实用主义的融合教育模式,它是我国作为发展中国家,在经济文化还不够发达的情况下发展特殊教育的一种实用的、也是无可奈何的选择。③

邓猛的调查发现,尽管多数被调查的普小教师赞成融合教育的观点,他们绝大多数(约80%)更愿意选择特殊学校来教育特殊儿童。无论农村还是城市教师都对特殊学校持最赞成的态度,有趣的是他们同时又对融合教育有较高的支持率。④ 这一结果与西方的情形不同,因为在西方支持融合教育与反对融合教育的人士泾渭分明,形成两大对立的阵营,很少出现这种两者都赞成的态度。邓猛还发现:被访谈的教育官员与校长一方面异口同声地支持随班就读,同时又承认特殊学校在资源与专业人员等方面存在优势,应根据实际条件选择建立特殊学校或者进行随班就读。⑤ 正如一位教育官员所表示的:"怎样对特殊儿童上学、成长有利,我们就怎样搞……"这种态度反映了我国对随班就读所采取的实用的态度,其目的很明确,就是使更多的没有上学机会的残疾儿童能够因

---

① 邓猛,潘剑芳.关于融合教育思想的几点理论回顾及其对我们的启示[J].中国特殊教育,2003(4):1-7.

② 同上注。

③ Deng, M. & Poon-McBrayer, K. F. Inclusive Education in China:Conceptualization and Realization [J]. Asia-Pacific Journal of education, 2004, 24 (2):143-157.

④ 邓猛.普通小学随班就读教师对融合教育态度的城乡比较研究[J].教育研究与实验,2004(1):61-67.

⑤ 邓猛.特殊教育管理者眼中的融合教育:中国随班就读政策的执行研究[J].教育研究与实验,2004(4):41-48.

陋就简、克服各种困难"有学上、有书读"。

20世纪80年代以来一系列法律法规(如《中华人民共和国残疾人保障法》《中华人民共和国残疾人教育条例》等)都明确规定发展特殊教育的方针是"普及与提高相结合",但同时强调"以普及为重点"。在具体的实践中,提高特殊儿童的入学率成为各地区追求的首要目标,督导与评估也主要集中于升学率高低即数量的检查。提高入学率成为相关法律法规以及各地特殊教育实践的首要目标;质量,即特殊儿童是否能够在普通教室里接受适当的教育长期以来受到了忽略。西方的融合教育是要为特殊儿童提供接受平等的、适当的教育机会,而我国的随班就读主要是为儿童提供平等接受教育的机会。[1] 因此,我国随班就读的质量与西方发达国家相比仍然有很大的距离。虽然随班就读与教育机会平等、"全民教育"等目标是一致的,其背后并没有什么深厚的哲学基础,也没有与什么大规模的社会运动有紧密的联系。融合教育背后的一些如平等、个性自由、多元等西方的哲学观念以及适当、高质量的教育等原则在我国没有或很少得到强调。[2] 随班就读正是西方融合教育的形式与我国特殊教育实际的结合,是一种实用主义的融合教育模式。

三、结论

经过三十余年的实践,我国特殊教育已经发展到由追求数量向质量转化的关键时期。十五期间的特殊教育文件已经明确要求特殊教育发展的任务与指标不再局限于初等教育阶段三类残疾儿童的入学率,提出了保留率的明确要求,并要求发展高水平、高质量的义务教育。在随班就读今后的发展中,我们不仅应该努力将那些还没有进入学校的特殊儿童招收进来,而且要更加注意提高教育的质量,并注意吸取西方融合教育的经验与教训。例如,西方发达国家融合教育发展的水平较高,但过分重视儿童平等接受教育的权利及社会适应能力的发展,对儿童学业的发展有所忽略,因而在促进儿童学业进步方面并不能令人满意。我国随

---

[1] 邓猛,潘剑芳.关于融合教育思想的几点理论回顾及其对我们的启示[J].中国特殊教育,2003(4):1-7.

[2] Deng, M. & Poon-McBrayer, K. F. Inclusive Education in China: Conceptualization and Realization[J]. Asia-Pacific Journal of Education, 2004, 24 (2): 143-157.

班就读的发展与西方发达国家相比从总体上来说还处于较低水平,人力、资源、相关服务等都不足,出现了混读的现象。但从较成功地区的经验来看,与西方相反,我们似乎太注意对残疾儿童书本知识的传授、注重他们学习成绩的进步,对他们社会适应能力、生活技能等各项潜能的发展有所忽视。

值得注意的是,在我国,一方面,民众有同情、帮助残疾人的传统,另一方面,认为教育残疾人是浪费精力与时间的观念仍然普遍存在。尽管我国有助残、同情残疾人的优良传统,漫长的封建社会也产生了对残疾人的许多歧视与偏见,社会公众对于残疾人的教育与其他平等权利还不能够完全接受。创设一个和谐的、接纳的社会氛围对于随班就读工作的开展非常重要。我们还需要在这方面做更多的、长期的艰苦工作,改变社会公众对残疾与特殊教育的基本看法。各地政府还要与各类社会团体、学校、专业组织与人员以及残疾儿童少年家庭更加紧密地合作,采取适合当地的各种措施,持续地宣传社会公正、残疾人权利、教育公平等相关的观念,逐步改变社会主流价值与氛围,这些都会对特殊教育的发展与社会变革产生长远的、积极的影响。

第二节 我国特殊教育发展格局探讨

一、何谓"双流向多层次特殊教育服务模式"

早期的美国特殊教育以隔离的特殊教育学校或机构(19世纪末)与单独设立的特殊班(20世纪五六十年代达到顶峰)为主。随着"二战"后民权运动与去机构化运动的发展,特殊儿童应尽可能地在正常环境中学习、生活逐渐成为社会的主流观念。1970年,德诺提出了一个等级森严的特殊教育安置体系(见图6-1)。[①] 这一体系根据学生的不同残疾与教育需要提供从最少限制的环境(即普通班)到最多限制的环境(即不具备教育性的医院或其他养护性机构)的七个层次,整个结构形同瀑布,上下贯通,被称为"瀑布式特殊教育服务体系"(以下简称"瀑布式体系")。[②] 1973年,邓恩将德诺的安置体系加以修改,提供了8到

---

① Wyne, M., O'Connor, P. D. Exceptional children: A developmental view[M]. Lexington, Mass.: Heath, 1979: 181.
② 朴永馨.特殊教育辞典[M].北京:华夏出版社,1996:36.

11种不同的安置选择,整个体系形状如同倒置的金字塔,这就是人们非常熟悉的"倒三角体系"或"倒金字塔体系"。① 尽管表述各有不同,一般认为这一体系主要包括:普通班、巡回教师辅导制(农村较多使用)、资源教室、特殊班、特殊学校、家庭或医院等教养机构。

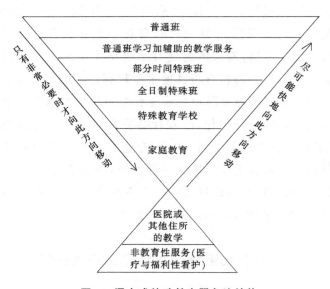

图 6-1 瀑布式特殊教育服务连续体

"倒金字塔体系"及最少受限制环境原则体现了当时回归主流的哲学思想,虽然回归主流一词并没有在 EHA 法律文本中出现,但 EHA 以法律的形式总结了 20 世纪 50 年代以来美国回归主流与去机构化运动的成果,成为"残障人士的权利清单"。EHA 规定的个别教育计划、非歧视性鉴定等五项原则对残疾人的教育与生活产生了重大的影响。其中,特别重要的有两条:(1)"免费、适当的、公立的教育"(FAPE)的原则,即学校应向社区所有儿童提供平等教育机会与高质量的教育(也就是零拒绝的哲学);(2)最少受限制环境原则(通过"倒金字塔体系"体现)。零拒绝(平等)的哲学与最少受限制环境原则(LRE)以及相对应的多层次服务体系对各国特殊

---

① Meyen, E. L., Skrtic, T. Exceptional children and youth [M]. 3rd ed. Denver: Love Publishing Com., 1998:431.

教育的理论与实践都产生了巨大的影响。德诺的"瀑布式体系"也反复出现于各种特殊教育理论著作或教科书中,如我国朴永馨在其主编的《特殊教育辞典》中以倒三角形的形式描述了这 7 个层次(见图 6-2),[①]刘全礼以梯形的图式对这一体系进行陈述(见图 6-3)。[②]

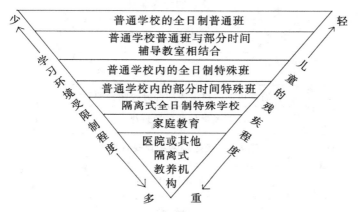

图 6-2　双流向多层次特殊教育服务体系

回归主流及"瀑布式体系"对我国特殊教育的发展的影响也是深刻的。只要将我国 20 世纪 80 年代以来形成的"以一定数量的特殊教育学校为骨干,以大量的在普通学校附设的特殊教育班和随班就读为主体"(郭富荣等[③])的示意图(见图 6-4)与"瀑布式体系"略加比较,我们就很容易得出这个结论。"瀑布式体系"自 20 世纪 70 年代提出以来,美国特殊教育也经历了从隔离式特殊学校或机构、特殊班、瀑布式多层次服务体系到融合教育的变化。由于融合教育是在批判、反思回归主流的基础上发展起来的,[④]结合融合教育思想与我国教育实践对"双流向模式"进行分析是必要的。

---

① 朴永馨.特殊教育辞典[M].北京:华夏出版社,1996:36.
② 刘全礼.特殊教育导论[M].北京:教育科学出版社,2003:80.
③ 郭福荣,冀一志,王肖萍,赵永平.关于世界特殊教育大会的报告[J].特殊教育研究,1994(3):1-3.
④ 邓猛.关于融合教育思想的几点理论回顾及其对我们的启示[J].中国特殊教育,2003,40(4):1-8.

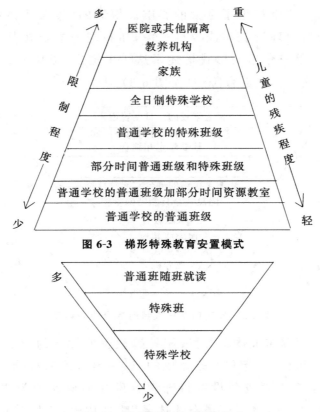

图6-3 梯形特殊教育安置模式

图6-4 我国特殊教育服务模式

二、"双流向多层次特殊教育服务模式"批判

94-142公法的颁布是回归主流的倡导者们赢得的一个巨大胜利,几乎没有人怀疑它所确定的基本原则与精神。然而,在胜利的气氛尚未消退之前,挫折感就笼罩了特殊教育界:回归主流的教学效果并不令人满意,传统特殊教育官僚的、低效率的结构仍然没有改变。[①] 具有讽刺意味的是,阻碍94-142公法得

---

① Daniel, L. G., King, D. A. Impact of inclusive education on academic achievement, student behavior and self-esteem, and parental attitudes[J]. The Journal of Educational Research, 1997, 91 (2): 67-80.

以很好执行的原因正是该法所规定的许多程序。① 斯格迪克指出:特殊教育界赢得了立法的胜利,却输掉了实践法律的战役。② 对"双流向模式"的批判主要来自融合教育的倡导者们,他们的批判主要集中在 94-142 公法中的特殊儿童鉴定程序以及相对应的等级制安置体系。③

首先,"双流向模式"允许一系列"抽出"的教育计划的存在,是一个等级制的安置体系,本质上仍然是以特殊儿童应该在普通教室以外的、隔离的环境中受教育为前提。它要求特殊儿童必须达到某种预定的标准(鉴定结果)才能到普通教室就读。这意味着特殊儿童必须通过自己的努力去争取、赢得在普通教室接受教育的权利,如果不能达到某项标准则只能在限制程度较重的环境中学习。这一原则听似有理,是赞成减少环境的限制,其实它通过环境限制的分级以及建立相应的分级标准将"有限制的环境"(如特殊学校、班)的存在合法化了。④ 泰勒(Tailor)指出:LRE 原则使人们更加关心安置环境而非支持与服务;它是一种"预备"模式,即儿童必须证明自己具备某项预备能力才被允许到某个环境中去,这在道德上是不可接受的,实际上也很少有儿童能够从限制较多的环境中顺利地通过自己努力而非外界力量转移到限制较少的教育环境中去。⑤ 更重要的是,这种严密的、根据残疾程度的不同决定教育环境的制度本身就违背了回归主流本身所追求的教育平等的理想与"零拒绝"的哲学,是不公平的等级制度。⑥ 它将儿童的残疾假定为儿童失败的根本原因,而非学校本身条件或教学的不足,并为学校将处境不利儿童推向限制更多的环境找到了借口。⑦

---

① Gartner, A., Lipsky, D. K. Beyond special education: Toward a quality system for all students [J]. Harvard Education Review, 1987, 57 (4): 367-395.
② Skrtic, T. M. Behind special education: A critical analysis of professional culture and school organization [M]. Denver, Colo.: Love Pub. Co, 1991:78.
③ 邓猛.关于融合教育思想的几点理论回顾及其对我们的启示[J].中国特殊教育,2003,40 (4):1-8.
④ Lipsky, D. K., Gartner, A. Inclusion and school reform: Transforming America's classrooms [M]. Baltimore, Md: P. H. Brookes Pub. Co., 1997:299.
⑤ Taylor, S. J. Caught in the continuum: A critical analysis of the principle of Least Restrictive Environment[J]. Journal of the Association for Persons with Severe Handicaps, 1988, 13 (1): 41-53.
⑥ 邓猛.从隔离到融合——对美国特殊教育发展模式变革的思考[J].教育研究与实验,1999,67 (4): 41-45.
⑦ Skrtic, T. M. Behind special education: A critical analysis of professional culture and school organization [M]. Denver, Colo.: Love Pub. Co., 1991:17.

其次,"双流向模式"根据鉴定结果确定儿童的残疾程度,并据此决定儿童处于倒三角形的哪一个层次。因此,客观的、科学的诊断与检测是这一体系的基本前提。然而,我们知道,特殊儿童的鉴定存在着不可克服的缺陷。对于许多残疾种类,我们的认识并不深刻,还不能很好地鉴定它们。例如,在美国,昨天被鉴定为智力落后今天却被诊断为学习障碍、在这个州被鉴定为学习障碍而在另一个州却被诊断为语言障碍或情绪障碍的情况时有发生。判定障碍的程度则更是一个错误丛生的过程。即使我们能够提高诊断技术,诊断的效度也是很难确保的,因为诊断要追求客观的结果,而诊断者与被诊断者却都是主观的人。诊断材料经常也是间接的反映人的某项能力,如智商的测定只不过是基于儿童对一系列问题反应的分数,并不等同于智力,也不能够说明大脑某部位是否有病。[①] 而实际上智商的概念经常被滥用,被广泛地用作判定儿童智力发展的唯一标准。"双流向模式"这个如此严密的体系建立于如此脆弱的诊断体系基础之上,难免容易出现误差。还有,建立在病理学基础之上的诊断的目的是发现儿童的问题、鉴定儿童偏离正常的程度,不符合我们提倡的要关注儿童的潜能的信念,容易导致标签的产生与运用,不利于儿童的发展。

"双流向模式"根据残疾的轻重决定儿童受限制的等级的做法,在实际运用中只适合于智力落后等少数残疾类型。实践证明,全盲、全聋、重度肢残等多数残疾类型中的重度残疾者都可以像轻度盲、聋、肢残儿童一样在普通班级里学习,而无须安置在限制较多的医院或特殊学校里。[②] 将只适合于极少数残疾类型的模式普遍应用于所有残疾,显然是不可行的。

三、从融合教育的理念看"双流向模式"

"双流向模式"与回归主流思想使特殊教育与普通教育通过一系列阶梯实现了历史性的交汇,但显然它们尚未摆脱隔离式教育的束缚。融合教育是在批判、反思回归主流的基础上发展起来的,其目的就是要彻底告别隔离的、等级制

---

① 邓猛. 从隔离到融合——对美国特殊教育发展模式变革的思考[J]. 教育研究与实验,1999,67(4):41-45.
② 邓猛. 从隔离到融合——对美国特殊教育发展模式变革的思考[J]. 教育研究与实验,1999,67(4):41-45.

教育体系,使特殊教育与普通教育真正融合成为统一的教育体系。① 融合教育者认为特殊儿童本来就应该属于普通教室,他们有权在普通教室接受高质量的、适合他们自己特点的、平等的教育,他们应该在普通教室而非"抽出"接受必需的支持与服务;他们无须经过自己的努力去争取、赢得在普通教室接受教育的权利。② 融合教育者反对传统的、基于病理学的标准化检测手段与程序,强调弹性的、基于学生教育需要与实际表现的、个别化的鉴定;反对导致歧视、隔离的标签的使用,认为用正常/异常的二分法标准划分儿童是武断的做法;认为个别差异是自然存在的,所有的儿童都有学习能力与获得成功的权利。

如果说"双流向模式"仍未挣脱传统教育等级观念的桎梏,融合教育又似乎走得太远。它不仅导致融合教育支持者与反对者的分野,还在其自身的支持者中制造了分裂与争论。③ 随着融合教育影响的扩大,融合教育反对者的声音已微乎其微了,人们将更多的关注放在"如何融合",即部分融合(partial inclusion)还是完全融合(full inclusion)上面。完全融合派认为所有儿童都能在普通教室里接受适合他们需要的教育;要彻底消灭残疾与正常儿童的差别以及特殊教育与普通教育的职业分别;要建立平等、接纳、合作的社区与学校。④ 部分融合派认为完全融合是乌托邦式的理想,虽然在道德上高高在上,教学实践中却很难取得实质性效果;⑤ 应该有选择地保留"双流向模式"中的等级,允许特殊儿童在必要时到资源教室接受一段时间的教育与服务。实际情况是:多数的特殊教育工作者在追求教育平等、反对教育中存在的等级制、反对武断的诊断与标签等基本原则与理想方面与完全融合派并无区别,但在实际的教学中更多地采用部分融合派的观点。

但是,这并不意味着"双流向模式"依然有效,相反,它赖以存在的基础(如

---

① Stainback, W., Stainback, S. A rationale for the merger of special and regular education[J]. Exceptional Children, 1984, 51: 102-111.
② 邓猛. 关于融合教育思想的几点理论回顾及其对我们的启示[J]. 中国特殊教育, 2003, 40(4): 1-8.
③ Skrtic, T. M. Behind special education: A critical analysis of professional culture and school organization[M]. Denver, Colo.: Love Pub. Co., 1991:78.
④ Salend, S. J. Effective mainstreaming: Creating inclusive classrooms[M]. 3rd ed. New Jersey: Prentice-Hall, Inc., 1998:24.
⑤ Croll, P. Moses, D. Ideologies and utopias: Education professionals' views of inclusion[J]. European Journal of Special Needs Education, 2000, 15(1): 1-12.

上所述)已经不复存在,各国的特殊教育实践也表明传统的隔离式特殊教育学校体系基本上已经崩溃。近年来,西方关于融合教育效率的研究主要集中在资源教室与全日制普通班教学效果的比较之上,特殊学校(班)的弊端早在20世纪60年代的研究中就已经阐述清楚。多数的研究证明,普通学校设置资源教室的效果优于隔离式特殊学校(班)和全日制的普通班。[1][2] 隔离的特殊学校(班)事实上已经或正在消失,例如,在英国,融合教育的发展已经导致特殊学校急剧减少或关闭;在1990年,只有1.3%的特殊儿童在特殊学校就读,而"延伸班"(与美国资源教室类似)发展很快。[3] 澳大利亚统计局从1989年就已停止统计特殊学校(班)的学生人数(因为已经没有必要了)。而在意大利,99%的特殊儿童都在普通教室里就读,真正实现了完全融合。[4] 法国、比利时、丹麦等国的特殊教育学校则转变功能,成为融合教育的资源中心。[5]

从以上对"双流向模式"以及融合教育思想的分析可以总结出以下几点结论。

(1)"双流向模式"是理想化的等级教育体系,理论上违背教育平等的理念,实践上可操作性低。

(2)传统的标准化鉴定手段与程序容易出现误差并导致歧视与标签。

(3)完全融合派的观点过于极端,在道德上高高在上,在教学实践中却很难实现。

(4)普通学校设置资源教室的折中式做法为更多专业人士所欢迎。

(5)隔离的特殊学校(班)事实上已经或正在消失,少数特殊教育学校转变为融合教育资源中心。

---

[1] Manset, G., Semmel, M. I. Are inclusive programs for students with mild disabilities effective: A comparative review of model programs[J]. The Journal of Special Education, 1997, 31 (2): 155-180.

[2] Marston, D. A comparison of inclusion only, pull-out only, and combined service models for students with mild disabilities[J]. The Journal of Special Education, 1996, 30 (2):121-132.

[3] OCED. Inclusive education at work: Students with disabilities in mainstream schools[M]. Paris: Organization for Economic Co-Operation and Development, 1999:208.

[4] Meijer, C. J. W., Pijl, S. J., Hegarty, S. New perspectives in special education: A six-country study of integration[M]. London: Routledge, 1994:9-10.

[5] Daunt, P. Western Europe[M]// Mittler P., Brouillette R. & Harris D. World yearbook of education 1993: Special needs education. London: Kogan Page, 1993:89-100.

（6）西方以美国为代表的特殊教育经历了从隔离式特殊学校向特殊班、"双流向模式"、资源教室与全日制普通教室安置相互交织，并向完全融合过渡的过程。

四、我国特殊教育发展的格局

我国以特殊学校为骨干、大量附设班与随班就读为主体的特殊教育发展格局是在1988年全国特殊教育工作会议提出的。[①] 在这种教育格局下残疾儿童的安置模式主要包括资源教室模式、特殊教育班模式、特殊学校模式、一体化、融合教育和随班就读模式等。

（一）资源教室模式

资源教室（resource room）模式是安置特殊学生的主要措施之一，其目的是使残疾儿童在普通教育环境中既能融入正常儿童的学习与社会生活，又能接受到满足其特殊需求的特殊教育与康复方面的专业服务。特殊学生大部分时间在普通班学习一般课程，根据需要安排部分时间到资源教室接受资源教师或其他专业人员的指导与服务。资源教室最大限度地利用普通学校现有的人力、物力资源等多方面的资源，同时将特殊学校的教学与服务融入普通教育体系，使残疾学生在接受适合其需要的特殊教育和服务的同时实现融合教育的目标。

运用资源教室模式，首先需要在普通学校建立1～2个资源教室。一般而言，这种教室比一般教室空间要大一些，可根据需要分隔成几个不同功能的教学角。教室里不仅要配置教学的基本设备，如黑板、讲台、桌椅等，还要根据需要配置专为特殊教育服务的设备如语言教学机、盲用打字机、专用电子计算机及一系列测试与评定的量表和其他测试工具等。资源教室由专人管理，通过课表安排不同类型的特殊儿童来此接受特殊教育。

在资源教室模式中，资源教师是教学方案的主要实施者，也是特殊教育和普通教育沟通的桥梁，负责对特殊儿童进行个别辅导和补救教学，为普通班教师和家长提供咨询与支援服务。资源教室内设置若干名专职或兼职的资源教师。特殊儿童根据需要可以自行选择去资源教室接受资源教师的特殊支持，也

---

① 朴永馨.特殊教育辞典[M].北京：华夏出版社,1996:36.

可以与普通教师一起到资源教室，由普通班教师提供特殊支持，而仅仅只是利用资源教室的物质资源。这种资源教室的教育安置模式，既解决了随班就读安置模式中无法为特殊需要儿童提供专业化教育服务，又不同于特殊学校和特殊班把儿童贴上"残疾"的标签而受到歧视，它是一种综合性的折中式教育安置模式。

（二）特殊教育班模式

特殊班在残疾儿童的教育过程中具有积极的作用。它是指在一般学校中专门为残疾儿童开设的特殊班级，是特殊教育重要的实践方式。与传统的、寄宿制特殊教育机构或学校相比，特殊班虽然从养护模式转变为真正意义的教育模式，教学效果也有所改善，但隔离的本质并没有什么不同，只不过隔离的场所变了而已。到20世纪50至60年代，公立学校里的特殊班成为多数残疾儿童的教育安置模式，而一些寄宿制的特殊教育机构和特殊教育公立走读学校仍然是教育盲、聋以及肢体残疾儿童的常见场所，社会主流观念仍然认为残疾儿童不能够在普通学校与社区学习、生活。

特殊班的设立，从某种意义上说，是对特殊学校局限性的一种补救性措施。特殊教育班的教师是受过特殊教育专业训练的教师和教学辅助人员，能够利用专业知识与技能在相关的设备与器材支持下实施有效的教学。特殊班的教师被认为应该采用个别化教学的方法，对残疾学生进行有针对性的、更有质量的教学与康复训练。它可以让残疾学生全部或大部分时间在特殊班中接受教育的同时，同时，还可以与普通班的学生在同一校园环境进行部分时间的交流、交往或者共同参加的如升旗、团队活动、校外参观、野营等教学活动。这对于专门就读于特殊学校的学生而言，其隔离的程度也大幅度降低了。但不可否认的是，特殊班的存在仍然把残疾儿童置身于与普通儿童相隔离的一种状态，无法真正有效地实现对视觉障碍儿童与普通儿童融合的思想。

（三）特殊学校模式

特殊学校是为不同类型的特殊儿童，尤其是较严重的残疾儿童设立专门的教育机构，例如聋校、盲校、弱智学校、肢体残疾学校等。特殊教育学校是从产生于欧洲18世纪的封闭、隔离的特殊教育养护机构发展而来的。19世纪末到20世纪初，随着义务教育体系在西方的确立，多数特殊教育养护机构将"养护机构"被更名为"学校"(school),显示人们对于以环境限制、带有惩罚性质的看护、治疗为特点的隔离式特殊教育养护机构的摈弃。以慈善、医疗模式为基础的传统特殊教育机构逐渐向教育模式的公立的特殊学校(班)体系转变。尽管如此,特殊教育学校仍然保留了养护机构的隔离式教育与康复的传统,在相对封闭、隔离的环境下为残疾儿童提供专业化的、集中的教育与康复服务。因此,特殊学校是特殊教育发展史上比较古老的、传统、有效的特殊教育模式,特殊学校有半日制、全日制、寄宿制等多种形式。在我国的特殊学校多采用全日制的寄宿制。

特殊学校一般都配有经过系统培训的特殊教育师资和比较齐全的教学及康复设施,适合中、重度残疾儿童的需要。但由于学生长期生活与学习在相对隔离的环境中,有碍他们的社会化和正常化,毕业出校后,很难适应社会生活和与普通人进行交往。因此,在一些经济发达的国家,在强调特殊教育与普通教育一体化的同时,特殊学校的发展逐步减缓甚至停滞。西方各国特殊教育实践表明传统的隔离式特殊教育学校体系基本上已经崩溃,隔离的特殊学校(班)已经或正在消失。

就我国特殊教育发展的现状而言,全国1600余所各种类型的特殊学校仍承担着我国特殊教育的最为主要的任务。这些特殊学校由于基础较好、设备比较齐全,是各地特殊教育的管理、教学、科研和人员培训的中心,在本地区特殊教育发展过程中起到示范、指导、咨询等多方面的辐射作用,起到不可替代的作用。特殊学校的模式是我国特殊教育中采用较广泛的重要模式。

(四) 随班就读模式

随班就读是我国20世纪80年代以来在回归主流等国际先进特殊教育思想影响下,由我国特殊教育工作者根据我国实际情况探索出来的发展特殊教育的有效途径。随班就读是指特殊儿童在普通学校和普通儿童一起接受教育的一种特有形式,如果残疾儿童不是在普通学校的普通班接受教育,不能称之为随班就读。但是,如果残疾儿童仅仅被安置在普通学校里,却没有得到他们需要的特殊教育,也只能是肢体性随班,实质上违背了融合教育的根本理念。随班就读与西方的一体化和回归主流在形式上有共同之处,但是,随班就读在出发点、指导思想、实施办法等方面具有鲜明的中国特色。

随班就读是我国普及残疾儿童少年义务教育的重要途径,残疾儿童到普通教室上学的形式在我国早就存在,但是随班就读一词的正式提出最早见于1988年公布的《中国残疾人事业五年工作纲要》(1988年—1992年)第42条:"坚持多种形式办学。办好现有的盲、聋和弱智学校,新建一批特教学校。同时,采取有力措施,积极推动普通学校和幼儿园附设特教班,及普通班中吸收肢残、轻度弱智、弱视和重听(含经过听力语言训练达三级康复标准的聋童)等残疾儿童随班就读。"1994年国家教委颁布的《关于开展残疾儿童少年随班就读工作的试行办法》中将随班就读以法规的形式规定为"发展和普及我国残疾儿童少年义务教育的一个主要办学形式",是"对残疾儿童少年进行义务教育的行之有效的途径"。该法规还对随班就读的具体实施作出了严格的规定。例如,"学校应当安排残疾学生与普通学生一起学习、活动,补偿生理和心理缺陷,使其受到适于自身发展所需要的教育和训练,在德、智、体诸方面得到全面发展。""随班就读残疾学生使用的教材一般与普通学生相同(全盲学生使用盲文教材),轻度智力残疾学生也可以使用弱智学校教材。学校可以根据学生的实际情况,对其教学内容作适当调整。"

除了上述几种特殊教育模式之外,还有特殊教育巡回服务中心,鉴别、诊断、评估中心,行为训练中心,咨询中心等特殊教育模式。这些教育模式的出发点是,采用不同的形式和方法,在最少受限制的环境下,最大限度地满足特殊儿童的需要,使特殊儿童做到生活上自理、经济上独立,最大限度地发挥自己的潜能。

对于一个具体的特殊儿童而言,如何安置要根据其身心发展的情况、教育需要和周围的环境而定。确定适当的特殊教育模式和选择合适的特殊教育机构是特殊教育评估、鉴定和制订个别化教育计划中一项非常重要的内容,要由孩子家长、教育管理人员和任课教师根据专家的评估意见以及当地的情况而定。一般来讲,轻度的残疾儿童多安排在资源教室和特殊教育班中接受学校教育,中重度的残疾儿童多安排在寄宿性的特殊学校。

五、对我国特殊教育发展格局的思考

如上所述,这一格局与"双流向模式"有异曲同工之妙,又符合我国实际教育条件,在三十年的实践过程中证明对中国特殊教育的发展功不可没。然而,在世界各国都在对特殊学校、资源教室、融合教育等模式进行重新思考或探讨以求为特殊儿童提供更有效的教育之时,我国教育格局似乎一蹴而就,近二十年来很少有对我国特殊教育发展格局进行思考与探讨的声音。当然,如果这一格局能够一次性解决所有问题,也就无须多费精力了。事实上,笔者认为这一格局已经出现了很多问题,应该结合国际特殊教育发展的趋势,尤其是融合教育的发展经验与教训,对我国特殊教育格局进行不间断地分析与探索,且这种分析应立足我国实际。例如,我国特殊儿童的鉴定问题甚多,标准化的鉴定手段与程序亟待建立,不能够像西方一味反对。其次,特殊学校在西方数目急剧减少,而在我国,相信很长一段时间内,特殊学校仍然会增加(这是因为我国特殊教育基础薄弱、传统特殊教育发展不够充分的原因)。完全融合教育的极端平等的理想与背后的文化理念在中国也不适用。[①]

然而,西方少数特殊学校转变为资源中心的做法值得借鉴。目前我国特殊学校虽然如特殊教育发展格局中要求的成为骨干或示范,但在随班就读的管理中权力有限,其咨询或指导作用没有明确化、制度化,不利于它们真正在本地随班就读发展中发挥作用。[②] 因此,应在政策条文中明确规定特殊学校在本地特殊教育——尤其是随班就读——的工作中所起的资源中心的作用,并对资源中心的职能与权限进行明确定位。

资源教室的做法也值得我们着重分析、借鉴。我国随班就读在管理、教学、评价等方面的问题一直得不到很好的解决,与20世纪80年代刚开始随班就读试验之时相比,除了在入学率登记方面的变化外,并无本质的进展,仍然处于"似搞非搞"(一位地方特教管理干部语)的状态。因此,在随班就读模式中通过政策的形式、系统地加入资源教室的设置,有利于在普通教育中真正纳入特殊教育专业成分、提升随班就读的质量。北京、上海、武汉等大城市已经着手进行资源教室的建立,这是个好的开端。但要注意的是,资源教室首先应该是廉价、

[①] Deng,M.,Poon-McBrayer,K. F. Inclusive education in China: Conceptualization and realization [J]. Asian-Pacific Journal of Education,2004,24(2):143-157.
[②] 邓猛. 关于加强盲校在盲童随班就读工作中的中心指导作用的几点思考[J]. 特殊教育,1996(1):32-34.

有效的，否则只能成为少数大城市富裕学校的奢侈品；其次是面向所有学生的，否则会人为导致更大的隔离，且浪费资源。笔者1997年在美国印第安纳州访问过许多学校，其资源教室的设备很平常，连一台电脑都没有。但有两名教师（一名特教教师、一名助教），全校学生不分年级、年龄，都可自由来去。笔者在此教室根本就不知道谁是有特殊教育需要的学生。在我国条件较差、交通不便的农村地区，许多村小本身就只有一到两个班，开设资源教室似乎不可行。但是，尽管教育资源有限，这些地区在县乃至于乡级水平上培养一到两个巡回教师、发展巡回教师辅导制还是有可能的。早在20世纪90年代初，我国有些农村地区就在此方面做出过探索，例如，黑龙江省的呼兰县采用了巡回教师的做法并取得了成功的经验，问题在于能否形成制度并坚持下去。

我国特殊班的数量虽然仍然连年递增，但透过表面数字的增长，笔者认为随着我国生育高峰的消失，初级义务教育阶段儿童数量事实上呈递减态势，特殊班的生源基础必然在短期内逐渐萎缩。根据笔者对湖北省罗田县的调查，同一特殊班中儿童的年龄、残疾类型与程度、自理能力以及学业进展各不相同，在低年级尚可单独成班上课。随着年级的升高，事实上特殊儿童不可能待在同一特殊班内上所有的课程，大多数的课程需要儿童到相应水平的年级中与正常儿童一起进行，只有极少数课程在特殊班中进行且时间较短。这样，特殊班事实上已经转变为辅导班（即资源教室）。

综上所述，笔者以为我国特殊教育的发展格局应调整为：以一定数量的特殊教育学校为资源中心，大量的随班就读结合资源教室或巡回辅导教师制为主体的基本格局。这只是笔者的个人思考，与其说是对我国特教发展格局的重新定位，不如说是抛砖引玉，希望引起更多特殊教育理论与实践工作者的批评、印证或质疑。

第三节 我国发展融合教育的困境

当前融合教育思想已经成为判断残疾人是否获得了公平和公正权力的至高无上的伦理武器，并同时迅速在全世界范围内扩散开来，从而不再是西方世界独有的话语，在中国也散发着独特的魅力，以"随班就读"的形式践行着融合教育的思想。① 然而,融合教育强调的是所有儿童(不分残疾类型与程度)都应该纳入普通学校普通班中获得积极支持以及平等的教育,②但在现实生活中却遭遇到来自社会各界的批评和质疑,如有人认为融合教育是一种美好的理想,是一种哲学思想,是一种观念和态度,而不具有实践性。③ 因此,我们需要进一步探讨融合教育所面临的理解困境、理念困境、理论困境、理想困境,从而找出摆脱困境的出路。

一、理解困境

(一) 理解的视角

在中西方,不同的视角,对融合教育的理解有所不同。对于西方社会而言,融合教育经历了"完全的融合""有责任的融合""谨慎的融合"以及"适当的融合"的历史发展过程,它所蕴涵的本质内涵也是各有不同。④ 在"完全的融合"的历史背景下,融合教育强调的是把所有人纳入到普通教育体系中接受教育,对于残疾类型和残疾程度视而不见,它的精神理念产生于狂热的人权运动之中,宣扬后现代主义的"反传统、反权威,消灭同一性,强调多元性",⑤并且认为凡是没有把残疾儿童纳入普通教育体系中的行为都是一种对人权的亵渎和蔑视,因而融合教育成为评判一切非正义的教育形式的伦理武器。⑥ 在"有责任的融合"和"谨慎的融合"的历史背景下,融合教育逐渐摆脱妖魔化的历史境遇,它从伦理制高点的圣坛逐渐回归自然,它看到了残疾人群体的多样性和差异性,在普通教育体系中接受教育的各种困难,因此,融合教育要根据残疾类型和残疾程度"有责任的"和"谨慎的"进行融合,不只注重融合的数量,更强调融合

---

① Nelson, J., Ferrante, C., Martella, R. Children's evaluations of the effectiveness of in-class and pull-out service delivery models[J]. International Journal of Special Education, 1999, 14(2):77-91.
② Kenneth A. Kavale, Steven R. Forness. History, rhetoric, and reality: Analysis of the inclusion debate[J]. Remedial and Special Education, 2000, 21(5):279-296.
③ Falvey, M. A., Givner, C. C., Kimm, C. What is an inclusive school[M]// Villa R. A. Thousand J. S. Creating an inclusive school. US: Association for supervision and curriculum development:1-13.
④ Kenneth A. Kavale & Steven R. Forness. History, rhetoric, and reality: Analysis of the inclusion debate [M]. Remedial and Special Education, 2000, 21(5):279-296.
⑤ 李芳,邓猛.融合教育的后现代性分析[J].外国教育研究,2009(2):16-19.
⑥ 同上注.

的质量和效果。① 那么对于质和量之间如何进行平衡,融合教育究竟应该处于何种维度中,则引发了人们哲学上的思考,从而提出"适当的"(appropriate)融合。②

对于我国而言,融合教育经历了原生态的随班就读、西方社会的融合教育的冲击、具有融合教育本质的随班就读模式,即"原生态—西方化—本土化"的发展路径。在这种发展路径中,对融合教育的理解也随着时代的变迁而有所不同。在原生态的随班就读阶段,特殊儿童的教育是一种没有物质基础支持的教育,它不是以儿童的发展和特殊需要为教育目的的教育。特殊儿童没有更多的教育选择机会,只能在普通学校就读。在一个没有特殊支持的教育环境中,特殊儿童常常随班就座和随班混读。③ 在这种教育背景下,如何提供有效的和更有针对性的教育支持,特殊教育学校则应运而生。然而,特殊教育学校一方面为特殊儿童提供了更加专业和有效的支持,另一方面则形成了与普通教育相隔离的教育体制,从而限制了特殊儿童的社会适应能力,这种教育模式与西方社会19世纪60年代以前的双轨制的教育模式十分相似。20世纪90年代,在西方融合教育理念的传播和渗透之下,如何发展具有融合和接纳精神的融合教育,则对当前的双轨制教育模式提出了挑战。④ 在不同文化背景的冲击和碰撞中,激发了对融合教育的重新认识。它主要表现为:适应西方社会的融合教育的本质内涵,对所有特殊儿童提供有效的和适当的教育服务,并结合我国的经济发展的不均衡特点,将融合教育的精神进一步延伸,即从"为所有特殊儿童提供普通教育"到"尽可能地提供普通教育+提供有效的特殊教育",从而构建了具有本土化特色的融合教育。

(二)理解的程度

融合教育,从诞生之日起就衍生出多种含义。例如:融合教育是一种态度、价值和信仰系统;融合教育是一种权利;融合教育是一种过程;融合教育是全体

---

① 黄志成,仲建维.融合教育的理据:三个维度的分析[J].外国教育研究,2002(11):14-17.

② Stainback, W., Stainback, S. A rationale for the merger of special and regular education[J]. Exceptional Children,1984,51(2):102-111.

③ 陈云英.融合教育的元型[J].中国特殊教育,2003(2):1-9.

④ Sonali Shah. Special or mainstream? —The views of disabled students[J]. Research Papers in Education,2007,22(4):425-442.

成员的教育;等等。这些纷繁复杂的含义折射出人们对融合教育多元化的、多层次的理解程度。笔者认为,融合教育应该追求适度性、适应性和适合性的发展模式,以此来评判融合教育的实施效果。第一,追求适度性是指融合教育的发展要与教育体制相协调。在一个双轨制的教育体制中,融合教育更偏重于资源教室的设立、巡回辅导制的建设,它更偏重于对特殊儿童"尽可能的"融合,而不是"全部的"融合。在一个单轨制的教育体制中,融合教育更体现为受限制环境少的普通学校普通班,它的实现是以"所有"特殊儿童受到普通教育为判断标准。除此,在一个开放的、资源充裕的教育体制中,融合教育更有实现的可能性,而在一个封闭的、资源缺乏的教育体制中,融合教育实现的可能性相对较小,因此,教育体制的模式和发展状况直接决定了融合教育的实现的程度。[①]由此可以看出,不同的教育体制,对残疾人的融合教育的理解程度也不一样。在对融合教育的理解过程中,要充分考虑到相关教育体制的实际情况,使之适度发展。第二,追求适应性是指融合教育的发展要与文化发展相一致。不同的文化背景所孕育和生长的融合教育也有所不同。在西方特有的文化背景之下,人权思想的宣扬、自由精神的传播、多元化精神的彰显,孕育和生长的融合教育更强调对弱势群体的帮扶和平等精神的实现,融合教育更体现了绝对公平的精神实质,更强调与所有人一起接受平等的教育,也从而体现了对社会公正的孜孜追求。[②]在我国特有的文化背景之下,融合教育更体现为随班就读,且还没有进行充分的发展。对特殊儿童的教育,目前仍然集中于特殊教育学校,而随班就读是否能够取得比在特殊教育学校更好的教育效果,则持有保留态度。因此,融合教育的发展,也处于被质疑的阶段。在这种文化背景之下,融合教育还没有呈现出蓬勃发展的趋势。第三,追求适合性是指为特殊儿童提供的教育服务要满足其特殊需要。特殊儿童究竟需要什么样的教育,特殊教育工作者应该为其提供什么样的服务,所谓的公平和正义如何来予以实现?这些问题都困扰着融合教育的发展。针对特殊儿童的类型多样化和残疾程度的不同,我们为之

[①] 雷江华.融合教育导论[M].北京:北京大学出版社,2012:4-5.
[②] Ann Cheryl Armstrong, Derrick Armstrong, Carlyle Lynch, Sonia Severin. Special and inclusive education in the Eastern Caribbean: Policy practice and provision[J]. International Journal of Inclusive Education,2005,9(1):71-87.

提供的特殊教育服务,要以"适合性"为其价值判断标准,只有提供了特殊儿童所需要的教育服务,才能让特殊儿童获得更好的教育效果。

(三)理解的过程

在对融合教育的理解过程中,交织着情感和理性的相互构建。第一,在融合教育的发展初期,是以对融合教育思想的宣扬为主要特征,它更多地交织着浓郁的对融合教育狂热的情感。[①] 对融合教育的理解,既不考虑残疾的种类和程度,也不考虑普通教育体制是否接纳,而以"人权"的旗帜鼓吹融合教育实现的必要性和必然性,并把融合教育置于道德制高点,来裁判凡是与之不相符合的教育形式都是违背人权的精神实质,从而把对融合教育的热爱变为一种非理性的狂热,并显示出妖魔化的特征,偏离了教育发展的轨迹和社会发展的实际情况。第二,在对融合教育思想的批判和审视之后,逐渐融入理性的思考元素。[②] 融合教育,不再是一种纯粹的社会思潮,它要扎根生长,就意味着要与现行的教育体制、文化因素、政治经济等现实利益进行不断的冲突和碰撞,在碰撞之中,它逐渐褪去了纯粹情感的外衣,而从现实性角度进一步构建自身的理论体系,这种构建,是情感和理性的交织体。它看到了残疾类型的多样性和残疾程度的严重性,看到了现实生活中针对极重度残疾人开展融合教育的困境,因此,它提出了完全融合和部分融合的概念,提出了谨慎融合和适当融合的策略。在情感与理性的交织中,西方社会的情感的发展已经经历了从"不乐观"的情感到"乐观"的情感的转变;理性的发展也已经经历了从"较少"到"逐渐增多"的转变。[③] 在我国现阶段,则还处于情感的渲染时期。一方面它承认融合教育的必要性;另一方面,又对融合教育持保守和警惕的态度。在这种复杂的情感交织中,目前仍然处于"不乐观"的情感状态。融合教育,还只是特殊教育学界予以关注的事物,还没有成为一种社会思潮发散于整个普通教育体制。

[①] 邓猛,肖非.隔离与融合:特殊教育范式的变迁与分析[J].华中师范大学学报:人文社会科学版,2009(7):138.

[②] Kenneth A. Kavale, Steven R. Forness. History, rhetoric, and reality: Analysis of the inclusion debate[J]. Remedial and Special Education,2000,21(5):279-296.

[③] Ennio Cipani. Inclusive education: What do we know and what do we still have to learn? [J]. Exceptional Children,1995,61(5):498-500.

二、理念困境

理念是指引着融合教育的方向和目标的重要航标,不同的理念,折射出特殊儿童融合教育的关怀视角也有所不同,这意味着融合教育的发展路径和形成模式也将有所不同,最终意味着融合教育是否能够实现。

(一) 文化的理念

在融合教育的意蕴中,不同的文化背景所包含的核心价值观也有所不同,所体现的融合教育的理念也有所不同。

对于我国而言,长期以来,在"有教无类"和大同思想的影响之下,对特殊儿童的教育是从"悲悯"和"同情"的角度来予以救济,体现了"善"的价值和理念。[①] 然而,这种"善"在长期的历史时期中,只是精英阶层和皇权阶层的特殊权力。第一,对特殊儿童提供教育支持是一种道德层面的产物。[②] 在精英教育的传统社会中,要对特殊儿童进行教育和物质帮扶需要具备两个核心要素:一是要有足够的物质基础和资源支持;二是需要具备为特殊儿童的教育提供帮助的意识。在等级森严的社会中,资源都集中于权贵阶层。他们是否愿意为特殊儿童提供教育支持,取决于自我内心的道德感。因此,为特殊儿童提供教育支持,体现了他们道德内省中的悲悯情怀。第二,对特殊儿童提供教育支持是一种统治阶层自我利益实现的手段。在统治与被统治的利益较量中,统治阶层为了稳固自我的地位,以对弱势群体的帮助为手段来彰显自我悲悯的情怀,从而获得更多被统治阶层的人们的支持。他们通过自上而下的关怀途径,体现了他们权力的触角的延伸和威力。这种对特殊儿童的教育关怀,所体现的"善"是一种特定阶级的伪善,它不以特殊儿童的发展为中心,把对特殊儿童提供教育当做攫取更多权力资本的手段。因此,在此背景基础上的融合教育,不是一种以人为本的教育。

对于西方社会而言,对特殊儿童实施教育关怀,长期以来是以教会为中心来予以支持的。在宗教文化的渲染下,对特殊儿童的教育,是上帝的仁爱之心的体现。近代以来,在人权运动的推动下,对特殊儿童的教育,逐渐由道德的领域转变为权利的领域。对特殊儿童提供教育,一方面是特殊儿童本身所拥有的

---

① 熊絮茸,邓猛.宽容与融合教育的历史互动与本土演化[J].中国特殊教育,2013(5):3-6.
② 同上注.

天赋人权的教育权利的体现;另一方面是每个社会公民应尽的义务。特殊儿童的融合教育,不仅推动了特殊教育领域的变革,更推动了整个社会的价值和秩序的重构。在权利和义务的框架体系下,特殊儿童是否获得相应的权利以及是否形成制度化的权利体系,成为整个社会关注的重点。对特殊儿童实施融合教育,不是一种施舍和给予,而是特殊儿童本身所拥有的权利的一种体现,而是否为特殊儿童提供融合教育,则成为每个普通公民应尽的义务。

从这个层面可以看出,不同的文化背景所折射的融合教育的理念是有着很大的差异性的。

(二) 人权的理念

融合教育,由人权运动推动、萌发和生长。在人权的理念范畴中,融合教育交织着诸多的困境。第一,融合教育是特殊儿童的发展权利,是自由与平等的体现,是精神权利的范畴,它更偏向于抽象性。在一个抽象权利的范畴中,倘若没有具体的权利予以实现,则就常常成为理念上的权利。在融合教育的发端之时,人权的理念对之起到了不可忽视的作用,它推动着普通教育体系的改革,并获得了社会主流群体的共识,认为特殊儿童接受融合教育是"天赋人权",是对历史的一种矫正,是社会发展的一种必然。然而,在人权的理念下,只有"权利",没有与之相应的"义务",从而成为理念上的权利。[①] 第二,在人权的理念中,融合教育的实现具有最低保障的特征。人权具有普遍性的特征,即人人都能够享有的权利。人人享有,意味着最低的保障水平。因此,在这种逻辑框架体系下,人人能够实现的融合教育,则意味着更加偏向于"量"的实现,而对于"质"的实现则成为最低保障水平的牺牲品。第三,在人权的框架体系下,融合教育也具有公正权。如何体现公正性,则一直成为融合教育困惑的难点。它在理念上认同公正性,而无法将理念和现实统一起来,即通过具体的权利来实现公正性。

(三) 法权的理念

法权,是权力和权利的统一体,是广义权利和狭义权利的统一体,是社会关系的总和。对于融合教育而言,它既包含着抽象的人权,又包含着具体的权利

---

① 程燎原,王人博.权利及其救济[M].济南:山东人民出版社,1993:271-272.

和权力,并通过具体的法律制度予以保障。它具有抽象性,又具有实践性和具体性。融合教育从最初的文化土壤的孕育,到人权理念的生长,再到法权理念的成熟,经历了巨大的转变。在法权的理念下,融合教育意味着:第一,法权的框架体系,需要对融合教育的内涵与外延有明确的界定,从而确立权利边界,将抽象的权利与具体的权能统一起来。这意味着需要对融合教育的含义进行梳理,确立所有人都认可的概念,这是融合教育发展的必然,但也是目前所遭遇到的巨大的困境的表现。第二,法权的理念意味着对融合教育重新构建,确立自己的权利属性。其一,应该构建适当的融合教育的权利。对于普通教师、资源教师和其他教育工作者而言,应该提供融合教育环境和师资设备以实现融合教育。其二,应该构建相应的救济制度。对于没有提供资源教师等融合教育资源的普通学校,特殊儿童及其家属具有相应的诉讼权利,以使获得融合教育的权利顺利实现。第三,法权的理念意味着融合教育是权力、权利和利益的统一体。它意味着既有内在的规律性,又有外在的规定性;既有抽象的理想性,又有具体的现实性。如何构建内在的关系,则是融合教育的重大困境之一。

三、理论困境

(一)理论的基础

融合教育,在中西方的理论基础是不同的。第一,西方社会的融合教育,是建立在实践的基础之上的。它通过实践活动,对融合教育的理论假设进行验证,从而获得更为科学的发展模式。其一,社会运动的实践孕育和推动了融合教育的生长和发展。它强调特殊儿童的融合教育是历史发展进程中的必然产物,是人类文明从物质文明向精神文明转变的必然结果。人权运动的兴起,促使了特殊儿童的教育安置模式从双轨制的隔离教育体系向普通教育体系的回归和融合。对特殊儿童进行适当的融合教育,是社会理性文明的反映。这种理性,它在后现代主义的基础上,进行价值重构,它不仅关注特殊儿童的教育问题,也关注特殊儿童的教育与整个社会之间发展的关系问题,它在对弱势群体进行价值倾斜的同时,也强调弱势群体与社会共谋发展的协调问题。其二,通过不断的实践活动,改变了融合教育的内在构成要素,它从乌托邦的理念层面转向具有操作性的实践层面。在融合教育的过程中,遭遇着现实的诸多难以融合的困境,从而将"必须将所有人"融合转变为"尽可能将所有人"融合。① 融合,也不再是道德层面的产物,而是法权实践中的产物。其三,在实践的基础上,融合教育也改变了社会对特殊儿童的认识,促进了特殊儿童自身的转变。人是具有能动性的,人在改变世界的时候,世界也具有反向改变的作用。在人们不断修正融合教育的实践路径时,融合教育也在改变着人们的思想,从对特殊儿童的同情和怜悯转变为权利和义务,从对特殊儿童的不能容纳到必须容纳,从对特殊儿童的全部容纳到有责任的容纳。同时,特殊儿童也对自己的受教育权有了显性的认识,从被动的接受教育到主动的接受教育,从对受教育权的漠视到重视。第二,我国的融合教育,是建立在实用的基础之上的。实用主义,是对经验的一种反映,它认为人的认识是基于经验的基础之上,至于经验背后的原因、规律等,则并不探讨。因此,基于实用主义路径下的融合教育具有不可忽视的困境:其一,融合教育强调经验的重要性。例如对于随班就读的认识,就基于随班就读在融合教育观念形成之前就存在,从而强化了随班就读的正当性,而对于随班就读是否诠释了融合教育精神,以及什么样的随班就读才是真正的融合教育等问题则关注较少,从而在很长的一段历史时期内,都没有自发地生成融合教育思想。具有实用主义特征的融合教育,它的发展模式能够解决当前的需要,但是不能建立长远的发展机制,这对于融合教育的本质探讨和制度建立是不利的。其二,实用主义是一种机械的唯物主义,它看到了经验是一种客观存在物,但没有看到人对于经验的能动性作用。在实用主义的理论基础上,融合教育是否实现通常以教育安置模式为判断标准,而忽视了教育安置模式是从特殊儿童的特殊需要出发而不断发生变化的,而这种不断变化是人们对特殊儿童的特殊需要的不断认识。因此,实用主义框架下的融合教育,会将融合教育置于机械的、经验的发展路线,而不去思考其本质特征和规律,以及不会随着社会的变迁而发生变化。

(二) 理论的体系

理论体系,在库恩看来,是一种"范式",即用最简练和核心化的表述来阐述事物的本质、构建基础以及研究方法。融合教育的理论体系,在中西方,有着各

---

① Jennifer Evans, Ingrid Lunt. Inclusive education: Are there limits? [J]. European journal of special needs education, 2002, 17(1): 1-14.

自不同的理论体系。第一,西方的融合教育,研究的核心是教育机会均等;[①]理论构建的基础是实证主义与建构主义的交织,共同推动着融合教育的发展;[②]研究的方法遵循着实证主义的路线,以实验研究、个案研究为主要方法。其一,教育机会均等是促使融合教育萌芽和发展的核心要素。正基于此,融合教育的发展一度陷入非理性的境地,认为任何有利于促进教育机会均等的措施都是正当的,从而引发了融合教育的妖魔化,在实证主义和建构主义相互构建的过程中,融合教育的理论体系逐渐回归自然,教育机会均等依然是其核心,但同时还需要具有融合教育实施的正当性和合理性,即在法权体系的基础上实施融合教育。其二,融合教育长期处于"心理—医学"模式范畴下的实证主义研究范式,认为残疾人的残疾是由于本身的生理和心理的缺陷所造成的,从而构建了基于该范式基础上的学科教育体系,即以生物学、心理学、教育学为主要学科基础。在社会运动的发起和推动下,融合教育的发展主要处于建构主义的研究范式,认为残疾人的残疾在社会支持不足的情况下由"第一缺陷"衍生了"第二缺陷",从而导致了障碍。正是由于实证主义和建构主义的相互交织和构建,才构建了融合教育的理论体系。第二,我国的融合教育,研究的核心是尽可能地为残疾儿童提供教育支持;理论构建的基础是实用主义;研究的方法以定性研究、个案研究为主要研究方法。其一,在一个没有融合与融入的社会环境中,融合教育的发展还处于萌芽时期,它还处于特殊教育的发展领域,还没有渗透到普通教育体系之中,更没有引发普通教育体系的相应变革,因此,融合教育的"机会均等"是一种有限的平等。这种有限性表现为在资源缺乏的现实状况中,只要有利于促进特殊儿童的教育途径都是一种适当的教育。其二,在理论基础中,还没有生成本土化的特色理论,依然沿用着实用主义的发展路径。在融合教育的学科构建上,一方面把西方现成的融合教育理论和方法运用于我国的实践,从而出现理想与现实的巨大冲突;另一方面运用生理学、心理学、社会学等学科的概念体系、研究方法、科学范式来发展其理论体系,从而出现了没有自我生成的概念体系、研究本质和研究范式。这种实用主义的发展路径让融合教育的研究范畴极易变化,这种变化不是随着事物发展的规律而变化,而是根据不同研究

---

① 彭兴蓬,邓猛.融合教育的社会学分析[J].中国特殊教育,2013(6):20-24.
② 雷江华.融合教育导论[M].北京:北京大学出版社,2012:23.

流派的兴起与没落、不同教育思潮的渗透与传播、不同研究领域的林立与分散而发生根本性变化,这就难以形成融合教育自我生成的理论体系。

(三) 理论的话语

理论话语,是对理论构建过程中所形成的特有的表述方式、思维方式和行为方式。融合教育的理论话语,在中西方也是各具不同。第一,西方社会中的融合教育,是由崇尚自由和平等的社会改革人士所推动的,在融合教育的初期,其话语特征是一种富有情感的社会运动的产物,它从社会建构的层面来宣扬社会公正的价值观,因此,它的话语词汇集中于"人权、平等、自由、接纳"等,它的思维方式具有线性化特征,它的主要目的是扩散和宣扬融合教育的思想,让社会更多的人予以关注,因此在行为表现上比较直接。在融合教育的后期,融合教育,已经不满足于探讨价值层面的理论问题,而是引入了实证科学的分析工具,来探讨融合教育如何具体化和操作化,因此,融合教育的理论话语逐渐融入科学化的层面。例如,其话语体系融入了"干预、实验"等词语,逐渐地转变成科学研究范式,思考问题更加具体化和情境化,会考虑到残疾人的残疾种类的多样性、残疾程度的严重性、普通教育环境是否接纳等多种因素,在对融合教育实践模式的寻找上也显露出审慎的态度,从而显现出理性的特征。在西方社会的理论话语体系的构建中,它反映了社会发展变革的历史轨迹,也反映出不同学科对融合教育的交织构建的过程。第二,我国的融合教育,以"随班就读"为主要话语词汇。在随班就读的发展初期,其理论话语是实用主义的,它是以解决特殊儿童入学的问题而推行的一种策略,而没有摸索融合教育的本质规律,因而其话语特征是简单的、直接的、没有独特的话语词汇。[1] 在西方融合教育思想融入的过程中,我国的融合教育的理论话语反映出拿来主义的特征,它将国外的词汇直接引进过来,形成中西参半的话语体系。例如"融合""一体化""去机构化"等。在这种话语的冲击之下,没有形成彼此融合的话语体系,而是有着某种生硬和照搬的特征。如今,我国的融合教育的理论话语体系依然还在这种冲击中不断地自我解构和建构,因此,融合教育的理论话语仍然遭遇着不同文化背景下的困境。

---

[1] 邓猛,肖非.融合教育的哲学基础:批判与反思[J].教育研究与实验,2008(5):18-22.

四、理想困境

融合教育,总是遭遇着理想与现实的冲突和困境。在理想的世界中,它有着来自各个方面的困惑,现从学术的构建、政策的制定以及实践的推行来予以阐述。

(一) 学术的构建

在融合教育的学术构建的理想层面,西方社会以及我国都还面临着诸多困境。第一,融合教育的学术体系的构建。融合教育的核心概念、构成要素、内部的逻辑关系、外部的保障制度、救济方式、研究方法等,都还处于模糊不清的状态。西方社会中的融合教育与我国的融合教育的内涵和外延虽然有所不同,但都缺乏构建完整的学术体系。然而,融合教育的学术体系终究是要构建完整的,它需要有一种无论是西方世界还是我国都承认的核心要素,以便于中西方有效的对话。在核心概念之外,又各自以不同的环境背景衍生出具体的政策保障,来构成具有既相通又相异的学术体系。第二,融合教育的学术话语的构建。融合教育需要一种什么样的学术话语,这取决于融合教育的理论基础和学科背景。在医学和心理学的学科背景下,融合教育的话语体系偏向于医疗、诊断、干预、实验等,它的研究方法主要运用个案研究法、实验法等;在社会学和教育学的学科背景下,融合教育的话语体系偏向于排斥、融合、平等、分化等,它的研究方法则主要采取访谈法、调查法等。因此,如何构建融合教育的学术话语体系,则是不断思考的话题。第三,融合教育的研究范式的构建。任何学科都会以独特的科学研究范式来予以研究,融合教育也不例外。在西方社会的研究范式中,希望构建一种实证与建构相融合的研究范式,既能通过实验来认知融合教育,又能通过计量来认知融合教育,既能以微观的个案为研究对象,又能以宏观的社会为研究对象。如何实现这种研究范式,则成为理想的困境。我国的研究范式主要集中于哲学的思辨研究以及心理学的实验研究,以及运用调查法来研究融合教育的现状,而没有形成独特的研究范式,这与我国目前的融合教育的研究视角是紧密相连的。

(二) 政策的制定

在推行融合教育较好的西方世界,法律的保障是必不可少的。在我国现行的法律制度下,对特殊儿童的融合教育的法律保障十分缺乏。[1][2] 第一,没有形成特殊儿童融合教育法律保障制度。在立法层面,我国仅有《中华人民共和国残疾人保障法》(以下简称《残疾人保障法》)和《中华人民共和国残疾人教育条例》,但相应法律只是对残疾人应该受到教育,以及应该提供特殊教育学校和以随班就读的方式来实现残疾人的受教育权进行了简单和粗糙的规定,还没有进一步对残疾人的融合教育安置模式、教育内容、评估鉴定、家长参与、权利内容、救济制度等进行详细的规定,这与美国、英国等融合教育实施较好的国家相比还存在很大差距。在司法层面,虽然2008年修订颁行的《残疾人保障法》已经实施了六年,但并没有在司法层面获得成效。目前对受教育权进行司法救济的案件主要集中于学校和教育局对于普通学生没有履行义务教育而进行司法诉讼,而很少有特殊儿童对没有获得融合教育权利进行司法诉讼。在行政层面,虽然《残疾人保障法》规定对于不能有效实现残疾人权利的单位和组织应该进行行政处罚,但对于残疾人联合会的半民半官方的性质是否有权力对拒绝残疾人进行融合教育的学校进行行政处罚还存在法律效力的争议,这就阻碍了特殊儿童实现融合教育的行政救济。第二,没有形成特殊儿童融合教育权利体系。目前,探讨较多的是特殊儿童应该获得受教育权,而对于应该获得融合教育权利则很少提及。在权利的确立上,特殊儿童不仅仅应该获得基本的受教育权,还应该在受教育权的框架范围内获得融合教育的权利。第三,没有形成特殊儿童融合教育的法律实践环境。法律不是纸面上的产物,它是来源于实践、运用于实践的产物。在呼吁特殊儿童应该获得融合教育权利的同时,还应该孕育该权利予以实践的法律环境和文化土壤,让社会的每一个公民都了解特殊儿童具有融合教育的权利,并帮助其实施。在社会实践中,大量的特殊儿童家长奔走于各个学校、机构,希望能够获得基本的受教育权,而现实则十分残酷。倘若他们转变救济路线,多奔走于法院、行政部门,借助政府部门的力量,则更容易获得受教育权的法律保障,以及融合教育权利的实现。

(三) 实践的推行

在中西方,融合教育的实践推行有着巨大的差异性。第一,对于西方社会

---

[1] 彭兴蓬,邓猛.论特殊儿童的教育权利诉求[J].教育发展研究,2011(21):62-66.
[2] 高大成.论我国残疾人受教育权的法律保障[J].辽宁公安司法管理干部学院学报,2011(1):30-32.

而言,融合教育既是一种理念,又是一种实践,并通过普通学校的改革、法制环境的建立、研究范式的转变来予以实践。如今,融合教育虽然依然存在融合的程度和效果之争,[①]但对于是否有必要融合的问题已经获得了广泛的理念上的一致性,并且在欧洲、美国等地已经予以了实施。第二,对于我国而言,融合教育的实践还存在巨大的困境。其一,对于普通教育体系而言,目前还没有意识到要进行全面的改革以适应特殊儿童的融合教育。在笔者的访问调查中,很多普通学校的教师对特殊儿童是十分抵触的,他们认为特殊儿童的教育就应该放到特殊教育学校中去。其二,普通教师对各种类型的特殊儿童的认识不足,从而不愿意接纳特殊儿童。对于不爱讲话的学生就武断地认为是自闭症儿童,对于考试成绩差的学生就武断地认为是智力落后儿童,等等,这种认识状态对于特殊儿童的融合教育十分不利。其三,对于特殊儿童应该采用何种教育模式,大多数普通教师认为特殊儿童应该根据评估量表分门别类地安置到封闭的特殊学校等体制中,而没有意识到特殊儿童无法获得教育是由于社会环境的支持不足,这对于特殊儿童的融合教育实践十分不利。其四,对于特殊教育教师而言,他们对融合教育的态度是"天上的星星、可望而不可即的",认为融合教育仅仅只是理论工作者的理想,而不具有现实性。其五,对于政府工作者而言,已经意识到融合教育的重要性,并通过"十二五规划"予以了详细的规定,但是还没有具体的政策和措施来予以保障。因此,融合教育还只是孕育于理念中的产物,还没有适合的环境予以实践。

五、结论

本节从理解、理念、理论和理想的层面对融合教育的困境进行了解读。在这立体的视角体系中,融合教育的本质特征、发展历程、思想流变、理论基础、学科体系、文化制度、研究范式等都有着不同文化背景下的困惑。在中西方的文化语境中,融合教育的表现形式和践行方式也有所不同。然而,如何构建具有自我生成的理论模式,则需要首先对融合教育所遭遇的各种困境进行解读,从而理清脉络,从本质到体制、从理想到实践、从抽象到具体来构建融合教育。当

---

① 雷江华.融合教育之论争[J].教育研究与实验,2004(4):48-52.

然,对于融合教育的困境分析,还有很多视角,本节只是抽取其中四个相互关联的视角来予以分析,以期更多的专家学者、尤其是普通教育体系的工作者能够参与进来,共同研究融合教育。

第四节 从随班就读到同班就读

中国特殊教育经历了从无到有,从弱小到繁荣的艰难发展过程。在这一过程中,特殊教育的理论与实践逐步丰富与完善。中国的特殊教育发展需要自己的理论。我国20世纪80年代以来实施的随班就读理论就是中国特殊教育工作者结合西方特殊教育的理念与做法,不断实践于本土的过程中所产生的。今天,随班就读已经成为我国特殊教育的主要理论与实践方式。很少有人会否认随班就读所取得的巨大成就。同样,几乎无人不质疑随班就读的教学效果。随班就读发展的三十多年以来,正是西方特殊教育从回归主流走向融合教育的重要转型时期。然而,我国随班就读自提出以来似乎一蹴而就,从理论到实践层面的思考与探索都严重缺乏。与20世纪80年代刚开始随班就读试验之时相比,除了在入学率登记方面的变化外,并无本质的进展,随班就读仍然处于"似搞非搞"的状态。[①]

后现代主义哲学家海德格尔、福柯、伽达默尔等认为:语言是一切诠释的结构因素,我们所认识的世界是语言的世界,任何脱离"话语"的事物都不存在,人与世界的关系是一种话语关系。世界在语言中呈现自己,所以我们掌握语言的同时也为语言所掌握,这个掌握的维度就是理解的界限,同时也是语言的界限。要想产生超越现有理解的固化框架,就必须在语言上寻求一种突破与创新。[②]因此,只有通过对于语言的研究,我们才能真正进入思想的领域;同样,根据这种思想观念理解的"世界"概念也不是囿于自我的门户之见,而是一个不断克服

[①] 邓猛. 双流向多层次教育安置体系、融合教育以及我国特殊教育发展格局的探讨[J]. 中国特殊教育,2004(4):1-7.

[②] Sasso, G. M. The retreat from inquiry and knowledge in special education[J]. Journal of Special Education,2001,34(4):178-193.

自我限制而获得共识的公共领域,这样的世界概念就变成了一个开放的公共平台。[①]

融合教育的哲学基础恰恰就是后现代主义哲学思潮;有必要对融合教育及相关的词汇进行话语的分析与理解。尤其需要将已经固化的、通过法定程序或者习俗神圣化的词语重新置于特定的语境与社会文化情景中进行重新诠释与批判,从而实现话语体系的转变与概念的自我审视与突破。本节正是希望通过分析随班就读与回归主流、融合教育之间的理论联系,将融合教育与中国特定历史文化背景相联系,通过纳入社会批判的视角审视随班就读的话语含义及其本质,期待形成扎根于中国特定文化情景与过程之中的、具有独特性的融合教育的解读与本土化特征的理论。

一、随班就读与回归主流模式的二元互动

(一)关于随班就读的争论与基本观点

彭霞光指出,中国特殊教育面临由三类残疾儿童向有特殊需要儿童教育的转变;教育形式由特殊学校教育逐渐向随班就读学校教育的转变。[②] 我国随班就读模式与西方的回归主流以及后来的融合教育是否完全一致?从现有观点的倾向性来看,有研究者将我国随班就读和西方回归主流或融合教育等同对待,认为它们之间没有什么不同。[③] 这些学者在国际学术交流中直接使用"mainstreaming"(回归主流)或"inclusive education 或 inclusion"(融合教育)等术语来描述我国随班就读的情况,并认为我国随班就读模式受国际特殊教育理论如回归主流或一体化思想的影响因而具有国际性。[④][⑤] 彭霞光认为:我国实施随班就读仍存在着许多问题和挑战,距离融合教育目标有距离;但作者似乎

---

① Gerber, M. M. Postmodernism in special education[J]. The Journal of Special Education, 1994, 28 (3): 368-378.

② 彭霞光. 中国特殊教育发展面临的六大转变[J]. 中国特殊教育, 2010(9): 3-8.

③ Chen, Y. Y. Making special education compulsory and inclusive in China[J]. Cambridge Journal of Education, 1996, 26 (1): 47-59.

④ Yang, H. L. & Wang, H. B. Special education in China[J]. Journal of Special Education, 1994, 28 (1): 93-105.

⑤ Potts, P. A western perspective on inclusion in Chinese urban educational Settings[J]. International Journal of Inclusive Education, 2000, 4 (4): 301-313.

将随班就读与融合教育制度等同看待。① 杨希洁似乎也是将随班就读视作融合教育的一部分,并认为国内外实证研究说明推进随班就读工作可以促进残疾学生和普通学生的发展。② 另外一些研究者似乎更倾向于认为随班就读与西方的回归主流或者融合教育之间有本质的区别。正如朴永馨指出,随班就读"与西方的一体化、回归主流在形式上有某些共同之处,但在出发点、指导思想、实施办法等方面有中国的特色"③。肖非指出,早在1987年国家教委《关于印发"全日制弱智学校(班)教学计划"的通知》中就明确提到:大多数轻度弱智儿童已经进入当地小学随班就读;这是目前查到的在教育部文件中第一次出现"随班就读"一词的文件。④ 但是,中美两国国情是不同的;随班就读考虑了我国的社会文化、经济、教育等实际的条件,具有我们自己的民族性,是中国人自己总结和探索出来的。⑤

近年来随着融合教育的发展,一些学者将随班就读与融合教育进行深入的比较分析,试图探讨二者之间的异同,并探寻随班就读的本质属性。朴永馨解释:安置形式是为各国教育目标服务的,有相同的地方,这说明了特殊教育发展有共同的规律;也有不同的地方,这表现出地方的特色,是特殊教育民族性的一面。中国的随班就读与美国的回归主流在教育安置形式等方面有相同之处,正是特殊教育共同规律在各国的体现,是人类文明发展到一定程度的共同诉求,但并不意味着可以将二者等同起来。⑥ 邓猛认为,如果说西方融合教育模式是一种理想主义的模式,它以西方社会平等、个人自由等社会观念为基础,是在隔离式教育发展到一定阶段,特殊儿童义务教育已得到实现的基础上发展起来的;其目的是保证特殊儿童与正常儿童一样平等地在普通学校接受"免费、适当"的教育,追求的是特殊教育的高质量,最终追求的是实现个人尊严与社会公正的目标。我国随班就读则是一种实用主义的融合教育模式,旨在为我国大量还没有机会接受任何形式教育的特殊教育需要儿童提供上学读书的机会。它

---

① 彭霞光.中国全面推进随班就读工作面临的挑战和政策建议[J].中国特殊教育,2011(11):15-20.
② 杨希洁.中国全面推进随班就读工作的可行性分析[J].中国特殊教育,2011(11):11-14.
③ 朴永馨.特殊教育辞典[M].北京:华夏出版社,1996:43.
④ 肖非.中国的随班就读:历史、现状、展望[J].中国特殊教育,2005(3):3-7.
⑤ 朴永馨.努力发展有中国特色的特殊教育学科[J].特殊教育研究,1998(1):1-3.
⑥ 朴永馨.融合与随班就读[J].教育研究与实验,2004(4):40-47.

是我国作为发展中国家,在经济文化还不够发达的情况下发展特殊教育的一种实用的、也是无可奈何的选择。① 随班就读模式和融合教育在西方的生成演化过程不同。融合教育在中国的发展缺少其生成的文化土壤,它是从西方嫁接到我国的一个文化概念。随班就读正是西方融合教育的形式与我国特殊教育实际的结合,是一种实用主义的融合教育模式。② 赵小红指出:随班就读政策是国情所需,其发展受国际回归主流及融合教育思想影响;随班就读在保障残疾儿童义务教育方面逐步起到了主体作用。特殊教育学校与普通学校随班就读这两种安置形式虽然各有利弊,但还将在一定时期内齐头并进。③ 李拉批驳了将随班就读与西方融合教育等同起来,或者认为随班就读是国外特殊教育思潮与我国特殊教育实践相结合的产物的观点;指出:随班就读是产生于我国的本土性理论,但随班就读是通往融合教育的桥梁和过程。④ 总的来说,多数学者认为随班就读属于融合教育的范畴,其理论的形成与实践方式更多地受到西方回归主流或融合教育思想的影响,是西方特殊教育理念与中国特殊教育实践结合的产物。因此,现有的相关研究文献中将随班就读与回归主流、融合教育的概念相联系,在使用过程中相互混淆,经常不做详细的区分。

(二) 随班就读与西方回归主流模式有着天然的联系与本质的类似

从发生的时间次序上来看,随班就读是在 20 世纪 80 年代中期出现的,这一阶段正是西方回归主流思想占主要地位的时期。融合教育的概念是在 20 世纪 80 年代末期在西方出现、发展起来的,到 20 世纪 90 年代以后才传入我国并逐渐与随班就读发生关联的。因此,随班就读与回归主流在时间上更为接近。从理念与实践方式上来看,只要将我国"以一定数量的特殊教育学校为骨干,以大量的在普通学校附设的特殊教育班和随班就读为主体"的模式与回归主流所崇尚的"瀑布式特殊教育服务体系"略加比较,我们就很容易看出二者之间是何

---

① 邓猛,朱志勇. 随班就读与融合教育:中西方特殊教育模式的比较[J]. 华中师范大学学报,2007(4):125-130.
② 邓猛,苏慧. 融合教育在中国的嫁接与再生成:基于社会文化视角的分析[J]. 教育学报,2012(1):83-89.
③ 赵小红. 近25年中国残疾儿童教育安置形式变迁:兼论随班就读政策的发展[J]. 中国特殊教育,2013(3):24-29.
④ 李拉. 当前随班就读研究需要澄清的几个问题[J]. 中国特殊教育,2009(11):3-7.

等的相似。"瀑布式特殊教育服务体系"根据学生的不同残疾与教育需要提供从最少限制的环境(即普通班)到最多限制的环境(即不具备教育性的医院或其他养护性机构)等七个层次的安置形式;尽可能地使特殊教育需要儿童从隔离的环境向主流环境过渡,以实现教育平等、社会公正的理想。与西方"瀑布式特殊教育服务体系"相比较,我国以随班就读为主体的发展格局同样包含特殊学校到普通班级的不同选择,只是层次少一些而已。

因此,随班就读与回归主流模式有着天然的联系与本质的类似。二者都赞成"零拒绝"的哲学,认为存在着普通教育与特殊教育两种不同的、平行的教育体系;希望残疾儿童尽可能地回归正常的"主流"环境公平地接受教育,试图将限制残疾儿童接触健全学生与正常社会生活环境的要素减少到最低程度。[①] 然而,回归主流以"最少受限制环境"为安置残疾儿童的基本准则,它要求特殊儿童必须达到某种预定的标准(鉴定结果)才能到普通教室就读。这意味着特殊儿童必须通过自己的努力去争取、赢得在普通教室接受教育的权利,如果不能达到某项标准则只能在限制程度较重的环境中学习。这一原则听似有理,是赞成减少环境的限制,其实它通过环境限制的分级以及建立相应的分级标准将"有限制的环境"(如特殊学校、班)的存在合法化了。[②] 回归主流体现了教育的"预备"模式,即儿童必须证明自己具备某项预备能力方才被允许到某个环境中去,这在道德上是不可接受的,实际上也很少有儿童能够从限制较多的环境中顺利地通过自己努力转移到限制较少的教育环境中去。[③] 更重要的是,这种严密的、根据残疾程度的不同决定教育环境的制度本身就违背了回归主流本身所追求的教育平等的理想与"零拒绝"的哲学,是不公平的等级制度。

我国随班就读同样体现了预备模式的特点。"能够跟班学习的残疾儿童"才有可能被吸收到普通班级就读,事实上,我国目前随班就读的服务对象主要集中于视力残疾、听力残疾、轻度与中度智力落后三类残疾学生,许多中重度残

---

① Xiao, F. The Chinese "Learning in Regular Classroom": history, current situation, and prospects [J]. Chinese Education and Society, 2007, 40 (4): 8-20.

② Sage, D. D., Burrello, L. C. Leadership in educational reform: An administrator's guide to changes in special education[M]. Baltimore, MD: Paul H. Brooders, 1994: 3.

③ Taylor, S. J. Caught in the continuum: A critical analysis of the principle of Least Restrictive Environment [M]. Journal of the Association for Persons with Severe Handicaps, 1988, 13 (1): 41-53.

疾、综合残疾以及其他残疾类型学生仍在普通学校拒绝之列。这种根据残疾儿童残疾的轻重和能力表现决定儿童受限制的等级的做法和回归主流如出一辙。虽然这是我国现实教育背景下的无可奈何的妥协,但毕竟意味着随班就读是有条件的,与其倡导的"零拒绝"的哲学有天然的冲突。

从字义层面分析,随有"从"的含义,"行可委曲从迹,谓之委随"。① 从组词来看,有跟随、随从、随带、随着、随意、夫唱妇随等不同的用法。概括起来说,有以下几点。

第一,随班就读要求残疾学生随着普通班级正常学生的节奏,是"夫唱妇随"式的不平等与主从关系;残疾学生处于从属地位,可有可无,并非班级平等的一员。

第二,"随"字意味着能够跟上就"随着",跟不上就"随便",是可以随意抛弃的附属品,随班就座或者随班混读就成为难以避免的现象。

第三,"随"字意味着能否跟上是残疾学生能力的问题,学校不需要为残疾学生做出任何改变或者承担任何实质性的责任。

因此,随班就读只是学校工作中的边角料,并没有触及学校整体改革的灵魂。可见,随班就读成也在"随",败也在"随"。"随"的成功之处在于使许多残疾学生有机会接受教育,使残疾学生入学率得到大幅度提高。"随"的失败之处在于它使残疾儿童处于不平等的从属地位的做法通过国家政策的方式体制化、合法化了;随班就读将儿童的残疾假定为儿童失败的根本原因,而非学校本身条件或教学的不足,并为学校将处境不利儿童推向限制更多的环境找到了借口。在这方面,和泰勒对回归主流所崇尚的"最少受限制环境原则"的批判是何等相似。②

二、从随班就读到同班就读是融合教育本土化的必然诉求

(一) 融合教育的基本理念

西方融合教育是在批判、反思回归主流的基础上发展起来的,其目的就是要彻底告别隔离的、等级制教育体系,使特殊教育与普通教育真正融合成为统

---

① [汉]许慎(撰),[清]段玉裁(注).说文解字(全注全译版)[M].北京:中国戏剧出版社,2008:172.

② Taylor, S. J. Caught in the continuum: A critical analysis of the principle of Least Restrictive Environment [J]. Journal of the Association for Persons with Severe Handicaps, 1988, 13 (1): 41-53.

一的教育体系。① 回归主流要求特殊儿童必须符合某些条件、通过自己努力去赢得在普通教室接受教育的权利。融合教育并不要求学生去赢得到普通教室受教育的权利,相反,它假定特殊儿童本来就应该属于邻近学校的普通教室,他们不仅有权在普通教室里受教育,而且也应该在普通教室里接受相关支持与服务。因此,如果说回归主流意味着特殊儿童在普通教室的部分或全部学习时间的教育安置,而融合教育则是全部时间都安排在普通教室里。②

融合教育者持激进的平等观,对传统的以封闭、隔离与等级为特征的特殊教育服务模式持完全否定的态度,其目的就是要彻底告别隔离的、等级制教育体系的影响,使特殊教育与普通教育真正融合成为统一的教育体系。融合教育认为残疾是由于学校没有能力应对学生多元化的结果,而非学生本身的不足。学校应该尊重日趋多样的学生群体与学习需求,多元化带给学校的不应该是压力,而应该是资源。③ 因此,学校应达成所有儿童都有学习能力与获得成功的权利的共识,学校应成为每一个儿童获得成功的地方,不能因为学生的残疾与差别而进行排斥与歧视;在学校接受教育的只有一个类别:那就是学生,用正常/异常二分法简单划分学生是不公平的,也是无效的。④ 因此,融合教育者赞成异质平等的后现代观,承认学生的个别差异是普遍存在的,每一个儿童都有独一无二的个人特点、兴趣、能力和学习需要。融合教育者认为特殊儿童有权在普通教室接受高质量的、适合他们自己特点的、平等的教育,他们应该在普通教室而非"抽出"接受必需的支持与服务;他们无须经过自己的努力去争取、赢得在普通教室接受教育的权利。因此,融合意味着完全接纳,它基于满足所有学生多样化(diverse)需要的信念,在普通学校适合儿童年龄特征的教育环境里教育所有的儿童;所有学生,无论种族、语言能力、经济状况、性别、年龄、学习能力、学习方式、族群、文化背景、宗教、家庭背景以及性倾向有何不同,都应

---

① Salend, S. J. Creating Inclusive Classrooms: effective and reflective practices[M]. 7th ed. New Jersey: Pearson Education Inc., 2011:7.
② Croll, P. & Moses, D. Ideologies and utopias: Education professionals' views of inclusion [J]. European Journal of Special Needs Education, 2000, 15 (1):1-12.
③ Stainback, W. & Stainback, S. A rationale for the merger of special and regular education[J]. Exceptional Children, 1984, 51:102-111.
④ 邓猛,肖非.隔离与融合:特殊教育范式的变迁[J].华中师范大学学报,2009(4):134-140.

该在主流的教育体系中接受教育。[①]

(二) 同班就读是我国对融合教育理论的中国式回应与探索

回归主流及相应的"瀑布式特殊教育服务体系"自20世纪70年代提出以来四十多年过去了,西方特殊教育经历了从回归主流到融合教育的深刻变化。我国随班就读的发展并没有类似的范式变迁,其理论与实践迄今为止并未脱离回归主流的范畴;多数特殊教育工作者对"瀑布式特殊教育服务体系"仍然情有独钟,认为是比较完美的模式图。融合教育仅仅停留在概念阶段,并没有影响到随班就读理论或者实践方面的任何变化。

融合的理念与目标为各个国家制定融合的教育目标、政策提供了依据与动力。今天,即使在最为贫穷、资源缺乏的国家,融合教育也至少成为使更多处境不利儿童享有学校教育机会的政治宣示或者现实举措。同时,各民族或国家具有独特的社会文化体系对融合教育的理论与实践有着独特的影响,使融合教育在各个国家的本土化成为可能。融合教育在中国的发展缺少其生成的文化土壤,它并非我国本土文化的自然生成,是西方理论与中国国情之间的嫁接、冲撞与融汇,是基于文化嫁接之上的再生成。这种再生成需要"扎根"于中国特有的文化生成与演进的环境,以"自发的""内在的"方式生成具有本土化特征的融合教育理论。[②]

对应西方回归主流走向融合教育的趋势,我国特殊教育理论应该在随班就读模式的基础上走向与融合教育理念一致的"同班就读"。[③] 虽然只有一字之差,其蕴涵的意义却相差甚远。"同班就读"体现融合教育的理念,承认残疾儿童与正常儿童存在着个别差异,有其独特的个人特征与学习需要。在此基础上,同班就读的"同"体现在以下几个方面。

(1) 同等的权利。残疾儿童与正常儿童一样享有平等接受教育的基本权利。虽然随班就读也确认这一基本原则并致力于提高残疾儿童的入学率,但随班就读一直局限于视力残疾、听力残疾以及智力落后中程度较轻的残疾儿童教

---

① Salend, S. J. Creating Inclusive Classrooms: effective and reflective practices [M]. 7th ed. New Jersey: Pearson Education Inc., 2011:7.
② 邓猛,苏慧. 融合教育在中国的嫁接与再生成:基于社会文化视角的分析[J]. 教育学报,2012(1):83-89.
③ 邓猛,朱志勇,钟经华. 金钥匙视障教育理论与实践[M]. 北京:教育科学出版社,2008:181.

育。同班就读则应包含所有残疾儿童的教育权利,在传统的三类残疾教育的基础上扩展到《中华人民共和国残疾人保障法》所规定的七类残疾儿童的平等教育权。

(2) 同样的环境。同班就读意味着,残疾儿童有权在普通教室接受适合他们自己特点的教育,他们无须经过自己的努力去争取、赢得在普通教室接受教育的权利。[①] 普通学校应通过学校整体变革,创建平等接纳的校园文化,建立能够回应多样性需求的学校,促进学校整体质量的提升。同班就读强调同样环境权利,但并不拒绝残疾学生对于特殊学校或其他安置模式的选择。

(3) 同等的地位。残疾儿童不仅能进入普通学校就读,在班级里与正常学生处于相同的主体地位,而不应该是班级的附属品。他们应平等、全面地参与学校与班级的所有活动,是普通班级中平等的一员,并有着较高的身份认同与归属感。

(4) 同等的教育。不管残疾学生存在何种困难,他们同样应享受到高质量的、适合他们自己特点的、平等的教育。同班就读意味着,所有儿童都有学习能力与获得成功的权利,学校应成为每一个儿童获得成功的地方。

同班就读由随班就读发展而来,经历了从跟随到平等、从关注入学率到关注质量提升、从初期的实用与无奈的选择到今天和谐社会背景下对教育公平理念的主动追求的复杂过程。虽然只有一字之改,其蕴涵的理念与实际却有着完全不同的变化。从理念上看,"同"清晰地表明追求教育公平与平等的权利,体现学生的主体地位,体现融合教育核心价值观的追求;并试图摆脱"随"所导致的附属主次关系以及局限于残疾学生跟随而普通教育拒绝改变的现状。"同"字希望颠覆社会及普通教育领域对于残疾学生地位与权利的传统观点,真正将"同"等的权利与需求落到实处。从实践层面看,首先,同班就读意味着教育教学改革要涵盖所有学生,只有在同等权利与地位的条件下,普通教育的改革才能真正应对学生日益多样化的需求,成为整合的、创新的体制。针对残疾学生的教学改革和调整与普通教育整体的教育教学范式变迁是一致的。其次,随班就读所倡导的支持保障体系往往是狭义的,是针对几个残疾学生而言的,试图

---

① Salend, S. J. Creating Inclusive Classrooms: effective and reflective practices [M]. 7th ed. New Jersey: Pearson Education Inc., 2011:7.

通过支持与服务使他们能够更好地适应现有的学校与社会生活,很少主动地触及整个学校体制与社会生态的变化。同班就读则意味着:通过多样化的、平等的社会与教育环境的构建,主动改变现有的教育体制,进行资源整合与重构,构建具有广泛通达性的(accessible)、共享的支持保障体系,促进学校整体变革与质量提升,使学校满足学生日益多样化的特征与独特的学习需求。[1] 当然,任何理论都需要在实践中得到检验与发展。同班就读目前仍停留与理论的演绎与构思之中,其实践的方式与意义还需要进一步的探索与实践。但不可否认的是,理论的争鸣本身就具有激发思想火花与影响实践的意义。对不同观点的包容与探索正是理论创新所需要的,哪怕目前的观点并不成熟或者甚至是错误的,它本身能为理论的丰富与发展提供参考的价值。如同随班就读是回归主流的思想与我国实际历史文化背景结合的产物一样,同班就读是我国对国际融合教育理论与发展趋势的中国式回应与探索。同班就读既赞成融合教育的理念,又与随班就读发展一脉相承,是西方理论与中国国情之间的嫁接、冲撞与融汇,是基于文化嫁接之上的再生成。因此,同班就读这一说法不能用"融合教育"这一术语简单替代;它有着自己独特的文化色彩与历史传承,它与西方融合教育有所不同。

西方融合教育是在彻底反思与批判回归主流及其相对应的"瀑布式特殊教育服务体系"的基础上发展起来的,同班就读则与随班就读相辅相成。西方融合教育针对所有处于弱势地位的儿童群体的教育和社会参与,残疾仅仅是其中一类。同班就读却仍然以残疾儿童为主要教育对象;在相当长一段时间内这一特点不会改变。西方融合教育主张消除特殊学校(班)等隔离的特殊教育形式,倡导特殊教育与普通教育彻底交融成为一个整体,甚至消除二者之间的职业差别。[2] 同班就读却仍然要以大量特殊教育学校(班)及特殊教师群体为主要专业支持平台;不仅不会消除二者之间的差别,相反会继续扩大特殊教育的专业特征。西方融合教育从一开始就倡导通过普通学校整体变革与重新组合来适

---

[1] Hitchcock C., Meyer A., Rose D., Jackson R. Providing Access to the General Education Curriculum:Universal Design for Learning[J]. Teaching Exceptional Children, 2002, 35(2):8-17.

[2] Kauffman, J. M. Commentary: Today's special education and its messages for tomorrow[J]. The Journal of Special Education, 1999, 32(4):244-254.

应学生需求日趋多样化的特征;同班就读则始终聚焦于残疾儿童教育,试图通过残疾儿童教育这一杠杆撬动我国教育的整体变革。西方融合教育理论是西方特有的社会文化土壤里结出特殊教育理论的果实,也是西方社会民主、自由等所谓普世性价值观在教育领域的具体化。[①] 同班就读建立在我国特有的文化传统、发展中国家经济以及建构社会主义和谐社会的政治基础之上。传统文化中的精英教育模式影响仍然比较大,以考试与升学率为中心的教育体制的桎梏还没有完全打破。在这种情形下,学生的潜能和独特需要难以得到满足,残疾学生的平等权利难以实现。因此,我们应该吸纳国际融合教育发展的经验与教训,结合我国教育改革的大政方针,探索实施同班就读的具体实施策略与实践模式。

三、结论

融合教育的理论为全球特殊教育发展提供了美好的愿景,但并非灵丹妙药。尽管很多国家都致力于发展融合教育,但没有一个国家真正实现了高质量的、有效的融合教育。没有一个国家的做法能够为其他国家发展融合教育提供一个标准的蓝本或范例。因此,融合教育没有固定的模式,各个国家需要根据本国的国情探索适合自己的融合教育模式。[②] 近年来,中西方理念的相互交织与冲突,一方面丰富了我国特殊教育理论与实践方式,另一方面似乎不断困扰着我国特殊教育发展的方向。

以随班就读为主体的我国特殊教育发展格局与西方"瀑布式特殊教育服务体系"有异曲同工之妙,在三十年的实践中对中国特殊教育的发展功不可没。今天的随班就读似乎早已失去20世纪80年代中期的乐观与朝气,始终停留在计算入学率的表面层次,难以渗透到质量改进与教育整体改革的深层次;在世界各国探讨并实践融合教育的趋势下显得有心无力。关于中文的融合教育研究,也多以介绍西方理论、实践以及扩展融合教育项目为主;外国名词与理论介

[①] Florian, L. Special or inclusive education: future trends[J]. British Journal of Special Education, 2008, 35(4):202-207.

[②] Deng, M. & Poon-McBrayer, K. F. Inclusive Education in China: Conceptualization and Realization [J]. Asia-Pacific Journal of Education, 2004, 24(2):143-157.

绍多,本土化的理论探索与生成少;游说与动员式的论述多,深入的反思与批判少;关于各类人员态度与观念的调查多,课堂教学改革少;结合各地特有文化特点的分析更是少见。因此,在随班就读基础上理论与实践的探索与更新,成为融合教育背景下的必然要求与紧急的任务。同班就读是随班就读的自然延伸。如同随班就读是我国特殊教育实际和西方回归主流思想相碰撞的产物一样,同班就读是我国对国际融合教育理论趋势的中国式回应,是西方理论与中国国情之间的嫁接、冲撞与融汇,是基于文化嫁接之上的再生成。同班就读的提法可能并不完整或者精密,但它却试图开启对我国近三十年来未遭怀疑与审视的随班就读模式及特殊教育发展格局的重新思考与反思。当然,理论的探索从来不会一蹴而就,它需要在实践中反复探索与检验。同班就读的提法与其说是对我国特殊教育发展理论模式的重新定位,不如说是抛砖引玉,希望引起更多特殊教育理论与实践工作者的思考、质疑或创新。

参考文献

一、中文文献

(一) 著作

[1] 陈强,徐云.辅助沟通系统及实用技术[M].北京:科学出版社,2011.

[2] 邓猛.融合教育与随班就读:理想与现实之间[M].武汉:华中师范大学出版社,2009.

[3] 刘全礼.特殊教育导论[M].北京:教育科学出版社,2003.

[4] 林宝贵,等.特殊教育理论与实务[M].台北:心理出版社,2008.

[5] [法]米歇尔·福柯.疯癫与文明[M].刘北成,杨远婴,译.北京:生活·读书·新知三联书店,2012.

[6] 朴永馨.特殊教育辞典[M].北京:华夏出版社,2006.

[7] 赵中建.教育的使命——面向二十一世纪的教育宣言和行动纲领[M].北京:教育科学出版社,1996.

[8] [美]房龙.宽容[M].马晗,治梅,译.上海:上海三联书店,2010.

[9] 李振.社会宽容论[M].北京:社会科学文献出版社,2009.

[10] 刘保,肖峰.社会建构主义——一种新的哲学方式[M].北京:中国社会科学出版社,2011.

[11] [美]迈克尔·沃尔泽.论宽容[M].袁建华,译.上海:上海人民出版社,2000.

[12] 钮文英.拥抱个别差异的新典范－融合教育[M].台北:心理出版社,2008.

(二) 期刊

[1] 陈云英.融合教育的元型[J].中国特殊教育,2003(2).

[2] 陈建华.后现代主义教育思想评析[J].外国教育研究,1998(2).

[3] 邓猛,周洪宇.关于制定《特殊教育法》的倡议[J].中国特殊教育,2005(7).

[4] 邓猛.融合教育的哲学基础:批判与反思[J].教育研究与实验,2008(5).

[5] 邓猛.从隔离到融合——对美国特殊教育发展模式变革的思考[J].教育研究与实验,1999,67(4).

[6] 邓猛.普通小学随班就读教师对融合教育态度的城乡比较研究[J].教育研究与实验,2004(1).

[7] 邓猛,肖非. 隔离与融合：特殊教育范式的变迁与分析[J]. 华中师范大学学报：人文社会科学版,2009(4).

[8] 邓猛. 从美国学习障碍定义演变的角度探索其理论分析框架[J]. 中国特殊教育,2004(4).

[9] 邓猛. 关于融合教育学校课程调整的思考[J]. 中国特殊教育,2004(3).

[10] 范秀辉,申仁洪. 美国教师职前融合教育能力的培养与启示[J]. 外国教育研究,2011(6).

[11] 高媛. 儒家文化对中国人思想观念的影响[J]. 吉林省教育学院学报,2009(3).

[12] 李芳. 融合教育的后现代性分析[J]. 外国教育研究,2009(3).

[13] 李娜,张福娟. 上海市随班就读学校资源教室建设和运作现状的调查研究[J]. 中国特殊教育,2008(10).

[14] 雷江华,连明刚. 香港"全校参与"融合教育模式[J]. 现代特殊教育,2006(12).

[15] 雷江华. 融合教育导论[M]. 北京：北京大学出版社,2012.

[16] 雷江华. 融合教育之论争[J]. 教育研究与实验,2004(4).

[17] 李拉. 当前随班就读研究需要澄清的几个问题[J]. 中国特殊教育,2009(11).

[18] 李世安. 试论儒家文化中的人权思想[J]. 河南师范大学学报：哲学社会科学版,2003(5).

[19] 刘嘉秋,昝飞. 英国普通教育教师职前特殊教育能力的培养与启示[J]. 外国教育研究,2010(1).

[20] 孟万金. 全社会都要关注残疾儿童教育——论残疾儿童教育公平[J]. 中国特殊教育,2006(9).

[21] 梅珍生,等. 后现代主义视域中的和谐思想[J]. 哲学研究,2007(4).

[22] 米俊绒,殷杰. 实证主义与社会科学[J]. 科学技术与辩证法,2008(3).

[23] 彭霞光. 中国特殊教育发展面临的六大转变[J]. 中国特殊教育,2010(9).

[24] 朴永馨. 融合与随班就读[J]. 教育研究与实验,2004(4).

[25] 钱民辉. 范式与教育变迁研究. 教育理论与实践[J].1997(2).

[26] 孙玉梅. 国际融合教育研究前进展及启示[J]. 现代特殊教育,2007(11).

[27] 滕星,巴战龙. 从书斋到田野：谈教育研究的人类学范式[J]. 西北师大报：社会科学版,2005(1).

[28] 佟月华. 美国融合教育的发展、实施策略及问题[J]. 中国特殊教育,2006(8).

[29] 徐美贞,杨希洁. 资源教室在随班就读中的作用[J]. 特殊教育研究,2003(4).

[30] 徐白仑. 金钥匙计划的回顾与展望[J]. 特殊教育研究,1992(2).

[31] 许放明. 社会建构主义：渊源、理论与意义[J]. 上海交通大学学报：哲学社会科学版,2006(3).

[32] 姚文峰. 现代主义知识观及其对教育的启示[J]. 教育探索,2004(7).

[33] 杨希洁. 中国全面推进随班就读工作的可行性分析[J]. 中国特殊教育,2011(11).

[34] 张平华. 权利冲突辨[J]. 法律科学, 2006(6).

[35] 赵微. 英国培养普通师资具有特教技能[J]. 中国特殊教育, 1998(4).

[36] 赵小红. 近25年中国残疾儿童教育安置形式变迁:兼论随班就读政策的发展[J]. 中国特殊教育, 2013(3).

二、外文文献

[1] Abell M. M., Bauder D. K., Simmons T. J. Access to the General Curriculum: A Curriculum and Instruction Perspective for Educators[J]. Intervention in School and Clinic, 2005, 41(2).

[2] Ashman, A. & Elkins, J. Educating children with special needs[M]. New York: Prentice Hall, 1994.

[3] Anderson, G. L. & Barrera, I. Critical constructivist research and special education[J]. Remedial & Special Education, 1995, 16(3).

[4] Ann Cheryl Armstrong, Derrick Armstrong, Carlyle Lynch, Sonia Severin. Special and inclusive education in the Eastern Caribbean: Policy practice and provision[J]. International Journal of Inclusive Education, 2005, 9(1).

[5] Anderson Gary L., Barrera I. Critical Constructivist Research and Special Education: Expanding Our Lens on Social Reality and Exceptionality[J]. Remedial and Special Education, 1995, 16(3).

[6] Bailey, J. & du Plessis, D. An investigation of school principal's attitudes toward inclusion [J]. Australasian Journal of Special Education, 1998, 22(1).

[7] Barnett, C., Monda-Amaya, L. E. Principals' knowledge and attitudes toward inclusion[J]. Remedial and Special Education, 1998, 19(3).

[8] Booth, T. & Ainscow, M. From them to us: An international study of inclusion in education[M]. London: Routledge, 1998.

[9] Center for Applied Special Technology. Universal Design for Learning (UDL) Guideline Version 2.0[M]. Wakefield, MA: Author, 2011.

[10] Cook, B., Semmel, M. & Gerber, M. Attitudes of principals and special education teachers toward the inclusion of students with mild disabilities[J]. Remedial and Special education, 1999, 20(4).

[11] Crockett, J. B. & Kauffman, J. M. The least restrictive environment: its origins and interpretations in special education[M]. Mahwah, N. J. London: Erlbaum, 1999.

[12] Daniel, L. G., King, D. A. Impact of inclusive education on academic achievement, student behavior and self-esteem, and parental attitudes[J]. The Journal of Educational

Research, 1997, 91 (2).

[13] Danforth S., Rhodes W. C. Deconstructing Disability: A Philosophy for Inclusion[J]. Remedial and Special Education, 1997,18(6).

[14] Duvdevany, I., Ben-Zur, H. & Ambar, A. Self-determination and mental retardation is there an association with living arrangement and lifestyle satisfaction Mental Retardation, 2002,40(5).

[15] David Mitchell. Education that fits: Review of international trends in the education of students with special educational needs[M]. University Of Canterbury,2010.

[16] Deng, M. & Manset, G. Analysis of the "Learning in Regular Classrooms" movement in China[J]. Mental Retardation, 2000, 38 (2).

[17] Edyburn D. L. Would You Recognize Universal Design for Learner If You Saw It? Ten Proposition for New Directions for the Second Decade of UDL[J]. Learning Disability Quarterly, 2010,33(1).

[18] Ennio Cipani. Inclusive education: What do we know and what do we still have to learn[J]? Exceptional Children,1995,61(5).

[19] Farrell M. Debating Special Education[M]. London: Routledge,2010.

[20] Fuchs, D., Mock, D., Morgan, P. L. & Young, C. L. Responsiveness-to-intervention: Definition, evidence, and implications for the learning disabilities construct[J]. Learning Disabilities: Research and Practice, 2003(18).

[21] Florian, L. Special or inclusive education: future trends[J]. British Journal of Special Education, 2008, 35 (4).

[22] Gartin Barbara C., Murdick Nikki L., lmbeau Marcia, et al. How to Use Differentiated Instruction: With Students With Developmental Disabilities in the General Education Classroom[M]. Council for Exceptional Children, 2002.

[23] Gargiul R. M.,Metcalf D. Teaching in Today's Inclusive Classrooms: A Universal Design for Learning Approach[M]. 2nd ed. Belmont: Wadsworth,2013.

[24] Goleman, D. Social intelligence: The new science of human relationships [M]. Chicago: Hutchinson,2006.

[25] Harpell, J. & Andrews, J. W. Administrative leadership in the age of inclusion: Promoting best practices and teacher empowerment[J]. The Journal of Educational Thought, 2010, 44 (2).

[26] Hitchcock C., Meyer A., Rose D., Jackson R. Providing Access to the General Education Curriculum:Universal Design for Learning[J]. Teaching Exceptional Children, 2002, 35(2).

[27] Hunt P. ,Goetz L. Research on inclusive educational programs, practices, and outcomes for students with severe disabilities[J]. The Journal of Special Education,1997,31(1).

[28] Hall, T. , Strangman, N. & Meyer, A. Differentiated instruction and implications for UDL implementation [M]. Wakefield, MA: National Centeron Accessing the General Curriculum,2003.

[29] Lang, G. & Berberich, C. All children are special: Creating an inclusive classroom[M]. York, Me. : Stenhouse Publisher, 1995.

[30] Lindsay, Geoff. Inclusive education: A critical perspective[J]. British Journal of Special Education,2003,30(1).

[31] Low, Colin. Point of View: Is Inclusivism Possible? [J]. European Journal of Special Needs Education, 1997, 12(1).

[32] Kim, J. S. The effects of a constructivist teaching approach on student academic achievement, self-concept, and learning strategies[J]. Asia Pacific Education Review, 2005, 6 (1).

[33] King-Sears, M. E. Best academic practices for inclusive classrooms[J]. Focus on Exceptional Children, 1997, 29 (7).

[34] Kauffman, J. M. Commentary: Today's special education and its messages for tomorrow [J]. The Journal of Special Education, 1999, 32 (4).

[35] Kenneth A. Kavale & Steven R. Forness. History, rhetoric, and reality:Analysis of the inclusion debate [J]. Remedial and Special Education,2000,21(5).

[36] Marston, D. A comparison of inclusion only, pull-out only, and combined service models for students with mild disabilities[J]. The Journal of Special Education, 1996, 30 (2).

[37] Manset, G. , Semmel, M. I. Are inclusive programs for students with mild disabilities effective: A comparative review of model programs[J]. The Journal of Special Education, 1997, 31 (2).

[38] McGuire J. M. ,Scott S. S. ,Shaw S. F. Universal design and its application in educational environments [J]. Remedial and Special Education,2006,27(3).

[39] Mittler, P. , Brouillette, R. , Harris, D. World yearbook of education 1993: Special needs education[M]. London: Kogan Page, 1993.

[40] Murphy, E. , Grey, I. M. , Honan, R. Co-operative learning for students with difficulties in learning: a description of models and guidelines for implementation[J]. British Journal of Special Education, 2005, 32 (3).

[41] Nelson,J. ,Ferrante,C. ,Martella, R. Children's evaluations of the effectiveness of in-class

and pull-out service delivery models[J]. International Journal of Special Education,1999,14 (2).

[42] Oliver. Understanding disability: From theory to practice [M]. Basingstoke, United Kingdom:Macmillan, 1996.

[43] Padeliadu, S., Lampropoulou, V. Attitudes of special and regular education teachers towards school integration[J]. European Journal of Special Needs Education, 1997, 12 (3).

[44] Potts, P. A Western perspective on inclusion in Chinese urban educational settings[J]. International Journal of Inclusive Education, 2000, 4 (4).

[45] Qualter A. Differenated primary science [M]. Buckingham: Open University Press,1996.

[46] Rose D. H., Strangman N. Universal Design for Learning: meeting the challenge of individual learning differences through a neurocognitive perspective[J]. Universal Access in the Information Society,2007,5(4).

[47] Rose D. H., Meyer A., Hitchcock C. The universally designed classroom: Accessible curriculum and digital technologies[M]. Cambridge,MA:Harvard Education Press,2005.

[48] Rose, R. Confronting obstacles of inclusive education[M]. Routledge:Tayler & Francis Group, 2012.

[49] Reynolds, M. C. An Historical Perspective: The Delivery of Special Education to Mildly Disabled and At-Risk Students[J]. Remedial and Special Education, 1989(10).

[50] Salend, S. J. Effective mainstreaming: Creating inclusive classrooms[M]. 3rd ed. New Jersey: Prentice Hall,Inc. 1998.

[51] Sage, D. D., Burrello, L. C. Leadership in educational reform: An administrator's guide to changes in special education[M]. Baltimore, MD: Paul H. Brooders, 1994.

[52] Santangelo T.,Tomlinson C. A. Teacher Educators' Perceptions and Use of Differentiated Instruction Practices: An Exploratory Investigation [J]. Action in Teacher Education, 2012, 34(4).

[53] Strauss, A. A. & Werner, H. Comparative psychopathology of the brain injured child and the traumatic brain-injured adult[J]. American Journal of Psychiatry, 1943(99).

[54] Stainback W., Stainback S. A Rationale for the Merger of Special and Regular Education [J]. Exceptional Children,1984,51(2).

[55] Skrtic, T. M. Behind special education: A critical analysis of professional culture and school organization[M]. Denver, Colo. : Love Pub. Co., 1991.

[56] Skidmore, D. Towards an integrated theoretical framework for research into special

educational needs[J]. European Journal of Special Needs Education, 1996, 11 (1).

[57] Smith, T. C., Polloway, E. A., Patton, J. R. & Dowdy, C. A. Teaching students with special needs in inclusive settings[M]. 3rd ed. Boston: Allyn and Bacon, 2001.

[58] Tilton, L. Inclusion: A fresh look: Practical strategies to help all students succeed[M]. Shorewood, Minn. : Covington Cove Publications, 1996.

[59] Taylor, S. J. Caught in the continuum: A critical analysis of the principle of Least Restrictive Environment [J]. Journal of the Association for Persons with Severe Handicaps, 1988, 13 (1).

[60] Tomlinson, C. A. The differentiated classroom: responding to the needs of all earners [M]. Upper Saddle River, NJ: Pearson Education, 2005.

[61] Tomlinson C. A. Grading and Differentiation: Paradox or Good Practice? [J]. Theory Into Practice, 2005, 44(3).

[62] Will, M. C. Educating students with learning problems—A shared responsibility[M]. Washington, DC: Office of Special Education and Rehabilitative Services, US Department of Education, 1986.

[63] Westwood, P. Differentiation as a strategy for inclusive classroom practice: Some difficulties identified[R]. Paper presented at the Hong Kong Red Cross 50th Anniversary International Education Seminar, 2000.

[64] Wood, J. W. & Lazzari, A. M. Exceeding the boundaries: Understanding exceptional lives[M]. Harcourt Brace & Com., 1997.

[65] Xiao, F. The Chinese "Learning in Regular Classroom": history, current situation, and prospects [J]. Chinese Education and Society, 2007, 40 (4).

[66] Zigmond N. Where Should Students with Disabilities Receive Special Education Services? Is One Place Better Than Another? [J]. The Journal of Special Education, 2003, 37(3).

[67] Zionts, P. Inclusion strategies for students with learning and behavior problems: Perspectives, experiences, and best practices[M]. Austin, Tex. : Pro-Ed., 1997.

后　记

笔者自1987年因缘际会进入北京师范大学攻读特殊教育专业,至今已经有28年了。经常想起当初的不愿与抵触。少年时代的梦想向来是要从事科学家、医生、官员等光宗耀祖的职业,甚至幻想在祖国危难之际挺身而出、解民于倒悬。没想到自己会选择特殊教育专业,觉得所有的理想坠于尘埃,甚至于走向消沉。接受特殊教育并将其作为终身的职业是一个漫长的心路历程,其中曲折不足与人道也!偶尔回首,发现于不知不觉中自己的生命已得到改变。我固然不清楚自己是否是一个称职的教师或者所谓的"好"人,但我清楚地知道,因为特殊教育,自己的生命得到洗礼,有些美好的东西并没有随着时间的消失而随风逝去,曾经的理想主义旗帜还没有完全褪色。

在从事特殊教育过程中,我认识了许多中外的特殊教育学者、实践者、志愿者等。他们的纯粹与善意总能够在不经意之间感动我,让我意识到:这世界并非只有尔虞我诈与物竞天择,偶尔也能见到人性的光辉与真善美的光彩。我知道我可能达不到他们那样的境界,但我希望我至少能够知道那是人生命中美好的方向。

这些似乎与融合教育没有关系,其实恰好体现融合教育的某些内涵。我于20世纪90年代有幸出国访学,第一次接触"融合教育",就被这一华丽的词汇所鼓舞,为其美好的愿景而喝彩!每一个儿童都有受教育的基本权利;每一个儿童都有独一无二的个人特点、兴趣、能力和学习需要;有特殊教育需要者必须有机会进入普通学校……再也没有比这更崇高、更动人的词汇能打动一个因为残疾人被歧视连带着从事残疾人工作也被歧视的人了。我相信几乎所有为处境不利儿童教育和其他权利奔走的人都会有同样的感觉;她是弱者挑战不公正与歧视的利器;承载着人类发展到今天最为美好的教育理想与崇高的道德追求;她使向来被边缘到角落的弱势群体有机会来到社会舞台的中间,发出自己的声音,展现自己的生命。

在2003年到2006年之间,我有机会在甘肃最贫困的地方推行融合教育,帮助残疾学生以及其他失学儿童上学。当自己能够亲手帮助孩子上学,使他们的人生得到彻底的改变的时候,我发现自己的生命也随之改变与升华。有什么能够比改变人的生命更有意义、更重要的事情呢!融合教育就是如此,事实上,她改变了残疾人的命运,也使从事残疾人教育的人的生命得到充实与升华。当一个理论真正地在实践中发挥作用的时候,我们能够更清楚地看到这一理论的魅力;当然践行理论的过程也是曲折而艰难的。

从1987年到今天,我的发展的过程似乎就是融合教育的过程。从抵触走向接纳、从无知走向自觉、从自我走向他人,融合教育从一个枯燥的词汇逐渐丰满。在这一过程中,我庆幸有许多学生与我做伴。特殊教育在中国仍然是弱小的专业,每一个学生都来之不易,且被我们寄予厚望。我感谢他们在今天这个追求物质与欲望的时代,选择了特殊教育这个并不吸引人的专业;你们的坚持使我相信我自己的理想与坚持是有价值的。这些学生或许经历了与我类似的专业抵触到平等接纳的过程,我希望他们在这一过程中能够净化自己的生命,提升生活品质,践行融合教育的理念与精神。歧视往往来自于傲慢与无知,当我们自己能够谦卑地反省自己、虔诚地尊重生命的价值的时候,我们或许能够影响更多的人。

笔者多年来从事融合教育的理论研究、实践推广与教学工作,希望通过科研与教学对融合教育进行本土化的理论思考与探索,并培养一批共享融合教育理想的研究队伍。本书根据笔者以及近年来指导的研究生发表的论文改编而成,最早可以追溯到2003年发表的论文。愚者千虑、必有一得。历经十年的零零碎碎,聚在一起,总能有几点思想火花的闪耀吧!

邓　猛

2014年6月于北师大英东楼

北京大学出版社 教育出版中心 精品图书

21世纪特殊教育创新教材·理论与基础系列

书名	作者	价格
特殊教育的哲学基础	方俊明 主编	29元
特殊教育的医学基础	张婷 主编	32元
融合教育导论	雷江华 主编	28元
特殊教育学	雷江华 方俊明 主编	33元
特殊儿童心理学	方俊明 雷江华 主编	31元
特殊教育史	朱宗顺 主编	36元
特殊教育研究方法	杜晓新 宋永宁等 主编	33元
特殊教育发展模式	任颂羔 主编	36元

21世纪特殊教育创新教材·发展与教育系列

书名	作者	价格
视觉障碍儿童的发展与教育	邓猛 编著	33元
听觉障碍儿童的发展与教育	贺荟中 编著	29元
智力障碍儿童的发展与教育	刘春玲 马红英 编著	32元
学习困难儿童的发展与教育	赵微 编著	32元
自闭症谱系障碍儿童的发展与教育	周念丽 编著	27元
情绪与行为障碍儿童的发展与教育	李闻戈 编著	32元
超常儿童的发展与教育	苏雪云 张旭 编著	31元

21世纪特殊教育创新教材·康复与训练系列

书名	作者	价格
特殊儿童应用行为分析	李芳 李丹 编著	29元
特殊儿童的游戏治疗	周念丽 编著	26元
特殊儿童的美术治疗	孙霞 编著	38元
特殊儿童的音乐治疗	胡世红 编著	32元
特殊儿童的心理治疗	杨广学 编著	32元
特殊教育的辅具与康复	蒋建荣 编著	29元
特殊儿童的感觉统合训练	王和平 编著	38元
孤独症儿童课程与教学设计	王梅 编著	37元

自闭谱系障碍儿童早期干预丛书

书名	作者	价格
如何发展自闭谱系障碍儿童的沟通能力	朱晓晨 苏雪云	29元
如何理解自闭谱系障碍和早期干预	苏雪云	32元
如何发展自闭谱系障碍儿童的社会交往能力	吕梦 杨广学	33元
如何发展自闭谱系障碍儿童的自我照料能力	倪萍萍 周波	32元
如何在游戏中干预自闭谱系障碍儿童	朱瑞 周念丽	32元
如何发展自闭谱系障碍儿童的感知和运动能力	韩文娟 徐芳 王和平	32元
如何发展自闭谱系障碍儿童的认知能力	潘前前 杨福义	39元
自闭症谱系障碍儿童的发展与教育	周念丽	27元
如何通过音乐干预自闭谱系障碍儿童	张正琴	36元
如何通过画доном干预自闭谱系障碍儿童	张正琴	36元
如何运用ACC促进自闭谱系障碍儿童的发展	苏雪云	36元
孤独症儿童的关键性技能训练法	李丹	45元
自闭症儿童家长辅导手册	雷江华	35元

大学之道丛书

书名	作者	价格
哈佛:谁说了算	[美]理查德·布瑞德利 著	48元
麻省理工学院如何追求卓越	[美]查尔斯·维斯特 著	35元
大学与市场的悖论	[美]罗杰·盖格 著	48元
现代大学及其图新	[美]谢尔顿·罗斯布莱特 著	60元
美国文理学院的兴衰——凯尼恩学院纪实	[美]P.F.克鲁格 著	42元
教育的终结:大学何以放弃了对人生意义的追求	[美]安东尼·T.克龙曼 著	35元
大学的逻辑(第三版)	张维迎 著	38元
我的科大十年(续集)	孔宪铎 著	35元
高等教育理念	[英]罗纳德·巴尼特 著	45元
美国现代大学的崛起	[美]劳伦斯·维赛 著	66元
美国大学时代的学术自由	[美]沃特·梅兹格 著	39元
美国高等教育通史	[美]亚瑟·科恩 著	59元
哈佛通识教育红皮书	哈佛委员会撰	38元
高等教育何以为"高"——牛津导师制教学反思	[英]大卫·帕尔菲曼 著	39元
印度理工学院的精英们	[印度]桑迪潘·德布 著	39元
知识社会中的大学	[英]杰勒德·德兰迪 著	32元
高等教育的未来:浮言、现实与市场风险	[美]弗兰克·纽曼等 著	39元
后现代大学来临?	[英]安东尼·史密斯等 主编	32元
美国大学之魂	[美]乔治·M.马斯登 著	58元
大学理念重审:与纽曼对话	[美]雅罗斯拉夫·帕利坎 著	35元
当代学术界生态揭秘	[英]托尼·比彻 保罗·特罗勒尔 著	33元
德国古典大学观及其对中国大学的影响	陈洪捷 著	22元
大学校长遴选:理念与实务	黄俊杰 主编	28元
转变中的大学:传统、议题与前景	郭为藩 著	23元
学术资本主义:政治、政策和创业型大学	[美]希拉·斯劳特 拉里·莱斯利 著	36元
什么是世界一流大学	丁学良 著	23元
21世纪的大学	[美]詹姆斯·杜德斯达 著	38元
公司文化中的大学	[美]埃里克·古尔德 著	23元
美国高等教育史	[美]约翰·塞林 著	69元
哈佛规则:捍卫大学之魂	[美]理查德·布瑞德利 著	48元
美国公立大学的未来	[美]詹姆斯·杜德斯达 弗瑞斯·沃马克 著	30元
高等教育公司:营利性大学的崛起	[美]理查德·鲁克 著	24元
东西象牙塔	孔宪铎 著	32元

21世纪引进版精品教材·学术道德与学术规范系列

书名	作者	价格
如何为学术刊物撰稿:写作技能与规范(英文影印版)	[英]罗薇娜·莫 编著	26元

书名	作者	价格
如何撰写和发表科技论文（英文影印版）	[美]罗伯特·戴 等著	28元
给研究生的学术建议	[英]戈登·鲁格 等著	26元
做好社会研究的10个关键	[英]马丁·丹斯考姆 著	20元
阅读、写作和推理：学生指导手册	[美]加文·费尔贝恩 著	25元
如何写好科研项目申请书	[美]安德鲁·弗里德兰德 等著	25元

21世纪高校教师职业发展读本

书名	作者	价格
如何成为卓越的大学教师（第二版）	肯·贝恩 著	32元
给大学新教员的建议	罗伯特·博伊斯 著	35元
如何提高学生学习质量	[英]迈克尔·普洛瑟 等著	35元
学术界的生存智慧	[美]约翰·达利 等主编	35元
给研究生导师的建议（第2版）	[英]萨拉·德拉蒙特 等著	30元

21世纪教师教育系列教材·物理教育系列

书名	作者	价格
中学物理微格教学教程（第二版）	张军朋 詹伟琴 王恬 编著	32元
中学物理科学探究学习评价与案例	张军朋 许桂清 编著	32元

21世纪教育科学系列教材·学科学习心理学系列

书名	作者	价格
数学学习心理学	孔凡哲 曾峥 编著	29元
语文学习心理学	李广 主编	29元
化学学习心理学	王后雄 主编	29元

21世纪教育科学系列教材

书名	作者	价格
现代教育技术——信息技术走进新课堂	冯玲玉 主编	39元
教育学学程——模块化理念的教师行动与体验	闫祯 主编	45元
教师教育技术——从理论到实践	王以宁 主编	36元
教师教育概论	李进 主编	75元
基础教育哲学	陈建华 著	35元
当代教育行政原理	龚怡祖 编著	37元
教育心理学	李晓东 主编	34元
教育计量学	岳昌君 著	26元
教育经济学	刘志民 著	39元
现代教学论基础	徐继存 赵昌木 主编	35元
现代教育评价教程	吴钢 著	32元
心理与教育测量	顾海根 主编	28元
高等教育的社会经济学	金子元久 著	32元
信息技术在学科教学中的应用	陈勇 等编著	33元
网络调查研究方法概论（第二版）	赵国栋	45元

21世纪教师教育系列教材·学科教学论系列

书名	作者	价格
新理念化学教学论	王后雄 主编	38元
新理念科学教学论（第二版）	崔鸿 张海珠 主编	36元
新理念生物教学论	崔鸿 郑晓慧 主编	36元
新理念地理教学论（第二版）	李家清 主编	39元
新理念历史教学论	杜芳 主编	29元
新理念思想政治（品德）教学论（第二版）	胡田庚 主编	36元
新理念信息技术教学论（第二版）	吴军其 主编	32元
新理念数学教学论	冯虹 主编	35元

21教师教育系列教材·学科教学技能训练系列

书名	作者	价格
新理念数学教学技能训练	冯虹	33元
新理念生物教学技能训练（第二版）	崔鸿	33元
新理念思想政治（品德）教学技能训练（第二版）	胡田庚 赵海山	29元
新理念地理教学技能训练	李家清	32元
新理念化学教学技能训练	王后雄	28元

西方心理学名著译丛

书名	作者	价格
拓扑心理学原理	[德]库尔德·勒温	32元
系统心理学：绪论	[美]爱德华·铁钦纳	30元
社会心理学导论	[美]威廉·麦独孤	36元
思维与语言	[俄]列夫·维果茨基	30元
人类的学习	[美]爱德华·桑代克	30元
基础与应用心理学	[德]雨果·闵斯特伯格	36元
格式塔心理学原理	[美]库尔特·考夫卡	75元
动物和人的目的性行为	[美]爱德华·托尔曼	44元
西方心理学史大纲	唐钺	42元

心理学视野中的文学丛书

书名	作者	价格
围城内外——西方经典爱情小说的进化心理学透视	熊哲宏	32元
我爱故我在——西方文学大师的爱情与爱情心理学	熊哲宏	32元

21世纪教学活动设计案例精选丛书（禹明 主编）

书名	价格
初中语文教学活动设计案例精选	23元
初中数学教学活动设计案例精选	30元
初中科学教学活动设计案例精选	27元
初中历史与社会教学活动设计案例精选	30元
初中英语教学活动设计案例精选	26元
初中思想品德教学活动设计案例精选	20元
中小学音乐教学活动设计案例精选	22元
中小学体育（体育与健康）教学活动设计案例精选	25元
中小学美术教学活动设计案例精选	34元
中小学综合实践活动教学活动设计案例精选	27元
小学语文教学活动设计案例精选	25元
小学数学教学活动设计案例精选	33元
小学科学教学活动设计案例精选	23元
小学英语教学活动设计案例精选	25元
小学品德与生活（社会）教学活动设计案例精选	24元
幼儿教育教学活动设计案例精选	39元